MICHELIN

Italia

ATLANTE STRADALE
ATLAS ROUTIER
MOTORING ATLAS
STRASSENATLAS

Servizio Turismo
MICHELIN®

I pneumatici e le carte stradali **MICHELIN** costituiscono oggi, ciascuno nel suo settore, un punto di riferimento incontestato di qualità e competenza.

Il presente Atlante Stradale Italia, sintesi di questa cartografia, offre dunque al gran viaggiatore – sia esso turista o professionista della strada – un nuovo servizio, personalizzato sui bisogni di ciascuno.

Con la tradizionale ricchezza di segni convenzionali, la chiarezza nei disegni ed il continuo aggiornamento che hanno fatto la loro notorietà, i Servizi Turismo Michelin dedicano queste 102 pagine alla rete stradale della Penisola.

Settanta piante di città permettono di attraversare senz'alcun problema i grandi agglomerati urbani, mentre un indice completo e dettagliato aiuta a localizzare luoghi e località.

La carta stradale, filo d'Arianna del conducente, deve essere tuttavia accompagnata da consigli in materia di alberghi e itinerari turistici.

A tale scopo la Guida Rossa Italia con l'aggiornata selezione di hotels e ristoranti e le Guide Verdi turistiche Italia e Roma con la loro ricchezza d'informazione sono utile complemento a questo atlante; complementarità agevolata dal fatto che tutte le opere riguardanti la Penisola utilizzano lo stesso sistema di coordinate.

Fedele al rapporto di fiducia che mantiene con i suoi lettori, la Michelin è sempre lieta di conoscere le loro osservazioni e suggerimenti. Il servizio offerto ne risulterà, in tal modo, migliorato di anno in anno.

Grazie e buon viaggio !

Le carte e le guide
MICHELIN
sono complementari :
utilizzatele insieme !

Le Pneumatique et la carte routière **MICHELIN** constituent aujourd'hui, chacun dans son domaine, une référence incontestée de qualité et de savoir-faire.

Le présent Atlas Routier Italie, synthèse de cette cartographie, apporte donc au grand voyageur – qu'il soit touriste ou professionnel de la route – un nouveau service, adapté au besoin de chacun.

En respectant la richesse de légende, la clarté de dessin et le souci d'actualité qui ont fait leur notoriété, les Services de Tourisme Michelin consacrent ici 102 pages au réseau routier de la Péninsule.

Les plans de soixante-dix villes garantissent une traversée détendue des agglomérations urbaines, tandis qu'un index complet localise les noms de lieux et localités.

La carte routière, fil d'Ariane du conducteur, demande cependant à être accompagnée de conseils en matière d'hébergement et de découverte touristique.

C'est pourquoi le Guide Rouge Italie réservé aux hôtels et restaurants et les Guides Verts touristiques Italie et Rome pour les curiosités sont d'utiles compléments à cet atlas.

Cette complémentarité est d'autant plus aisée que le même système de coordonnées est utilisé dans tous les ouvrages couvrant la Péninsule.

Fidèle à la relation privilégiée qu'il entretient avec ses lecteurs, Michelin est toujours heureux de connaître leurs remarques et suggestions. Le service auquel il vise ne peut en être que mieux assuré au fil des éditions annuelles.

Merci et bonne route !

Les cartes et les guides
MICHELIN
sont complémentaires :
utilisez-les ensemble !

MICHELIN tyres and road maps are, each in their own right, unrivalled benchmarks of quality and expertise.

This Road Atlas of Italy, a synthesis of our road-mapping, meets the needs of every road-user, whether they are a tourist or a professional driver.

In these 102 pages dedicated to the peninsular's road network, we have paid close attention to the factors which have gained us our reputation – a detailed key and clear, up-to-date mapping.

The seventy townplans indicate an easy route through built-up areas, whilst a full index gives references for town and place names.

However, whilst being a vital tool for drivers, the Road Atlas needs to be accompanied by information on accomodation and places to visit.

The Red Hotel and Restaurant Guide to Italy and the Green Tourist Guides to Italy and Rome are both useful complements to this Atlas.

Our publications covering the country are made more compatible by all using the same system of coordinates.

In keeping with the valuable relationship we enjoy with our readers, we are always happy to read your comments and suggestions. In this way we can achieve our aim of providing a high-quality service, by annually updating the information contained within the Atlas.

Thank you. May we wish you a safe journey.

MICHELIN
Maps and Guides
complement one-another:
use them together!

MICHELIN-Reifen und **MICHELIN**-Straßenkarten stellen, jeweils in ihrem Bereich, eine unbestrittene Referenz für Qualität und Können dar.

Der vorliegende Straßenatlas Italien, Synthese dieser Kartographie, erbringt dem Fahrer – ob Tourist oder beruflich unterwegs – eine neue, dem jeweiligen Bedarf entsprechende Dienstleistung.

Unter Beibehaltung der umfangreichen Zeichenerklärung, der übersichtlichen Zeichnungen und der Aktualität, die den guten Ruf seiner Publikationen ausmachen, widmet Michelin der Apenninenhalbinsel 102 Seiten.

70 Stadtpläne gewährleisten ein streßfreies Fahren durch Ballungsgebiete, während ein Register die Suche nach Ortschaften erleichtert.

Ist die Straßenkarte das Vademecum des Fahrers, so benötigt er doch auch Ratschläge zu Unterkunft und touristischen Reisezielen.

Hier empfehlen sich für die Suche nach dem richtigen Hotel oder Restaurant der Rote Hotelführer Italien und für Sehenswürdigkeiten die Grünen Reiseführer Italien und Rom als ideale Ergänzungen zu diesem Atlas; allen liegt das gleiche Koordinatensystem zugrunde.

Michelin hat seit jeher besonders gute Beziehungen zu seiner Leserschaft unterhalten. Deswegen sind Ihre Bemerkungen und Vorschläge jederzeit willkommen, tragen sie doch zum Gelingen der jährlich aktualisierten Auflagen bei.

Vielen Dank und gute Fahrt !

Die **MICHELIN**-Karten
und -führer ergänzen sich :
benutzen Sie
sie zusammen !

Sommario

Copertina interna
Quadro d'insieme

Ⅱ Michelin
ⅠV Grandi itinerari
ⅤⅢ Tabella distanze

1 Legenda
2 Italia - 1:300 000
82 Sicilia
94 Sardegna

104 Indice completo

Copertina interna
Legenda completa

Sommaire

Intérieur de couverture
Tableau d'assemblage

Ⅱ Michelin
ⅠV Grands itinéraires
ⅤⅢ Tableau de distances

1 Légende
2 Italie au 1/300 000
82 Sicile
94 Sardaigne

104 Index

Intérieur de couverture
Légende complète

Contents

Inside front cover
Key to map pages

Ⅱ Michelin
ⅠV Route planning
ⅤⅢ Distances

1 Key to maps
2 Italy at 1:300 000
82 Sicily
94 Sardinia

104 Index

Inside back cover
Key

Inhalt

Umschlaginnenseite
Kärtenübersicht

Ⅱ Michelin
ⅠV Reiseplanung
ⅤⅢ Entfernungstabelle

1 Zeichenerklärung
2 Italien - 1:300 000
82 Sizilien
94 Sardinien

104 Register

Umschlaginnenseite
Zeichenerklärung

Piante di Città — Plans de villes — Town plans — Stadtpläne

104 Agrigento	117 Como	128 Lucca	142 Piacenza	155 Siracusa
104 Alessandria	117 Cortina d'Ampezzo	129 Mantova	142 Pisa	156 Stresa
105 Ancona	118 Cosenza	130 Messina	144 Potenza	157 Taormina
105 Aosta	118 Courmayeur	131 Milano (pianta d'insieme)	144 Prato	157 Taranto
106 Arezzo	118 Cremona	132 Milano	145 Ravenna	158 Torino
106 Assisi	120 Ferrara	133 Modena	145 Reggio di Calabria	(pianta d'insieme)
107 Bari	120 Firenze (pianta d'insieme)	135 Napoli (pianta d'insieme)	146 Reggio nell'Emilia	159 Torino
108 Bergamo	121 Firenze	136 Napoli	146 Rimini	160 Trento
108 Bologna (pianta d'insieme)	122 Foggia	137 Novara	147 Roma (pianta d'insieme)	160 Treviso
109 Bologna	122 Forlì	138 Padova	148 Roma	161 Trieste
110 Bolzano	123 Genova (pianta d'insieme)	138 Palermo (pianta d'insieme)	149 Salerno	162 Udine
110 Brescia	124 Genova	139 Palermo	150 San Gimignano	162 Varese
111 Brindisi	126 La Spezia	140 Parma	152 San Marino	163 Venezia
112 Cagliari	126 L'Aquila	141 Perugia	153 San Remo	164 Verona
115 Catania	127 Lecce	141 Pesaro	153 Sassari	165 Vicenza
115 Catanzaro	127 Livorno	141 Pescara	155 Siena	

Grandi itinerari

Strade

═══════	Autostrada
═══════	Doppia carreggiata di tipo autostradale
───────	Strada principale
───────	Strada secondaria
	Numero di autostrada o di strada statale

⌐ 23 ⌐ Distanza chilometrica

Amministrazione

-------- Confine e capoluogo di Regione ◉

.... Confine e capoluogo di Provincia •

Grands itinéraires

Routes

═══════	Autoroute
═══════	Double chaussée de type autoroutier
───────	Route principale
───────	Route secondaire
	Numéro d'autoroute ou de route d'état

⌐ 23 ⌐ Distance en kilomètres

Administration

-------- Limite et capitale de Région ◉

.... Limite et capitale de Province •

Route planning

Roads

═══════	Motorway
═══════	Dual carriageway with motorway characteristics
───────	Main road
───────	Secondary road
	Motorway or state road number

⌐ 23 ⌐ Distance in kilometres

Administration

-------- Frontier and capital town of a Region ◉

.... Boundary and capital town of a Province •

Reiseplanung

Straßen

═══════	Autobahn
═══════	Schnellstraße mit getrennten Fahrbahnen
───────	Hauptverbindungsstraße
───────	Regionale Verbindungsstraße
	Nummer der Autobahn oder Staatsstraße

⌐ 23 ⌐ Entfernung

Verwaltung

-------- Grenze und Hauptstadt der Region ◉

.... Grenze und Hauptstadt der Provinz •

Regioni   Régions   Regions   Regionen

Abruzzo	1	Molise	11
Basilicata	2	Piemonte	12
Calabria	3	Puglia	13
Campania	4	Toscana	14
Emilia-Romagna	5	Trentino - Alto Adige	15
Friuli - Venezia Giulia	6	Umbria	16
Lazio	7	Valle d'Aosta	17
Liguria	8	Veneto	18
Lombardia	9	Sardegna	
Marche	10	Sicilia	

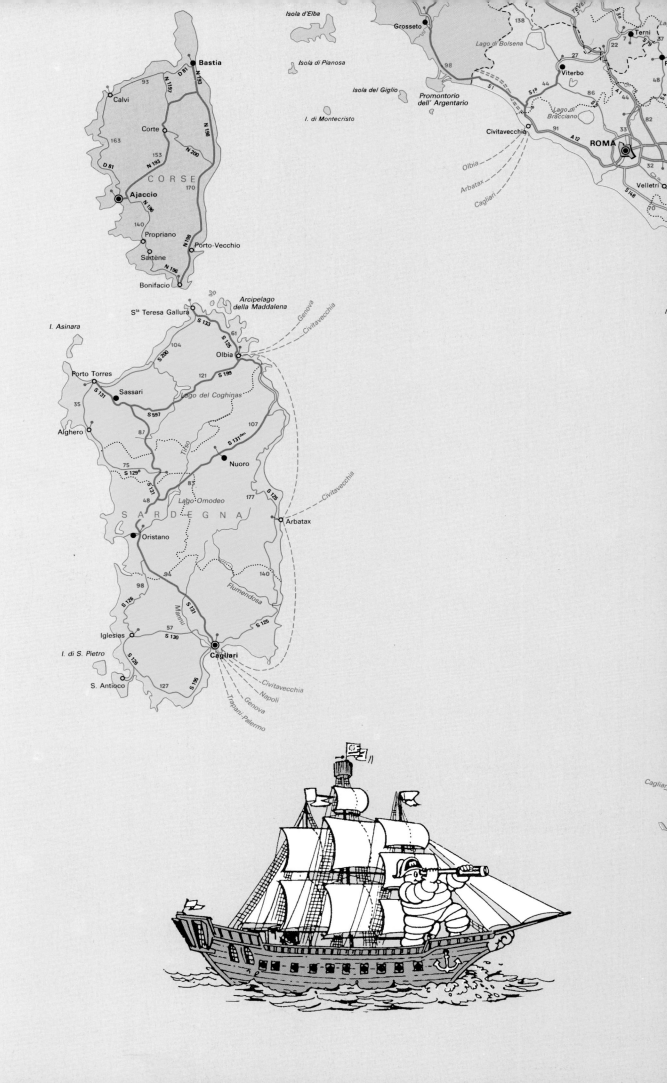

Isola d'Elba

Grosseto

Terni

Isola di Pianosa

Lago di Bolsena

Viterbo

Isola del Giglio

Promontorio
dell' Argentario

I. di Montecristo

Civitavecchia

Lago di
Bracciano

ROMA

Olbia

Velletri

Arbatax

Cagliari

Bastia

Calvi

Corte

CORSE

Ajaccio

Propriano

Sartène

Porto-Vecchio

Bonifacio

Arcipelago
della Maddalena

Sᵗᵃ Teresa Gallura

I. Asinara

Olbia

Porto Torres

Sassari

Lago del Coghinas

Alghero

Nuoro

Lago Omodeo

SARDEGNA

Civitavecchia

Arbatax

Oristano

Iglesias

Cagliari

I. di S. Pietro

S. Antioco

Civitavecchia

Napoli

Genova

Trapani-Palermo

Cagliari

Distanze Distances Entfernungen

Le distanze sono calcolate a partire dal centro delle città e seguendo la strada più pratica, ossia quella che offre le migliori condizioni di viaggio ma che non è necessariamente la più breve.

Les distances sont comptées à partir du centre-ville et par la route la plus pratique, c'est-à-dire celle qui offre les meilleures conditions de roulage, mais qui n'est pas nécessairement la plus courte.

Distances are calculated from town-centres and using the best roads from a motoring point of view – not necessarily the shortest.

Die Entfernungen gelten ab Stadtmitte unter Berücksichtigung der günstigsten (nicht immer kürzesten) Strecke.

Legenda

Vedere la legenda completa all'interno della copertina

Strade

Autostrada - Area di servizio

Doppia carreggiata di tipo autostradale

Svincolo :
completo, parziali
Svincolo numerato

Strada principale :
a carreggiate separate
a 4 corsie - a 2 corsie larghe
a 2 corsie - a 2 corsie strette

Strada regionale :
a carreggiate separate
a 2 corsie o più - a 2 corsie strette

Altre strade : con rivestimento - senza rivestimento

Strada in costruzione
(Data di apertura prevista)

Distanze su autostrada :
tratto a pedaggio
tratto libero
Distanze su strada

Trasporti

Ferrovia

Collegamento via traghetto (stagionale : segno rosso)
trasporto auto su traghetto

trasporto auto su chiatta
(carico massimo in tonnellate)

Aeroporto - Aerodromo

Località - Amministrazione

Località con pianta sulla
Guida Rossa Michelin

Bardolino   Risorse alberghiere selezionate
nella stessa guida

Curiosità

Chioggia (▲) (Principali curiosità : vedere « Guida Verde Michelin »)

Malcesine ○ Località o siti interessanti, luoghi di soggiorno

---

Légende

Voir la légende complète à l'intérieur de la couverture

Routes

Autoroute - Aires de service

Double chaussée de type autoroutier

Échangeurs :
complet, partiels
Numéros d'échangeurs

Route de liaison principale :
à chaussées séparées
à 4 voies - à 2 voies larges
à 2 voies - à 2 voies étroites

Route de liaison régionale :
à chaussées séparées
à 2 voies ou plus - à 2 voies étroites

Autre route : revêtue - non revêtue

Route en construction
(le cas échéant : date de mise en service prévue)

Distances sur autoroute :
section à péage
section libre
Distances sur route

Transports

Voie ferrée

Ligne de navigation (saisonnière : signe rouge)
passant les autos par bateau

passant les autos par bac
(charge maximum en tonnes)

Aéroport - Aérodrome

Localités - Administration

Localité possédant un plan dans le
Guide Rouge Michelin

Bardolino   Ressources hôtelières sélectionnées
dans ce même guide

Curiosités

Chioggia (▲) (Principales curiosités voir « Guide Vert Michelin »)

Malcesine ○ Localités ou sites intéressants, lieux de séjour

Key

A full key to symbols appears inside the front cover

Roads

Motorway - Service area

Dual carriageway with motorway characteristics

Interchanges :
complete, limited
Numbered interchanges

Major trunk roads :
dual carriageway
4 lanes - 2 wide lanes
2 lanes - 2 narrow lanes

Secondary roads :
dual carriageway
2 lanes or more - 2 narrow lanes

Other roads : surfaced - unsurfaced

Road under construction
(when available : with scheduled opening date)

Distances on motorway :
toll section
free section
Distances on road

Transportation

Railway

Car ferries (seasonal services in red)
vehicles by boat

vehicles by ferry
(load limit in tons)

Airport - Airfield

Towns - Administration

Towns having a plan in the
Michelin Red Guide

Bardolino   Hotel facilities listed
in the Michelin Red Guide

Sights

Chioggia (▲) (Principal sights : see the Michelin Green Guide)

Malcesine ○ Towns or places of interest. Places to stay

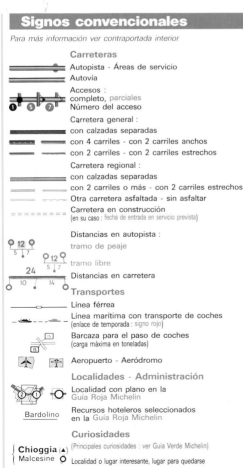

Zeichenerklärung

Vollständige Zeichenerklärung siehe Umschlaginnenseite

Straßen

Autobahn - Tankstelle

Schnellstraße mit getrennten Fahrbahnen

Anschlußstellen :
Autobahnein-und/oder - ausfahrt
Nummern der Anschlußstellen

Hauptverbindungsstraße :
mit getrennten Fahrbahnen
4 Fahrspuren - 2 breite Fahrspuren
2 Fahrspuren - 2 schmale Fahrspuren

Regionale Verbindungsstraße :
mit getrennten Fahrbahnen
2 oder mehr Fahrspuren - 2 schmale Fahrspuren

Andere Straßen : mit Belag - ohne Belag

Straße im Bau
(ggf. voraussichtliches Datum der Verkehrsfreigabe)

Entfernungsangaben auf der Autobahn :
gebührenpflichtiger Abschnitt
gebührenfreier Abschnitt
Entfernungsangaben auf der Straße

Transport

Bahnlinie

Autofähren
(rotes Zeichen : saisonbedingte Verbindung)

Autofähre
(Höchstbelastung in t.)

Flughafen - Flugplatz

Ortschaften - Verwaltung

Ort mit Stadtplan im
Roten Michelin-Führer

Bardolino   Im Roten Michelin-Führer
aufgeführter Ort

Sehenswürdigkeiten

Chioggia (▲) (Hauptsehenswürdigkeiten : s. Grünen Michelin-Führer)

Malcesine ○ Sehenswerte Orte, Ferienorte

Signos convencionales

Para más información ver contraportada interior

Carreteras

Autopista - Áreas de servicio

Autovía

Accesos :
completo, parciales
Número del acceso

Carretera general :
con calzadas separadas
con 4 carriles - con 2 carriles anchos
con 2 carriles - con 2 carriles estrechos

Carretera regional :
con calzadas separadas
con 2 carriles o más - con 2 carriles estrechos

Otra carretera asfaltada - sin asfaltar

Carretera en construcción
(en su caso : fecha de entrada en servicio prevista)

Distancias en autopista :
tramo de peaje
tramo libre
Distancias en carretera

Transportes

Línea férrea

Línea marítima con transporte de coches
(enlace de temporada : signo rojo)

Barcaza para el paso de coches
(carga máxima en toneladas)

Aeropuerto - Aeródromo

Localidades - Administración

Localidad con plano en la
Guía Roja Michelin

Bardolino   Recursos hoteleros seleccionados
en la Guía Roja Michelin

Curiosidades

Chioggia (▲) (Principales curiosidades : ver Guía Verde Michelin)

Malcesine ○ Localidad o lugar interesante, lugar para quedarse

---

凡 例

表紙裏の凡例も参照のこと

道 路

高速道路とサービスエリア

中央分離帯のある高速道路形式の道路

インターチェンジ：
出入口完備、入口または出口のみ
インターチェンジ番号

主要幹線道路：
中央分離帯のある道路
4車線 - 幅員の広い2車線
2車線 - 幅員の狭い2車線

地方道路：
中央分離帯のある道路
2車線以上 - 幅員の狭い2車線
その他の道路：舗装 - 未舗装

建設中の道路
(開通予定年月)

高速道路の区間距離
有料区間
無料区間
一般道路の区間距離

一般交通関係

鉄道

航路(赤表示は季節運航)
カーフェリー

渡船
(重量制限、単位トン)

空港 - 飛行場

市町村 - 行政

ミシュラン・レッドガイドに
地図が記載されている市町村

Bardolino   ミシュラン・レッドガイドに
精選されたホテルの情報が記載されている市町村

見どころ

Chioggia (▲) (主な見どころは『ミシュラン・グリーンガイド』を参照のこと)

Malcesine ○ 興味深い市町村または景勝地、滞在適地

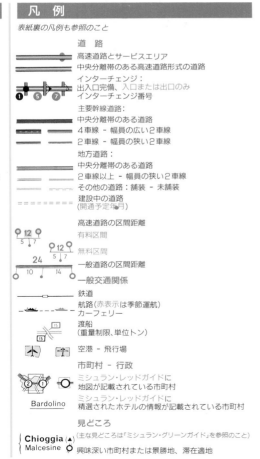

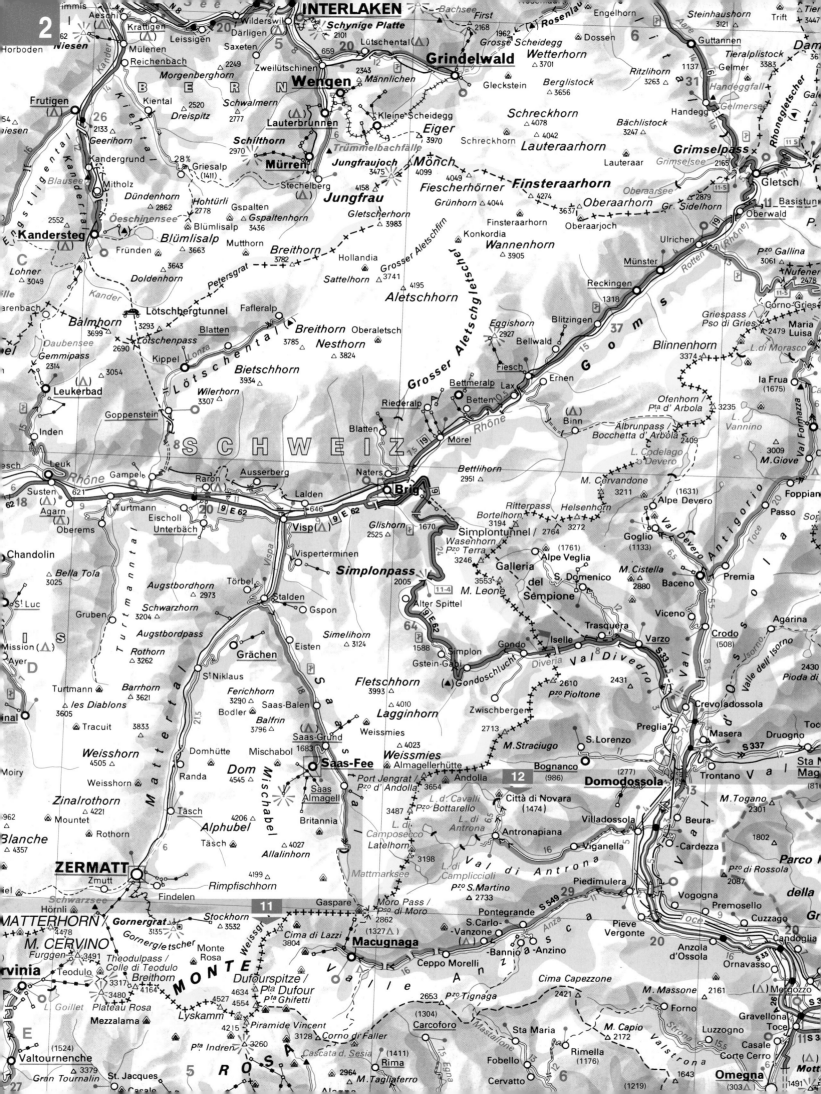

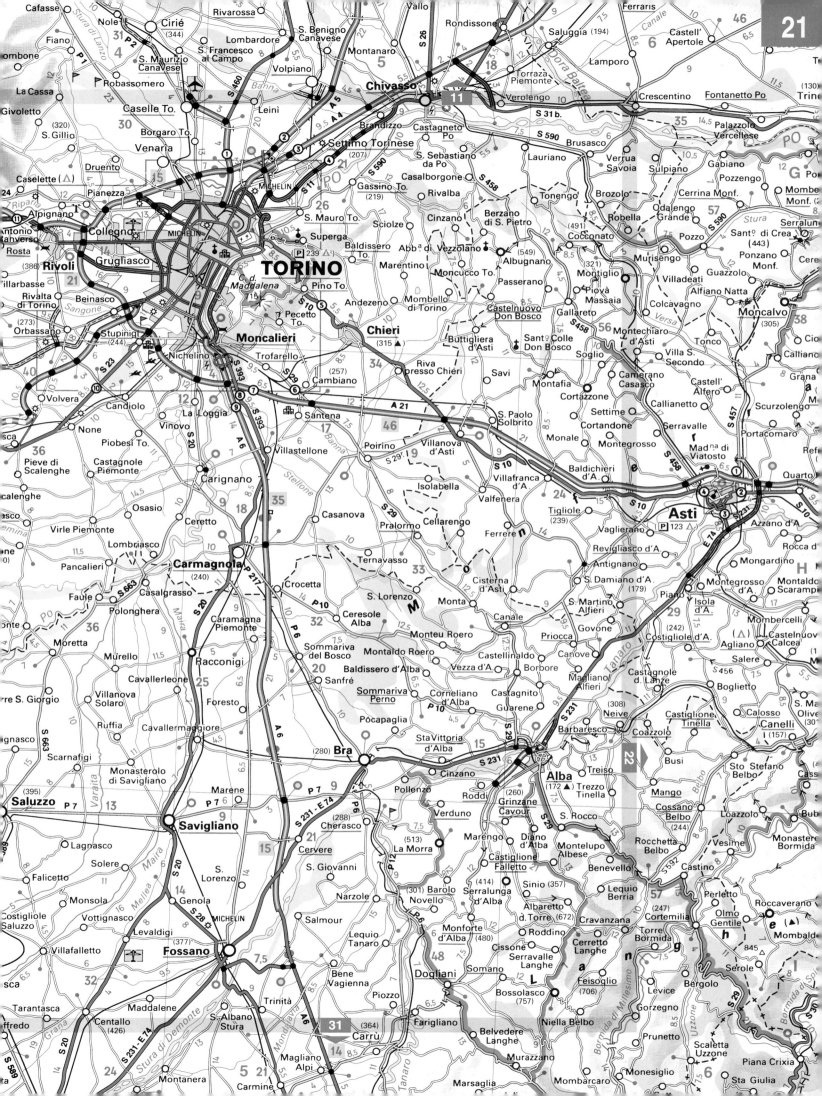

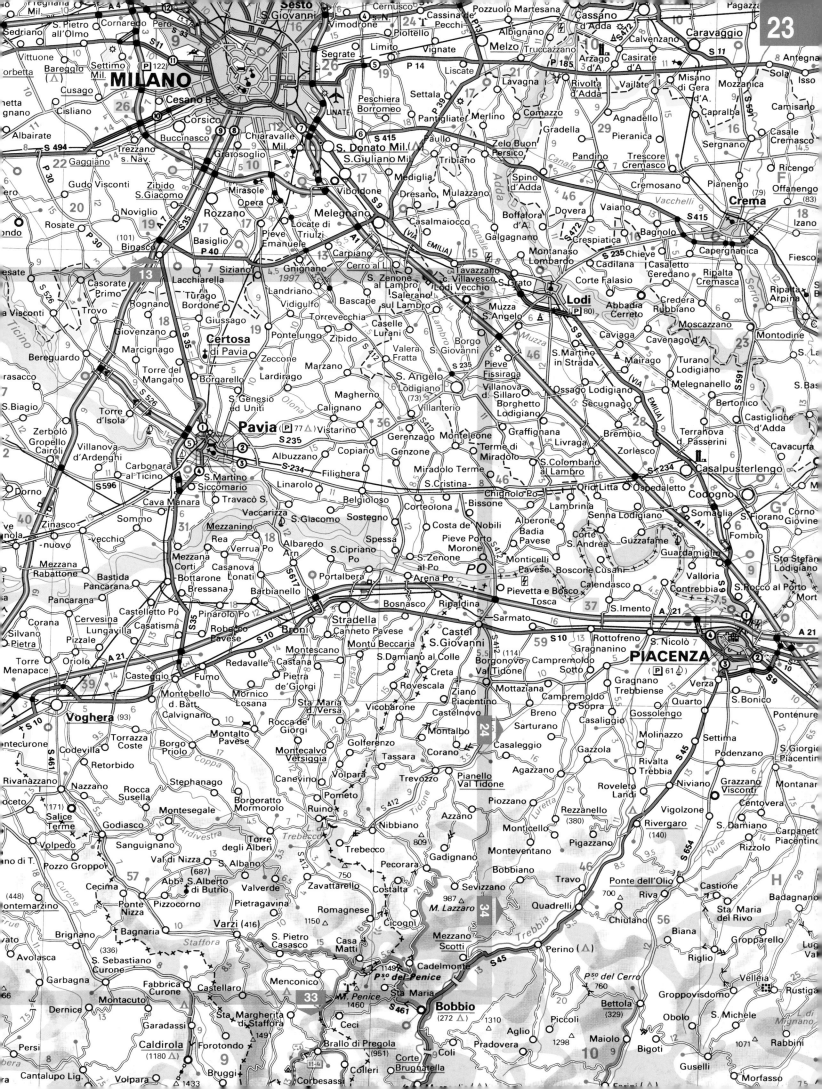

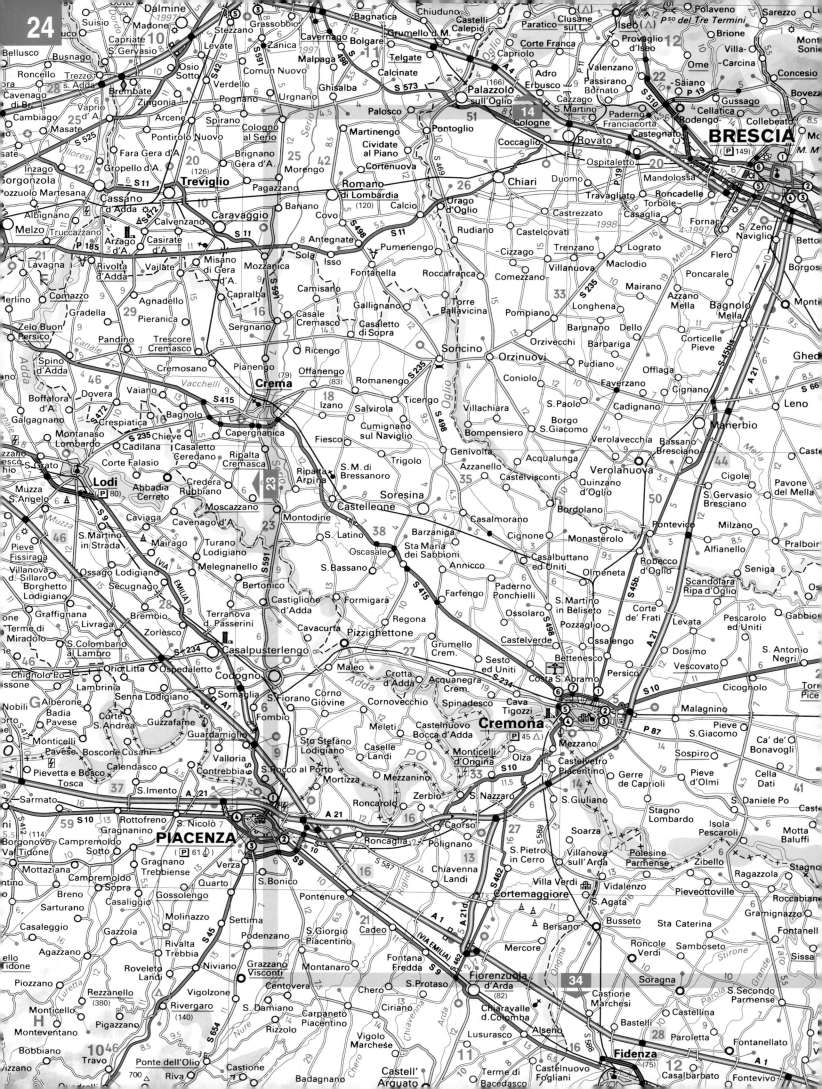

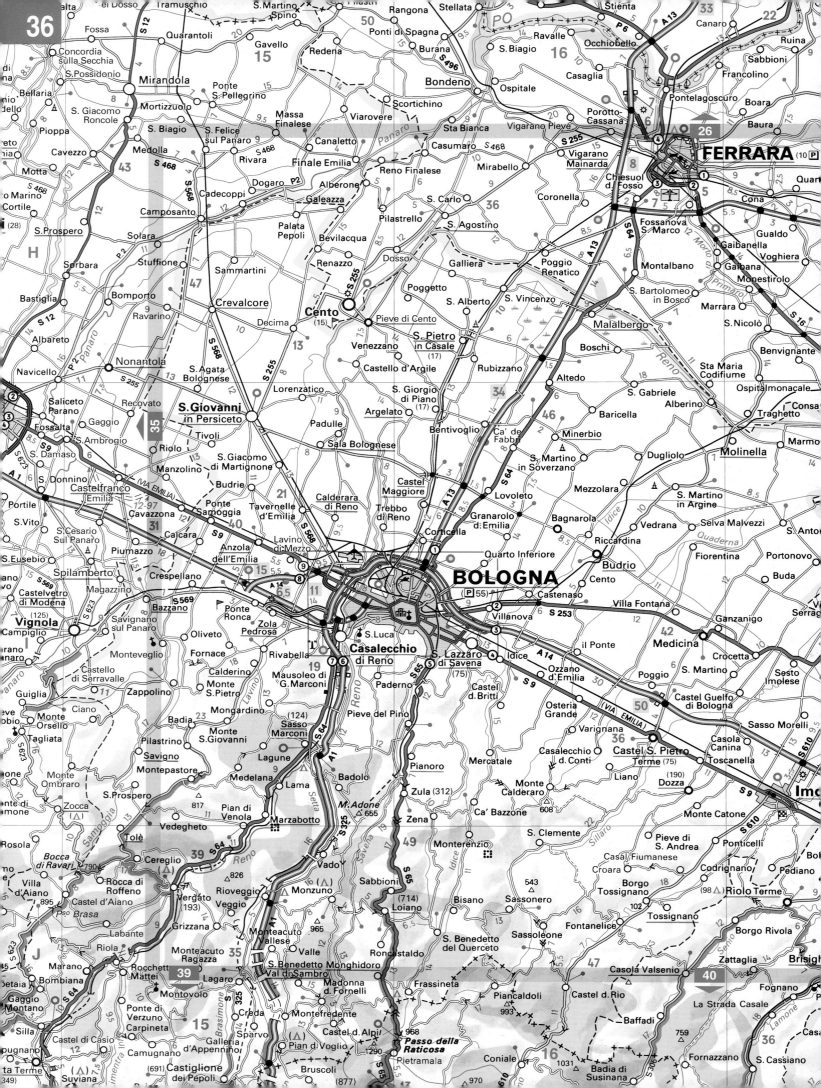

21   22   23

J

MARE

ADRIATICO

K

Fano

Madonna del Ponte

Torrette

Metauro
12
(150)
23
Marotta
S. Costanzo
10
Mondolfo
Stacciola
Met.
(△)
5
Cesano
9
Pte del Rio
Scapezzano
Senigallia (▲ △)

Zadar
Split
Dubrovnik
Kérkira (Corfu)
Igoumenitsa
Pátra (Patrasso)

orgio di Pes.
263 △ Monte
Porzio
Monterado
S424
Roncitelli
Pes.
vio S 424
Cesano
S. Angelo
40
Marzocca (△)
Ripe
Brugnetto
Montignano
18
Marina di Montemarciano
Michele
Corinaldo
Bettolelle
Montemarciano
Rocca Priora
S 16
Casine
S. Silvestro
Gabella
Falconara
Marittima
ANCONA (P)
Filetto
Cassiano
142 △
Palombina
Pietralacroce
Ostra (188 △)
Chiaravalle
Castelferretti
Torrette
M. dei Corvi
236
leone
uasa
Ostra
Vetere
Morro
d'Alba
Monte
S. Vito
11
Pinocchio
Montacuto
Portonovo
Sta Maria di P
572
Badia di S. Pietro
Campo
Vaccarile
Belvedere
Ostrense
S 76
Camerata
Picena
Montesicuro
16
14
Angeli
M.
Cònero
Camerano
50
S. Marcello
13
Agugliano
(203)
Barbara
Monsano
10
Sirolo
Serra de' Conti
254
Montecarotto
Jesi
(96 ▲)
Mazzangrugno
Polverigi
360
Offagna
S 361
Numana (△)
Marcelli (△)
Poggio
S. Marcello
377
Moie
7
Sta Maria
Nuova
Rustico
S. Paterniano
A 14
15
Castelplanio
Rosora
Angeli
34
Pianello
S 76
S 362
Collina
Casenuove
Padiglione
Osimo
(265)
Osimo
Stazione
S 16
18
Castelfidardo
15
Mergo
Maiolati Spontini
S 502
S. Paolo di Jesi
Campocavallo
Quirico
48
Cupramontana
Montoro
Loreto
(125)
Porto Recanati
49
64
S. Elia
S. Urbano
21
Borghetto
S. Vittore
Filottrano
(270)
Fiumicella
22
Bagnola
Recanati (293)
23
alcioni
590
Strada
Musone
Montefano

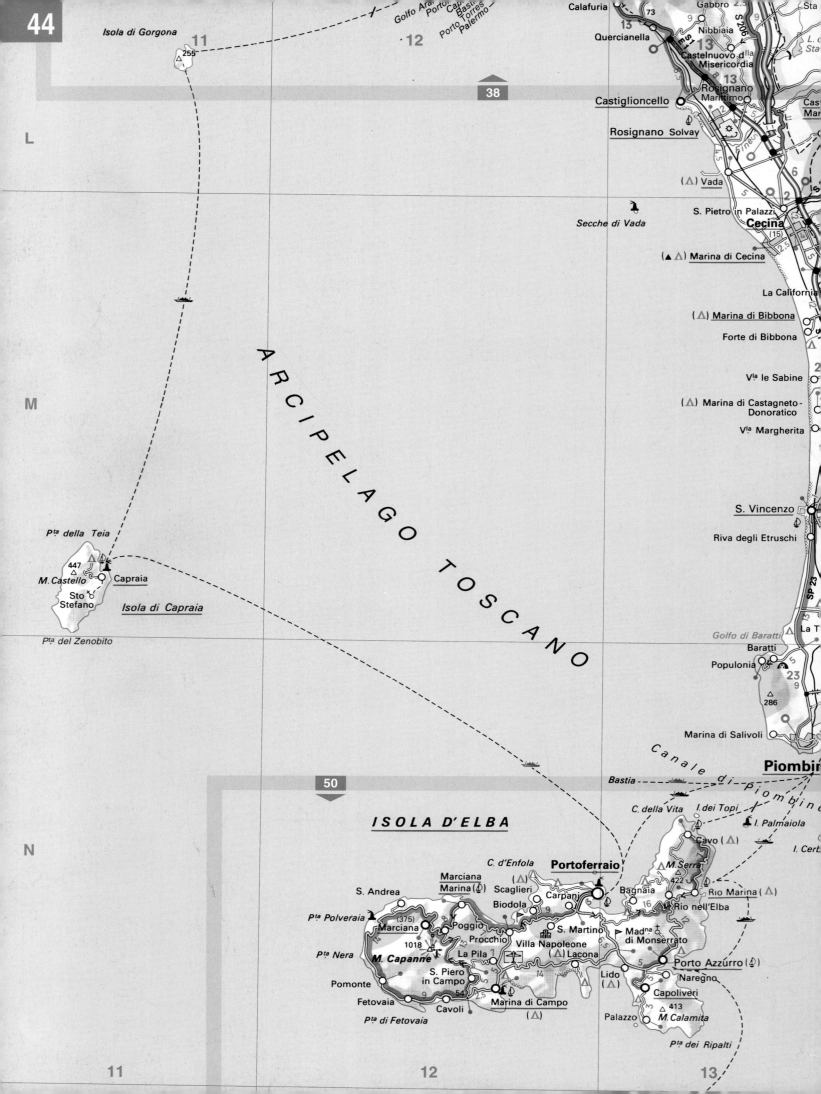

Isola di Gorgona

L

255

11

Golfo Ara... Porto... Cap. Bast..
Porto Torres
Palermo

Calafuria

Gabbro

73

13

S 206

9

Nibbiaia

Quercianella

13

Castelnuovo d..lla
Misericordia

Rosignano
Marittimo

13

Castiglioncello

Rosignano Solvay

12

38

(△) Vada

S. Pietro in Palazzi

Cecina

(15)

Secche di Vada

M

(▲ △) Marina di Cecina

La California

(△) Marina di Bibbona

Forte di Bibbona

V.la le Sabine

(△) Marina di Castagneto-
Donoratico

V.la Margherita

A R C I P E L A G O

S. Vincenzo

Riva degli Etruschi

P.ta della Teia

447

M. Castello

Sto
Stefano

Capraia

Isola di Capraia

T O S C A N O

Golfo di Baratti

Baratti

Populonia

23

9

P.ta del Zenobito

286

Marina di Salivoli

N

50

ISOLA D'ELBA

Canale di Piombino

Piombi..

Bastia

C. della Vita

I. dei Topi

I. Palmaiola

C. d'Enfola

Portoferraio

Cavo (△)

I. Cerb..

Marciana
Marina (⚓)

Scaglieri

Carpani

M. Serra
422

Rio Marina (△)

S. Andrea

Biodola

Bagnaia

16

Rio nell'Elba

P.ta Polveraia

(375)

Marciana

8

Poggio

Procchio

S. Martino

Villa Napoleone

Mad.na
di Monserrato

1018

P.ta Nera

M. Capanne

La Pila

(△) Lacona

5

Porto Azzurro (⚓)

Pomonte

S. Piero
in Campo

54

Lido

Naregno

Fetovaia

Cavoli

Marina di Campo

(△)

Palazzo

M. Calamita

413

Capoliveri

P.ta di Fetovaia

P.ta dei Ripalti

11

12

13

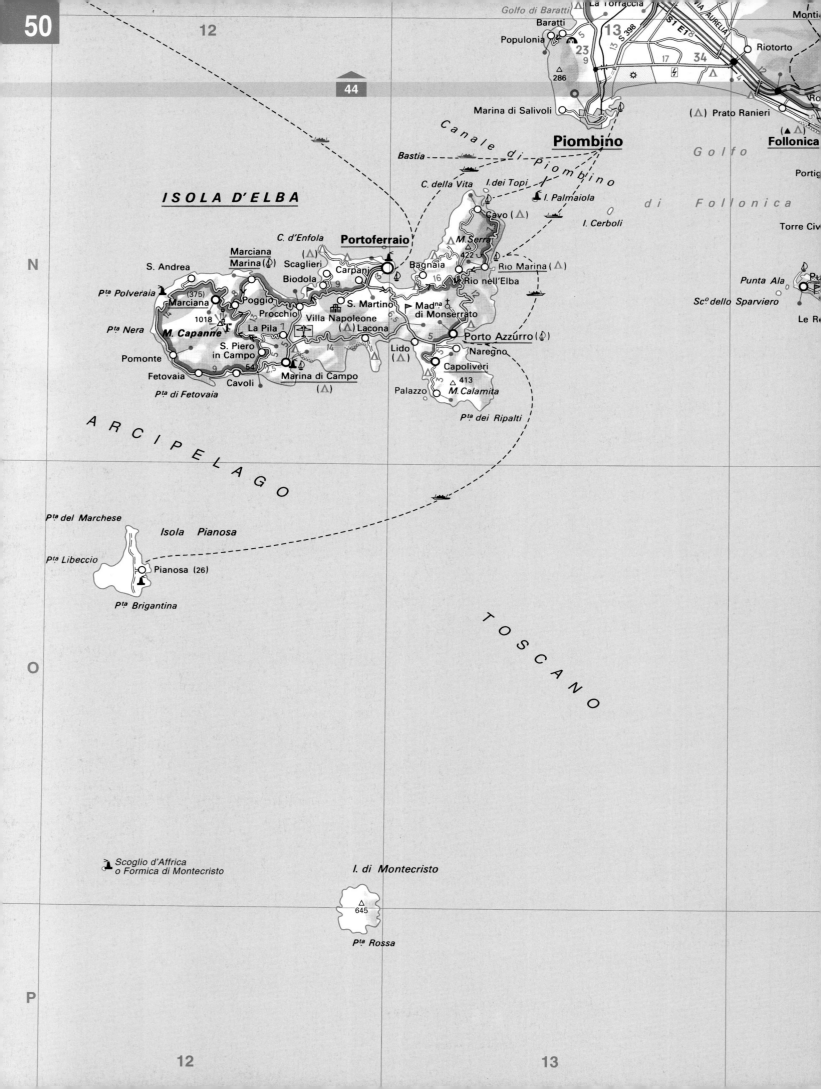

12

44

Golfo di Baratti

La Torraccia

Baratti

Populonia

13

S 398

VIA AURELIA

SI ET8

Monti

Riotorto

23
9

286

17

34

Marina di Salivoli

(△) Prato Ranieri

(▲ △)

Piombino

Follonica

Golfo

di *Follonica*

Portig

Canale *di* *Piombino*

Bastia

C. della Vita

I. dei Topi

I. Palmaiola

Cavo (△)

I. Cerboli

Torre Civ

ISOLA D'ELBA

C. d'Enfola

Portoferraio

M. Serra

422

Rio Marina (△)

Punta Ala

Scº dello Sparviero

Le Re

Marciana
Marina (⚓)

Scaglieri

Carpani

Bagnaia

Rio nell'Elba

S. Andrea

Biodola

S. Martino

16

Madⁿᵃ
di Monserrato

P.ta Polveraia

(375)

Marciana

Poggio

Procchio

Villa Napoleone

9

Porto Azzurro (⚓)

1018

La Pila

1

Lacona

Naregno

P.ta Nera

M. Capanne

S. Piero
in Campo

(△)

5

Lido

Capoliveri

Pomonte

54

Marina di Campo

(△)

413

M. Calamita

Fetovaia

Cavoli

Palazzo

P.ta di Fetovaia

P.ta dei Ripalti

A R C I P E L A G O

P.ta del Marchese

Isola Pianosa

P.ta Libeccio

Pianosa (26)

T O S C A N O

P.ta Brigantina

Scoglio d'Affrica
o Formica di Montecristo

I. di Montecristo

645

P.ta Rossa

12

13

N

O

P

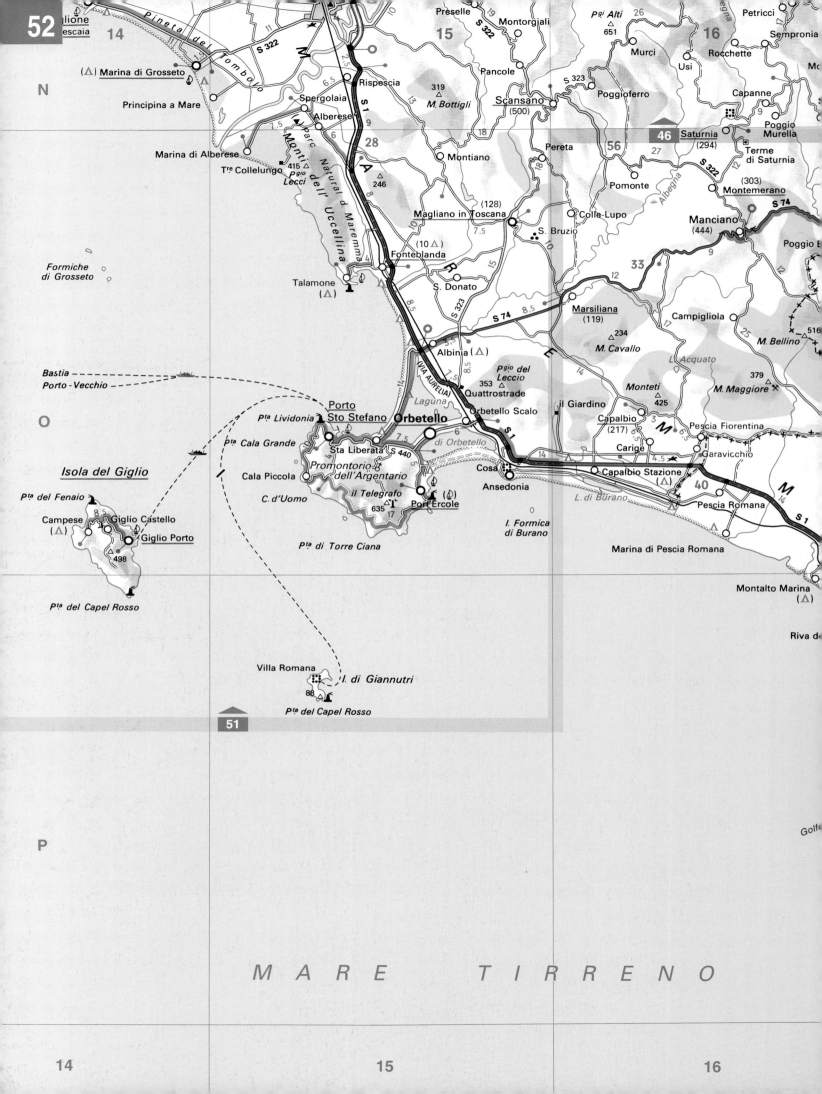

14

15

16

N

Preselle
Montorgiali
P.gi Alti
651
Petricci
Sempronia

S 322
Murci
Usi
Rocchette

Capanne

Poggioferro

Poggio
Murella

46 Saturnia
(294)

56

Terme
di Saturnia

S 322

Montemerano
(303)

S 74

Manciano
(444)

(△) Marina di Grosseto
Principina a Mare

Rispescia

Spergolaia
Alberese

M. Bottigli
319

Scansano
(500)

S 323

Marina di Alberese

T.re Collelungo

415
P.gio
Lecci

28

246

A

Montiano

Magliano in Toscana

S. Bruzio

Colle-Lupo

33

Pereta

Pomonte

Albegna

Formiche
di Grosseto

Fonteblanda

(10 △)

4

R

S. Donato

S 323

15

Marsiliana
(119)

234
M. Cavallo

Campigliola

M. Bellino

516

O

Bastia
Porto-Vecchio

Talamone
(△)

8,5

Albinia (△)

7,5

8,5

P.gio del
Leccio

353

Quattrostrade

12

S 74

8,5

il Giardino

Monteti
425

379

M. Maggiore

L. Acquato

Isola del Giglio

P.ta del Fenaio

Campese
(△)

Giglio Castello

Giglio Porto

498

Porto
Sto Stefano

P.ta Lividonia

P.ta Cala Grande

Sta Liberata

Cala Piccola

C. d'Uomo

Promontorio
dell'Argentario

il Telegrafo

635
17

Port'Ercole

Orbetello

Laguna

di Orbetello

Cosa

Ansedonia

Orbetello Scalo

S 1

7,5

6

Capalbio
(217)

Carige

4,5

Capalbio Stazione
(△)

Pescia Fiorentina

Garavicchio

40

M

Pescia Romana

S 1

P.ta di Torre Ciana

I. Formica
di Burano

L. di Burano

Marina di Pescia Romana

Montalto Marina
(△)

P.ta del Capel Rosso

Riva d

Villa Romana

88

I. di Giannutri

P.ta del Capel Rosso

P

Golfe

M A R E   T I R R E N O

14

15

16

Split

(▲)

CARA
] ▲ △)

O

Francavilla al Mare (▲ △)

S 21
S 263
S 16
Lido Riccio (△)
Aquilano
Ortona (▲)
Miglianico
43
A 14
Villa Grande
6
Tollo
Giuliano
Teatino
Villa
S. Leonardo
Marina di S. Vito (△)
Crecchio
S 538
Villa Caldari
S. Vito Chietino
Canosa
Sannita
Frisa
Treglio
Rocca
S. Giovanni
S. Giovanni in Venere
19
Ari
Arielli
20
S 84
Fossacesia Marina
Petri
Poggiofiorito
Moro
Fossacesia
Torino di Sangro Marina (△)
(430)
Lanciano
Orsogna
(283)
S 524
4
Castel
S 652
Lido di Casalbordino
diagrele
S 538
Frentano
Mozzagrogna
S 84
A 14
Punta di Penna
S 363
16
S 154
Torino di Sangro
Porto
Piano d. Fonti
Rizzacorno
15
Villalfonsina
di Vasto
S. Eusanio
22
Paglieta
S
28
14
del Sangro
364
Sangro
Casalbordino
Pollutri
Vasto (144 ▲)
Guarenna
(203)
314
Sinello
32
S 84
Scerni
Marina di Vasto
paro
Casoli
7
S. Tommaso
S. Giacomo
S 86
S. Salvo Marina
S 84
(378)
Perano
Monteodorisio
S 16
6
d. S
Altino
Archi
S 364
Cupello
Marina di Montenero (△)
Angelo
Roccascalegna
S 364
15
S. Salvo
Petacciato Marina (△)
62
S 558
8
23
A 14
Gessopalena
1020
Atessa
323
S 650
S 157
13
Termoli
(644)
S 652
(433)
Casalanguida
5.5
Petacciato
(▲ △)
Torricella Peligna
Bomba
Tornareccio
Gissi
9.5
22
S 364
Sinello
Furci
Lentella
S 157
Pennadomo
13
Treste
S. Giacomo
iuvanum
L. di
Colledimezzo
591
634
degli Schiavoni
Sangro
Guilmi
Carpineto
S. Buono
Trigno
(273)
S 87
Montebello
Sinello
Fresagrandinaria
Montenero
Campo
s. Sangro
Pietraferrazzana
Mafalda
di Bisaccia
marino
(336)
Villa Sta Maria
Monteferrante
S 86
(369)
Fallo
Montazzoli
Palmoli
Sinarca
Guglionesi
Civitaluparella
(868)
(740) Liscia
Dogliola
Montecilfone
Portocannone
zoferrato
Roccaspinalveti
705
10
S 157
Q
63
Roio del
Fraine
Carunchio
S. Felice
Palata
26
Quadri
Borrello
Sangro
del Molise
S 483
berale
106
1390
S 650
Tavenna
S. Martino
Rosello
Castel
Celenza
Montemitro
in Pensilis
Pescopennataro
Fraiano
25
s. Trigno
1415
Torrebruna
Castiglione
Mad na
Montefalcone
Acquaviva
Collecroce

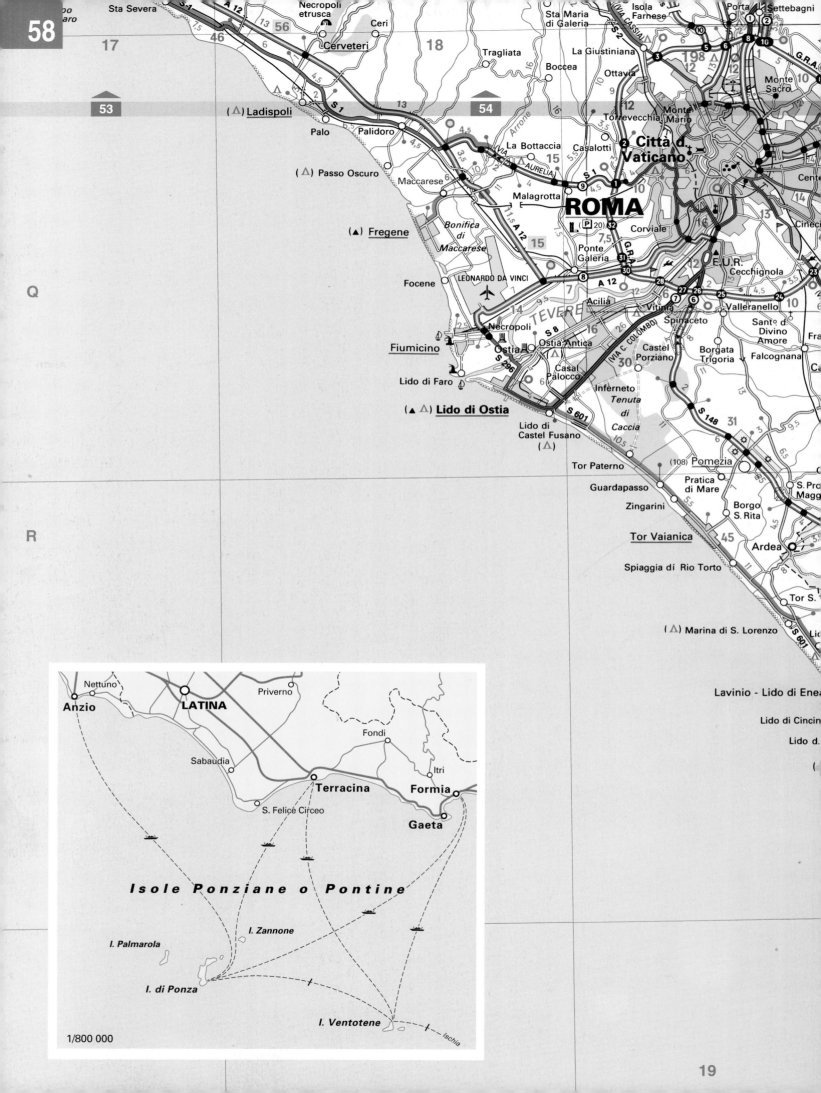

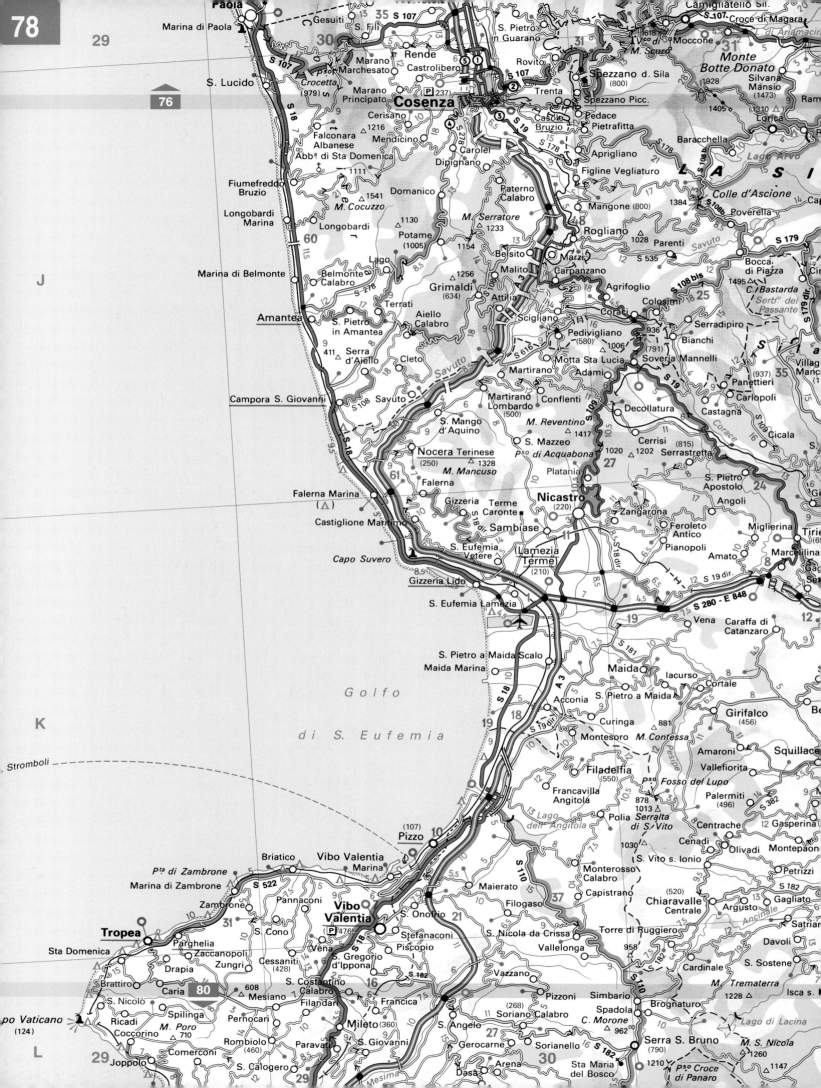

33

28

730

de

Pino
Grande
Savelli
Germano
631
Verzino
(549)
Carfizzi
Melissa
Torre Melissa
S 106
11
Pallagorio
S 492
S. Nicola
dell'Alto
Strongoli
(342)
5.5
S 492
8.5
Vravo
Votturino
S 107
Palla Palla
(1049)
5.5
S 108ter
17
9.5
645
32
77
17
Zinga
Casabona
6
S 107
10
Marina di Strongoli
Fasana

43
S. Giovanni
in Fiore
Cerenzia
Infantino
528
189
Bucchi

Montenero
1881
Croce
di Agnara
Cagno
Caccuri
Bagni
di Repole
Belvedere di
Spinello
9
6

1371
Trepidò-
Sott.
Sta Rania
Lese
Rocca di Neto
8
29
Gabella Grande
S 107

Ampollino
Sop.
S 179
Altilia
10
Neto
7.5
13
10

44
1745
Cotronei (530)
M a r
Sta Severina
(326)
21
J

Parco Nazionale
1765
M. Gariglione
Roccabernarda
S 109
5.5
c h
e
Scandale
Crotone (P)

1665
della
3
S. Mauro
Marchesato
260
Papanice
S 106
Santº Hera Lacinia

Calabria
Tirivolo
1723
M. Femminamorta
Petilia
Policastro
(436)
Foresta
8.5
S 109
6.5
159
Capo Colonna

Racise
Buturo
1240
S 109ter
13
33
Cutro
(218)
S. Anna
Salica
8

1402
Arietta
4
Termine
Grosso
9
13
6
Vermica
Vil. Turistico

averna
Albi (710)
Petrona
Marcedusa
Rosito
S 106
Capo Cimiti

Magisano
Cerva
Belcastro
10
10
S 106
Isola
di Capo Rizzuto
(96)

S. Giovanni
Fossato
Serralta
Sellia (560)
Sersale
(778)
Zagarise
Andali
S 180
5.5
S 109
S. Leonardo
di Cutro
31
Campolongo

Pentone
S. Elia
Cropani
Steccato
6.5
Le Castella
Capo Rizzuto (⌂)

Crichi
Soveria Simeri
Botricello
4
3
Capo Rizzuto

14
Simeri
Cropani Marina
S 106

Catanzaro
(P) 343
Calabricata
Sellia Marina

Pontegrande
S 106
33

La Petrizia
7.5
Sta
Maria
Le Croci
10.5
S 19bis
S 19
12

K

S 384
Catanzaro Lido
Roccella

S 181
S 106

aletti
Copanello
Pta di Staletti
mauro
20

Montepaone Lido

Soverato
G O L F O

Marina di Davoli

Andrea Apostolo
d. Ionio
S. Andrea Apostolo
d. Ionio Marina
D I   S Q U I L L A C E

Isca Marina
81

Badolato Marina
Badolato
(215)
28 **31**
32
33

L

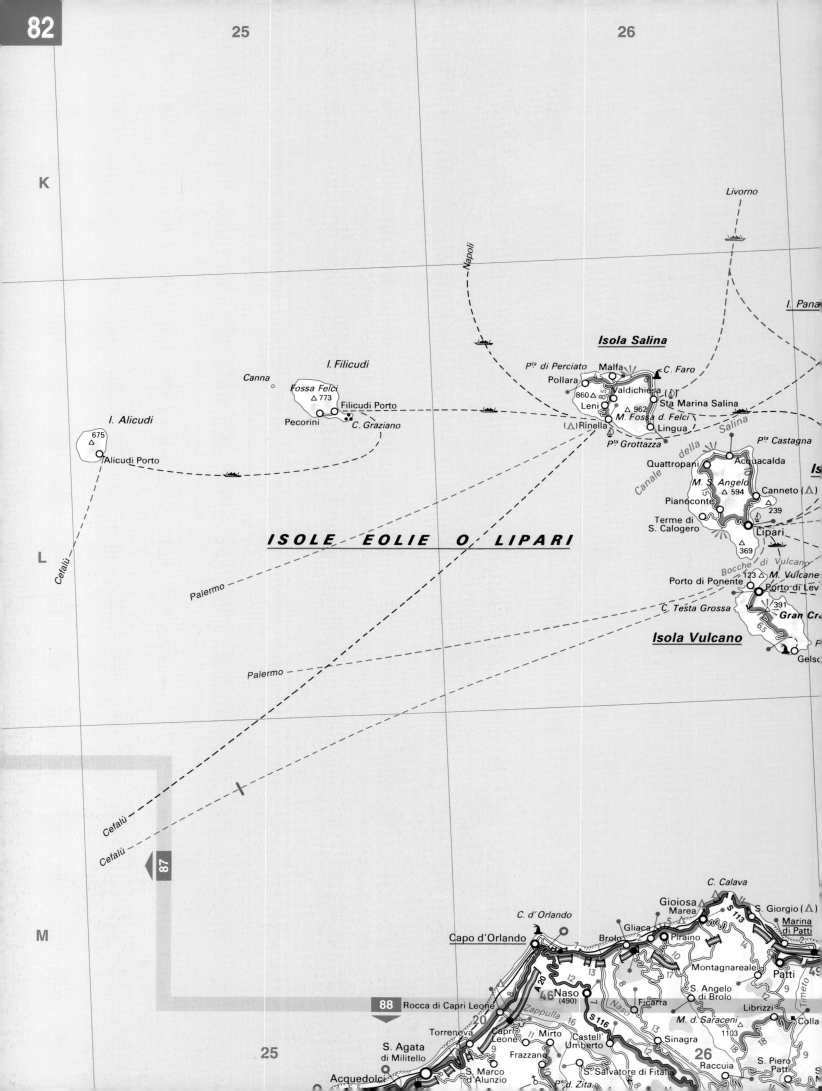

25

26

K

Livorno

Napoli

I. Pana

Isola Salina

I. Filicudi

Canna

Fossa Felci
△ 773

P.ta di Perciato Malfa *C. Faro*
Pollara
860 △ Valdichiesa (△)
Filicudi Porto Leni △ 962 Sta Marina Salina
Pecorini M. Fossa d. Felci
C. Graziano (△) Rinella Lingua

I. Alicudi *P.ta Grottazza* *Salina* *P.ta Castagna*

675
△ *della* Acquacalda
Alicudi Porto Quattropani *Canale* *Canneto* (△)
M. S. Angelo
△ 594 239
Pianoconte
Terme di Lipari
S. Calogero △
369

ISOLE EOLIE O LIPARI *Bocche di Vulcano*
123 △ *M. Vulcane*
Porto di Ponente Porto di Lev
Palermo 391
C. Testa Grossa 65 **Gran Cra**

Palermo **Isola Vulcano** Gelso

Cefalù

I

Cefalù

Cefalù

87

M

C. Calava

Gioiosa S 113
C. d'Orlando Marea S. Giorgio (△)
Gliaca 5 Marina
Capo d'Orlando Brolo Piraino di Patti
7 2 10 14
A 20 Montagnareale Patti
12 13 8 17 49
46 Naso S. Angelo
88 Rocca di Capri Leone (490) di Brolo Librizzi
20 Zappulla Ficarra 9 Colla
Torrenova 16 S 116 M. d. Saraceni
Capri 11 Mirto 13 Sinagra 1103 18
S. Agata Leone Castell' 26
di Militello Frazzano 6 Umberto Raccuia S. Piero
Acquedolci S. Marco S. Salvatore di Fitalia P.so d. Zita
d'Alunzio
25

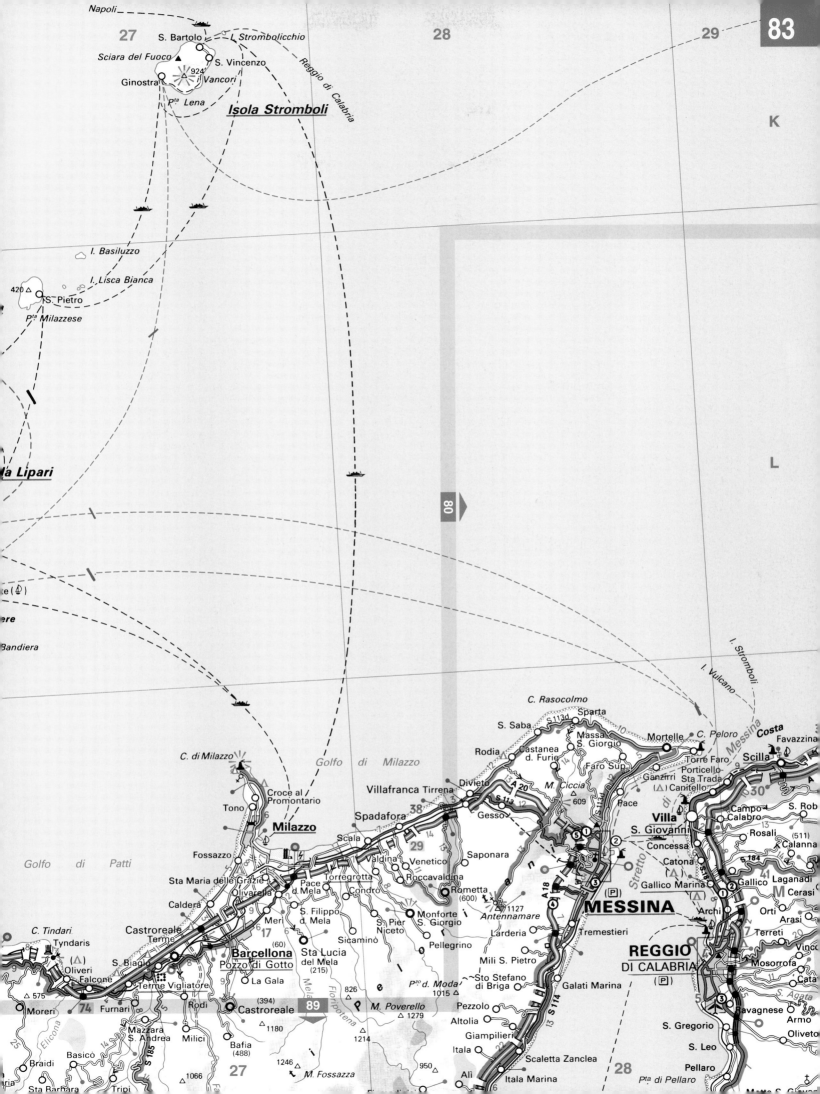

Napoli

27   S. Bartolo   I. Strombolicchio   28   29   K

Sciara del Fuoco   S. Vincenzo

924'   il Vancori

Ginostra

P.ta Lena   **Isola Stromboli**

I. Basiluzzo

I. Lisca Bianca

420   S. Pietro

P.ta Milazzese

Reggio di Calabria

a Lipari

80

I. Stromboli

ere   (⚓)

I. Vulcano

Bandiera

C. Rasocolmo

C. di Milazzo   Sparta

S. Saba   S 113d

Mortelle   C. Peloro   Costa

Croce al   Golfo   di   Milazzo   Massa   Favazzina

Tono   Promontorio   Rodia   Castanea   S. Giorgio   Torre Faro

d. Furie   Faro Sup.   Porticello   Scilla

Milazzo   Villafranca Tirrena   Divieto   A 20   M. Ciccia   Ganzirri   Sta Trada

Fossazzo   Spadafora   38   S 113   609   Canitello   30

Scala   29   Gesso   Pace   Villa   Campo

Golfo   di   Patti   Valdina   Venetico   Saponara   S. Giovanni   Calabro

Sta Maria delle Grazie   Torregrotta   Roccavaldina   5   Concessa   Rosali

Olivarella   Pace   Condrò   2   S 184   (511) Calanna

Caldera   d. Mela   Rometta   Catona   A 18   41

C. Tindari   S. Filippo   (600)   Antennamare   Gallico Marina   Gallico   Laganadi

Tyndaris   Merì   d. Mela   S. Pier   1127   Larderia   Archi   M Cerasi

Castroreale   17   (60)   Niceto   Sicaminò   Stretto   Orti   Arasi

Terme   Pellegrino   MESSINA   7

Barcellona   Sta Lucia   Mili S. Pietro   Terreti

S. Biagio   Pozzo di Gotto   del Mela   Sto Stefano   Tremestieri   REGGIO   5

Oliveri   Falcone   (215)   La Gala   (394)   di Briga   Galati Marina   DI CALABRIA   Mosorrofa

575   74   Terme Vigliatore   Rodi   826   Pezzolo   Ravagnese   Cata

Moreri   Furnari   Castroreale   89   M. Poverello   Altolia   S. Agata

Mazzara   Milici   1279   Giampilieri   S. Gregorio   Armo

Basicò   S. Andrea   Bafia   1180   1214   Itala   S. Leo   Oliveto

Braidi   (488)   1246   950   Scaletta Zanclea   Pellaro

Sta Barbara   Tripi   1066   27   M. Fossazza   Alì   Itala Marina   P.ta di Pellaro   28

18

19

21

K

Secca Colombara

Scº d. Medico
Secca Apollo

C. Falconiera

238 △   Ustica (⚓)

Pᵗᵃ d. Spalmatore

Pᵗᵃ dell' Arpa

Palermo

M

I. di Ustica

Cagliari

I. Asinelli   Tonnara

Pizzolungo

Lido di S. Giuliano   Eɾ

(P) **Trapani**

C. Grosso

ISOLE

I. Levanzo

I. Colombata   Saline

Grotta del
Genovese   △ 278   I. Maraone   I. Formica   Xitta

Levanzo

Nubia

Pᵗᵃ Mugnone   Pᵗᵃ Troia

Pietretagl

Palma

Pᵗᵃ Mugnone   Cast.

686 △

EGADI

Marausa

M. Falcone   ⚓

Pᵗᵃ Faraglione

Marettimo

BIRGI

Pᵗᵃ Libeccio

Pᵗᵃ Sottile   7.5

Lido Marausa

42

Pᵗᵃ Bassana   314

Favignana   Birgi Novo   Rilie

Saline   19   31

M. Sta Caterina △   5   Birgi Vecchi   △ 10

I. Marettimo   2

I. Favignana

I. S. Pantaleo   Granatello

Pᵗᵃ Marsala   Mozia

I. Grande   Ss. Filippo   Mad
e Giacomo   d. Ca

Isole d.
Stagnone   1997

Paolini

Pᵗᵃ d' Alga   Tabaccaro   Nuccio   Matar

Tunis

C. Lilibeo o Boeo

Digerbato

I. di Pantelleria

(▲ △) **Marsala**

Ponte   12

Lido Mediterraneo   Sto Padre d. P

Lido Delfino   10

Lido Signorino   Terrenove

Pᵗᵃ Parrino   Strasatti

S 115

Pizzolato   Petrosino

C. Feto

Mazara del

Trapani

Pantelleria   8.5

Cala Cinque Denti

Cuddie Rosse   △ 56   Pᵗᵃ Spadillo

Sesi   Gadir

289   Bagno
dell'Acqua   Pᵗᵃ Tracino

Pᵗᵃ Fram   S. Vito   Khamma   Tracino

Sataria   Siba   Mᵗⁿᵃ Grande

836 ▽   △ M. Gibele

Pᵗᵃ d. Tre Pietre   700

Scauri   10.5   20

560 △

Nica   Pᵗᵒ Dietro Isola

Balata dei Turchi

Q

I. di Pantelleria

O

17   18

18

21　　　　　　　　　　　　　　　　　　　　　　22

Napoli
Livorno
Genova
Cagliari

Capo Gallo

I. d. Femmine
Isola d. Femmine
Sferracavallo
Mondello
Golfo di Carini
△ 561
P.ta di Priola

Punta Raisi
Tommaso Natale
Partanna
M. Pellegrino
Golfo di
Palermo

PUNTA RAISI
Cinisi
Capaci
606
Vergine Maria

Terrasini
Villagrazia di Carini
M. Castellaccio
△ 890
A 29

C. Rama
Carini (181)
Port.la Torretta
PALERMO
(P)
C. Mongerbino
Capo Zafferano

Mad.na del Furi
Torretta
559
Aspra
Solunto

964 △
P.zo Montanello
Boccadifalco
△ 1050
Ficarazzi
Porticello
Solanto

Zoo Fattoria
S. Martino d. Scale
Castellaccio
△ 766
Sta Maria di Gesù
Sta Flavia

Lo Zucco
Giardinello
Montelepre
Monreale
(301)
Aquino
Villagrazia
Ciaculli
Villabate
Bagheria

Trappeto
M. Gibilmesi
△ 1152
Pioppo
S 186
S 624
Gibilrossa
Casteldaccia
C. Grosso
37

Balestrate
Borgetto
29
Sant
del Romitello
△ 1078
Altofonte
Belmonte Mezzagno
Altavilla Milicia
47
S. Nicola l'A

Partinico
(175)
△ 1194
M. Gradara
Giacalone
Port.la d. Pianetto
△ 588
Misilmeri
Port.la d. Accia
△ 294
△ 874
Trab

S 113
P.zo Mirabella
△ 1165
Port.la d. Paglia
△ 797
P.zo Cervo
△ 945
P.zo Mangiatoriello
△ 620
540 △

Alcamo Marina
M. d. Fiera
△ 971
1333
Piana d. Albanesi
Sta Cristina Gela
P.zo d. Leone
△ 1119
A 19

24
S. Giuseppe Iato
La Pizzuta
855
L. di Piana d. Albanesi
(531)
Marineo
△ 1257
P.zo d. Trigna
Caccamo

Alcamo
(256)
S. Cipirello
Port.la Ginestra
△ 1016
M. Leardo
786 △
M. Balatelle
Bolognetta
58
16

M. Ferricini
△ 601
L. d. Scanzano
60
Cefalà Diana
△ 1007
Baucina
Ventimiglia di Sicilia
35

825 △
Mad.na dell'Alto
Grisi
477
△
62
Godrano
△ 1613
Villafrati
Ciminna
(5 21)
777 △
Serre
Sambuchi

M. Pietroso
△ 531
S. Loe
Sant del Rosario
672
Ficuzza
Rocca Busambra
Mezzoiuso
S 121
S. Leonardo

Camporeale
Borgo Schirò
Port.la di Poira
355
574
M. Galiello
Giardinello
Vicari (700)
Regalgioffoli
Rocc

S.re del Parrino
△ 326
Roccamena
△ 1057
Campofelice di Fitalia
Bivio Manganaro
S 189

75
△ 1613
C.zo Donna Giacoma
19
Valle della Margana

Ruderi di Gibellina
Ruderi di Poggioreale
M. Giammaria
△ 560
683
Port.la Scorciavacche
23
Port.la d. Croce
491
917 △
P.zo Lanzone
Lercara Friddi
(660)
Lerca

24
644 △
P.zo di Gallo
Corleone
(542)
Port.la Imbriaca
718

Ruderi di Salaparuta
Poggioreale
Borgo Roccella
S 188c
Campofiorito
1457
M. Carcaci
△ 1196
23

Salaparuta
Carruba Nuova
22
P.zo Cangialoso
(1007)
Prizzi
B.ta Carcaciotto

Montevago
Sta Margherita di Belice
Contessa Entellina
M. Triona
1215
L. di Prizzi
Filaga
Castronuovo di Sicilia

Sta Maria del Bosco
Bisacquino
S 118
31
584 △

M. Magaggiaro
△ 399
La S.ra Lunga
644
△ 1180
M. Genuardo
L. di Gammauta
Palazzo Adriano
L. Pian del Leone
90

Port.la Misilbesi
295
M Adranone
Giuliana
Chiusa Sclafani
(658)
Cammarata

Menfi
(119)
Sambuca di Sicilia
33
40
△ 905
M. Rose
△ 1436
C.zo Stagnataro
△ 1346
15

M. Cirami
516 △
S. Biagio
P.zo Telegrafo
△ 950
P.zo di Gallinaro
△ 1220
Bivona
(503)
Sto Stefano Quisquina
Sta Rosalia
(986)
△ 1578
S. Giov

Port.la Misilbesi
S. Carlo
Burgio
△ 519
△ 1246
M. Cammarata

R.ca Ficuzza
△ 901
Caltabellotta
(949)
L. Favara
Villafranca Sicula
M. S. Nicola
Alessandria della Rocca
(533)
△ 910
P.zo la Menta
P.zo d. Rondine

Bivio S. Bartolo
327 △
21
S. Anna
S 386
Lucca Sicula
Magazzolo
Port.la Tanabuto
544
Castelterm

M

82

Golfo di
Termini Imerese

Marina di C...

Cefalù

C. Plaia

C. Raisigerbi

S. Ambrogio   Finale   32   Milianni   Castel   Torremuzza   Canneto
di Tusa

8   5   9   Halæsa   7   Sto Stefano
di Camastra

Campofelice   Lascari   S 113   Osservatorio   S 286   (614)   di Camastra
di Roccella   Geofisico   Tusa   Motta d'Affermo

Termini Imerese   28   Santo di   11-1997   Pollina   Reitano
Gibilmanna   (764)   Pzo Taverna   Pettineo

927   Pzo S. Angelo   304   Borrello   1027   1167
Gratteri   Portla di   Pzo Voturo   M. Tre...
Montenero

Buonfornello   430   Pzo Dipilo   (423)   Pzo Voturo   Mistretta
1385   Isnello   50   Castelbuono   1223   (900)

36   M. S. Calogero   Collesano   Mongerati   S. Mauro   Castel di Lucio
1326   (468)   Castelverde   M. Cas...
Villaurea   808   M. d'Oro   Zucchi   Timpa del Grillo   1567
Sciara   (274)   582   Portla di Mare   Pzo Carbonara   1346   Colle del
Cerda   Piano   1979   Contrasto
S 120   (1105)   Piano   Portla   1107
692   1794   Battaglia   Mandarini   901   M: Sambughetti
Aliminusa   Scillato   M. dei Cervi   Marini   1206   Geraci Siculo   Pzo Cosimo   1558
34   A 19   (1648)   1912   1660   1070   Pso Malopasseto
54   M   M. S. Salvatore   Portla d. Bifolchi   Masseria
Montemaggiore   1145   643   1120   S. Agrippina   839
Belsito   M. Roccelito   Nociazzi   Petralia   (1000)   Portelle
Sclafani Bagni   Caltavuturo   Calcarelli   32   Sottana   Gangi   2-1997
1002   Polizzi   (1147)   Petralia Soprana   (1011)   Sperlinga
Pso Conca   Generosa   5   991   Portla Madonnuzza   88   21 S 120
658   Portla d. Lupo   M. Piombino   (920)   Fasano   Pianello   1332   33
Alia (726)   947   Castellana   Blufi   Verdi   M. Zimmara   Nicosia
Sra Tignino   Portla   Sicula   8   971   1025
999   Mangiante   Masseria   Locati   Bompietro   M. La Guardia
Balate   871   Villadoro   19
Valledolmo   S 120   Mass. Xireni   Casalgiordana   874 Portla Creta
Portla   (769)   Pzo Sampieri   32   12   (740)   1055   1193
d. Scavo   566   Sra d. Vento   M. Altesina   (603)
Bassa   Torto   1081   1042   58   Cacchiamo   Leonforte
68   M. Catuso   91   1025
Garcia   Vallelunga   Tudia   Resuttano   Villapriolo   Erbavuso
772   Piatameno   Portla d. Morto   Villarosa   S 290   Nicoletti
Montoni-   Belici   833   14   M   Calascibetta
Vecchio   Casabella   Portla Recattivo   Salso   Morello
Pso Ficuzza   832   M. Giulfo   16
781   Cozzo   Recattivo   761   30
Sparacia   Pitursiddo   M. Chibbò   825   Villarosa   Calderari
891   951   M. Matarazzo   Bivio   S 121   Enna   P 942
Polizzello   676   Barriera Noce   S 192
Casalicchio   Portla Palermo   Sta Caterina   A 19
M.S. Vito   Marianopoli   Villàrmosa   611   30
899   13   (606)   Portla
Mussomeli   Manfredonico   Mappa   d. Vento   S 117b
(726)   Salito   14   15   S 561   Pergusa
Acquaviva   614   Cozzo Campana   S 640   819   559
Platini   S 189   Xirbi   33   Portla Castro   Mulinello
Sutera   di Pergusa

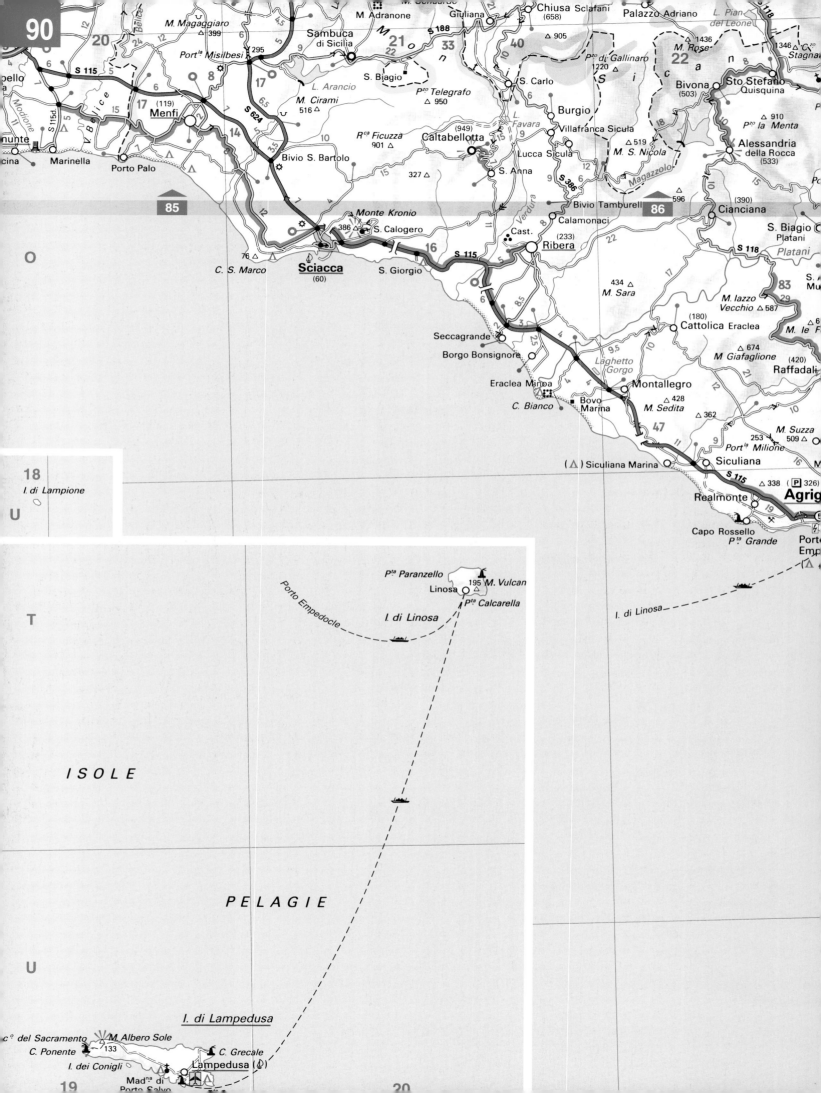

20 12
M. Magaggiaro △ 399
M Adranone
Giuliana
Chiusa Sclafani (658)
Palazzo Adriano
L. Pian del Leone
S 118

Sambuca di Sicilia
M 21 o
S 188
22
33
40
△ 905
M. Rose
1436
1346 △ C.zo Stagna
22 a

Port.la Misilbesi
295
5
S. Biagio
S. Carlo
S i
Bivona (503)
Sto Stefano
Quisquina

S 115
(119)
8
17
L. Arancio
P.zo Telegrafo
950
S. Carlo
Burgio
P.zo di Gallinaro
1220
△ 910
P.zo la Menta

Menfi
17
14
M. Cirami
516 △
R.ca Ficuzza
901 △
Caltabellotta (949)
Villafranca Sicula
M S. Nicola
△ 519
Alessandria della Rocca (533)

Marinella
Porto Palo
Bivio S. Bartolo
327 △
S. Anna
Lucca Sicula
S 386
6
12
596
(390)
Cianciana

85
7
12
Monte Kronio
386 △
S. Calogero
S. Giorgio
Bivio Tamburell
Calamonaci
Cast.
Ribera (233)
86
S 118
S. Biagio Platani
Platani

C. S. Marco
Sciacca (60)
16
S 115
22
434 △
M. Sara
17
M. Iazzo Vecchio △ 587
83

Seccagrande
6
8.5
2
(180)
Cattolica Eraclea
M. le F
△ 674
M Giafaglione (420)
Raffadali

Borgo Bonsignore
25
3
4
9.5
10
21

Eraclea Minoa
Bovo Marina
△ 428
M. Sedita
△ 362
M. Suzza
509 △
253

C. Bianco
47
11
9
Port.la Milione
16

18
I. di Lampione
Siculiana Marina
S 115
△ 338
(P 326)
Siculiana

U
Realmonte
19
Agrig

Capo Rossello
P.ta Grande
Porte Emp

P.ta Paranzello
195 M. Vulcan
I. di Linosa
Porto Empedocle
Linosa
P.ta Calcarella
I. di Linosa

T

I S O L E

P E L A G I E

U

I. di Lampedusa

c.o del Sacramento
M. Albero Sole
C. Ponente
△ 133
C. Grecale
I. dei Conigli
Lampedusa
Mad.na di Porto Salvo

19
20

Monaci

Palazzelli

Palagonia (200)

Scordia (130)

Militello in Val di Catania 626△

Francofonte (281)

34 S 194

Vizzini (619) 41 S 124

Bucchéri

986△ M. Lauro

914△ M. Contessa

terosso Almo

Giarratana (520)

iaramonte Gulfi (668)

Balata di Modica

Bellocozzo

Ragusa (P) 498

Frigintini

Scicli (106)

Modica (381)

Sampieri

Marina di Modica

Pta Religione

382△

15

Benante 26

Serb.º di Lentini

S 385

S 194 17

Vaccarizzo 27 Catania

S. Demetrio

Agnone Bagni

Lentini (53▲) 22 21

Carlentini

Leontinoi

Villasmundo

M. Carrubba 535△

Pedagaggi 510△

M. Sta Venere 870△

Sortino (438)

Necropoli di Pantalica

Ferla

Cassaro

M. Grosso 695△

Buscemi

Palazzolo d'Acréide (697)

Akrai

S 287

S⁽ᵃ⁾ Vetrano 717△ 678△

Rigolizia

S. Giacomo

S. Corrado d'Fuori

Gianforma

Castelluccio

Noto Antica

Testa dell'Acqua 639

Villa Vela

S 287

Mass. Granieri

Fatt⁽ᵃ⁾ ludica

Noto (159)

Vⁱᵃ Romana d'Tellaro

il Prainito

S⁽ᵃ⁾ Meta 537△

Cava d'Ispica

Rosolini (154)

40

S. Paolo

Bimmisca

103△

Ispica

Villa Modica

Zimardo

Pant.º Gariffi

Fatt⁽ᵃ⁾ S. Lorenzo

S. Lorenzo Vecchio

Burgio

Pant.º Longarini

Pozzallo

Marza

Pta Ciriga

Pta delle Formiche

I. delle Correnti

Brucoli 83▲

C. Campolato

89

C. Sta Croce

Augusta

Golfo di Augusta

Megara Hyblaea

Melilli (310)

Thapsos

Priolo Gargallo (30)

Penisola Magnisi

Monti Climiti 416△

Marina di Melilli

Sta Panagia

C. Sta Panagia

S 114

Solarino

C. Melilli

Floridia (111) 42

Belvedere

Euríalo

Anapo

S 124

SIRACUSA (P)

Catania

Valletta (Malta)

Penisola della Maddalena

Monasteri

Cavadonna

Fonte Cane

Terrauzza

C. Murro di Porco

Canicattini Bagni

Arenella

Ognina

C. Ognina

38 S 14 20

A 18 S 115 23

Cassibile

Fontane Bianche (△)

Pta del Cane

480△

Villa Vela

S. Corrado d'Fuori

Avola

Marina di Avola (⚓)

9

Asinaro

Calabernardo

Golfo

Lido di Noto

Eloro

di

Noto

I. Vendicari

Pant.º Roveto

Marzamemi (△)

Pachino (65)

Maucini

Portopalo di C. Passero

C. Passero

I. di Capo Passero

26 27 28

P

Q

R

Vizzini

Monti

Iblei

Bocca d'Illarata
374
S.te Lucie de-Porto-Vecchio
D 168a
Pinarellu
Lecci
I. de Pinarellu
Ospedale
de l'Ospedale
N 198
Oso
D 468
P.ta Capicciola
Marseille
la Trinité
D 368
Cala Rossa
o-Vecchio
Golfe de Porto-Vecchio
9.5
Piccovagia
P.nte de la Chiappa
D 859
△ 323
P.ta di u Cerchio
Iles Cerbicale
C
27
Golfe de S.ta Giulia
I. di u toro
P.ta di Rondinara
Golfe de Santa Manza
P.nte de Capicciola
104
Gurgazu
Ile Cavallo
Iles Lavezzi
Ecueil de Lavezzi
I. la Presa
Bonifacio
I. Sta Maria
Porto-Vecchio
I. Razzoli
P.ta Falcone
I. Budelli
P.ta Marginetto
I. La Marmorata
Punta Abbatoggia
I. Maddalena
La Ficaccia
I. Spargi 155
P.ta Galera
Arcipelago della Maddalena
Marazzino
△
La Maddalena
Moneta
Isole Monaci
cammino
P.ta Sardegna
Porto Raphael
I. Sto Stefano
6
Casa di Garibaldi
25
Isola Caprera
Porto Pozzo
Palau (△)
Stagnali
S 133b
Barrabisa
S 133
C
D
S. Pasquale
Capannaccia
Capo d'Orso
P.ta Rossa
I. delle Bisce
Formia
Napoli
△ 361
Baia Sardinia
Capo Ferro
iglio
59
M.Canu
396 △
14
Capo Capaccia
acutena
S 125
La Conia
Poltu Quatu
Porto Cervo
Cannigione
M. Moro
422 △
Baldu
M. Ruiu
260 △
P.ta Occhione
G. Pero
Capo Capaccia
387 △
Abbiadori
(83)
14
Capriccioli
I. Mortorio
Necropoli di li Muri
19
Cala di Volpe
99
(315)
Arzachena
4.5
I. Soffi
ogosanto
Albucciu
Mulino di Arzachena
Portisco
Livorno Civitavecchia
17
(169)
P.ta della Volpe
La Spezia Livorno
Tomba di Capichera
S. Pantaleo
30
P.ta del Canigione
Genova
L
Pirazzolu
U
26
Porto Rotondo
G. di Marinella
Civitavecchia
L. della Liscia
S 427
650 △
P.ta Cugnana
S 125
Capo Figari
R
S. Antonio di Gallura
4.5
P.ta Littu Petrosu
△ 642
A
18
340
M.sa Curi
△ 415
Golfo Aranci
M. Pinu
△ 743
12-1997
Sant.o Nuragico Cabu Abbas
Golfo di
Priatu
Olbia
Olbia
ianus
M. Tundu
Lido di Pittulongu
Sa Testa
P.ta Timone
E
S 127
234
Lido d.
Capo Ceraso
11

10   11

Isola Asinara
(Divieto d'accesso)

P.ta Caprara
o dello Scorno

Capo Molla

P.ta d. Scomunica

408

P.ta Sabina

P.to Mannu
della Reale

Cala d'Oliva

La Reale

P.ta Trabuccato

P.ta Tumbarino

Rada della Reale

265

GOLFO

Fornelli

I. Piana

P.ta Barbarossa

Capo del Falcone

DELL'

ASINARA

Spiaggia d. Pelosa

Castel

Torre Falcone
(190)

P.ta Negra

Marseille
Toulon
Propriano
Ajaccio

Genova

94

Lu Bagnu

P.ta Scoglietti

Stintino

P.ta Tramontana

Multe

Tergu

Stagno di Casaraccio

Porto Torres

M. Tudderi
435

I. dei Porri

Stagno di Pilo

Platamona Lido

Marina
di Sorso

S 200

Pozzo
S. Nicola

Monte
d'Accoddi

21

Sorso

M. Cau
233

Nulvi
(478)

Biancareddu

M. Sta Giusta
251

Sennori

M. Alvaro
342

S. Michele
di Plaianu

S. Lorenzo

Sta Vittoria

Capo Mannu

Canaglia

19

S. Giovanni

18

M. Iscoba
629

La Pedraia

Campanedda

La Crucca

Li Punti

Osilo

(144)

Palmadula

Bancali

SASSARI

Monteforte

N.S di Bonaria
(766)

Capo
dell' Argentiera

Argentiera

La Corte

Caniga

464

36

M. Forte

444

Bagni di S. Martino

L. Baratz

Tottubella

S 291

36

Mascari

L. Bunnari

SS. Trinità di
Saccargia

(▲) Porto Ferro

Tissi

Ossi

Muros

Sta Maria
la Palma

Cargeghe
(338)

Codrongianos

Olmedo

Necropoli Anghelu Ruju

M. Doglia
436

M. Miale Ispina
267

Uri

Florinas
(417)

S. Michele
di Salvenero

M. Timidone
361

Tomba
Santu Pedru

I. Piana

Palmavera

Serra

Porto
Conte

Ittiri (400)

Tramariglio

27

Fertilia

Banari

I. Foradada

Maristella

Rada di
Alghero

L. Cuga

Cuga

S 131 bis

Siligo

Grotta di Nettuno

Alghero (▲)

Putifigari

558

658

M. Gherra

Bessude

Capo Caccia

Santo di
Valverde

M. Unturzu

L. Bidighinzu

Thies
(461)

M. Frusciu
583

Cheremule

Villanova
Monteleone
(567)

Romana

N.S de Cabu Abbas

Necropoli
di Pottu Codinu
(360)

718

Pedra Ettori

Monteleone
Rocca Doria

644

M. Traessu

719

Cossoine

Gia

M. Minerva

Bonu
Ighinu

45

12-1997

M. Ruiu
668

Scuola
Agraria

Mara

Semestene

100

M. Mannu
802

Padria

Pozzomaggiore
(438)

S. Nicolò
di Trullas

I. sa Pagliosa

Montresta

(405)

7 8

M. Pittada
520

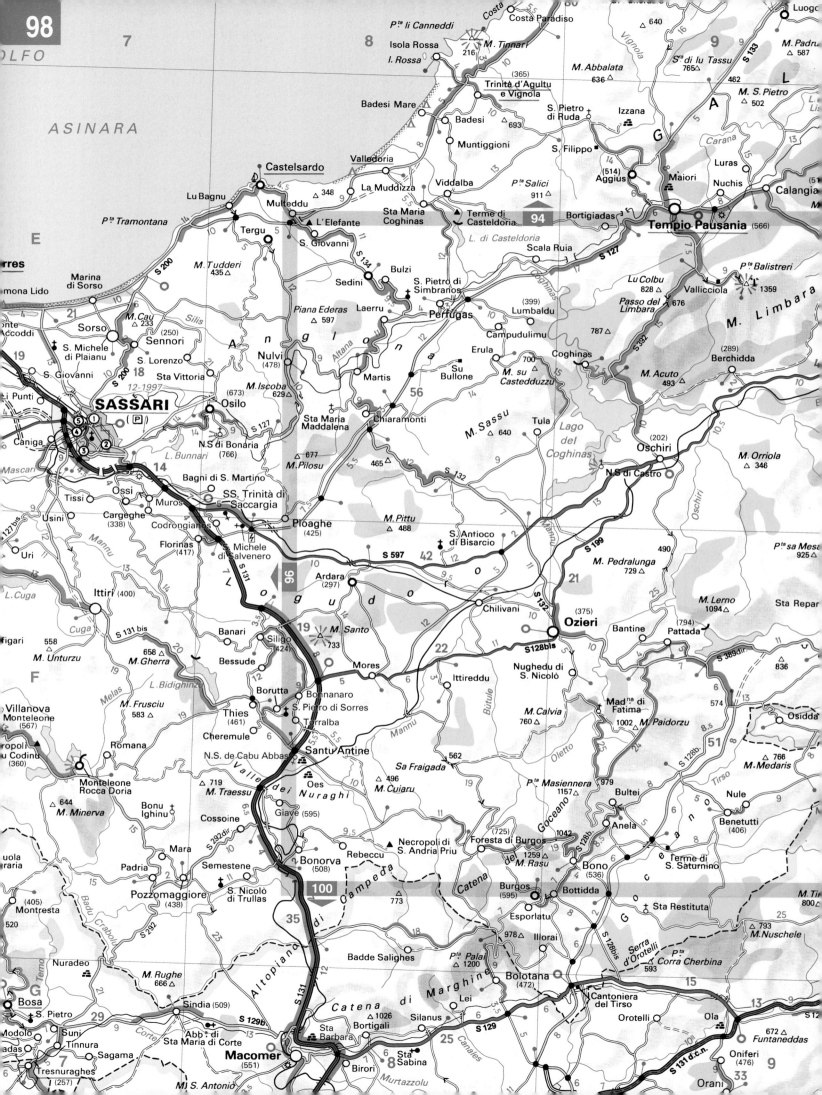

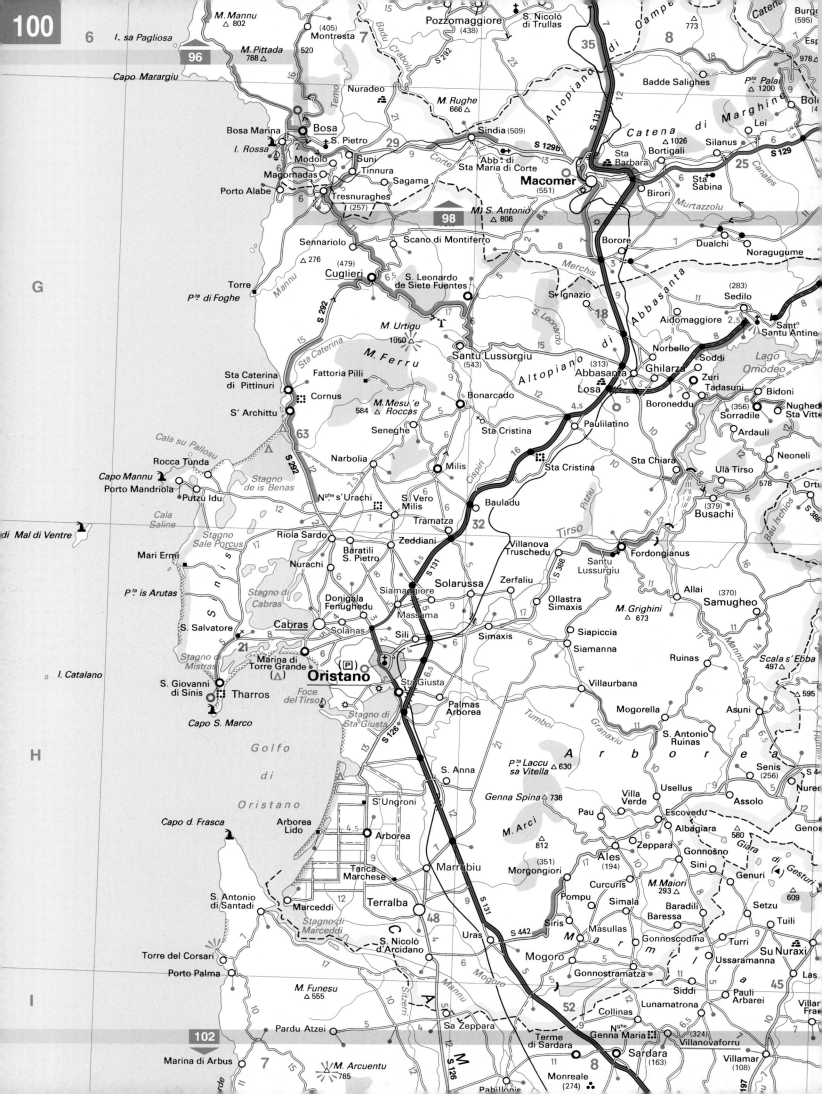

Marina di Arbus
M. Arcentu 785
P.ta Nuracciolu 338
Montevecchio
Arcu sa Tella 343
728
P.ta s'Accorradroxiu
Piscinas
Ingurtosu
Arbus (311)
Guspini
Pabillonis
Terme di Sardara
Sardara (163)
Villanovaforru
Villa
Monreale (274)
Genna Maria
S. Gavino Monreale
Sanluri (135)
(137)
(54)
Strovina
Bau
Gonnosfanadiga
S. Michele
Samu
Capo Pecora
P.ta Mumullonis 499
Bidderdi 492
724 (63)
Fluminimaggiore
M. Linas 1236
P.ta Perda de sa Mesa
P.ta di S. Miali
Villacidro (267)
S. Pietro
Seddanus
S 196
S 197
Portixeddu
Buggerru
S.ta Trigus 651
Grugua
Tempio di Antas
549
939
Malacalzetta
910
P.ta Cuccurdoni Mannu
Vallermosa
Leni
S 293
Vi
Ser
Acqua Resi
Arcu Genna Bogai
S. Benedetto
S. Giovanni
Pan di Zucchero
Masua
L. Monteponi
P.ta Gennarta
906
P.ta S. Michele
Domusnovas
(148)
Decimoputzu
P.to Flavia
M. S. Pietro 661
Iglesias (174)
S 130
Villaspeciosa
39
Nebida
Monteponi
9,5
Siliqua
As
Fontanamare
S 126
Musei
Cixerri
Gonnesa
455
Villamassargia (121)
Cixerri
Acquafredda (253)
Nuraghe Seruci
Zinnigas
M. Orri 723
S.ta Lucia
Portoscuso
Capo Altano o Giordano
112
Nuraxi Figus
Bacu Abis
M. S. Miai 614
948 M. Arcosu
I. Piana
Cortoghiana
Barbusi
Terraseo
Sirri
Riomurtas
L. Bau Pressiu
Capote (54)
Tonnare
La Punta
Portovesme
Sta Maria di Flumentepido
Carbonia
Narcao
M. is Caravius 1116
Capo andalo
221
Guardia d. Mori
Paringianu
Monte Sirai
Perdaxius 492
Pesus
Acquacadda
1087 M. sa Mirra
del no
Carloforte
P.ta s'Aliga
Bruncu Teula
M. S. Michele Arenas
M. Narcao 481
Nuxis
720 M. is Pauceris Man
La Caletta
Saline
Matzaccara
S. Giovanni Suergiu
Villaperuccio
601
Isola di S. Pietro
Calasetta
Cussorgia
Tratalias
L. di M. Pranu
Santadi (135)
P.ta Maxia 1017
P.ta delle Colonne
9,5
S 126dir.
Sta Maria
Palmas
Santadi Basso
Pantaleo
P.ta Sebera 979
S. Antioco 231
Stagno di Sta Caterina
16
Giba
Piscinas
Is Zuddas
Is Cannoneris (715)
864 P.ta sa Cresia
Perdas de Fogu 271
Saline
Villarios
Masainas
S 195
Is Scattas
M. Orbai 688
Cala Lunga
Golfo di Palmas
S.gno di Porto Botte
S. Anna Arresi
M.
Cannai
Porto Botte
Teulada
M. Perdaia 437
P.ta Eva 551
Isola di S. Antioco
M. Arbus 239
Stagno di Maestrale
443 (63)
S. Isidoro
Valico Nuraxi de Mesu 300
Domus de Maria (66)
Capo Sperone
Porto Pino
Is Pillonis
S 195
I. la Vacca
Punta Menga
Porto Pino
S.gno de is Brebeis
M. Lapanu 317
I. Rossa
P.to di Teulada
M. Filau 363
P.ta di Cala Piombo
P.to Scudo
Torre
Bithia
I. il Toro
223
Cala Piombo
P.to Zafferano
Capo Malfatano
Capo Spartivento
Capo Teulada
Costa del Sud

101

Sipiu
Gesico
M. S. Mauro 501△
Segariu S 547
Guasila
Guamaggiore
Seuni
Piscu
Selegas
Suelli
Ortacesus
Senorbi (204)
Serrenti
Samatzai
Pimentel
Villagreca
Nuraminis
Monastir (83)
Sperate
Decimomannu
Uta
Elmas
Macchiareddu
Saline
CAGLIARI
S. Elia
Cala Mosca
Capo S. Elia
Maddalena Spiaggia
Villa d'Orri
Giorgio
Porto Foxi
Sa Domu 'e s'Orcu
Sarroch
Pietro
Pula
I. S. Macario
S. Efisio
Capo di Pula
Nora
Sta Margherita (△)

Donigala
Siurgus-
Sisini
S. Basilio
Arixi
M. Turri 585△
Barrali
Donori
Ussana
Serdiana
S. Gemiliano
Soleminis
Dolianova (212)
Sestu (43)
Settimo San Pietro
Selargius
Monserrato
Pirri
Quartucciu
Quartu S. Elena (▲)
Foxi
Poetto
Golfo di Quartu
S. Andrea
Flumini
Capitana

Pranu Mutteddu
Goni
Goni (383)
Ballao (98)
Silius
S. Lucia
S. Nicolò Gerrei (367)
M. Ixi 839△
S. Andrea Frius
Cuc.ru Orru 801△ 467
Br.cu Salamu 842△
Burcei (648)
Sinnai (133)
Maracalagonis
Laghi di Corongiu
S. Gregorio
Valico Arcu 'e Tidu 426
Arcu sa Ruinedda 717
S. Isidoro

Escalaplano
Perda is Furonis 674△
Cuc.ru Luggerras 537△
P.ta s' Accettori 589△
M. Cardiga 676△
Perda Lada 558△
Armungia
M. Parredis 630△
Villasalto
M. su Piroi 605△
M. Casargius 735△
M. Genis 979△
Genn'Argiolas 775△
M. Narba 659△
P.ta Serpeddi 1087
Annunziata
M. dei Sette Fratelli 1023△
Olia Speciosa
M. Arbu 811△ (168)
Castiadas
M. Nicola Bove 806△
M. Minniminni 725△

Salto di Quirra
M. Ordini 324△
S. Vito
Muravera (11)
S'Oro
S. Priamo
Torre Salinas (△)
Stagno di Colostrai
M. Liuru 420△
M. Ferru 300△
Casa Ferrato
Camisa
M. Nai 239△
Costa Rei (△)
Casa della Marina
Cala di Sinzias
M. Macioni 336△
M. Maria 589△
Villasimius (48)
Cala Pira
I. Serpentara

I. di Quirra
Quirra
Capo S. Lorenzo
P.ta sa Modditzi 250△
P.to Corallo
Foce del Flumendosa
Capo Ferrato

Geremeas
Torre Cala Regina
Torre d. Stelle
Solanas
Capo Boi
G. di Carbonara
Capo Carbonara
I. dei Cavoli
P.ta Molentis
S.gno Notteri
112

GOLFO DI CAGLIARI

Genova
Arbatax-Civitavecchia
Napoli
Palermo
Trapani-Tunis

S 547
S 128
S 131
S 130
S 195
S 554
S 466
S 387
S 125

101

I

J

K

9   10

A

Abano Terme	27	F 17
Abatemarco	70	G 28
Abatemarco (Fiume)	76	H 29
Abbadia (Siena)	46	M 17
Abbadia (Viterbo)	53	O 16
Abbadia Cerreto	23	E 10
Abbadia Lariana	13	E 10
Abbadia S. Salvatore	46	N 17
Abbalata (Monte)	94	D 9
Abbasanta	100	G 8
Abbasanta (Altopiano di)	100	G 8
Abbateggio	56	P 24
Abbatoggia (Punta)	95	D 10
Abbiadori	95	D 10
Abbiategrasso	13	F 8
Abetaia	35	J 14
Abeto (Firenze)	41	J 17
Abeto (Perugia)	48	N 21
Abetone	35	J 14
Abisso (Rocca del)	30	J 4
Abriola	71	F 29
Abruzzese	56	P 22
Abruzzo (Parco Nazionale d')	60	Q 23
Abtei / Badia	7	C 17
Acaia	75	F 36
Acate	92	P 25
Acate (Fiume)	92	P 25
Accadia	66	D 28
Acceglio	20	I 2
Accellica (Monte)	65	E 27
Accesa (Lago dell')	45	N 14
Accettori (Punta s')	103	I 10
Accettura	72	F 30
Accia (Portella dell')	86	M 22
Acciano	56	P 23
Acciarella	59	R 20
Acciaroli	70	G 27
Acconia	78	K 30
Accorradroxiu (Punta s')	102	I 7
Accumoli	48	N 21
Acerenza	66	E 29
Acerenza (Lago di)	66	E 29
Acerno	65	E 27
Acerno (Le Croci di)	65	E 27
Acero (Forca d')	60	Q 23
Acerra	64	E 25
Aci Bonaccorsi	89	O 27
Aci Castello	89	O 27
Aci Catena	89	O 27
Aci S. Antonio	89	O 27
Aci Trezza	89	O 27
Acilia	58	Q 19
Acireale	89	O 27
Acone S. Eustachio	40	K 16
Acqua (Bagno dell')	84	Q 17
Acqua Resi	102	I 7
Acqua Tosta (Monte)	53	P 17
Acquabianca	32	I 7
Acquabona (Passo di)	78	J 31
Acquacadda	102	J 8
Acquacalda	82	L 26
Acquacanina	48	M 21
Acquafondata	60	R 23
Acquaformosa	76	H 30
Acquafredda (Brescia)	25	G 13
Acquafredda (Cagliari)	102	J 8
Acquafredda (Potenza)	71	G 29
Acqualagna	42	L 20
Acqualoreto	47	N 19
Acqualunga	24	G 11
Acquanegra Cremonese	24	G 11
Acquanegra sul Chiese	25	G 13
Acquapendente	46	N 17
Acquappesa	76	I 29
Acquaria	35	J 14
Acquarica del Capo	75	H 36
Acquarica di Lecce	75	G 36
Acquaro	80	L 30
Acquasanta	32	I 8
Acquasanta Terme	49	N 22
Acquaseria	3	D 9
Acquasparta	47	N 19
Acquato (Lago)	52	O 16
Acquavella	70	G 27
Acquavena	70	G 28
Acquaviva (Roma)	54	P 20
Acquaviva (Siena)	46	M 17
Acquaviva Collecroce	62	B 26
Acquaviva delle Fonti	68	E 32
Acquaviva d'Isernia	61	Q 24
Acquaviva Picena	49	N 23
Acquaviva Platini	91	O 23
Acquedolci	88	M 25
Acquerino (Rifugio)	39	J 15
Acqueve	61	R 25
Acqui Terme	32	H 7
Acri	76	I 31
Acuto	59	Q 21
Acuto (Monte) (Perugia)	47	M 18
Acuto (Monte) (Sassari)	97	E 9
Adalicu (Monte)	101	H 10
Adamello	15	D 13
Adamello (Monte)	15	D 13
Adami	78	J 31
Adda	5	C 12
Addolorata (Santuario dell')	61	R 24
Adelfia	68	D 32
Adige	6	C 14
Adige (Foce dell')	27	G 18
Adone (Monte)	36	I 15
Adrano	89	O 26
Adranone (Monte)	86	N 21
Adrara S. Rocco	14	E 11
Adret	20	G 3
Adria	27	G 18
Adro	24	F 11
Aeclanum	65	D 27
Afers / Eores	7	B 17
Affi	25	F 14
Affile	59	Q 21
Affrica (Scoglio d')	50	O 12
Afing / Avigna	6	C 16
Afragola (Napoli)	64	E 24
Africo	80	M 30
Agaggio Inferiore	31	K 5
Agarina	3	D 7
Agazzano	23	H 10
Agelli	49	N 22
Agello	47	M 18
Agerola	64	F 25
Aggius	97	E 9
Agira	88	O 25
Agliana	39	K 15
Agliano	21	H 6
Aglié	11	F 5
Aglientu	94	D 9
Aglio	23	H 10
Agna (Arezzo)	41	K 17
Agna (Padova)	27	G 17
Agnadello	13	F 10
Agnana Calabra	81	M 30
Agnano	38	K 13
Agnano Terme (Napoli)	64	E 24
Agnara (Croce di)	79	J 32
Agnedo	14	D 11
Agnellezze (Monte)	17	D 18
Agnello (Colle dell')	20	H 2
Agner (Monte)	17	D 17
Agnino	34	J 12
Agno	26	F 16
Agno (Val d')	26	F 15
Agnone	61	Q 25
Agnone Bagni	93	P 27
Agnosine	25	F 13
Agogna	12	E 7
Agordo	17	D 18
Agordo (Canale di)	17	D 18
Agostini (Rifugio)	15	D 14
Agra	3	D 8
Agrano	12	E 7
Agrate Brianza	13	F 10
Agrate Conturbia	12	E 7
Agresto (Monte dell')	72	F 30
Agri	71	F 29
Agriano	48	N 21
Agrifoglio	78	J 31
Agrigento	91	P 22
Agropoli	70	F 26
Agrustos	99	E 11
Agudo (Monte)	8	C 19
Agugliano	43	L 22
Agugliaro	26	G 16
Aguzzo (Monte)	54	P 19
Ahrntal / Aurina (Valle)	7	A 17
Ahrntal / Valle Aurina	7	B 17
Aidomaggiore	100	G 8
Aidone	88	O 25
Aielli	56	P 22
Aiello Calabro	78	J 30
Aiello del Friuli	29	E 22
Aiello del Sabato	65	E 26
Aieta	76	H 29
Aiguille de Triolet	10	E 3
Aiguilles de Bionnassay	10	E 2
Aiguilles	10	E 2
Ailano	61	R 24
Aiona (Monte)	33	I 10
Aip (Greta di) / Trogkofel	19	C 21
Airasca	21	H 4
Airola	64	D 25
Airole	30	K 4
Airuno	13	E 10
Aisone	30	J 3
Akrai (Palazzolo Acreide)	93	P 26
Ala	15	E 14
Ala (Val di)	10	G 3
Alà dei Sardi	97	F 9
Ala di Stura	10	G 3
Ala (Punta)	45	N 14
Alagna	22	G 8
Alagna Valsesia	11	E 5
Alanno	56	P 23
Alano di Piave	17	E 17
Alassio	31	J 6
Alatri	60	Q 22
Alba (Cuneo)	21	H 6
Alba (Trento)	7	C 17
Alba Adriatica	49	N 23
Alba Fucens	55	P 22
Albagiara	100	H 8
Albairate	13	F 8
Albanella	65	F 27
Albaneto	55	O 21
Albani (Colli)	59	Q 20
Albano	14	E 11
Albano (Lago di)	59	Q 20
Albano (Monte) (Modena)	38	J 13
Albano (Monte) (Pistoia)	39	K 14
Albano di Lucania	72	F 30
Albano Laziale	59	Q 19
Albano Vercellese	12	F 7
Albaredo (Trento)	16	E 15
Albaredo Arnaboldi	23	G 9
Albaredo (Treviso)	17	F 18
Albaredo d'Adige	26	G 15
Albaredo per S. Marco	4	D 10
Albarella (Isola)	27	G 19
Albareto (Modena)	35	H 14
Albareto (Parma)	34	I 11
Albaretto della Torre	21	I 6
Albaro	26	F 15
Albate	13	E 9
Albavilla	13	E 9
Albe	55	P 22
Albegna	46	N 16
Albeins / Albes	7	B 16
Alben (Monte)	14	E 11
Albenga	31	J 6
Albera Ligure	33	H 9
Alberese	45	N 15
Alberghi	39	K 14
Albergian (Monte)	20	G 2
Alberi	35	H 12
Alberino	36	I 16
Albero Sole (Monte)	90	U 19
Alberobello	68	E 33
Alberona	62	C 27
Alberone	23	G 10
Alberone (vicino a Cento)	36	H 15
Alberone (vicino a Guarda F.)	27	H 17
Alberoni	27	F 18
Alberoro	46	L 17
Albes / Albeins	7	B 16
Albettone	26	F 16
Albi	79	J 31
Albiano (Arezzo)	41	L 18
Albiano (Trento)	16	D 15
Albiano d'Ivrea	11	F 5
Albidona	77	H 31
Albignano	13	F 10
Albignasego	27	F 17
Albinea	35	I 13
Albinia	51	O 15
Albino	14	E 11
Albiolo	13	E 8
Albisola Superiore	32	I 7
Albissola Marina	32	J 7
Albizzate	12	E 8
Albo (Monte)	99	F 10
Albonese	22	G 8
Albonico	4	D 10
Albosaggia	14	D 11
Albucciu	95	D 10
Albugnano	21	G 5
Alburni (Monti)	65	F 27
Alburno (Monte)	65	F 27
Albuzzano	23	G 9
Alcamo	85	N 20
Alcamo Marina	85	M 20
Alcantara	89	N 26
Alcantara (Gole dell')	89	N 27
Alcara li Fusi	88	M 26
Aldein / Aldino	16	C 16
Aldeno	16	E 15
Aldino / Aldein	16	C 16
Alento (Salerno)	70	G 27
Alento (Chieti)	57	O 24
Ales	100	H 8
Alessandria	22	H 7
Alessandria del Carretto	76	H 31
Alessandria della Rocca	90	O 22
Alesso	18	D 21
Alezio	75	G 36
Alfano	70	G 28
Alfedena	60	Q 24
Alfero	41	K 18
Alfianello	24	G 12
Alfiano Natta	21	G 6
Alfonsine	37	I 18
Alga (Punta d')	84	N 19
Alghero	96	F 6
Alghero (Rada di)	96	F 6
Algone (Val d')	15	D 14
Algua	14	E 11
Algund / Lagundo	6	B 15
Ali	83	M 28
Alì Terme	89	M 28
Alia	87	N 23
Alianello	72	G 30
Aliano	72	G 30
Alice Bel Colle	22	H 7

AGRIGENTO

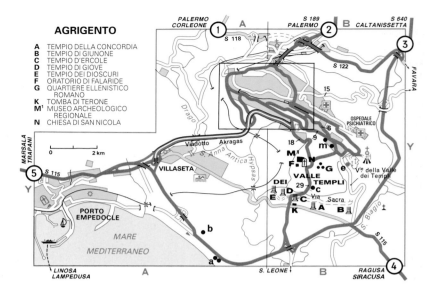

A TEMPIO DELLA CONCORDIA
B TEMPIO DI GIUNONE
C TEMPIO D'ERCOLE
D TEMPIO DI GIOVE
E TEMPIO DEI DIOSCURI
F ORATORIO DI FALARIDE
G QUARTIERE ELLENISTICO ROMANO
K TOMBA DI TERONE
M¹ MUSEO ARCHEOLOGICO REGIONALE
N CHIESA DI SAN NICOLA

ALESSANDRIA

Martiri (Via dei)	Y 24
Roma (Corso)	YZ
Bergamo (Via)	Z 2
Brigata Ravenna (Viale)	Z 3
Carducci (Piazza)	Y 4
Carlo Marx (Corso)	Z 6
Casale (Via)	Z 7
Cavallotti (Corso)	Z 8
Crimea (Corso)	Z 9
Dante Alighieri (Via)	Y 10
Fiume (Via)	Y 12
Garibaldi (Piazza)	Z 14
Gobetti (Piazza)	Z 15
Gramsci (Via)	Z 16
Lamarmora (Corso)	Z 18
Libertà (Piazza della)	Y 19
Machiavelli (Via)	YZ 20
Magenta (Lungo Tanaro)	Y 21
Marini (Corso Virginia)	Y 23
Morbelli (Via)	Z 26
Pistoia (Via Ernesto)	YZ 27
Pontida (Via)	YZ 28
S. Dalmazzo (Via)	Y 30
S. Giacomo d. Vittoria (Via)	YZ 31
S. Martino (Lungo Tanaro)	Y 32
S. Pio V (Via)	Y 34
S. Caterina da Siena (Via)	Y 35
S. Maria di Castello (Via)	Y 36
Savona (Via)	Z 38
Solferino (Lungo Tanaro)	Y 39
Tivoli (Via)	Z 40
Tripoli (Via)	YZ 42
Turati (Piazza)	YZ 43
Valfré (Piazza)	Y 44
Vittorio Veneto (Piazza)	Z 45
Vochieri (Via)	Y 46
1821 (Via)	Y 48

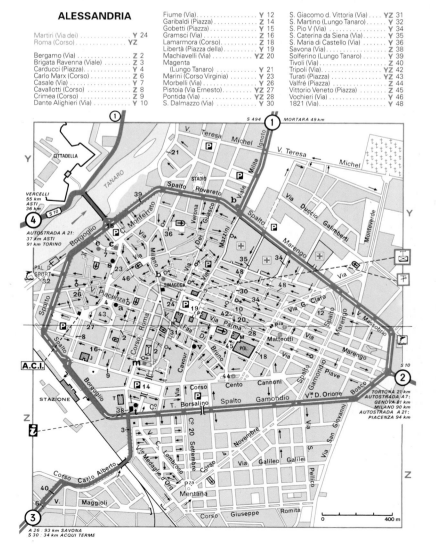

ANCONA

Garibaldi (Corso)	ABZ
Stamira (Corso)	AZ
Giovanni XXIII (Via)	AY 6
Marconi (Via)	AZ 8
Pizzecolli (Via Ciriaco)	AYZ 13
Plebiscito (Piazza)	AZ 14
Repubblica (Piazza)	AZ 17
Roma (Piazza)	AZ 19
Stamira (Piazza)	BZ 20
Thaon de Revel (Via)	CZ 21
Vecchini (Via)	BZ 22
24 Maggio (Piazzale)	BZ 23

B SANTA MARIA DELLA PIAZZA
F LOGGIA DEI MERCANTI

Place	Pg	Ref
Alice Castello	11	F 6
Alice (Punta)	77	I 33
Alicudi (Isola)	82	L 25
Alicudi Porto	82	L 25
Alife	61	D 24
Aliga (Punta s')	102	J 7
Alimena	87	N 24
Alimini Grande	75	G 37
Alimini Piccolo	75	G 37
Aliminusa	87	N 23
Allai	100	H 8
Allaro	81	L 31
Alleghe	8	C 18
Allein	10	E 3
Allerona	46	N 17
Alli	78	J 31
Allievi	4	D 10
Allione	14	D 12
Alliste	75	H 36
Alliz (Punta d')	6	B 14
Allocchi (Galleria degli)	40	J 16
Allone	47	N 19
Allumiere	53	P 17
Almenno S. Salvatore	13	E 10
Almese	20	G 4
Alonte	26	F 16
Alpago	18	D 19
Alpe	33	I 9
Alpe d'Arguel	20	G 2
Alpe Campiascio	14	D 12
Alpe Cermis	16	D 16
Alpe Colombino	20	G 3
Alpe Devero	2	D 6
Alpe di Mera	11	E 6
Alpe di S. Antonio	38	J 13
Alpe Gera (Lago di)	14	D 11
Alpe Tre Potenze	39	J 13
Alpe Veglia	2	D 6
Alpette	11	F 4
Alpi Apuane (Parco Naturale)	38	J 12
Alpi (Monte)	71	G 29
Alpi Orobie	14	D 11
Alpiaz	14	E 12
Alpicella	32	I 7
Alpignano (Torino)	21	G 4
Alpino	12	E 7
Alpo	25	F 14
Alseno	34	H 11
Alserio (Lago di)	13	E 9
Alta S. Egidio	46	M 18
Altacroce (Monte)	6	B 15
Altamura	67	E 31
Altamura (Pulo di)	67	E 31
Altana (Nuoro e Sassari)	99	F 10
Altana (Sassari)	98	E 8
Altano (Capo)	102	J 7
Altare	32	I 7
Altare (Monte)	77	I 31
Altavilla Irpina	65	D 26
Altavilla Milicia	86	M 22
Altavilla Silentina	65	F 27
Altavilla Vicentina	26	F 16
Altedo	36	I 16
Altenburg / Castelvecchio (Bolzano)	6	C 15
Altesina (Monte)	87	N 24
Alti (Poggi)	46	N 16
Altidona	49	M 23
Altilia (Crotone)	79	J 32
Altilia (Cosenza)	78	J 30
Altilia Saepinum	61	R 25
Altino (Chieti)	56	P 24
Altino (Venezia)	28	F 19
Altipiani di Arcinazzo	59	Q 21
Altissimo	16	E 14
Altissimo (Località)	26	F 15
Altivole	17	E 17
Alto	31	J 5
Alto (Giogo) / Hochjoch	6	B 14
Alto (Monte) (L'Aquila)	60	Q 22
Alto (Monte) (Grosseto)	45	M 15
Alto (Monte) (Reggio nell'Emilia)	34	J 12
Altofonte	86	M 21
Altolia	83	M 28
Altomonte	76	H 30
Altopascio	39	K 14
Altrei / Anterivo	16	D 16
Altrocanto	54	O 19
Alvano (Pizzo d')	65	E 25
Alvaro (Monte)	96	E 6
Alviano	53	O 18
Alviano (Lago di)	53	O 18
Alvignano	64	D 25
Alvisopoli	28	E 20
Alvito	60	Q 23
Alzano Lombardo	14	E 11
Alzate Brianza	13	E 9
Amalfi	64	F 25
Amandola	49	N 22
Amantea	78	J 30
Amariana (Monte)	09	C 21
Amaro	09	C 21
Amaro (Monte)	56	P 24
Amaroni	78	K 31
Amaseno	60	R 22
Amaseno (Fiume)	59	R 21
Amato (Catanzaro)	78	K 31
Amato (Reggio di Calabria)	80	L 29
Amatrice	55	O 21
Ambin (Rocca d')	20	G 2
Ambra	40	L 16
Ambria (Bergamo)	14	E 11
Ambria (Sondrio)	14	D 11
Ambrogio	37	H 17
Ameglia	38	J 11
Amelia	54	O 19
Amendola	63	C 29
Amendolara	77	H 31
Amendolea	80	N 29
Amendolea (Fiumara di)	80	M 29
Ameno	12	E 7
Amiata (Monte)	46	N 16
Amica	77	I 32
Amiternum	55	O 21
Amorosi	64	D 25
Ampezzo	18	C 20
Ampezzo (Valle d')	8	C 18
Ampollino (Lago)	79	J 31
Anacapri	64	F 24
Anagni	59	Q 21
Anapo	93	P 26
Ancaiano (Perugia)	55	O 20
Ancaiano (Siena)	45	M 15
Ancarano	49	N 23
Anchione	39	K 14
Ancinale	78	K 31
Anciolina	41	L 17
Ancipa (Lago)	88	N 25
Ancona	43	L 22
Andagna	31	K 5
Andali	79	J 32
Andalo	16	D 15
Andezeno	21	G 5
Andolla (Pizzo d')	2	D 6
Andolla (Rifugio)	2	D 6
Andonno	30	J 4
Andora	31	K 6
Andorno Micca	11	F 6
Andrano	75	H 37
Andrate	11	F 5
Andraz	7	C 17
Andrazza	8	C 19
Andreis	18	D 19
Andretta	65	E 27
Andria	67	D 30
Andriace	73	G 32
Andriano / Andrian	6	C 15
Anduins	18	D 20
Anela	97	F 9
Anela (Masseria d')	73	F 32
Anfo	15	E 13
Angeli	43	L 22
Angeli di Mergo	43	L 21
Angeli (Golfo degli)	103	J 9
Angera	12	E 7
Anghebeni	16	E 15
Anghelu Ruiu (Necropoli)	96	F 6
Anghiari	41	L 18
Angiari	26	G 15
Angiolino (Cima dell')	10	F 4
Angitola (Lago dell')	78	K 30
Angiulli (Monte)	68	E 33
Anglona	98	E 8
Angoli	78	K 31
Angolo Terme	14	E 12
Angri	64	E 25
Anguillara Sabazia	53	P 18
Anguillara Veneta	27	G 17
Aniene	59	Q 21
Anime (Cima delle) / Hintere Seelenkogl	6	B 15
Anita	37	I 18
Anitrella	60	R 22
Annicco	24	G 11
Annifo	48	M 20
Annone (Lago di)	13	E 10
Annone Veneto	28	E 20
Annunziata	103	J 10
Annunziata Lunga (Passo)	60	R 24
Anoia	80	L 30
Ansedonia (Cosa)	51	O 15
Ansiei	8	C 18
Ansina	47	L 18
Antagnod	11	E 5
Antas (Tempio di)	102	I 7
Antegnate	24	F 11
Antelao	8	C 18
Antenna (Monte)	80	M 29
Antennamare	83	M 28
Anterivo / Altrei	16	D 16
Antermoia / Untermoi	7	B 17
Anterselva (Lago d')	8	B 18
Anterselva (Valle di)	8	B 18
Anterselva di Mezzo / Antholz Mittertal	8	B 18
Anterselva di Sopra / Antholz Obertal	8	B 18
Antey-St. André	11	E 4
Antholz Mittertal / Anterselva di Mezzo	8	B 18
Antholz Obertal / Anterselva di Sopra	8	B 18
Anticoli Corrado	55	P 20
Antignano (Asti)	21	H 6
Antignano (Livorno)	38	L 12
Antigorio (Val)	2	D 6
Antillo	89	N 27
Antola (Monte)	33	I 9
Antola (Monte) / Steinkarspitz	18	C 20
Antona	38	J 12
Antonelli	68	E 33
Antonimina	80	M 30
Antrodoco	55	O 21
Antrona (Lago di)	2	D 6
Antrona (Val di)	2	D 6
Antronapiana	2	D 6
Antrosano	55	P 22
Anversa degli Abruzzi	56	Q 23
Anza	11	E 6
Anzano del Parco	13	E 9
Anzano di Puglia	65	D 27
Anzasca (Valle)	11	E 5
Anzi	71	F 29
Anzino	11	E 6
Anzio	59	R 19
Anzola	33	I 10
Anzola dell'Emilia	36	I 15
Anzola d'Ossola	12	E 7
Anzone del Parco	13	E 9
Anzù	17	D 17
Anzu (Punta su)	99	F 11
Aosta / Aoste	10	E 3
Aosta (Rifugio)	11	E 4
Aosta (Valle d')	10	E 3
Apani (Masseria)	69	E 35
Apecchio	42	L 19
Apice	65	D 26
Apiro	48	L 21
Apollo (Secca)	84	K 21
Apollosa	65	D 26
Appalto	46	M 17
Appenna (Monte)	20	H 2
Appenninia	60	Q 23
Appennino (Gall. d')	39	J 15
Appiano Gentile	13	E 8
Appiano s. str. d. vino / Eppan	6	C 15
Appignano	48	L 22
Appignano di Tronto	49	N 22
Aprica	14	D 12
Aprica (Passo dell')	14	D 12
Apricale	30	K 4
Apricena	62	B 28
Apricena (Stazione di)	62	B 28
Aprigliano	78	J 31
Aprilia	59	R 19
Aprilia Marittima	28	E 21
Aquara	70	F 27
Aquila di Arroscia	31	J 6
Aquila (Rocca d')	88	O 25
Aquilano	57	O 25
Aquileia	29	E 22
Aquilinia	29	F 23
Aquilonia	66	E 28
Aquino (Frosinone)	60	R 23
Aquino (Palermo)	86	M 21
Arabba	7	C 17
Aradeo	75	G 36
Aragona	91	O 22
Arai	103	I 9
Aralalta (Monte)	13	E 10
Arancio (Lago)	90	O 21
Arasi	80	M 29
Aratena	99	E 9
Aratu	101	G 9
Araxisi	100	H 8
Arba	18	D 20
Arbatax	101	H 11
Arbia	46	L 16
Arbola (Bocchetta d')	2	C 6

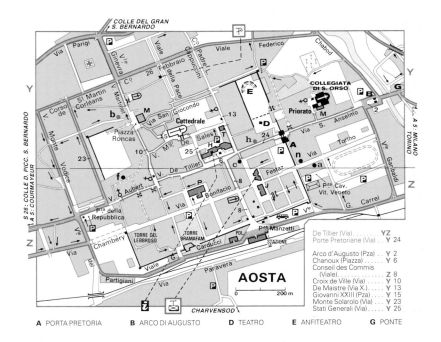

AOSTA

De Tillier (Via)	YZ
Porte Pretoriane (Via)	Y 24
Arco d'Augusto (Pza)	Y 2
Chanoux (Piazza)	Y 6
Conseil des Commis (Viale)	Z 8
Croix de Ville (Via)	Y 10
De Maistre (Via X.)	Y 13
Giovanni XXIII (Pza)	Y 15
Monte Solarolo (Via)	Y 23
Stati Generali (Via)	Y 25

A PORTA PRETORIA **B** ARCO DI AUGUSTO **D** TEATRO **E** ANFITEATRO **G** PONTE

Arbola (Punta d') 2 C 6
Arborea 100 H 8
Arborea (Località) 100 H 7
Arborea Lido 100 H 7
Arborio 12 F 7
Arbu (Monte) (Cagliari) 103 J 10
Arbu (Monte) (Nuoro) 101 G 10
Arburese 102 I 7
Arbus 102 I 7
Arbus (Monte) 102 K 7
Arcade 17 E 18
Arcavacata 76 I 30
Arce 60 R 22
Arcene 13 F 10
Arceto 35 I 14
Arcetri 39 K 15
Arcevia 42 L 20
Archi (Chieti) 57 P 25
Archi (Reggio di Calabria) 83 M 28
Archittu (S') 100 G 7
Arci (Monte) 100 H 8
Arcidosso 46 N 16
Arcille 45 N 15
Arcinazzo Romano 59 Q 21
Arcisate 13 E 8
Arco 15 E 14
Arcola (La Spezia) 38 J 11
Arcola (Pordenone) 18 D 19
Arcole 26 F 15
Arcore 13 F 9
Arcosu (Monte) 102 J 8
Arcu (S') 101 H 9
Arcu Correboi 101 G 10
Arcu de Sarrala de Susu 101 H 10
Arcu de Tascussi (S') 101 G 9
Arcu 'e Tidu (Valico) 103 J 10
Arcu Genna Bogai 102 I 7
Arcu Guddetorgiu 101 G 9
Arcu sa Ruinedda 103 J 10
Arcu sa Tella 102 I 7
Arcuentu (Monte) 102 I 7
Arcueri (Valico) 101 H 10
Arcugnano 26 F 16
Arcumeggia 12 E 8
Arda 34 H 11
Ardali 101 G 10
Ardara 98 F 8
Ardauli 100 G 8
Ardea 58 R 19
Ardenno 4 D 10
Ardenza 38 L 12
Ardesio 14 E 11
Ardivestra 23 H 9
Ardore 81 M 30
Ardore Marina 81 M 30
Area Sacra 61 Q 25
Aremogna 60 Q 24
Arena 78 L 30
Arena Po 23 G 10
Arenabianca 71 G 29
Arenella (Siracusa) 93 Q 27
Arenzano 32 I 8
Arera (Pizzo) 14 E 11
Arese 13 F 9
Arezzo 41 L 17
Argatone (Monte) 60 Q 23
Argegno 13 E 9
Argelato 36 I 16
Argenta 37 I 17
Argentario (Promontorio d') 51 O 15
Argentera (Cuneo) 30 I 2
Argentera (Torino) 10 G 5
Argentera (Cima di) 30 J 3
Argentiera 96 E 6
Argentiera (Capo dell') 96 E 6
Argentina 31 K 5
Argentina (Val) 31 K 5
Arginemele (Cozzo) 88 O 25
Argiolas (Genn') 103 I 10
Argusto 78 K 31
Ari 57 P 24
Ariamacina (Lago di) 78 J 31
Ariano (Isola d') 27 H 18
Ariano Ferrarese 27 H 18

Ariano Irpino 65 D 27
Ariano nel Polesine 27 H 18
Ariccia 59 Q 20
Arielli 57 P 24
Arienzo 64 D 25
Arietta 79 J 32
Arigna 14 D 11
Arina 16 D 17
Aringo 55 O 21
Arischia 55 O 22
Aritzo 101 H 9
Arixi 103 I 9
Arlena di Castro 53 O 17
Arli 49 N 22
Arluno 13 F 8
Arma di Taggia 31 K 5
Armeno 12 E 7
Armentarola 7 C 17
Armento 72 G 30
Armenzano 48 M 20
Armi (Capo dell') 80 N 29
Armio 3 D 8
Armo (Imperia) 31 J 5
Armo (Reggio di Calabria) 80 M 29
Armungia 103 I 10
Arnaccio 38 L 13
Arnara 60 R 22
Arnas (Punta d') 10 G 3
Arnasco 31 J 6
Arnesano 75 F 36
Arni 38 J 12
Arno 39 K 15
Arno (Fosso d') 38 L 13
Arno (Lago d') 15 D 13
Arnoga 5 C 12
Arola 12 E 7
Arolo 12 E 7
Arona 12 E 7
Arosio 13 E 9
Arpa (Punta d') 84 K 21
Arpaia 64 D 25
Arpaise 65 D 26
Arpino 60 R 22
Arpinova 63 C 28
Arquà Petrarca 26 G 17
Arquà Polesine 26 G 17
Arquata del Tronto 48 N 21
Arquata Scrivia 32 H 8
Arramene (Genna) 101 G 10
Arre 27 G 17
Arro 11 F 6
Arrobbio 22 H 7
Arrone (Roma) 58 Q 18
Arrone (Terni) 54 O 20
Arrone (Viterbo) 53 O 17

Arrone (Forca dell') 54 O 20
Arroscia 31 J 5
Arrubiu 101 H 9
Arsago Seprio 12 E 8
Arsego 27 F 17
Arsié 16 E 17
Arsiero 16 E 16
Arsita 56 O 23
Arsoli 55 P 21
Arta Terme 09 C 21
Artegna 18 D 21
Artemisio (Monti) 59 Q 20
Arten 17 D 17
Artena 59 Q 20
Artesina 31 J 5
Artogne 14 E 12
Arutas (Punta is) 100 H 7
Arvenis (Monte) 18 C 20
Arvier 10 E 3
Arvo 79 J 31
Arvo (Lago) 78 J 31
Arzachena 95 D 10
Arzachena (Golfo di) 95 D 10
Arzago d'Adda 13 F 10
Arzana 101 H 10
Arzano (Napoli) 64 E 24
Arzelato 34 I 11
Arzene 28 E 20
Arzercavalli 27 G 17
Arzergrande 27 G 18
Arzignano 26 F 15
Arzino 18 C 20
Ascea 70 G 27
Ascensione (Monte dell') 49 N 22
Aschbach / Rio di Lagundo 6 C 15
Aschi Alto 56 Q 23
Aschio 49 N 21
Asciano (Pisa) 38 K 13
Asciano (Siena) 46 M 16
Ascione (Colle d') 78 J 31
Ascolese 71 F 28
Ascoli Piceno 49 N 22
Ascoli Satriano 66 D 28
Ascrea 55 P 20
Aselogna 26 G 15
Aserei (Monte) 33 H 10
Asiago 16 E 16
Asigliano Veneto 26 G 16
Asigliano Vercellese 22 G 7
Asinara 96 D 7
Asinara (Golfo dell') 96 D 7

Asinara (Isola) 96 D 6
Asinaro 93 Q 27
Asinelli (Isola) 84 M 19
Asino (Punta dell') 99 E 11
Aso 49 M 22
Aso (Fiume) 49 N 22
Asola 25 G 13

Asolo 17 E 17
Aspra 86 M 22
Aspra (Monte) 55 O 20
Aspromonte 80 M 29
Assa 16 E 16
Assemini 102 J 8
Assenza di Brenzone 15 E 14

Assergi 55 O 22
Assieni 85 M 20
Assietta (Colle dell') 20 G 2
Assino 47 L 19
Assisi 47 M 19
Asso (Como) 13 E 9
Asso (Siena) 46 M 16

Asso (Castel d') 53 O 18
Assolo 100 H 8
Assoro 88 O 25
Asta 35 J 13
Asta (Cima d') 16 D 16
Asta (Giogo d') 7 B 17
Astfeld / Campolasta 7 C 16

AREZZO

0 — 200 m

Circolazione regolamentata nel centro città

Cavour (Via) ABY 2
Grande (Piazza) BY
Italia (Corso) ABYZ
Cesalpino (Via) BY 3
Chimera (Via della) AY 5
Fontanella (Via) BZ 6
Garibaldi (Via) ABYZ 8
Giotto (Viale) BZ 9
Madonna del Prato (V.) AYZ 13

Maginardo (Viale) AZ 14
Mecenate (Viale) AZ 16
Mino da Poppi (Via) BZ 17
Mochi (Via F.) AY 19
Monaco (Via G.) AYZ 20
Murello (Piagga del) AY 22
Niccolò Aretino (Via) AZ 23
Pellicceria (Via) BY 25
Pescioni (Via) BZ 26
Pileati (Via dei) BY 28

Ricasoli (Via) BY 30
S. Clemente (Via) AY 32
S. Domenico (Via) AY 33
Saracino (Via del) AY 35
Sasso Verde (Via) BY 36
Vittorio Veneto (Via) AZ 38
20 Settembre (Via) AY 40

M¹ MUSEO D'ARTE MEDIEVALE E MODERNA

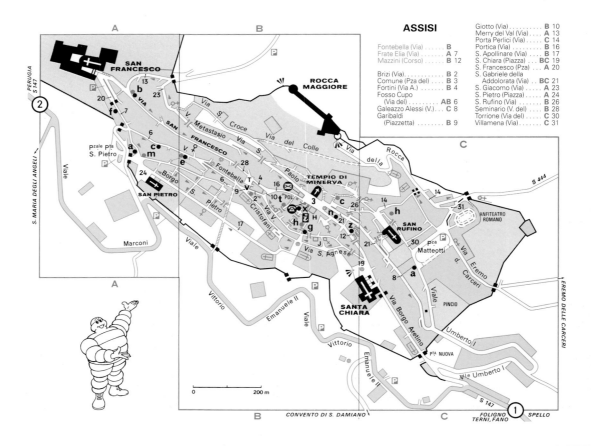

ASSISI

Fontebella (Via) B
Frate Elia (Via) A 7
Mazzini (Corso) B 12

Brizi (Via) B 2
Comune (Pza del) B 3
Fortini (Via A.) B 4
Fosso Cupo (Via del) AB 6
Galeazzo Alessi (V.) C 8
Garibaldi (Piazzetta) B 9

Giotto (Via) B 10
Merry del Val (Via) A 13
Porta Perlici (Via) C 14
Portica (Via) B 16
S. Apollinare (Via) B 17
S. Chiara (Piazza) BC 19
S. Francesco (Pza) A 20
S. Gabriele della Addolorata (Via) BC 21
S. Giacomo (Via) A 23
S. Pietro (Piazza) A 24
S. Rufino (Via) B 26
Seminario (V. del) B 28
Torrione (Via del) C 30
Villamena (Via) C 31

0 — 200 m

Asti	21	H 6	Azzano Mella	24	F 12	Bagnatica	14	F 11
Astico	16	E 16	Azzate	12	E 8	Bagni	32	I 7
Astico (Val d')	16	E 15	Azzone	14	E 12	Bagni Contursi	65	E 27
Astrone	46	N 17	Azzurra (Grotta)			Bagni del Masino	4	D 10
Astroni (Pozzuoli)	64	E 24	(Anacapri)	64	F 24	Bagni di Bormio	5	C 13
Astura	59	R 20	Azzurra (Grotta)			Bagni di Craveggia	3	D 7
Asuai	101	G 9	(Palinuro)	70	G 27	Bagni di Lavina		
Asuni	100	H 8				Bianca /		
Ateleta	61	Q 24				Weisslahnbad	7	C 16
Atella	66	E 28	**B**			Bagni di Lucca	39	J 13
Atella (Fiumara d')	66	E 28				Bagni di Lusnizza	19	C 22
Atena Lucana	71	F 28	Bacchereto	39	K 14	Bagni di Nocera	48	M 20
Aterno	55	O 21	Bacchiglione			Bagni		
Atessa	57	P 25	(Padova)	27	G 17	di Salomone /		
Atina	60	R 23	Bacchiglione			Bad Salomons-		
Ato (Punta d')	80	M 29	(Vicenza)	26	F 16	brunn	8	B 18
Atrani	64	F 25	Baccinello	46	N 16	Bagni di Salto /		
Atri	56	O 23	Bacedasco	34	H 11	Bad Salt	6	C 14
Atripalda	65	E 26	Bacedasco			Bagni di S.		
Attigliano	53	O 18	(Terme di)	34	H 11	Giuseppe /		
Attilia	78	J 30	Baceno	2	D 6	Bad Moos	8	B 19
Attimis	19	D 21	Bacoli	64	E 24	Bagni di S. Martino	98	E 8
Atzara	101	H 9	Bacu Abis	102	J 7	Bagni di Selva /		
Auditore	42	K 19	Bacucco	37	H 19	Bad Rahmwald	7	B 17
Auer / Ora	6	C 15	Bacugno	55	O 21	Bagni di Stigliano	53	P 18
Augusta	93	P 27	Bad Bergfall / Bagni			Bagni di Tivoli	59	Q 20
Augusta (Golfo di)	93	P 27	di Pervalle	8	B 18	Bagni di Vicarello	53	P 18
Augusta (Porto di)	93	P 27	Bad Froi / Bagni			Bagni di Vinadio	30	J 3
Aulella	38	J 12	Froi	7	C 16	Bagni di Viterbo	53	O 18
Auletta	70	F 28	Bad Moos / Bagni			Bagni Froi / Bad		
Aulla	34	J 11	di S. Giuseppe	8	B 19	Froi	7	C 16
Aune	17	D 17	Bad Rahmwald /			Bagni Minerali	80	M 30
Aupa	19	C 21	Bagni di Selva	7	B 17	Bagni S. Cataldo	66	E 28
Aurano	12	E 7	Bad			Bagni S. Filippo	46	N 17
Aurania	53	P 17	Salomonsbrunn /			Bagno	63	B 29
Aurina (Valle) /			Bagni di			Bagno a Ripoli	39	K 15
Ahrntal	7	A 17	Salomone	8	B 18	Bagno		
Aurine (Forcella)	17	D 17	Bad Salt /			di Romagna	41	K 17
Aurino	7	B 17	Bagni di Salto	6	C 14	Bagno Grande	55	P 22
Aurisina	29	E 23	Badagnano	34	H 11	Bagno Vignoni	46	M 16
Auronzo (Rifugio)	8	C 18	Badalucco	31	K 5	Bagnola	43	L 22
Auronzo			Badde Salighes	98	F 8	Bagnoli del Trigno	61	Q 25
di Cadore	8	C 19	Badesi	98	E 8	Bagnoli di Sopra	27	G 17
Aurunci			Badesi Mare	98	E 8	Bagnoli Irpino	65	E 27
(Monti)	60	R 22	Badesse	45	L 15	Bagnolo		
Ausa	42	K 19	Badi	39	J 15	(vicino a		
Ausoni (Monti)	59	R 21	Badia (Bologna)	36	I 15	Roccastrada)	45	M 15
Ausonia	60	R 23	Badia (Perugia)	47	M 19	Bagnolo		
Aussa-Corno	29	E 21	Badia / Abtei	7	C 17	(vicino a Sta Fiora)	46	N 16
Ausser Sulden /			Badia (Val) /			Bagnolo (Monte)	74	F 34
Solda di Fuori	5	C 13	Gadertal	7	B 17	Bagnolo (Verona)	25	G 14
Austis	101	G 9	Badia a Ruoti	46	L 16	Bagnolo (Vicenza)	26	F 16
Autaret (Col de l')	10	G 3	Badia a Settimo	39	K 15	Bagnolo Cremasco	13	F 10
Autore (Monte)	59	Q 21	Badia a Taona	39	J 14	Bagnolo del		
Avacelli	42	L 20	Badia Agnano	40	L 16	Salento	75	G 37
Avegno	33	I 9	Badia al Pino	46	L 17	Bagnolo di Po	26	G 16
Avelengo /			Badia Ardenga	46	M 16	Bagnolo in Piano	35	H 14
Hafling	6	C 15	Badia Calavena	26	F 15	Bagnolo Mella	24	F 12
Avella	64	E 25	Badia Coltibuono	40	L 16	Bagnolo Piemonte	20	H 3
Avella (Monti d')	65	E 26	Badia di Susinana	40	J 16	Bagnolo S. Vito	25	G 14
Avellino	65	E 26	Badia Morronese	56	P 23	Bagnone	34	J 11
Avena	76	H 29	Badia Pavese	23	G 10	Bagnore	46	N 16
Avenale	48	L 21	Badia Polesine	26	G 16	Bagnoregio	53	O 18
Aventino	56	P 24	Badia Prataglia	41	K 17	Bagnu (Lu)	98	E 8
Avenza	38	J 12	Badia Tedalda	41	K 18	Bagolino	15	E 13
Averau (Monte)	8	C 18	Badoere	27	F 18	Bagòra	20	G 2
Averno (Lago d')	64	E 24	Badolato	81	L 31	Baia (Caserta)	64	D 24
Aversa	64	E 24	Badolato Marina	81	L 31	Baia (Napoli)	64	E 24
Aveto	33	I 9	Badolo	36	I 15	Baia delle Zagare	63	B 30
Avetrana	74	F 35	Badu Abzolas	97	E 9	Baia Domizia	60	S 23
Avezzano	55	P 22	Badu Crabolu	96	F 7	Baia Sardinia	95	D 10
Aviano	18	D 19	Baffadi	40	J 16	Baia Verde	75	G 36
Aviatico	14	E 11	Baffe (Punta)	33	J 10	Baiano	64	E 25
Avic (Monte)	11	E 4	Bafia	83	M 27	Baiardo	31	K 5
Avigliana	20	G 4	Bagaladi	80	M 29	Baio (Rifugio)	8	C 19
Avigliano	66	E 29	Baganza	34	I 12	Baiso	35	I 13
Avigliano Umbro	54	O 19	Baggio	39	K 14	Baitone (Monte)	15	D 13
Avigna / Afing	6	C 16	Baggiovara	35	I 14	Balangero	11	G 4
Avio	15	E 14	Bagheria	86	M 22	Balata di Baida	85	M 20
Avise	10	E 3	Baglio Messina	85	M 20	Balata di Modica	93	Q 26
Avisio	7	C 16	Baglionuovo	85	N 20	Balate (Masseria)	87	N 23
Avola	93	Q 27	Bagna (Punta)	20	G 2	Balate (Monte)	86	N 22
Avolasca	23	H 8	Bagnacavallo	37	I 17	Balatelle (Monte)	86	N 22
Avosso	32	I 9	Bagnaia (Livorno)	50	N 13	Balbano	38	K 13
Ayas	11	E 5	Bagnaia (Siena)	45	M 15	Balconevisi	39	L 14
Ayas (Valle d')	11	E 5	Bagnaia (Viterbo)	53	O 18	Baldichieri d'Asti	21	H 6
Ayasse	11	F 5	Bagnara	48	M 20	Baldissero d'Alba	21	H 5
Aymavilles	10	E 3	Bagnara Calabra	80	M 29	Baldissero Torinese	21	G 5
Azeglio	11	F 5	Bagnara di			Baldo (Monte)	15	E 14
Azzago	26	F 15	Romagna	37	I 17	Baldu	94	D 9
Azzanello (Cremona)	24	G 11	Bagnaria	23	H 9	Balestrate	86	M 21
Azzano			Bagnaria Arsa	29	E 21	Balestrino	31	J 6
(Pordenone)	28	E 19	Bagnarola (Bologna)	36	I 16			
Azzano	23	H 10	Bagnarola					
Azzano d'Asti	21	H 6	(Pordenone)	28	E 20			
Azzano Decimo	28	E 20	Bagnasco	31	J 6			

BARI

Cavour (Corso) .... DYZ
Piccini (Via) .... CY
Sparano (Via) .... DYZ 76
Vittorio Emanuele II (C.) .... CDY 82

Amendola (Via Giovanni) .... DZ 3
Battisti (Piazza Cesare) ..... CDZ 5
Carmine (Strada del) .... DY 15
Cognetti (Via Salvatore) ..... DY 17
Crociate (Strada delle) ...... DY 22
De Cesare (Via Raffaele) ..... DZ 24
De Giosa (Via) .... DZ 26
Diaz (Piazza Armando) ...... DY 28

Federico II (Piazza) .... CY 30
Ferrarese (Piazza del) .... DY 32
Fragigena (Rua) .... DY 35
Gimma (Via Abate) .... CY 39
Isabella d'Aragona (Giardini) .. CY 41
Latilla (Via) .... CY 43
Luigi di Savoia (Piazza) ...... DZ 44
Martinez (Strada) .... DY 48
Massari (Piazza G.) .... CY 49
Mercantile (Piazza) .... DY 51
Odegitria (Piazza dell') ...... CDY 54
Petroni (Via Prospero) ...... DZ 62
Putignani (Via) .... CDYZ 65

Salandra (Viale) .... CZ 69
S. Francesco d'Assisi
(Via) .... CY 70
S. Marco (Strada) .... DY 72
S. Pietro (Piazza) .... DY 74
Sonnino (Corso Sidney) ..... DZ 75
Unità d'Italia (Via) .... DZ 78
Venezia (Via) .... DZ 80
Zuppetta (Via Luigi) .... DZ 83
20 Settembre (Ponte) .... DY 85
24 Maggio (Via) .... DY 86

B CATTEDRALE

Balisio (Colle di)	13	E 10	Baragiano	66	E 28	Barcis (Lago di)	18	D 19	Baronia	99	F 11
Balistreri			Baranci (Croda dei)	8	B 18	Barco (Reggio			Baronia (Monte)	85	N 20
(Punta)	97	E 9	Baranello	61	R 25	nell'Emilia)	35	H 13	Baronissi	65	E 26
Ballabio Inferiore	13	E 10	Barano d'Ischia	64	E 23	Barco (Trento)	16	D 15	Barrabisa	94	D 9
Ballao	103	I 10	Baratili S. Pietro	100	H 7	Barcola	29	E 23	Barrafranca	88	O 24
Ballata	85	N 20	Baratti	50	N 13	Barcon	17	E 18	Barrali	103	I 9
Ballino	15	E 14	Baratti (Golfo di)	44	M 13	Bard	11	F 5	Barrea	60	Q 23
Ballone (Poggio)	45	N 14	Baratz (Lago)	96	E 6	Bardi	34	I 11	Barrea (Lago di)	60	Q 23
Balme	10	G 3	Barbagia Belvì	101	H 9	Bardineto	31	J 6	Barricata	16	E 16
Balmuccia	11	E 5	Barbagia Ollolai	101	G 9	Bardolino	25	F 14	Barriera Noce		
Balocco	11	F 6	Barbagia Seulo	101	H 9	Bardonecchia	20	G 2	(Bivio)	88	O 24
Balossa Bigli	22	G 8	Barbania	11	G 4	Bareggio	13	F 8	Barumini	101	H 9
Balsente (Masseria)	68	E 33	Barbara	43	L 21	Barengo	12	F 7	Barzago	13	E 9
Balsignano	68	D 32	Barbarano Romano	53	P 18	Baressa	100	H 8	Barzana		
Balsorano	60	Q 22	Barbarano			Barete	55	O 21	(Forcella di Palla)	18	D 19
Balsorano Vecchio	60	Q 22	Vicentino	26	F 16	Barga	38	J 13	Barzaniga	24	G 11
Balvano	70	F 28	Barbaresco	21	H 6	Bargagli	33	I 9	Barzanò	13	E 9
Balze (Voltera)	45	L 14	Barbariga	24	F 12	Barge	20	H 3	Barzio	13	E 10
Balze (Località)	41	K 18	Barbarossa			Bargecchia	38	K 12	Basagliapenta	28	E 21
Balzola	22	G 7	(Punta)	96	E 6	Barghe	15	E 13	Basaldella		
Balvano			Barbasso	25	G 14	Bargi	39	J 15	(Pordenone)	18	D 20
Banari	98	F 8	Barbeano	18	D 20	Bargino	39	L 15	Basaldella (Udine)	19	D 21
Bancali	96	E 7	Barbellino			Bargnano	24	F 12	Basalghelle	28	E 19
Banchetta (Monte)	20	H 2	(Lago del)	14	D 12	Bargone	33	J 10	Basaluzzo	22	H 8
Banderuola (Pizzo)	14	D 12	Barberino di			Bari	68	D 32	Bascapè	23	G 9
Bandiera (Punta)	83	L 27	Mugello	39	J 15	Bari Sardo	101	H 10	Baschi	47	N 18
Bandita	37	I 17	Barberino Val			Bariano	24	F 11	Bascianella	56	O 23
Bando	37	I 17	d'Elsa	39	L 15	Baricella	36	I 16	Basciano	56	O 23
Banna	21	G 5	Barbesco			Barigazzo	35	J 13	Baselga di Piné	16	D 15
Bannia	28	E 20	Barbi (Capo)	80	L 29	Barigazzo (Monte)	34	I 11	Baselice	62	C 26
Bannio	11	E 6	Barbianello	23	G 9	Barile	66	E 29	Basentello	67	E 30
Bantine	97	F 9	Barbiano	37	I 17	Bariscano	56	O 23	Basento	71	F 29
Banzi	67	E 30	Barbona	26	G 17	Barisciano (Lago di)	56	O 22	Basicò	83	M 27
Baone	26	G 17	Barbusi	102	J 7	Barletta	67	D 30	Basiglio	13	F 9
Bar	20	G 2	Barbuste	11	E 4	Barni	13	E 9	Basiliano	18	D 21
Baracchella	78	J 31	Barcellona			Barolo	21	I 5	Basilicagoiano	35	H 13
Baraccone	61	R 24	Pozzo di Gotto	83	M 27	Barone (Monte)	11	E 6	Basilicanova	35	H 13
Baradili	100	H 8	Barchi	42	K 20	Baroni (Rifugio)	14	D 11	Basiluzzo (Isola)	83	L 27
Baragazza	39	J 15	Barcis	18	D 19	Baronia	99	F 11			

Basodino (Monte) 3 C 7
Basovizza 29 F 23
Bassacutena 94 D 9
Bassacutena (Rio) 94 D 9
Bassana (Punta) 84 N 18
Bassano Bresciano 24 G 12
Bassano del Grappa 16 E 17
Bassano in Teverina 53 O 18
Bassano Romano 53 P 18
Bassiano 59 R 21
Bassignana 22 G 8
Bastarda (Cima) 78 J 31
Bastardo 47 N 19
Bastelli 34 H 12
Bastia 66 D 28
Bastia (Ancona) 48 L 20
Bastia (Perugia) 47 M 19
Bastia (Belluno) 17 D 18
Bastia (Monte) 32 I 9
Bastia (Padova) 26 F 16
Bastia Mondovì 31 I 5
Bastida Pancarana 23 G 9
Bastiglia 36 H 15
Batignano 45 N 15
Battaglia (Salerno) 71 G 28
Battaglia (Trapani) 85 M 20
Battaglia (Piano) 87 N 24
Battaglia Terme 26 G 17
Battaglione Monte Granero 20 H 3
Battifolle (Monte) 39 K 14
Battifollo 31 J 6
Battipaglia 65 F 26
Battisti (Rifugio) 35 J 13
Bau 102 I 7
Bau Ischios 100 I 8
Bau Pressiu (Lago) 102 J 8
Baucca 41 L 18
Baucina 86 N 22
Baudenasca 20 H 4
Bauernkohlern / Colle di Villa 6 C 16

Bauladu 100 G 8
Baunei 101 G 10
Baura 36 H 17
Baveno 12 E 7
Baver 28 E 19
Bazzano (L'Aquila) 55 O 22
Bazzano (Bologna) 36 I 15
Bazzano (Perugia) 48 N 20
Beano 28 E 21
Beaulard 20 G 2
Beauregard (Lago di) 10 F 3
Beccarini (Azienda) 63 C 29
Becco (Croda di) / Seekofel 8 B 18
Becetto 20 I 3
Bedero Valcuvia 12 E 8
Bedizzole 25 F 13
Bédole 15 D 13
Bedollo 16 D 15
Bedonia 33 I 10
Bee 12 E 7
Begosso 26 G 16
Beigua (Monte) 32 I 7
Beinasco (Torino) 21 G 4
Beinette 31 I 4
Belagaio 45 M 15
Belbo 31 I 6
Belcastro 79 J 32
Belfiore 26 F 15
Belfiore (Cima) 34 J 12
Belforte 25 G 13
Belforte (Perugia) 48 N 20
Belforte (Siena) 45 M 15
Belforte all'Isauro 42 K 19
Belforte di Chienti 48 M 21
Belgioioso 23 G 9
Belgirate 12 E 7
Belice 85 N 20
Belice (Valle) 85 O 20
Belice Destro 86 N 21
Belici 87 N 23
Bella 66 E 28
Bellagio 13 E 9

Bellamonte 16 D 16
Bellano 3 D 9
Bellante 49 N 23
Bellardina (Colle) 81 L 30
Bellaria (Modena) 35 H 14
Bellaria (Pesaro e Urbino) 42 L 19
Bellaria (Siena) 46 M 16
Bellaria-Igea Marina 42 J 19
Bellariva 42 J 19
Bellavalle 39 J 14
Bellavista 7 C 16
Bellavista (Capo) 101 H 11
Bellecombe 11 E 4
Bellegra 59 Q 21
Bellino 20 I 3
Bellino (Monte) 52 O 16
Bellinzago Novarese 12 F 7
Bellisio Solfare 42 L 20
Bellizzi 65 F 26
Bellizzi Irpino 65 E 26
Bellocozzo 93 Q 26
Belloluogo (Masseria) 69 F 35
Bellona 64 D 24
Bellori 25 F 14
Bellosguardo 70 F 27
Belluno 17 D 18
Belluno Veronese 15 E 14
Bellusco 13 F 10
Belmonte Calabro 78 J 30
Belmonte Castello 60 R 23
Belmonte del Sannio 61 Q 25
Belmonte in Sabina 55 P 20
Belmonte Mezzagno 86 M 22
Belmonte Piceno 49 M 22
Belpasso 89 O 26
Belprato / Schönau 6 B 15
Belsedere 46 M 16
Belsito 78 J 30

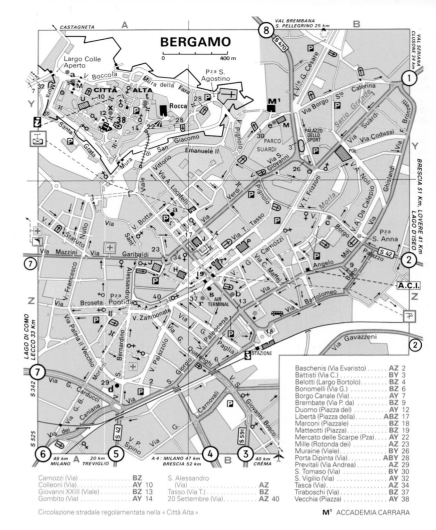

Baschenis (Via Evaristo) AZ 2
Battisti (Via C.) BY 3
Belotti (Largo Bortolo) BZ 5
Bonomelli (Via G.) BZ 6
Borgo Canale (Via) AY 7
Brembate (Via P. da) BZ 9
Duomo (Piazza del) AY 12
Libertà (Piazza della) ABZ 17
Marconi (Piazzale) BZ 18
Matteotti (Piazza) BZ 19
Mercato delle Scarpe (Pza) AY 22
Mille (Rotonda dei) AY 23
Muraine (Viale) BZ 26
Porta Dipinta (Via) ABY 28
Previtali (Via Andrea) AZ 29
S. Tomaso (Via) BY 30
S. Vigilio (Via) AY 32
Tasca (Via) AZ 34
Tiraboschi (Via) BZ 37
Vecchia (Piazza) AY 38

Camozzi (Via) BZ
Colleoni (Via) AY 10
Giovanni XXIII (Viale) BZ 13
Gombito (Via) AY 14
S. Alessandro (Via) AZ
Tasso (Via T.) BZ
20 Settembre (Via) AZ 40

Circolazione stradale regolamentata nella « Città Alta »

M¹ ACCADEMIA CARRARA

BOLOGNA
PIANTA D'INSIEME

Alberto Mario (Via) FU 2
Amaseo (Via Romolo) FU 3
Arno (Via) GU 5
Artigiano (Via dell') FT 6
Bandiera (Via Irma) EU 8
Barbieri (Via Francesco) FT 9
Barca (Via della) EU 12
Battaglia (Via della) FU 13
Bentivogli (Via Giuseppe) FU 15
Beverara (Via della) EFT 16
Cadriano (Via) FT 17
Castiglione (Via) FU 18
Cavazzoni (Via Francesco) GU 19
Codivilla (Via Alessandro) FU 25
Colombo (Via Cristoforo) ET 27
Dagnini (Via Giuseppe) FU 28
De Coubertin (Via) ET 31
Firenze (Via) GU 36
Foscherara (Via della) FU 37
Gagarin (Via Yuri) ET 38
Gandhi (Viale M. K.) ET 42
Jacopo della Lana (Via) FU 43
Marconi (Via Guglielmo) DU 47
Marco Polo (Via) ET 48
Martelli (Via Tommaso) GU 49
Matteotti (Via Giacomo) FU 52
Mazzini (Via Giuseppe) FU 54
Mazzofanti (Via Giuseppe) FU 55
Montefiorino (Via) EU 57
Oriani (Via Alfredo) FU 61
Ospedaletto (Via dell') DT 62
Palagi (Via Pelagio) FU 64
Panigale (Via) DT 65
Persicetana Vecchia (Via) DT 67
Pietra (Via della) DT 68
Pirandello (Via Luigi) GT 69
Porrettana (Via) DEU 72
Putti (Via Vittorio) FU 75
Sabbioni (Via dei) FU 81
Sabotino (Via) EU 82
Saffi (Via Aurelio) ET 83
San Mamolo (Via) EU 87
Santa Barbara (Via) FU 89
Sigonio (Via Carlo) FU 92
Sturzo (Via Don Luigi) EU 93
Timavo (Via del) ET 96
Tolmino (Via) EU 97
Tosarelli (Via Bruno) GT 98

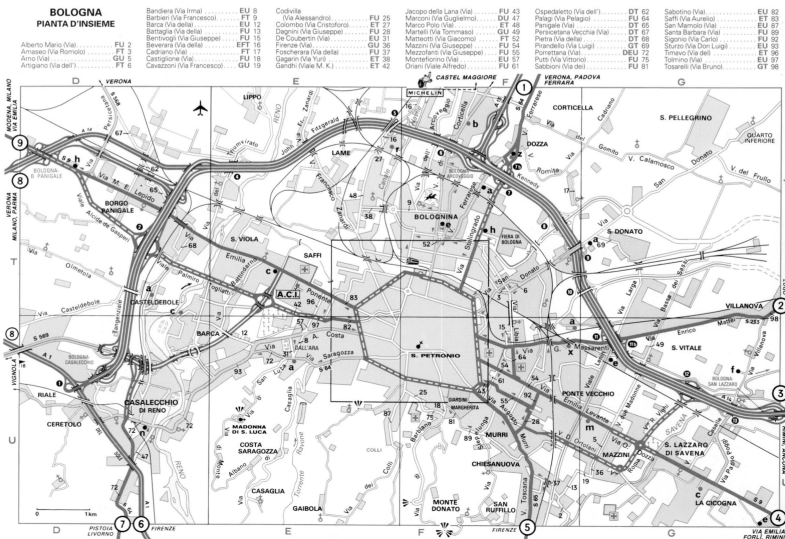

Belu	102 I 8	Bentivoglio	36 I 16	Bertesina	26 F 16	Beverino	33 J 11
Belvedere	93 P 27	Benvignante	36 H 17	Berti (Rifugio)	8 C 19	Bevilacqua (Ferrara)	36 H 15
Belvedere (Mantova)	25 G 14	Benzone (Lago di)	101 G 9	Bertinoro	37 J 18	Bevilacqua (Verona)	26 G 16
Belvedere (Perugia)	47 M 19	Berbenno	13 E 10	Bertiolo	28 E 21	Bezzecca	15 E 14
Belvedere (Pesaro e Urbino)	42 K 20	Berbenno di Valtellina	14 D 11	Bertonico	24 G 11	Bezzi (Rifugio)	10 F 3
Belvedere (Terni)	46 N 17	Berceto	34 I 11	Bertrand (Monte)	31 J 5	Biagioni	39 J 14
Belvedere (Udine)	29 E 22	Berchidda	97 E 9	Bertuzzi (Valle)	37 H 18	Biana	23 H 10
Belvedere (Monte)	67 E 31	Berchiddeddu	99 E 10	Berzano di S. Pietro	21 G 5	Bianca (Cima)	5 C 13
Belvedere di Spinello	79 J 32	Berdia Nuova	92 Q 25	Berzano di Tortona	23 H 8	Bianca (Palla) / Weißkugel	6 B 14
Belvedere Langhe	21 I 5	Bereguardo	23 G 9	Berzo	15 E 12	Bianca (Punta)	91 P 22
Belvedere Marittimo	76 I 29	Berga	33 I 9	Besana in Brianza	13 E 9	Biancade	28 F 19
Belvedere Ostrense	43 L 21	Bergamasco	22 H 7	Besano	13 E 8	Biancanelle (Poggio)	39 L 13
Belvi	101 H 9	Bergamo	14 E 11	Besate	23 G 8	Biancano	64 D 25
Belviso (Lago di)	14 D 12	Bergantino	26 G 15	Beseno (Castello)	16 E 15	Biancareddu	96 E 6
Benante	89 O 26	Bergeggi	32 J 7	Besnate	12 E 8	Biancavilla	89 O 26
Benas (Stagno de is)	100 G 7	Bergeggi (Isola di)	32 J 7	Besozzo	12 E 7	Bianchi	78 J 31
Bene Lario	3 D 9	Bergolo	21 I 6	Besozzola	34 H 11	Bianco	81 M 30
Bene Vagienna	21 I 5	Berici (Monti)	26 F 16	Bessude	98 F 8	Bianco (Canale) (Ferrara)	27 H 17
Benedello	35 I 14	Bernalda	73 F 32	Bettenesco	24 G 12	Bianco (Canale) (Rovigo)	26 G 16
Benestare	80 M 30	Bernardinis (Rifugio)	19 C 22	Bettola (Verona)	26 F 15	Bianco (Capo) (Agrigento)	90 O 21
Benetutti	97 F 9	Bernareggio	13 F 10	Bettola (Piacenza)	23 H 10	Bianco (Capo) (Brindisi)	69 F 36
Benevello	21 I 6	Bernezzo	30 I 4	Bettole (Brescia)	25 G 12	Bianco (Fiume)	70 F 28
Benevento	65 D 26	Bernina (Pizzo)	4 C 11	Bettolelle	43 L 21	Bianconese	34 H 12
Benévolo	10 F 3	Berra	27 H 17	Bettolle (Siena)	46 M 17	Biandrate	12 F 7
Benna	11 F 6	Berretta (Col della)	16 E 16	Bettona	47 M 19	Biandronno	12 E 8
Benne	11 G 4	Bersano	24 H 12	Beura-Cardezza	2 D 6		
		Bersezio	30 I 2	Bevagna	47 N 19		
		Berta (Capo)	31 K 6	Bevano	41 J 18		
		Bertacchi (Rifugio)	4 C 10	Bevazzana	28 E 21		
				Beverare	27 G 17		

Bianzano	14 E 11	Biforco	41 K 17
Bianzé	11 G 6	Biglio	34 I 11
Bianzone	14 D 12	Bignone (Monte)	31 K 5
Biasi (Rifugio)	6 B 15	Bigolino	17 E 18
Biassono	13 F 9	Bigoti	23 H 10
Bibano	28 E 19	Bilioso	73 F 31
Bibbiano (Reggio nell'Emilia)	35 I 13	Bimmisca	93 Q 27
Bibbiano (Siena)	46 M 16	Binago	13 E 8
Bibbiena	41 K 17	Binasco	23 G 9
Bibbona	45 M 13	Binetto	68 D 32
Bibiana	20 H 3	Binio	15 D 14
Bibione	28 F 21	Biodola	50 N 12
Bibione Pineda	28 F 21	Bioglio	11 F 6
Biccari	62 C 27	Bionaz	10 E 4
Bichl / Colle	6 B 15	Bionde di Visegna	26 G 15
Bicinicco	29 E 21	Birchabruck / Ponte Nova	7 C 16
Bidderdi (Passo)	102 I 7	Birgi Novo	84 N 19
Bidente	41 J 17	Birgi Vecchi	84 N 19
Bidighinzu (Lago)	98 F 8	Birnlücke / Picco (Forcella del)	8 A 18
Bidoni	100 G 8	Birori	100 G 8
Bielciuken	11 E 5	Bisaccia	66 D 28
Biella	11 F 6	Bisacquino	86 N 21
Bienno	15 E 12	Bisano	36 J 16
Bieno	16 D 16	Bisbino (Monte)	13 E 9
Bientina	39 K 13	Bisce (Isola delle)	95 D 10
Biferno	61 R 25	Bisegna	60 Q 23
Bifolchi (Portella dei)	87 N 24	Bisenti	56 O 23

Bisentina (Isola)	53 O 17
Bisenzio	15 E 13
Bisenzio (Fiume)	39 K 15
Bisignano	76 I 30
Bissone	23 G 10
Bistagno	32 I 7
Bisuschio	13 E 8
Bitetto	68 D 32
Bithia	102 K 8
Bitonto	68 D 32
Bitritto	68 D 32
Bitti	99 F 10
Biviere (il)	92 P 25
Biviere (Lago)	88 N 26
Bivigliano	39 K 15
Bivio Acri	76 I 30
Bivio di Reino	62 D 26
Bivio Ercole	48 M 20
Bivio Guardavalle	81 L 31
Bivio Palomonte	65 F 27
Bivona	90 O 22
Bivongi	81 L 31
Bizzarone	13 E 8
Bizzozero	13 E 8
Blacca (Corna)	15 E 13
Blavy (vicino a Nus)	10 E 4
Blavy (vicino a St-Christophe)	10 E 4
Blera	53 P 18
Blessaglia	28 E 20
Blessano	18 D 21
Blevio	13 E 9
Blinnenhorn	2 C 6
Blufi	87 N 24
Blumau / Prato all'Isarco	7 C 16
Blumone (Cornone di)	15 E 13
Bo (Cima di)	11 E 6
Boara	36 H 17
Boara Pisani	26 G 17
Boara Polesine	27 G 17
Boario Terme	14 E 12
Bobbiano	23 H 10
Bobbio	23 H 10
Bobbio Pellice	20 H 3
Boca	12 E 7
Bocale	80 M 28
Bocca Chiavica	25 G 13
Bocca di Fiume	59 R 21
Bocca di Magra	38 J 11
Bocca di Piazza	78 J 31
Bocca Grande	64 F 24
Bocca Piccola	64 F 24
Boccadasse (Genova)	32 I 8
Boccadifalco	86 M 21
Boccadirio (Santuario di)	39 J 15
Boccaleone	37 I 17
Boccasette	27 H 19
Boccassuolo	35 J 13
Boccea	58 Q 18
Bocche (Cima)	7 C 17
Boccheggiano	45 M 15
Bocchetta (Passo della)	32 I 8
Bocchigliero	77 I 32
Boccioleto	11 E 6
Bocco (Passo del)	33 I 10
Bocconi	41 J 17
Bocenago	15 D 14
Bodio Lomnago	12 E 8
Boeo (Capo)	84 N 19
Boesio	12 E 8
Boffalora d'Adda	13 F 10
Boffalora sopra Ticino	12 F 8
Bogliaco	15 E 13
Bogliasco	32 I 9
Boglietto	21 H 6
Boglioni	35 I 14
Bognanco	2 D 6
Bogogno	12 F 7
Boi (Capo)	103 J 10
Boirolo	14 D 11
Boissano	31 I 6
Boite	8 C 18
Bojano	61 R 25
Bolago	17 D 18
Bolano	33 J 11
Bolbeno	15 D 14
Bolca	26 F 15
Boleto	12 E 7
Bolgare	24 F 11
Bolgheri	45 M 13

BOLOGNA

0 — 400 m

Bassi (Via Ugo)	BX 6
Indipendenza (Via dell')	BX
Marconi (Via)	BVX
Rizzoli (Via)	BCY 79
Archiginnasio (Via dell')	BY 4
Cavour (Piazza)	BY 21
Clavature (Via)	CY 24
Collegio di Spagna (Via)	BY 26
D'Azeglio (Via M.)	BYZ 29
Falegnami (Via de')	BX 32
Galileo (Piazza)	BY 39
Galvani (Piazza)	BY 41
Jacopo della Lana (V.)	CZ 43
Jacopo della Quercia (V.)	CV 44
Maggiore (Piazza)	BY 45
Malpighi (Piazza)	BY 46
Massarenti (Via)	CY 51
Nettuno (Piazza del)	BXY 58
Portanova (Via)	BXY 73
Porta Ravegnana (Pza)	CV 74
Ranzani (Via)	CV 76
S. Donato (Via)	CX 85
S. Giacomo (Via)	CX 86
Selmi (Via)	CX 91
Tagliapietre (Via)	BY 95
Venezian (Via Giacomo)	BY 101
4 Novembre (Via)	BXY 102

A SAN PETRONIO
B PALAZZO DEL PODESTÀ
C MERCANZIA
D SAN GIACOMO MAGGIORE
E PALAZZO BEVILACQUA
F SANTO STEFANO
H PALAZZO COMUNALE
K SAN DOMENICO
M¹ MUSEO CIVICO ARCHEOLOGICO
M² PINACOTECA NAZIONALE
N SAN FRANCESCO

BOLZANO

Bonne	10 F 3	Borghetto d'Arroscia	31 J 5	Borgo Montenero	59 S 21
Bono	97 F 9			Borgo Pace	41 L 18
Bonorva	98 F 8	Borghetto di Borbera	22 H 8	Borgo Panigale (Bologna)	36 I 15
Bonu Ighinu	96 F 7	Borghetto di Vara	33 J 11	Borgo Piave (Latina)	59 R 20
Bonze (Cima)	11 F 5	Borghetto Lodigiano	23 G 10	Borgo Piave (Lecce)	75 F 36
Boor (Zuc del)	19 C 21	Borghetto Sto Spirito	31 J 6	Borgo Pietro Lupo	88 O 25
Boragine (Monte)	55 O 21	Borghi	42 J 19	Borgo Podgora	59 R 20
Borbera	23 H 8	Borgia	78 K 31	Borgo Priolo	23 H 9
Borbona	55 O 21	Borgiallo	11 F 5	Borgo Quinzio	54 P 20
Borbore	21 H 6	Borgio Verezzi	31 J 6	Borgo Redena	36 H 15
Borca di Cadore	8 C 18	Borgo (il)	35 H 14	Borgo Regalmici	87 N 23
Borcola (Passo della)	16 E 15	Borgo a Buggiano	39 K 14	Borgo Rinazzo	85 N 19
Bordano	18 D 21	Borgo a Mozzano	38 K 13	Borgo Rivola	36 J 17
Bordiana	6 C 14	Borgo alla Collina	41 K 17	Borgo Roccella	86 N 21
Bordighera	30 K 4	Borgo Baccarato	88 O 25	Borgo Sabotino	59 R 20
Bordino	85 N 19	Borgo Bainsizza	59 R 20	Borgo S. Dalmazzo	30 J 4
Bordolano	24 G 11	Borgo Bonsignore	90 O 21	Borgo S. Donato	59 R 20
Bordolona	6 C 14	Borgo Carso	59 R 20	Borgo S. Giacomo	24 F 11
Bordonchio	42 J 19	Borgo Cascino	88 O 24	Borgo S. Giovanni	23 G 10
Bore	34 H 11	Borgo Celano	63 B 28	Borgo S. Giusto	62 C 28
Borello	41 J 18	Borgo d'Ale	11 F 6	Borgo S. Lorenzo	40 K 16
Borello (Torrente)	41 J 18	Borgo dei Pini Mercadante	68 E 32	Borgo S. Martino	22 G 7
Boretto	35 H 13	Borgo di Stazione Montecosaro	49 M 22	Borgo S. Pietro	55 P 21
Borgagne	75 G 37	Borgo di Terzo	14 E 11	Borgo Sta Rita	58 R 19
Borgallo (Galleria del)	34 I 11	Borgo Ermada	59 S 21	Borgo S. Siro	22 G 8
Borgaro Torinese	21 G 4	Borgo Fazio	85 N 20	Borgo Schirò	86 N 21
Borgata Costiera	85 N 19	Borgo Flora	59 R 20	Borgo Segezia	66 C 28
Borgata Palo	91 O 23	Borgo Fornari	32 I 8	Borgo Ticino	12 E 7
Borgata Pirastera	101 H 9	Borgo Franchetto	88 O 26	Borgo Tossignano	36 J 16
Borgata Trigoria	58 Q 19	Borgo Fusara	37 I 18	Borgo Tufico	48 L 20
Borgetto	86 M 21	Borgo Grappa	59 R 20	Borgo Val di Taro	34 I 11
Borghetto (Macerata)	43 L 21	Borgo Isonzo	59 R 20	Borgo Valsugana	16 D 16
Borghetto (Ravenna)	37 J 18	Borgo le Taverne	65 E 27	Borgo Velino	55 O 21
Borghetto (Trento)	15 E 14	Borgo Libertà	66 D 29	Borgo Vercelli	12 F 7
Borghetto (vicino a Bolsena)	53 O 17	Borgo Mezzanone	63 C 29	Borgo Vodice	59 R 21
Borghetto (vicino a Viterbo)	54 O 19	Borgo Montello	59 R 20	Borgoforte (Mantova)	25 G 14
				Borgoforte (Padova)	27 G 17

Erbe (Piazza)	B	Alto Adige (Via)	B 2	Marconi (Via G.)	A 14
Mostra (Via della)	B 15	Brennero (Via)	B 3	Ospedale (Via)	A 16
Museo (Via)	AB	Dodiciville (Via)	B 7	Parrocchia (Piazza)	B 17
Portici (Via)	B	Domenicani (Piazza)	B 8	Stazione (Viale)	B 19
Walther (Piazza)	B 21	Garibaldi (Via)	B 10	Streiter (Via Dottor)	B 20

Bollate (Milano)	13	F 9
Bollengo	11	F 5
Bologna	36	I 15
Bolognano (Pescara)	56	P 23
Bolognano (Trento)	15	E 14
Bolognetta	86	N 22
Bolognola	48	N 21
Bolotana	100	G 8
Bolsena	53	O 17
Bolsena (Lago di)	53	O 17
Bolzaneto	32	I 8
Bolzano / Bozen	7	C 16
Bolzano Vicentino	26	F 16
Bomarzo	53	O 18
Bomba	57	P 25
Bombiana	35	J 14
Bombile	81	M 30
Bominaco	56	P 22
Bompensiere	91	O 23
Bompensiero	24	F 11
Bompietro	87	N 24
Bomporto	36	H 15
Bonagia (Golfo di)	85	M 19
Bonamico	80	M 30
Bonarcado	100	G 7
Bonassola	33	J 10
Bonate Sotto	13	F 10
Bonavicina-Borgo	26	G 15
Bonavigo	26	G 15
Boncore	75	G 35
Bondanello	25	H 14
Bondeno (Ferrara)	36	H 16
Bondeno (Mantova)	25	H 14
Bondo	15	E 14
Bondone	15	E 13
Bondone (Monte)	16	D 15
Bonea	64	D 25
Bonefro	62	B 26
Bonelli	37	H 19
Bonferraro	26	G 15
Bonghi (Monte)	101	H 10
Bonifacio (Bocche di)	94	D 9
Bonifati	76	I 29
Bonifati (Capo)	76	I 29
Bonifato (Monte)	85	N 20
Bonito	65	D 26
Bonnanaro	98	F 8

BRESCIA

Palestro (Corso)	BY	Castellini (Via N.)	CZ 3	Mercato (Piazza del)	BY 15	Vittoria (Piazza)	BY 20
Zanardelli (Corso)	BZ 21	Fratelli Porcellaga (Via)	BY 7	Paolo VI (Piazza)	BY 16		
10 Giornate (Via delle)	BY 22	Loggia (Piazza della)	BY 9	Pastrengo (Via)	AY 17	A CHIESA DI SANTA MARIA DEI MIRACOLI	
		Martiri della Libertà (Corso)	AZ 13	S. Crocifissa di Rosa (Via)	CY 18		

Borgofranco d'Ivrea 11 F 5
Borgofranco sul Po 26 G 15
Borgolavezzaro 22 G 8
Borgomanero 12 E 7
Borgomaro 31 K 5
Borgomasino 11 F 5
Borgone Susa 20 G 3
Borgonovo Ligure 33 I 10
Borgonovo Val Tidone 23 G 10
Borgoratto Alessandrino 22 H 7
Borgoratto Mormorolo 23 H 9
Borgoricco 27 F 17
Borgorose 55 P 21
Borgosatollo 24 F 12
Borgosesia 11 E 6
Borlasca 32 I 8
Bormida 31 J 6
Bormida (Fiume) 32 I 7
Bormida di Millesimo 31 J 6
Bormida di Spigno 21 I 6
Bormina 5 C 12
Bormio 5 C 13
Bormio 2000 5 C 13
Bornago 13 F 10
Bornato 24 F 12
Borno 14 E 12
Boroneddu 100 G 8
Borore 100 G 8
Borrello (Chieti) 61 Q 24
Borrello (Palermo) 87 N 24
Borriana 11 F 6
Borromee (Isole) 12 E 7
Borselli 40 K 16
Borso del Grappa 16 E 17
Borta Melone (Monte) 101 G 9
Bortigali 100 G 8
Bortigiadas 97 E 9
Borutta 98 F 8
Borzano 35 I 13
Borzonasca 33 I 10
Bosa 100 G 7
Bosa Marina 100 G 7
Bosaro 26 H 17
Boschetiello (Monte) 65 E 27
Boschetto 34 I 12
Boschi (Bologna) 36 H 16
Boschi (Piacenza) 33 I 10
Boschi di Carrega (Gaiano) 34 H 12
Boschi S. Anna 26 G 16
Bosco 70 G 28
Bosco (Parma) 34 I 12
Bosco (Perugia) 47 N 19
Bosco (Vicenza) 16 E 16
Bosco ai Frati 39 K 15
Bosco Chiesanuova 26 F 15
Bosco della Fontana 25 G 14
Bosco Marengo 22 H 8
Bosco Mesola 37 H 18
Bosco (Serra del) 88 N 25
Boscone Cusani 23 G 10
Bosconero 11 G 5
Boscoreale 64 E 25
Boscotrecase 64 E 25
Bosio 32 I 8
Bosisio Parini 13 E 9
Bosnasco 23 G 10
Bossea 31 J 5
Bossea (Grotta di) 31 J 5
Bossi 41 L 17
Bossico 14 E 12

Bossola (Monte) 33 I 9
Bossolasco 21 I 6
Botricello 79 K 32
Botrugno 75 G 36
Bottagna 33 J 11
Bottanuco 13 F 10
Bottarello (Pizzo) 2 D 6
Bottarone 23 G 9
Botte Donato (Monte) 78 J 31
Botteghelle 92 P 25
Botticino-Mattina 25 F 12
Botticino-Sera 25 F 12
Bottidda 97 F 9
Bottigli (Monte) 45 N 15
Bottinaccio 39 K 15
Bottrighe 27 G 18
Bousson 20 H 2
Bova 80 N 29
Bova Marina 80 N 29
Bovalino Marina 81 M 30
Bovalino Superiore 80 M 30
Bove (Valle del) 89 N 27
Bovecchio 39 K 15
Boveglio 39 K 13
Bovegno 14 E 12
Boves 30 J 4
Bovezzo 24 F 12
Bovile 20 H 3
Boville Ernica 60 R 22
Bovina 27 G 17
Bovino 66 D 28
Bovisio Masciago 13 F 9
Bovo Marina 90 O 21
Bovolenta 27 G 17
Bovolone 26 G 15
Boz (Rifugio) 17 D 17
Bozen / Bolzano 7 C 16
Bozzente 13 E 8
Bozzole 22 G 7
Bozzolo 25 G 13
Bra 21 H 5
Brabaisu 103 I 10
Brabbia 12 E 8
Braccagni 45 N 15
Braccano 48 M 21
Bracchio 12 E 7
Bracciano 53 P 18
Bracciano (Lago di) 53 P 18
Bracco 33 J 10
Bracco (Passo del) 33 J 10
Bracigliano 65 E 26
Bradano 66 E 29
Braemi 92 P 24
Braidi 83 M 27
Braies / Prags 8 B 18
Braies (Lago di) / Pragser Wildsee 8 B 18
Brallo di Pregola 23 H 9
Bram (Monte) 30 I 3
Branca 48 M 20
Branca (Rifugio) 5 C 13
Brancaleone Marina 80 N 30
Brandizzo 21 G 5
Branzi 14 D 11
Branzoll / Bronzolo 6 C 15
Brasa (Passo) 35 J 14
Brasca (Rifugio) 4 D 10
Brasimone 39 J 15
Brasimone (Lago di) 39 J 15
Bratello (Passo del) 34 I 11
Brattiro 78 L 29
Bratto 34 I 11
Bratto-Dorga 14 E 12
Brazzano 29 E 22
Brebbia 12 E 7
Brebeis (Stagno de is) 102 K 7

Breda Cisoni 25 G 13
Breda di Piave 17 E 18
Brefaro 76 H 29
Bregagno (Monte) 3 D 9
Breganze 16 E 16
Breguzzo 15 D 14
Breia 11 E 6
Breithorn 11 E 5
Brembana (Valle) 13 E 10
Brembate 13 F 10
Brembilla 13 E 10
Brembio 23 G 10
Brembo 14 E 11
Breme 22 G 7
Brendola 26 F 16
Brenna 45 M 15
Brennerbad / Terme di Brennero 7 B 16
Brennero (Passo del) / Brennerpaß 7 A 16
Brennerpaß / Brennero (Passo del) 7 A 16
Breno (Brescia) 15 E 12
Breno (Piacenza) 23 G 10
Brenta 16 D 16
Brenta (Cima) 15 D 14
Brenta (Foce del) 27 G 18
Brenta (Gruppo di) 15 D 14
Brenta (Riviera del) 27 F 18
Brenta (Taglio di) 27 G 18
Brenta d'Abbà 27 G 18
Brentari (Rifugio) 16 D 16
Brentoni (Monte) 8 C 19
Brentonico 15 E 14
Brenzone 15 E 14
Breonio 25 F 14
Brescello 35 H 13
Brescia 24 F 12
Bresimo 6 C 14
Bresimo (Val di) 6 C 14
Bressa 18 D 21
Bressana Bottarone 23 G 9
Bressanone / Brixen 7 B 16
Bresso (Milano) 13 F 9
Breuil Cervinia 11 E 4
Brez 6 C 15
Brezza 64 D 24
Brezzo di Bedero 12 E 8
Briaglia 31 I 5
Brian 28 F 20
Briatico 78 K 30
Bric Bucie 20 H 3
Bric Ghinivert 20 H 2
Bricherasio 20 H 3
Brienno 13 E 9
Brienza 71 F 28
Brigantina (Punta) 50 O 12
Brignano 23 H 9
Brignano Gera d'Adda 13 F 10
Brindisi 69 F 35
Brindisi Montagna 71 F 29
Brinzio 12 E 8
Briona 12 F 7
Brione 24 F 12
Briosco 13 E 9
Brisighella 37 J 17
Brissogne 10 E 4
Brittoli 56 P 23
Brivio 13 E 10
Brixen / Bressanone 7 B 16

BRINDISI

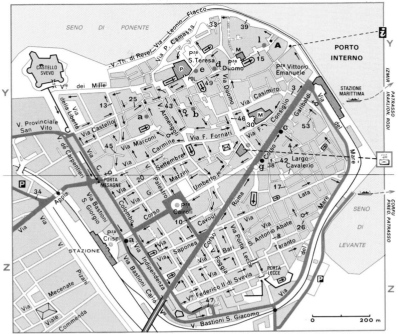

Garibaldi (Corso) .... Y
Umberto I° (Corso) .... YZ

Amena (Via) .... Y 3
Annunziata (Via) .... Y 4
Betolo (Via) .... Z 8
Cappellini (Via) .... Z 10
Cittadella (Via) .... Y 13
Colonne (Via) .... Y 15
De Marco (Via C.) .... Z 17
Madonna della Neve (V.) ...... Y 25
Madonna della Scala (V.) ..... Y 26
Matteotti (Piazza) .... Y 30
Montenegro (Via) .... Y 33
Osanna (Via) .... Z 34
Pozzo Traiano (Via) .... Y 38
Regina Margherita (Lungomare) .... Y 39
S. Dionisio (Via) .... Y 42
S. Barbara (Via) .... Y 43
S. Margherita (Via) .... Y 45
Santi (Via) .... Y 46
Sauro (Via Nazario) .... Y 47
Tarantini (Via) .... Y 49
Tunisi (Via) .... Y 53

A COLONNA ROMANA

Brizzolara 33 I 10
Brocon (Passo del) 16 D 17
Brognaturo 81 L 31
Brolio (S. Regolo) 46 L 16
Brolo 82 M 26
Brondello 20 I 4
Brondolo 27 G 18
Broni 23 G 9
Bronte 89 N 26
Bronzolo / Branzoll 6 C 15
Brossasco 20 I 4
Brosso 11 F 5
Brozolo 21 G 6
Brozzo 14 E 12
Bruca 85 N 20
Bruciati (Corni) 14 D 11
Brucoli 93 P 27
Brückele / Ponticello 8 B 18
Brufa 47 M 19
Bruggi 23 H 9
Brugherio 13 F 9
Brugine 27 G 17
Brugnato 33 J 11
Brugnera 28 E 19
Brugneto (Lago del) 33 I 9
Brugnetto 43 L 21
Bruino 21 G 4
Brumano 13 E 10
Bruna 48 N 20
Bruna (Fiume) 45 N 15
Brunate 13 E 9
Bruncu 'e Pisu 101 G 11
Bruncu Spina 101 G 9
Bruncu Teula 102 J 7
Bruneck / Brunico 7 B 17
Brunella 99 E 10

Brunico / Bruneck 7 B 17
Brunner (Rifugio) 19 C 22
Bruno 22 H 7
Brusago 16 D 15
Brusasco 21 G 6
Bruscoli 39 J 15
Brusimpiano 13 E 8
Brusnengo 11 F 6
Brussa 28 F 20
Brusson 11 E 5
Bruzolo 20 G 3
Bruzzano (Capo) 81 M 30
Bruzzano Zeffirio 80 M 30
Bruzzi di Sotto 33 H 10
Bubbio 32 I 6
Bubonia (Monte di) 92 P 25
Buccheri 93 P 26
Bucchi 79 J 33
Bucchianico 56 P 24
Bucciano 64 D 25
Buccino 70 F 28
Bucine 40 L 16
Buco 70 F 28
Buda 36 I 17
Buddusò 97 F 9
Budelli (Isola) 95 D 10
Budoia 18 D 19
Budoni 99 E 11
Budoni (Cala di) 99 E 11
Budrie 36 I 15
Budrio (Bologna) 36 I 16
Budrio (Reggio nell'Emilia) 35 H 14
Budrione 35 H 14
Bue Marino (El) 101 G 10
Buggerru 102 I 7
Buggiana 41 K 17

Buggiano 48 N 20
Buggio 31 K 5
Buglio in Monte 14 D 11
Bugnara 56 P 23
Buia 18 D 21
Bulgheria (Monte) 70 G 28
Bullone (Su) 98 E 8
Bultei 97 F 9
Bulzi 98 E 8
Bundschen / Ponticino 7 C 16
Bunnari (Lago) 96 E 7
Buole (Passo) 16 E 15
Buonabitàcolo 71 G 28
Buonalbergo 65 D 26
Buoncammino 94 D 9
Buonconvento 46 M 16
Buonfornello 87 N 23
Buonvicino 76 H 29
Burago di Molgora 13 F 10
Burana 36 H 16
Burano (Pesaro) 42 L 19
Burano (Venezia) 28 F 19
Burano (Serra di) 42 L 19
Burcei 103 I 10
Burco Sta Maria 42 K 20
Bure 39 K 14
Burgeis / Burgusio 5 B 13
Burgio (Agrigento) 90 O 21
Burgio (Siracusa) 93 Q 27
Burgio (Serra di) 93 Q 26
Burgos 98 F 8
Burgstall / Postal 6 C 15
Burgusio / Burgeis 5 B 13
Buriano 45 N 14
Buriasco 20 H 4

Buronzo 11 F 6
Burraia (Rifugio La) 41 K 17
Burrainiti (Bivio) 91 P 23
Busachi 100 G 8
Busalla 32 I 8
Busambra (Rocca) 86 N 22
Busana 35 I 12
Busano 11 G 4
Busazza (Cima) 15 D 13
Busca 20 I 4
Buscate 12 F 8
Buscemi 93 P 26
Busche 17 D 17
Busi 21 H 6
Busnago 13 F 10
Buso (Ponte del) 18 C 20
Bussana Vecchia 31 K 5
Bussento 71 G 28
Busseto 24 H 12
Bussi sul Tirino 56 P 23
Busso 61 R 25
Bussolengo 25 F 14
Bussoleno 20 G 3
Busto Arsizio 13 F 8
Busto Garolfo 12 F 8
Bût 9 C 21
Butera 92 P 24
Buthier 11 E 4
Buti 39 K 13
Buttapietra 25 F 14
Buttigliera 20 G 4
Buttigliera d'Asti 21 G 5
Buttrio 19 D 21
Bùtule 98 F 8
Buturo 79 J 31
Buzzò 34 I 11

C

Ca' Bazzone 36 I 16
Ca' Bertacchi 35 I 13
Ca' Bianca 27 G 18
Ca' Briani 27 G 18
Ca' Cappello 27 G 18
Ca' Corniani 28 F 20
Ca' d'Andrea 25 G 12
Ca' de' Bonavogli 24 G 12
Ca' de' Fabbri 36 I 16
Ca' di Biss 13 F 8
Ca' di David 25 F 14
Ca' Gallo 42 K 19
Ca' Mello 37 H 19
Ca' Morosini 26 G 19
Ca' Noghera 28 F 19
Cà Selva (Lago di) 18 D 20
Ca' Tron 28 F 19
Ca' Venier 27 H 19
Cà Zul (Lago di) 18 D 20
Ca' Zuliani 27 H 19
Cabanne 33 I 10
Cabbia 55 O 21
Cabella Ligure 33 H 9
Cabelli 41 K 17
Caberlaba (Monte) 16 E 16
Cabianca (Monte) 14 D 11
Cabiate 13 E 9
Cabras 100 H 7
Cabras (Stagno di) 100 H 7
Cabu Abbas
  (Santuario
  Nuragico) 99 E 10
Caccamo 86 N 23
Cacchiamo 87 N 24
Caccia (Capo) 96 F 6
Caccia (Monte) 67 D 30
Caccuri 79 J 32
Cadé 25 G 14
Cadecoppi 36 H 15
Cadelbosco di
  Sopra 35 H 13
Cadelbosco di
  Sotto 35 H 13
Cadelle (Monte) 14 D 11
Cadelmonte 23 H 10
Cadenabbia 13 E 9

Cadeo 24 H 11
Caderzone 15 D 14
Cadignano 24 F 12
Cadilana 23 G 10
Cadimarco 25 G 13
Cadine 16 D 15
Cadini (Gruppo dei) 8 C 18
Cadino (Val) 16 D 16
Cadipietra /
  Steinhaus 7 B 17
Cadoneghe 27 F 17
Cadore 8 C 18
Cadrezzate 12 E 7
Cadria 15 E 13
Cadria (Monte) 15 E 14
Caerano di S.
  Marco 17 E 17
Cafaggio 45 M 13
Cafaggiolo 39 K 15
Cafasse 11 G 4
Caffaraccia 34 I 11
Caffaro 15 E 13
Caffaro (Val di) 15 E 13
Cafragna 34 H 12
Caggiano 70 F 28
Caginia (Serra di) 89 N 26
Cagli 42 L 19
Cagliari 103 J 9
Cagliari (Golfo di) 103 J 9
Cagliari
  (Stagno di) 103 J 9
Caglio 13 E 9
Cagnano Amiterno 55 O 21
Cagnano Varano 63 B 29
Cagno 78 J 31
Caguseli (Ianna) 101 G 9
Caianello 64 D 24
Caiazzo 66 D 25
Caicambiucci 42 L 19
Caina 47 M 18
Caina (Monte) 16 E 17
Caino 25 F 12
Caio (Monte) 34 I 12
Caiolo 14 D 11
Caira 60 R 23
Cairano 65 E 28
Cairate 13 E 8
Cairo (Monte) 60 R 23

Cairo Montenotte 31 I 6
Caivano 64 E 24
Cala d'Oliva 96 D 7
Cala Gonone 101 G 10
Cala Grande
  (Punta) 51 O 15
Cala Liberotto 99 F 11
Cala Mosca 103 J 9
Cala Piccola 51 O 15
Cala Piombo
  (Punta di) 102 K 7
Cala Regina
  (Torre) 103 J 10
Calabernardo 93 Q 27
Calabianca (Punta) 85 M 20
Calabretto 80 M 29
Calabria
  (Parco Nazionale
  della) 77 I 31
Calabricata 79 K 32
Calabritto 65 E 27
Calafuria 38 L 12
Calaggio 66 D 28
Calaita (Lago di) 16 D 17
Calalzo di Cadore 8 C 19
Calamandrana 22 H 7
Calambrone 38 L 12
Calamento (Val di) 16 D 16
Calamita (Monte) 50 N 13
Calamita Vecchia 85 N 19
Calamonaci 90 O 21
Calangianus 97 E 9
Calanna 80 M 29
Calaresu 101 G 10
Calascibetta 88 O 24
Calascio 56 P 23
Calasetta 102 J 7
Calatabiano 89 N 27
Calatafimi 85 N 20
Calava (Capo) 82 M 26
Calavino 15 D 14
Calbenzano 41 L 17
Calcara 36 I 15
Calcarella (Punta) 90 T 20
Calcarelli 87 N 24
Calcata 54 P 19
Calcatizzo
  (Portella) 88 M 26

Calceranica al Lago 16 D 15
Calci 38 K 13
Calciano 72 F 30
Calcinaia 39 K 13
Calcinate 24 F 11
Calcinate del Pesce 12 E 8
Calcinatello 25 F 13
Calcinato 25 F 13
Calcinelli 42 K 20
Calcinere 20 H 3
Calcio 24 F 11
Caldana (Grosseto) 45 N 14
Caldana (Livorno) 45 M 13
Caldaro (Lago di) 6 C 15
Caldaro s. str.
  d. vino / Kaltern 6 C 15
Caldarola 48 M 21
Caldé 12 E 7
Calderà 83 M 27
Calderara di Reno 36 I 15
Calderari 88 O 25
Calderino 36 I 15
Caldes 6 C 14
Caldiero 26 F 15
Caldirola 23 H 9
Caldogno 26 F 16
Caldonazzo 16 E 15
Caldonazzo (Lago
  di) 16 D 15
Calendasco 23 G 10
Calenzano (Firenze) 39 K 15
Caleri 27 G 18
Calerno 35 H 13
Cales 64 D 24
Calestano 34 I 12
Cali 92 Q 25
Calice / Kalch 6 B 16
Calice al
  Cornoviglio 33 J 11
Calice Ligure 31 J 6
Calienzon
  (Grotte del) 18 D 19
Caligi (Monte) 39 J 14
Calignano 23 G 9
Calimera (Vibo
  Valentia) 80 L 30
Calimera (Lecce) 75 G 36

Calisese 41 J 18
Calistri 39 J 14
Calitri 66 E 28
Calizzano 31 J 6
Calla (Passo della) 41 K 17
Calle 67 E 30
Callianetto 21 G 6
Calliano (Asti) 21 G 6
Calliano (Trento) 16 E 15
Calmasino 25 F 14
Calmazzo 42 K 20
Calogero
  (Monte Kronio) 90 O 21
Calogno 88 N 25
Calolziocorte 13 E 10
Calopezzati 77 I 32
Calore (Avellino) 65 E 27
Calore (Benevento) 64 D 25
Calore (Salerno) 71 G 29
Caloveto 77 I 32
Caltabellotta 90 O 21
Caltagirone 92 P 25
Caltagirone
  (Fiume) 92 P 25
Caltana 27 F 18
Caltanissetta 88 O 24
Caltavuturo 87 N 23
Caltignaga 12 F 7
Calto 26 H 16
Caltrano 16 E 16
Calusco d'Adda 13 E 10
Caluso 11 G 5
Calvana (Monti
  della) 39 K 15
Calvatone 25 G 13
Calvello 71 F 29
Calvello (Monte) 65 E 27
Calvene 16 E 16
Calvenzano 13 F 10
Calvera 72 G 30
Calvi (Monte)
  (Bologna) 39 J 15
Calvi (Monte)
  (Livorno) 45 M 13
Calvi dell'Umbria 54 O 19
Calvi (Rifugio) 18 C 20
Calvi Risorta 64 D 24
Calvi Vecchia 64 D 24
Calvia (Monte) 98 F 8
Calvignano 23 H 9
Calvilli (Monte) 60 R 22
Calvisano 25 F 13
Calvisi 61 D 25
Calvo (Monte)
  (Foggia) 63 B 29
Calvo (Monte)
  (L'Aquila) 55 O 21
Calzolaro 47 L 18
Camagna
  Monferrato 22 G 7
Camaiore 38 K 12
Camaldoli 41 K 17
Camaldoli (Napoli) 64 E 24
Camaldoli (Salerno) 65 F 27
Camaldoli
  (Convento) 41 K 17
Camandona 11 F 6
Camarda 55 O 22
Camarina 92 Q 25
Camastra 91 P 23
Camatta 25 G 14
Camatte 25 G 14
Cambiago 13 F 10
Cambiano (Torino) 21 H 5
Cambio (Monte di) 55 O 21
Camemi 92 Q 25
Camera (Perugia) 47 N 19
Camera (Teramo) 49 N 23
Camerano 43 L 22
Camerano Casasco 21 G 6
Camerata Picena 43 L 22
Camerata Cornello 13 E 10
Camerata Nuova 55 P 21
Camerelle
  (Posta delle) 66 D 29
Cameri 12 F 7
Cameriano 12 F 7
Camerino 48 M 21
Camerota 70 G 28
Camigliano 46 M 16
Camigliatello
  Silano 77 I 31
Caminata /
  Kematen 7 B 16
Camini 81 L 31
Camino 22 G 6

Camino al Tagliam. 28 E 20
Camino (Monte) 11 F 5
Camino (Pizzo) 14 E 12
Camisa 103 J 10
Camisano 24 F 11
Camisano
  Vicentino 26 F 17
Camitrici 88 O 24
Cammarata 91 O 22
Cammarata
  (Monte) 91 O 22
Camogli 33 I 9
Camonica (Val) 14 E 12
Campagna
  (Pordenone) 18 D 20
Campagna (Salerno) 65 E 27
Campagna Lupia 27 F 18
Campagnano di
  Roma 54 P 19
Campagnatico 45 N 15
Campagnola Emilia 35 H 14
Campana (Cosenza) 77 I 32
Campana (Cozzo) 91 O 23
Campana Grande
  (Grotta) 63 B 30
Campana (Sasso) 5 C 12
Campanedda 96 E 7
Campanella 16 E 16
Campanella
  (Monte) 91 O 23
Campanella (Punta) 64 F 24
Campea 17 E 17
Campeda
  (Altopiano di) 100 G 8
Campegine 35 H 13
Campello
  sul Clitunno 48 N 20
Campertogno 11 E 6
Campese 51 O 14
Campestri 40 K 16
Campi (Perugia) 48 N 21
Campi (Trento) 39 J 15
Campi (Baia di) 63 B 30
Campi Bisenzio 39 K 15
Campi Salentina 75 F 36
Campiano 377 J 18
Campidano 100 H 7
Campiglia 33 J 11
Campiglia Cervo 11 F 6
Campiglia dei
  Berici 26 F 16
Campiglia dei Foci 45 L 15
Campiglia d'Orcia 46 N 17
Campiglia
  Marittima 45 M 13
Campiglia Soana 11 F 4
Campiglio 35 I 14
Campigliola 52 O 16
Campiglione 20 H 3
Campina 41 K 17
Campina 38 K 12
Campino 40 J 16
Campill / Longiarù 7 C 17
Campione 25 G 14
Campione
  (Monte) 14 E 12
Campione del
  Garda 15 E 14
Campione d'Italia 13 E 8
Campitello 25 G 13
Campitello
  di Fassa 7 C 17
Campitello Matese 61 R 25
Campli 49 N 23
Campli (Montagna
  di) 49 N 22
Campliccioli
  (Lago di) 2 D 6
Campo 4 D 10
Campo (Monte) 61 Q 24
Campo Calabro 83 M 28
Campo dei Fiori
  (Monte) 12 E 8
Campo di Fano 56 P 23
Campo di Giove 56 P 24
Campo di Pietra 28 E 19
Campo di Trens /
  Freienfeld 7 B 16
Campo Felice 55 P 22
Campo
  Imperatore 55 O 22
Campo Ligure 32 I 8
Campo Lupino
  (Monte) 60 R 22
Campo Reggiano 47 L 19
Campo Rotondo 59 Q 21
Campo S. Martino 26 F 17

Campo Soriano 59 R 21
Campo Staffi 60 Q 22
Campo Tenese 76 H 30
Campo Tures /
  Sand in Taufers 7 B 17
Campobasso 61 R 25
Campobello di
  Licata 91 P 23
Campobello di
  Mazara 85 O 20
Campocatino 60 Q 22
Campocavallo 43 L 22
Campochiaro 61 R 25
Campochiesa 31 J 6
Campocologno 14 D 12
Campodalbero 26 F 15
Campodarsego 27 F 17
Campodiegoli 48 M 20
Campodimele 60 R 22
Campodipietra 61 C 26
Campodolcino 4 C 10
Campodonico 48 M 20
Campodoro 26 F 17
Campofelice
  di Fitalia 86 N 22
Campofelice
  di Roccella 87 N 23
Campofilone 49 M 23
Campofiorito 86 N 21
Campoformido 19 D 21
Campofranco 91 O 23
Campogalliano 35 H 14
Campogialli 41 L 17
Campogrosso
  (Passo di) 16 E 15
Campolaro 15 E 13
Campolasta /
  Astfeld 6 B 16
Campolato (Capo) 93 P 27
Campolattaro 61 D 26
Campoleone 59 R 19
Campoli
  Appennino 60 Q 23
Campoli del
  Monte Taburno 65 D 25
Campolieto 62 C 26
Campolongo
  (Belluno) 8 C 19
Campolongo
  (Crotone) 79 K 33
Campolongo
  (Passo di) 7 C 17
Campolongo al
  Torre 29 E 22
Campolongo
  Maggiore 27 F 18
Campolongo
  sul Brenta 16 E 17
Campomaggiore 72 F 30
Campomarino
  (Campobasso) 62 B 27
Campomarino
  (Taranto) 74 G 34
Campomolon
  (Monte) 16 E 15
Campomorone 32 I 8
Campomulo 16 E 16
Campone 18 D 20
Camponogara 27 F 18
Campora 70 G 27
Campora S.
  Giovanni 78 J 30
Camporeale 86 N 21
Camporgiano 38 J 13
Camporosso 30 K 4
Camporosso
  in Valcanale 19 C 22
Camporotondo
  di Fiastrone 48 M 21
Camporotondo
  Etneo 89 O 27
Camporovere 16 E 16
Camposampiero 27 F 17
Camposano 64 E 25
Camposanto 36 H 15
Camposauro
  (Monte) 64 D 25
Camposecco (Lago
  di) 2 D 6
Camposilvano 16 E 15
Camposonaldo 41 K 17
Campotosto 55 O 22
Campotosto
  (Lago di) 55 O 22
Campotto 37 I 17

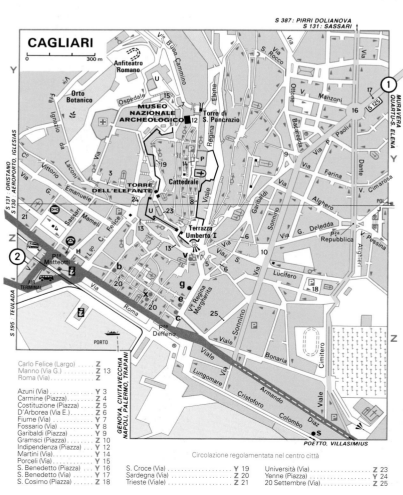

Carlo Felice (Largo) ..... Z
Manno (Via G.) ..... Z 13
Roma (Via) ..... Z

Azuni (Via) ..... Y 3
Carmine (Piazza) ..... Y 4
Costituzione (Piazza) ..... Z 5
D'Arborea (Via E.) ..... Y 6
Fiume (Via) ..... Y 8
Fossario (Via) ..... Y
Garibaldi (Piazza) ..... Y 9
Gramsci (Piazza) ..... Z 10
Indipendenza (Piazza) ..... Y 12
Martini (Via) ..... Y 14
Porceli (Via) ..... Y
S. Benedetto (Piazza) ..... Y 16
S. Benedetto (Piazza) ..... Y 17
S. Cosimo (Piazza) ..... Z 18

S. Croce (Via) ..... Y 19
Sardegna (Via) ..... Z 20
Trieste (Viale) ..... Z 21

Università (Via) ..... Z 23
Yenne (Piazza) ..... Y 24
20 Settembre (Via) ..... Z 25

Circolazione regolamentata nel centro città

Campovaglio 94 D 9
Campovalano 49 N 22
Campoverde 59 R 20
Campremoldo Sopra 23 G 10
Campremoldo Sotto 23 G 10
Campsirago 13 E 10
Campudulimu 98 E 8
Camucia Monsigliolo 46 M 17
Camugnano 39 J 15
Cana 46 N 16
Canaglia 96 E 6
Canal S. Bovo 16 D 17
Canala (Sella) 62 C 26
Canale (Avellino) 65 E 26
Canale (Cuneo) 21 H 5
Canale (Val) 19 C 22
Canale d'Agordo 7 C 17
Canale Monterano 53 P 18
Canale (Su) 99 E 10
Canales 100 G 8
Canales (Lago sos) 97 F 9
Canaletto 36 H 15
Canali 35 I 13
Canalicchio 47 N 19
Canalotto (Masseria) 88 O 24
Canapine (Forca) 48 N 21
Canaro 26 H 17
Canavaccio 42 K 20
Canazei 7 C 17
Cancano (Lago di) 5 C 12
Cancellara 66 E 29
Cancelli 48 M 20
Cancello 64 E 25
Cancello ed Arnone 64 D 24
Cancelo (Passo di) 80 M 30
Canciano (Pizzo di) 14 D 11
Canda 26 G 16
Candela 66 D 28
Candelara 42 K 20
Candelaro 62 B 27
Candelaro (Masseria) 63 C 29
Candelaro (Stazione di) 63 C 29
Candeli 40 K 16
Candelo 11 F 6
Candelù 28 E 19
Candia Canavese 11 G 5
Candia (Lago di) 11 G 5
Candia Lomellina 22 G 7
Candiana 27 G 17
Candida Parolise 65 E 26
Candidoni 80 L 30
Candigliano 42 L 19
Candiolo 21 H 4
Candoglia 12 E 7
Cane (Monte) 88 O 24
Cane (Passo del) / Hundskehljoch 8 A 18
Cane (Punta del) 93 Q 27
Canebola 19 D 22
Canedole 25 G 14
Canegrate 13 F 8
Canelli 21 H 6
Canepina 53 O 18
Canesano 34 I 12
Canetra 55 O 21
Caneva 28 E 19
Canevara 38 J 12
Canevare 35 J 14
Canevino 23 H 9
Canfaito (Monte) 48 M 21
Cangialoso (Pizzo) 86 N 22
Cangiulli (Masseria) 68 E 32
Canicattì 91 O 23
Canicattini Bagni 93 P 27
Caniga 96 E 7
Canigione (Punta del) 95 D 10
Caniglia di Sotto (Casa) 62 B 28
Canin (Monte) 19 C 22
Canino 53 O 17
Canino (Monte) 53 O 17
Canischio 11 F 4
Canistro 55 Q 22
Canistro Superiore 55 Q 22
Canitello 83 M 28
Canna (Cosenza) 73 G 31
Canna (Messina) 82 L 25
Cannai 102 J 7
Cannalonga 70 G 27
Cannara 47 N 19
Cannas 103 J 10
Cannas (Gola del Rio) 103 I 10
Cannas (Is) 103 J 9
Canne 67 D 30
Canneddi (Punta li) 94 D 8
Cannero Riviera 3 D 8
Canneto 45 M 14
Canneto (I. Lipari) 82 L 26
Canneto (vicino a Sto Stefano di Cam.) 88 M 25
Canneto Pavese 23 G 9
Canneto sull'Oglio 25 G 13
Cannigione 95 D 10
Cannizzaro 89 O 27
Cannobina (Val) 3 D 7
Cannobino 3 D 7
Cannobio 3 D 8
Cannole 75 G 37
Cannoneris (Is) 102 J 8
Canolo (Reggio di Calabria) 81 M 30
Canolo (Reggio nell'Emilia) 35 H 14
Canonica 13 F 9
Canosa di Puglia 67 D 30
Canosa Sannita 57 P 24
Canossa 35 I 13
Canove (Cuneo) 21 H 6
Canove (Vicenza) 16 E 16
Cansano 56 P 24
Cansiglio (Bosco del) 18 D 19
Cantagallo 39 J 15
Cantagrillo 39 K 14
Cantalice 55 O 20
Cantalupa 20 H 3
Cantalupo (Alessandria) 22 H 7
Cantalupo (Perugia) 47 N 19
Cantalupo in Sabina 54 P 19
Cantalupo Ligure 23 H 9
Cantalupo nel Sannio 61 R 25
Cantarana 27 G 18
Cantari (Monti) 59 Q 21
Cantello 13 E 8
Canterno (Lago di) 59 Q 21
Cantiano 42 L 19
Cantinella 77 H 31
Cantoira 10 F 4
Cantone (Perugia) 41 L 18
Cantone (Reggio nell'Emilia) 35 I 13
Cantone (Terni) 47 N 18
Cantoniera (Passo di) 41 K 18
Cantù 13 E 9
Canu (Monte) 95 D 10
Canzano 56 O 23
Canzo 13 E 9
Canzoi (Valle di) 17 D 17
Caorera 17 E 17
Caoria 16 D 17
Caorle 28 F 20
Caorso 24 G 11
Capaccia (Capo) 95 D 10
Capaccio 70 F 27
Capacciotti (Lago di) 66 D 29
Capaci 86 M 21
Capalbio 52 O 16
Capalbio Stazione 52 O 16
Capannaccia 94 D 9
Capanne (Grosseto) 46 N 16
Capanne (Perugia) 47 M 18
Capanne (Monte) 50 N 12
Capanne di Sillano 35 J 12
Capanne Marcarolo 32 I 8
Capannelle (Valico delle) 55 O 22
Capannole 40 L 16
Capannoli 39 L 14
Capannori 38 K 13
Capecchio 53 O 17
Capel Rosso (Punta del) (I. di Giannutri) 51 P 15
Capel Rosso (Punta del) (I. del Giglio) 51 P 14
Capena 54 P 19
Capergnanica 13 F 10
Caperino (Montagna del) 72 F 30
Capestrano 56 P 23
Capezzano Pianore 38 K 12
Capezzone (Cima) 11 E 6
Capichera (Tomba di) 95 D 10
Capilungo 75 H 36
Capio (Monte) 11 E 6
Capistrano 78 K 30
Capistrello 55 Q 22
Capitana 103 J 9
Capitello (Salerno) 71 G 28
Capitello (Verona) 26 G 15
Capitignano (Salerno) 65 E 26
Capitignano (L'Aquila) 55 O 21
Capitone 54 O 19
Capizzi 88 N 25
Caplone (Monte) 15 E 13
Capo Calvanico 65 E 26
Capo di Ponte 15 D 13
Capo di Ponte (Parco Naz. Inc. Rup.) 15 D 13
Capo d'Orlando 82 M 26
Capo Passero (Isola di) 93 Q 27
Capo Portiere 59 R 20
Capo Rizzuto 79 K 33
Capo Rossello 90 P 22
Capocavallo 47 M 18
Capodacqua 48 M 20
Capodarco 49 M 23
Capodimonte (Napoli) 64 E 24
Capodimonte (Viterbo) 53 O 17
Capoiale 63 B 28
Capolapiaggia 48 M 21
Capoliveri 50 N 13
Capolona 41 L 17
Caponago 13 F 10
Caporciano 56 P 23
Caporiacco 18 D 21
Caporosa 78 J 31
Caposele 65 E 27
Caposile 28 F 19
Capoterra 102 J 8
Capovalle 15 E 13
Cappadocia 55 P 21
Cappeddu (Punta) 94 D 9
Cappella 77 I 33
Cappella Maggiore 28 E 19
Cappelle 55 P 22
Cappelle sul Tavo 56 O 24
Cappelletta 25 G 14
Capracotta 61 Q 24
Capradosso 55 P 21
Caprafico 56 O 23
Capraglia 22 G 8
Capraia 44 M 11
Capraia (Isola) 62 B 28
Capraia (Isola di) 44 M 11
Capralba 13 F 10
Capranica 53 P 18
Capranica Prenestina 59 Q 20
Caprara 35 H 13
Caprara d'Abruzzo 56 O 24
Caprara (Punta) 96 D 6
Capraria (Masseria) 74 F 34
Capraria di Lecce 75 G 36
Caprarico 72 G 31
Capraro (Monte) 61 Q 24
Caprarola 53 P 18
Caprauna 31 J 5
Caprera (Isola) 95 D 10
Caprese Michelangelo 41 L 17
Capri 64 F 24
Capri (Isola di) 64 F 24
Capri Leone 82 M 26
Capriana 16 D 16
Capriata d'Orba 22 H 8
Capriate S. Gervasio 13 F 10
Capriati a Volturno 61 R 24
Capricchia 55 O 22
Capriccioli 95 D 10
Caprile (Arezzo) 41 K 18
Caprile (Pesaro e Urbino) 42 L 20
Caprile (Belluno) 7 C 17
Caprile / Gfrill (vicino a Merano) 6 C 15
Caprino Bergamasco 13 E 10
Caprino Veronese 25 F 14
Caprio 34 I 11
Caprioli 70 G 27
Capriolo 24 F 11
Capro (il) 6 B 15
Caprolace (Lago di) 59 R 20
Capua 64 D 24
Capugnano 35 J 14
Capurso 68 D 32
Caraffa del Bianco 80 M 30
Caraffa di Catanzaro 78 K 31
Caraglio 30 I 4
Caragna 31 J 6
Caramagna Ligure 31 K 5
Caramagna Piemonte 21 H 5
Caramanico Terme 56 P 23
Carameto (Monte) 34 H 11
Caramola (Monte) 71 G 30
Caramolo (Monte) 76 H 30
Carana 97 E 9
Carangiaro (Monte) 88 O 24
Caranna 69 E 34
Carano 59 R 20
Caranza 33 I 10
Carapelle 63 C 29
Carapelle Calvisio 56 P 23
Carapelle (Torrente) 66 D 28
Carapellotto 66 D 28
Carasco 33 I 10
Carassai 49 M 23
Carate Brianza 13 E 9
Carate Brianza (Rifugio) 14 D 11
Carate Urio 13 E 9
Caravaggio 13 F 10
Caravai (Passo di) 101 G 9
Caravino 11 F 5
Caravius (Monte is) 102 J 8
Caravonica 31 K 5
Carbognano 53 P 18
Carbonara al Ticino 23 G 9
Carbonara (Capo) 103 J 10
Carbonara di Bari 68 D 32
Carbonara di Po 26 G 15
Carbonara (Golfo di) 103 J 10
Carbonara (Pizzo) 87 N 24
Carbonare 16 E 15
Carbone 72 G 30
Carbone (Monte) 30 J 4
Carbonera 17 E 18
Carbonesca 47 M 19
Carbonia 102 J 7
Carbonin / Schluderbach 8 C 18
Carcaci (Monte) 86 N 22
Carcaciotto (Borgata) 86 N 22
Carcare 31 I 6
Carcari 88 O 26
Carceri 26 G 16
Carceri (Eremo delle) 47 M 19
Carchitti 59 Q 20
Carcina 24 F 12
Carcoforo 11 E 6
Carda 41 L 17
Cardaxius 103 I 9
Carde 20 H 4
Cardedu 101 H 10
Cardella 42 L 19
Cardeto 80 M 29
Cardeto Sud 80 M 29
Cardezza 2 D 6
Cardiga (Monte) 103 I 10
Cardinala 26 G 15
Cardinale 78 L 31
Carditello 64 D 24
Cardito (Frosinone) 60 R 23
Cardito (Napoli) 64 E 24
Carè Alto (Monte) 15 D 13
Careggine 38 J 12
Carena (Punta) 64 F 24
Carenno 13 E 10
Careri 80 M 30
Caresana (Trieste) 29 F 23
Caresana (Vercelli) 22 G 7
Caresanablot 12 F 7
Careser (Lago del) 6 C 14
Carestiato (Rifugio) 17 D 18
Carezza al Lago / Karersee 7 C 16
Carezzano 22 H 8
Carfalo 39 L 14
Carfizzi 79 J 32
Cargeghe 96 E 7
Caria 80 L 29
Cariati 77 I 32
Cariati (Masseria) 67 D 30
Cariati Marina 77 I 32
Carife 65 D 27
Carige 52 O 16
Cariglio 76 I 30
Carignano 62 C 27
Carignano (Parma) 35 H 12
Carignano (Pesaro e Urbino) 42 K 20
Carignano (Torino) 21 H 5
Carini 86 M 21
Carini (Golfo di) 86 M 21
Carinola 60 S 23
Carisasca 33 H 9
Carisio 11 F 6
Carisolo 15 D 14
Cariusi (Monte) 71 G 28
Carlantino 62 C 26
Carlazzo 3 D 9
Carlentini 93 P 27
Carlino 29 E 21
Carlo Magno (Campo) 15 D 14
Carloforte 102 J 6
Carlopoli 78 J 31
Carmagnola 21 H 5
Carmelia (Piani di) 80 M 29
Carmerlona 37 I 18
Carmiano 75 F 36
Carmignanello 39 K 15
Carmignano (Prato) 39 K 15
Carmignano (Padova) 26 G 16
Carmignano di Brenta 26 F 17
Carmine (Verbania) 3 D 8
Carmine (Cuneo) 21 I 5
Carmo (Monte) (Genova) 33 I 9
Carmo (Monte) (Savona) 31 J 6
Carnago 12 E 8
Carnaio (Colle del) 41 K 17
Carnaiola 47 N 18
Carnara (Monte) 73 G 31
Carnello 60 Q 22
Carnia 8 C 19
Carnia (Località) 09 C 21
Carnizza (Sella) 19 C 21
Carobbio 34 I 12
Carolei 78 J 30
Carona (Bergamo) 14 D 11
Carona (Sondrio) 14 D 12
Caronia 88 M 25
Caronno Pertusella 13 F 9
Caronte (Terme) 78 K 30
Carosino 74 F 34
Carovigno 69 E 34
Carovilli 61 Q 24
Carpacco 18 D 20
Carpana 34 I 11
Carpaneto Piacentino 34 H 11
Carpani 50 N 12
Carpanzano 78 J 30
Carpari 68 E 33
Carpasio 31 K 5
Carpe 31 J 6
Carpegna 42 K 19
Carpegna (Monte) 41 K 18
Carpen 17 E 17
Carpenedolo 25 F 13
Carpeneto 32 H 7
Carpi (Modena) 35 H 14
Carpi (Verona) 26 G 16
Carpi (Rifugio) 8 C 18
Carpiano 13 F 9
Carpignano Salentino 75 G 37
Carpignano Sesia 12 F 7
Carpina 47 L 19
Carpinelli (Passo) 38 J 12
Carpinello 37 J 18
Carpineta 39 J 15
Carpineti 35 I 13
Carpineto della Nora 56 O 23
Carpineto Romano 59 R 21
Carpineto Sinello 57 P 25
Carpini 47 L 19
Carpino 63 B 29
Carpinone 61 R 24
Carrara 38 J 12
Carrara S. Giorgio 27 G 17
Carré 16 E 16
Carrega Ligure 33 I 9
Carretto 31 I 6
Carriero (Serra) 66 E 29
Carrito 56 P 23
Carro 33 J 10
Carrodano 33 J 10
Carrosio 32 I 8
Carrù 21 I 5
Carruba 89 N 27
Carruba Nuova 86 N 21
Carrubba (Monte) 93 P 27
Carsoli 55 P 21
Carsulae 54 O 19
Cartasegna 33 I 9
Cartigliano 16 E 17
Cartoceto (vicino a Calcinelli) 42 K 20
Cartoceto (vicino ad Isola di Fano) 42 L 20
Cartosio 32 I 7
Cartura 27 G 17
Carugate 13 F 10
Carunchio 61 Q 25
Caruso (Forca) 56 P 23
Caruso (Monte) 66 E 29
Carve 17 D 18
Carvico 13 E 10
Casa Castalda 47 M 19
Casa della Marina 103 J 10
Casa Ferrato 103 J 10
Casa Matti 23 H 9
Casa Riva Lunga 29 E 22
Casabella 91 O 23
Casabona 79 J 32
Casacalenda 62 B 26
Casacanditella 56 P 24
Casacorba 17 F 18
Casagiove 64 D 24
Casaglia (Pisa) 45 L 13
Casaglia (Brescia) 24 F 12
Casaglia (Ferrara) 36 H 16
Casaglia (Colla di) 40 J 16
Casal Borsetti 37 I 18
Casal Cermelli 22 H 7
Casal di Principe 64 D 24
Casal Fiumanese 40 J 16
Casal Palocco 58 Q 19
Casal Sabini 67 E 31
Casal Sottano 70 G 27
Casal Velino 70 G 27
Casalabate 75 F 36
Casalanguida 57 P 25
Casalappi Ruschi 45 M 14
Casalàttico 60 R 23
Casalbarbato 34 H 12
Casalbellotto 25 H 13
Casalbordino 57 P 25
Casalbore 65 D 27
Casalborgone 21 G 5
Casalbuono 71 G 29
Casalbusone 33 I 9
Casalbuttano ed Uniti 24 G 11
Casalcassinese 60 R 23
Casalciprano 61 R 25
Casalduni 65 D 26
Casale (Forlì) 41 J 17
Casale (Mantova) 25 G 14
Casale Cinelli 53 P 17
Casale Corte Cerro 12 E 7
Casale Cremasco 24 F 11
Casale delle Palme 59 R 20
Casale di Pari 45 M 15
Casale di Scodosia 26 G 16
Casale Marittimo 45 M 13
Casale Monferrato 22 G 7
Casale Monferrato (Rifugio) 11 E 5
Casale sul Sile 27 F 18
Casale (Villa Romana del) (Piazza Armerina) 88 O 25
Casalecchio dei Conti 36 I 16
Casalecchio di Reno (Bologna) 36 I 15
Casaleggio 23 H 10
Casaleggio Novara 12 F 7
Casaleone 26 G 15
Casaletto 53 P 18
Casaletto Ceredano 23 G 10
Casaletto di Sopra 24 F 11
Casaletto Spartano 71 G 28
Casalgiordana 87 N 24
Casalgrande 35 I 14
Casalgrasso 21 H 4
Casali 40 J 16
Casalicchio 91 O 23
Casaliggio 23 G 10
Casalina 34 I 11
Casalincontrada 56 P 24
Casalini 69 E 34
Casalino (Arezzo) 41 K 17
Casalino (Novara) 12 F 7
Casalmaggiore 25 H 13
Casalmaiocco 13 F 10
Casalmorano 24 G 11
Casalmoro 25 G 13
Casalnoceto 23 H 8
Casalnuovo 80 M 29
Casalnuovo di Napoli (Napoli) 64 E 25
Casalnuovo Monterotaro 62 C 27
Casaloldo 25 G 13
Casalone (Poggio) 45 M 15
Casalotti (Roma) 58 Q 19
Casalpoglio 25 G 13
Casalpusterlengo 23 G 10
Casalromano 25 G 13
Casalserugo 27 G 17
Casalta 47 N 19
Casaltone 35 H 13
Casaluce 64 D 24
Casaluna 48 M 20
Casalvecchio di Puglia 62 C 27
Casalvecchio Siculo 89 N 27
Casalvieri 60 R 23
Casalvolone 12 F 7
Casamaina 55 P 22
Casamari (Abbazia di) 60 Q 22
Casamassima 68 E 32
Casamicciola Terme 64 E 23
Casanova (Rieti) 55 O 20
Casanova (Torino) 21 H 5
Casanova dell'Alpe 41 K 17
Casanova Elvo 11 F 6
Casanova Lerrone 31 J 6
Casanova Lonati 23 G 9
Casape 59 Q 20
Casaprota 55 P 20
Casaraccio (Stagno di) 96 E 6
Casaranello (Casarano) 75 G 36
Casarano 75 G 36
Casargius (Monte) 103 I 10
Casargo 13 D 10
Casarsa della Delizia 28 E 20
Casarza Ligure 33 J 10
Casasco d'Intelvi 13 E 9
Casaselvatica 34 I 12
Casastrada 39 L 14
Casateia / Gasteig 7 B 16
Casatenovo 13 E 9
Casatico 25 G 13
Casatisma 23 G 9
Casazza 14 E 11
Cascano 60 S 23
Cascia 48 N 21
Casciana Alta 39 L 13
Casciana Terme 39 L 13
Casciano 45 M 15
Cascina 38 K 13
Cascina (Torrente) 39 L 13
Cascina Grossa 22 H 8
Cascine Vecchie 38 K 13
Cascinette d'Ivrea 11 F 5
Case Orsolina 8 C 19
Case Perrone 73 F 32
Case Simini 75 F 36

Name		
Casei Gerola	22	G 8
Caselette	21	G 4
Casella (La Spezia)	33	J 11
Casella (Genova)	32	I 8
Casella (Treviso)	17	E 17
Caselle	76	H 31
Caselle (Treviso)	17	E 17
Caselle (Verona)	26	G 16
Caselle (Vicenza)	26	G 16
Caselle in Pittari	71	G 28
Caselle Landi	24	G 11
Caselle Lurani	23	G 10
Caselle Torinese	21	G 4
Casemurate	37	J 18
Casenove	48	N 20
Casenovole	45	M 15
Casentini (Rifugio)	39	J 13
Casentino	41	K 17
Casentino (Località)	56	P 22
Casenuove	43	L 21
Casera di Fuori	6	B 14
Casera Losa	18	C 20
Casere	16	E 17
Casere / Kasern	8	A 18
Caserta	64	D 25
Caserta Vecchia	64	D 25
Casette	55	O 20
Casette d'Ete	49	M 23
Casevecchie	48	N 20
Casi	64	D 24
Casier	27	F 18
Casies (Valle di) / Gsies	8	B 18
Casigliano	47	N 19
Casignana	80	M 30
Casina	35	I 13
Casina (Cima la)	5	C 12
Casinalbo	35	I 14
Casine	43	L 21
Casinina	42	K 19
Casirate d'Adda	13	F 10
Caslino d'Erba	13	E 9
Casnate	13	E 9
Casnigo	14	E 11
Casola Canina	36	I 17
Casola in Lunigiana	38	J 12
Casola Valsenio	36	J 16
Casole d'Elsa	45	L 15
Casoli (Chieti)	57	P 24
Casoli (Lucca)	38	K 12
Casoli (Teramo)	56	O 23
Cason di Lanza (Passo)	9	C 21
Casoni (Genova)	33	I 9
Casoni (Reggio nell'Emilia)	25	H 14
Casoni (Vicenza)	17	E 17
Casorate Primo	23	G 9
Casorezzo	13	F 8
Casoria (Napoli)	64	E 24
Casorzo	22	G 7
Casotto	31	J 5
Caspano	4	D 10
Casperia	54	O 20
Caspoggio	14	D 11
Cassana (Pizzo)	5	C 12
Cassano	65	D 26
Cassano allo Ionio	76	H 30
Cassano d'Adda	13	F 10
Cassano delle Murge	68	E 32
Cassano Irpino	65	E 27
Cassano Magnago	12	E 8
Cassano Spinola	22	H 8
Cassaro	93	P 26
Cassella	37	H 19
Cassiano	43	L 21
Cassibile	93	Q 27
Cassibile (Fiume)	93	Q 27
Cassiglio	13	E 10
Cassina de' Pecchi	13	F 10
Cassinasco	22	H 6
Cassine	22	H 7
Cassinelle	32	I 7
Cassinetta di Lugagnano	13	F 8
Cassino (Frosinone)	60	R 23
Cassino (Rieti)	48	N 21
Cassio	34	I 12
Casso	17	D 18
Cassola	16	E 17
Cassolnovo	12	F 8
Castagna	78	J 31
Castagna (Punta)	82	L 26
Castagna (Serra)	77	I 31
Castagnaro	26	G 16
Castagneto Carducci	45	M 13
Castagneto Po	21	G 5
Castagnito	21	H 6
Castagno (il)	39	L 14
Castagno d'Andrea (il)	40	K 16
Castagnola	47	N 19
Castagnole delle Lanze	21	H 6
Castagnole Monferrato	22	H 6
Castagnole Piemonte	21	H 4
Castana	23	G 9
Castanea delle Furie	83	M 28
Castano Primo	12	F 8
Castedduzzu (Monte su)	98	E 8
Casteggio	23	G 9
Castegnato	24	F 12
Castel Baronia	65	D 27
Castel Bolognese	37	J 17
Castel Campagnano	64	D 25
Castel Castagna	56	O 23
Castel Castagnaio	40	K 16
Castel Cellesi	53	O 18
Castel d'Aiano	35	J 15
Castel d'Ario	25	G 14
Castel d'Azzano	25	F 14
Castel de' Britti	36	I 16
Castel del Bosco	39	L 14
Castel del Giudice	61	Q 24
Castel del Monte (Bari)	67	D 30
Castel del Monte (L'Aquila)	56	O 23
Castel del Piano (Grosseto)	46	N 16
Castel del Piano (Perugia)	47	M 18
Castel del Rio	40	J 16
Castel dell'Alpi	39	J 15
Castel dell'Aquila	54	O 19
Castel di Casio	39	J 15
Castel di Fiori	47	N 18
Castel di Ieri	56	P 23
Castel di Iudica	88	O 25
Castel di Lucio	87	N 24
Castel di Sangro	61	Q 24
Castel di Sasso	64	D 24
Castel di Tora	55	P 20
Castel di Tusa	87	M 24
Castel Focognano	41	L 17
Castel Fraiano	61	Q 25
Castel Frentano	57	P 25
Castel Gandolfo	59	Q 19
Castel Ginnetti	59	R 20
Castel Giòrgio	46	N 17
Castel Giuliano	53	P 18
Castel Goffredo	25	G 13
Castel Guelfo di Bologna	37	I 17
Castel Lagopesole	66	E 29
Castel Madama	59	Q 20
Castel Maggiore	36	I 16
Castel Mola	89	N 27
Castel Morrone	64	D 25
Castel Porziano	58	Q 19
Castel Rigone	47	M 18
Castel Ritaldi	48	N 20
Castel Rocchero	22	H 7
Castel S. Giovanni (Perugia)	48	N 21
Castel S. Giovanni (Piacenza)	23	G 10
Castel S. Elia	54	P 19
Castel S. Gimignano	45	L 15
Castel S. Giorgio	65	E 26
Castel S. Giovanni (vicino a Spoleto)	48	N 20
Castel S. Lorenzo	70	F 27
Castel S. Maria (Macerata)	48	M 21
Castel Sta Maria (Perugia)	48	N 21
Castel S. Niccolò	41	K 17
Castel S. Pietro	48	M 21
Castel S. Pietro Terme	36	I 16
Castel S. Venanzo	48	M 21
Castel S. Vincenzo	61	R 24
Castel Seprio	13	E 8
Castel Venzago	25	F 13
Castel Viscardo	47	N 18
Castel Vittorio	31	K 5
Castel Volturno	64	D 23
Castelbaldo	26	G 16
Castelbelforte	25	G 14
Castelbello / Kastelbell	6	C 14
Castelbottaccio	61	B 26
Castelbuono	87	N 24
Castelcanafurone	33	H 10
Castelcerino	26	F 15
Castelceriolo	22	H 8
Castelchiodato	54	P 20
Castelcivita	65	F 27
Castelcivita (Grotta di)	65	F 27
Castelcovati	24	F 11
Castelcucco	17	E 17
Casteldaccia	86	M 22
Casteldarne / Ehrenburg	7	B 17
Casteldelci	41	K 18
Casteldelfino	20	I 3
Casteldelmonte	47	N 19
Casteldidone	25	G 13
Casteldimezzo	42	K 20
Casteldoria (Terme di)	98	E 8
Castelfalfi	39	L 14
Castelferretti	43	L 22
Castelferro	22	H 7
Castelfidardo	43	L 22
Castelfiorentino	39	L 14
Castelfondo	6	C 15
Castelforte	60	S 23
Castelfranci	65	E 27
Castelfranco di Sopra	40	L 16
Castelfranco di Sotto	39	K 14
Castelfranco Emilia	36	I 15
Castelfranco in Miscano	62	D 27
Castelfranco Veneto	17	E 17
Castelgomberto	26	F 16
Castelgrande	66	E 28
Castelguglielmo	26	G 16
Castelguidone	61	Q 25
Castellabate	70	G 26
Castellace	80	M 29
Castellafiume	59	Q 21
Castell'Alfero	21	G 6
Castellalto	49	N 23
Castellammare (Golfo di)	85	M 21
Castellammare del Golfo	85	M 20
Castellammare di Stabia	64	E 25
Castellamonte	11	F 5
Castellana (Grotta di)	68	E 33
Castellana Grotte	68	E 33
Castellana Sicula	87	N 24
Castellaneta	73	F 32
Castellaneta Marina	73	F 32
Castellano	49	N 22
Castellanza	13	F 8
Castell'Apertole	21	G 6
Castellarano	35	I 14
Castellaro (Imperia)	31	K 5
Castellaro (Modena)	35	J 14
Castellaro (Parma)	34	H 11
Castellaro (Pavia)	23	H 9
Castellaro Lagusello	25	F 13
Castell'Arquato	34	H 10
Castell'Azzara	46	N 17
Castellazzo Bormida	22	H 7
Castellazzo (Monte)	89	N 26
Castelleone (Cremona)	24	G 11
Castelleone (Perugia)	47	N 19
Castelleone di Suasa	42	L 20
Castelletto (Brescia)	24	G 12
Castelletto (Piacenza)	34	H 11
Castelletto Busca	30	I 4
Castelletto Cervo	11	F 6
Castelletto di Brenzone	15	E 14
Castelletto d'Orba	32	H 8
Castelletto Monferrato	22	G 7
Castelletto Po	23	G 9
Castelletto sopra Ticino	12	E 7
Castelletto Stura	31	I 4
Castelli	56	O 23
Castelli Calepio	24	F 11
Castelli (Monte)	88	N 25
Castelli Romani	59	Q 19
Castellina (Firenze)	39	K 14
Castellina in Chianti	39	L 15
Castellina Marittima	45	L 13
Castellina Scalo	45	L 15
Castellina (Parma)	34	H 12
Castellinaldo	21	H 6
Castellino del Biferno	62	B 26
Castellino Tanaro	31	I 5
Castelliri	60	Q 22
Castello (Canale)	66	D 29
Castello (Monte)	44	M 11
Castello (Spiaggia del)	63	B 30
Castello (Brescia)	25	F 13
Castello (La Spezia)	33	J 10
Castello (Cima di)	14	D 11
Castello d'Agogna	22	G 8
Castello d'Argile	36	H 15
Castello dell'Acqua	4	D 12
Castello di Annone	22	H 6
Castello di Cisterna	64	E 25
Castello di Godego	17	E 17
Castello di Lago	65	D 26
Castello di Serravalle	36	I 15
Castello Inici	85	N 20
Castello Lavazzo	17	D 18
Castello Molina di Fiemme	16	D 16
Castello Tesino	16	D 16
Castellonalto	55	O 20
Castellonchio	34	I 12
Castellonorato	60	S 23
Castell'Ottieri	46	N 17
Castellucchio	25	G 13
Castelluccia	48	N 21
Castelluccio (Modena)	35	J 14
Castelluccio (Siracusa)	93	Q 26
Castelluccio Cosentino	70	F 28
Castelluccio dei Sauri	66	D 28
Castelluccio-Inferiore	71	G 29
Castelluccio (Monte)	91	O 23
Castelluccio-Superiore	71	G 29
Castelluccio Valmaggiore	62	C 27
Castelluzzo	85	M 20
Castelluzzo (Masseria)	74	F 34
Castelmagno	30	I 3
Castelmassa	26	G 15
Castelmauro	61	B 26
Castelmenardo	55	P 21
Castelmezzano	72	F 30
Castelmonte	19	D 22
Castelnovetto	22	G 7
Castelnovo	23	H 10
Castelnovo ne' Bariano	26	G 15
Castelnuovo di Sotto	35	H 13
Castelnovo ne' Monti	35	I 13
Castelnuovo (L'Aquila)	56	P 22
Castelnuovo (Mantova)	25	G 13
Castelnuovo (Padova)	27	G 17
Castelnuovo (Pesaro e Urbino)	42	K 19
Castelnuovo (Ravenna)	37	I 17
Castelnuovo (Trento)	16	D 16
Castelnuovo a Volturno	60	R 24
Castelnuovo Berardenga	46	L 16
Castelnuovo Bocca d'Adda	24	G 11
Castelnuovo Bormida	22	H 7
Castelnuovo Calcea	21	H 6
Castelnuovo Cilento	70	G 27
Castelnuovo dei Sabbioni	40	L 16
Castelnuovo del Friuli	18	D 20
Castelnuovo del Garda	25	F 14
Castelnuovo della Daunia	62	C 27
Castelnuovo della Misericordia	38	L 13
Castelnuovo dell'Abate	46	N 16
Castelnuovo d'Elsa	39	L 14
Castelnuovo di Ceva	31	I 6
Castelnuovo di Conza	65	E 27
Castelnuovo di Farfa	54	P 20
Castelnuovo di Garfagnana	38	J 13
Castelnuovo di Porto	54	P 19
Castelnuovo di Val di Cecina	45	M 14
Castelnuovo Don Bosco	21	G 5
Castelnuovo Fogliani	34	H 11
Castelnuovo Magra	38	J 12
Castelnuovo Nigra	11	F 5
Castelnuovo Rangone	35	I 14
Castelnuovo Scrivia	22	H 8
Castelnuovo Vomano	56	O 23
Castelpagano	62	C 26
Castelpetroso	61	R 25
Castelpizzuto	61	R 24
Castelplanio	43	L 21
Castelpoggio	38	J 12
Castelponzone	25	G 12
Castelpoto	65	D 26
Castelraimondo	48	M 21
Castelromano	61	R 24
Castelrotto / Kastelruth	7	C 16
Castelsantangelo sul Nera	48	N 21
Castelsaraceno	71	G 29
Castelsardo	98	E 8
Castelsavino (Monte)	41	K 17
Castelsilano	79	J 32
Castelspina	22	H 7
Casteltermini	91	O 22
Casteltodino	54	O 19
Castelvecchio / Altenburg (Bolzano)	6	C 15
Castelvecchio (Pistoia)	39	K 14
Castelvecchio (Vicenza)	26	F 15
Castelvecchio Calvisio	56	P 23
Castelvecchio di Rocca Barbena	31	J 6
Castelvecchio Pascoli	38	J 13
Castelvecchio Subequo	56	P 23
Castelvenere	64	D 25
Castelverde	24	G 11
Castelvero	26	F 15
Castelverrino	61	Q 25
Castelvetere in Val Fortore	62	C 26
Castelvetere sul Calore	65	E 26
Castelvetrano	85	N 20
Castelvetro di Modena	35	I 14
Castelvetro Piacentino	24	G 11
Castelvisconti	24	G 11
Castenaso	36	I 16
Castenedolo	25	F 12
Casterno	13	F 8
Castiadas	103	J 10
Castiglion Fibocchi	41	L 17
Castiglion Fiorentino	46	L 17
Castiglioncello	44	L 13
Castiglioncello Bandini	46	N 16
Castiglioncello del Trinoro	46	N 17
Castiglione (Ancona)	48	M 20
Castiglione (Isernia)	61	Q 24
Castiglione (Lecce)	75	H 37
Castiglione (Perugia)	47	M 19
Castiglione a Casauria	56	P 23
Castiglione Chiavarese	33	J 10
Castiglione d'Adda	24	G 11
Castiglione dei Pepoli	39	J 15
Castiglione del Bosco	46	M 16
Castiglione del Genovesi	65	E 26
Castiglione del Lago	47	M 18
Castiglione della Pescaia	45	N 14
Castiglione della Valle	47	M 18
Castiglione di Garfagnana	38	J 13
Castiglione di Ravenna	37	J 18
Castiglione di Sicilia	89	N 27
Castiglione d'Intelvi	13	E 9
Castiglione d'Orcia	46	M 16
Castiglione Falletto	21	I 5
Castiglione in Teverina	53	O 18
Castiglione Mantovano	25	G 14
Castiglione Maritimo	78	K 30
Castiglione Messer Marino	61	Q 25
Castiglione Messer Raimondo	56	O 23
Castiglione Olona	13	E 8
Castiglione Tinella	21	H 6
Castiglioni	43	L 21
Castignano	49	N 22
Castilenti	56	O 23
Castino	21	I 6
Castion Veronese	25	F 14
Castione (Piacenza)	24	H 11
Castione (Treviso)	17	E 17
Castione Andevenno	14	D 11
Castione de Baratti	35	I 13
Castione della Presolana	14	E 12
Castione Marchesi	34	H 12
Castions	28	E 20
Castions di Strada	28	E 20
Casto	15	E 12
Castorano	49	N 23
Castrezzato	24	F 11
Castri di Lecce	75	G 36
Castrignano de' Greci	75	G 36
Castrignano del Capo	75	H 37
Castro (Bergamo)	14	E 12
Castro (Lecce)	75	G 37
Castro dei Volsci	60	R 22
Castro Marina	75	G 37
Castro (Portella)	88	O 24
Castro (Rocche del)	88	M 26
Castro S. Martino	39	J 15
Castrocielo	60	R 23
Castrocaro Terme	41	J 17
Castrocucco	76	H 29
Castrocucco di Maratea	76	H 29
Castrofilippo	91	O 23
Castrolibero	78	J 30
Castroncello	46	M 17
Castronno	12	E 8
Castronuovo di S. Andrea	72	G 30
Castronuovo di Sicilia	86	N 22
Castropignano	61	R 25
Castroreale	83	M 27
Castroreale Terme	83	M 27
Castroregio	76	H 31
Castrovillari	76	H 30
Casumaro	36	H 16
Casuzze	92	Q 25
Cataeggio	4	D 10
Cataforio	80	M 29
Cataio	26	G 17
Catalano (Isola)	100	H 6
Catania	89	O 27
Catania (Golfo di)	89	O 27
Catania (Piana di)	89	O 26
Catania-Fontanarossa (Aeroporto di)	89	O 27
Catanzaro	79	K 31
Catanzaro Lido	79	K 31
Catena	76	I 29
Catenaia (Alpe di)	41	L 17
Catenanuova	88	O 26
Catignano	56	O 23
Catinaccio / Rosengarten	7	C 16
Catirina (Punta)	99	F 10
Catobagli	42	L 20
Catolivier	20	G 2
Catona	83	M 28
Catria (Monte)	42	L 20
Cattaragna	33	I 10
Cattolica	42	K 20
Cattolica Eraclea	90	O 22
Catullo (Grotte di)	25	F 13
Catuso (Monte)	87	N 23
Cau (Monte)	96	E 7
Caulonia	81	L 31
Caulonia (vicino a Monasterace)	81	L 31
Cauria / Gfrill (vicino a Salorno)	16	D 15
Cautano	64	D 25
Cava d'Aliga	92	Q 26
Cava de' Tirreni	65	E 26
Cava Manara	23	G 9
Cava (Monte)	55	P 21
Cava Tigozzi	24	G 11
Cavacurta	24	G 11
Cavadonna	93	P 27
Cavaglià	11	F 6
Cavaglietto	12	F 7
Cavaglio d'Agogna	12	F 7
Cavagnano	55	O 21
Cavaion (Piz)	6	C 14
Cavaion Veronese	25	F 14
Cavalese	16	D 16
Cavalgese della Riviera	25	F 13
Cavallerizzo	76	I 30
Cavallerleone	21	H 4
Cavallermaggiore	21	H 4
Cavalli (Lago dei)	2	D 6
Cavallina	39	K 15
Cavallino (Lecce)	75	G 36
Cavallino (Venezia)	28	F 19
Cavallino (Monte) / Großer-Kinigat	8	B 19
Cavallirio	12	F 7
Cavallo (Monte) (Frosinone)	60	R 23
Cavallo (Monte) (Grosseto)	52	O 16
Cavallo (Monte) (Macerata)	48	N 20

CATANIA

Etnea (Via) . . . . **DXY**
Umberto I (Via) . . . . **DEX**

Angelo Custode (Via) . . . **DZ** 3
Biondi (Via) . . . . **EY** 12
Bovio (Piazza G.) . . . . . . **EY** 15
Carlo Alberto (Piazza) . . **EY** 19
Castello Ursino (Via) . . . **DZ** 21
Conte di Torino (Via) . . . **EY** 25

Cutelli (Piazza) . . . . **EZ** 26
Dante (Piazza) . . . . **DY** 28
Giuffrida (Via Vincenzo) . . **EX** 39
Guardie (Piazza delle) . . . . **EY** 42
Imbriani
(Via Matteo Renato) . . . . **DEX** 43
Lupo (Piazza Pietro) . . . . . **EY** 47
Orlando (V. Vitt. E.) . . . . . **EX** 60
Porticello (Via) . . . . **EZ** 68
Rabbordone (Via) . . . . **EY** 69
Rapisarda (Via Michele) . . **EY** 70
San Francesco (Piazza) . . **DZ** 78

San Gaetano
alle Grotte (Via) . . . . . . **DEY** 79
San Giuseppe
al Duomo (Via) . . . . **DZ** 80
Spirito Santo (Piazza) . . . . **EY** 87
Stesicoro (Piazza) . . . . **DY** 91
Teatro Massimo (Via) . . . **EYZ** 92
Trento (Piazza) . . . . **EX** 95
Università (Piazza dell') . . **DZ** 96
Verga (Piazza) . . . . **EX** 98
Vittorio Emanuele III
(Piazza) . . . . **EY** 100

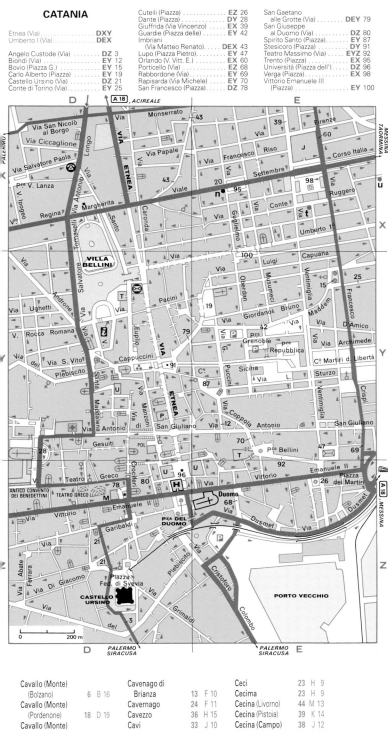

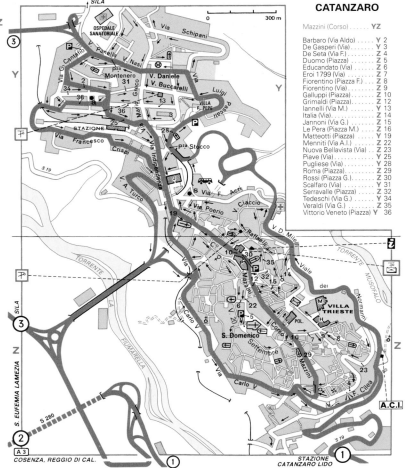

CATANZARO

Mazzini (Corso) . . . . **YZ**

Barbaro (Via Aldo) . . . . . **Y** 2
De Gasperi (Via) . . . . **Y** 3
De Seta (Via F.) . . . . **Z** 4
Duomo (Piazza) . . . . **Z** 5
Educandato (Via) . . . . **Z** 6
Eroi 1799 (Via) . . . . **Z** 7
Fiorentino (Piazza F.) . . . . **Z** 8
Fiorentino (Via) . . . . **Z** 9
Galluppi (Piazza) . . . . **Z** 10
Grimaldi (Piazza) . . . . **Z** 12
Iannelli (Via M.) . . . . **Y** 13
Italia (Via) . . . . **Z** 14
Jannoni (Via G.) . . . . **Z** 15
Le Pera (Piazza M.) . . . . . **Z** 16
Matteotti (Piazza) . . . . . . **Y** 19
Menniti (Via A.I.) . . . . **Z** 22
Nuova Bellavista (Via) . . . **Z** 23
Piave (Via) . . . . **Y** 25
Pugliese (Via) . . . . **Y** 28
Roma (Piazza) . . . . **Z** 29
Rossi (Piazza G.) . . . . **Z** 30
Scalfaro (Via) . . . . **Y** 31
Serravalle (Piazza) . . . . . **Z** 32
Tedeschi (Via G.) . . . . **Y** 34
Veraldi (Via G.) . . . . **Z** 35
Vittorio Veneto (Piazza) . . **Y** 36

Celle (Ravenna) 37 J 17
Celle (Torino) 20 G 4
Celle di Bulgheria 70 G 28
Celle di Macra 20 I 3
Celle di S. Vito 62 D 27
Celle (le) 47 M 17
Celle Ligure 32 I 7
Celle sul Rigo 46 N 17
Cellamare 68 D 32
Cellara 53 O 18
Cellere 53 O 17
Cellina 18 D 19
Cellina (Val) 18 D 19
Cellino Attanasio 56 O 23
Cellino S. Marco 69 F 35
Cellole 60 S 23
Celone 62 C 27
Celpenchio 22 G 7
Celso 70 G 27
Cembra 16 D 15
Cembra (Val di) 16 D 15
Cenadi 78 K 31
Cenaia 38 L 13
Cenate 75 G 36
Cenate di Sotto 14 E 11
Cencenighe
Agordino 7 C 17
Cene 14 E 11
Ceneselli 26 G 16
Cenesi 31 J 6
Cèngalo (Pizzo) 4 D 10
Cengio 31 I 6
Cengio (Monte) 16 E 16
Cengles 5 C 13
Cennina 40 L 16
Ceno 33 I 10
Cenova 31 K 6
Centa S. Nicolò 16 E 15
Centallo 21 I 4
Centaurino (Monte) 70 G 28
Cento (Bologna) 36 I 16
Cento Croci
(Passo di) 33 I 10
Cento (Ferrara) 36 H 15
Centocelle (Roma) 58 Q 19
Centoforche
(Colle di) 41 J 17
Centoia 46 M 17

Centola 70 G 27
Centovera 34 H 11
Centrache 78 K 31
Centuripe 88 O 26
Cepagatti 56 O 24
Cepletischis 19 D 22
Ceppaloni 65 D 26
Ceppo di Rocca
Sta Maria 49 N 22
Ceppo (Monte) 31 K 5
Ceppo Morelli 11 E 6
Ceprano 60 R 22
Ceraino 25 F 14
Cerami 88 N 25
Cerami (Fiume) 88 N 25
Ceramida 80 M 29
Ceranesi 32 I 8
Cerano 12 F 8
Cerasa 43 K 21
Cerasi 80 M 29
Cerasia (Monte) 80 M 30
Ceraso 70 G 27
Ceraso (Capo) 99 E 10
Ceraso
(Murgia del) 67 E 31
Cerasolo 42 K 19
Cerasuolo 60 R 24
Cerbaia 39 K 15
Cerboli (Isola) 50 N 13
Cercemaggiore 61 C 26
Cercena (Passo) 6 C 14
Cercenasco 21 H 4
Cercepiccola 61 R 25
Cerchiara
di Calabria 76 H 31
Cerchio 56 P 22
Cercivento 18 C 20
Cercola (Napoli) 64 E 25
Cerda 87 N 23
Cerdomare 55 P 20
Cerea 26 G 15
Cereda (Passo di) 17 D 17
Cereglio 36 J 15
Ceregnano 27 G 17
Cerella (Monte) 59 Q 20
Cerenzia 79 J 32
Ceres 10 G 4
Ceresara 25 G 13

Cereschiatis
(Sella di) 19 C 21
Cerese 25 G 14
Cereseto
(Alessandria) 22 G 6
Cereseto (Parma) 34 I 11
Ceresole (Lago di) 10 F 3
Ceresole Alba 21 H 5
Ceresole Reale 10 F 3
Ceresolo (Scolo) 27 G 17
Cerete-Alto 14 E 11
Cerete-Basso 14 E 11
Ceretto 21 H 4
Cerfone 41 L 18
Cergnago 22 G 8
Cergnala 33 H 10
Cerignola 66 D 29
Cerisano 78 J 30
Cerlongo 25 G 13
Cermenate 13 E 9
Cermignano 56 O 23
Cermone 55 O 21
Cernobbio 13 E 9
Cernusco 13 E 10
Cernusco sul
Naviglio 13 F 9
Cerqueto
(vicino a Gualdo
Tadino) 48 M 20
Cerqueto
(vicino a
Marsciano) 47 N 18
Cerratina 56 O 24
Cerrè 35 I 13
Cerredolo 35 I 13
Cerreto (Avellino) 65 D 27
Cerreto (Isernia) 61 C 24
Cerreto (Passo del) 34 J 12
Cerreto Alpi 34 J 12
Cerreto d'Esi 48 M 20
Cerreto di Spoleto 48 N 20
Cerreto Grue 22 H 8
Cerreto Guidi 39 K 14
Cerreto Laziale 59 Q 20
Cerreto (Monte) 64 E 25

Cavallo (Monte)
(Bolzano) 6 B 16
Cavallo (Monte)
(Pordenone) 18 D 19
Cavallo (Monte)
(Udine) 19 C 21
Cavallone
(Grotta del) 56 P 24
Cavalo 25 F 14
Cavanella d'Adige 27 G 18
Cavanella di Vara 33 J 11
Cavanella Po 27 G 18
Cavareno 6 C 15
Cavargna 3 D 9
Cavargna (Val) 3 D 9
Cavaria 12 E 8
Cavarzano 39 J 15
Cavarzere 27 G 18
Cavaso del Tomba 17 E 17
Cavasso Nuovo 18 D 20
Cavatore 32 I 7
Cavazzale 26 F 16
Cavazzo (Lago di) 18 D 21
Cavazzo Carnico 9 C 21
Cavazzona 36 I 15
Cave 59 Q 20
Cave del Predil 19 C 22
Cavedago 16 D 15
Cavedine 15 E 14
Cavedine (Lago di) 15 E 14
Cavenago d'Adda 23 G 10

Cavenago di
Brianza 13 F 10
Cavernago 24 F 11
Cavezzo 36 H 15
Cavi 33 J 10
Caviaga 23 G 10
Caviola 7 C 17
Cavo 50 N 13
Cavo (Monte) 59 Q 20
Cavogna (Monte) 48 N 20
Cavola 35 I 13
Cavoli 50 N 12
Cavoli (Isola dei) 103 J 10
Cavone 73 F 31
Cavour 20 H 4
Cavour (Canale) 11 G 6
Cavrari 16 E 16
Cavrasto 15 D 14
Cavriago 35 H 13
Cavriana 25 F 13
Cavrié 28 E 19
Cavriglia 40 L 16
Cazoli (Punta di) 3 C 7
Cazzago S. Martino 24 F 12
Cazzano di
Tramigna 26 F 15
Ceccano 59 R 21
Cecchignola (Roma) 58 Q 19
Cecchina 59 Q 19
Cecchini 28 E 19
Cece (Cima di) 16 D 17

Ceci 23 H 9
Cecima 23 H 9
Cecina (Livorno) 44 M 13
Cecina (Pistoia) 39 K 14
Cecina (Campo) 38 J 12
Cecina (Fiume) 45 M 15
Cecita (Lago di) 77 I 31
Cedegolo 15 D 13
Cedra 34 I 12
Cedrino 99 F 10
Cedrino (Lago del) 101 G 10
Cefalà Diana 86 N 22
Cefalicchio 67 D 30
Cefalo (Monte) 60 S 22
Cefalù 87 M 24
Ceggia 28 E 19
Ceglie del Campo 68 D 32
Ceglie Messapia 69 F 34
Cegliolo 46 M 17
Cei (Lago di) 16 E 15
Celano 56 P 22
Celenza sul Trigno 61 Q 25
Celenza Valfortore 62 C 26
Cella (Forlì) 42 J 19
Cella (Reggio
nell'Emilia) 35 H 13
Cella Dati 24 G 12
Cellamare 68 D 32
Cellarengo 21 H 5
Cellatica 24 F 12
Celle (Pistoia) 39 K 14

Name	Pg	Grid
Cerreto Sannita	64	D 25
Cerretto Langhe	21	I 6
Cerrina Monferrato	21	G 6
Cerrione	11	F 6
Cerrisi	78	J 31
Cerrito	69	F 35
Cerro	12	E 7
Cerro (Forca di)	48	N 20
Cerro al Lambro	23	G 10
Cerro al Volturno	61	R 24
Cerro (Passo del)	23	H 10
Cerro Tanaro	22	H 7
Cerro Veronese	26	F 15
Cerrone (Monte)	42	L 19
Cersosimo	72	G 31
Certaldo	39	L 15
Certosa di Pesio	30	J 4
Cerusulo (Monte)	70	F 28
Cerva	79	J 32
Cervandone (Monte)	2	D 6
Cervara (Massa Carrara)	34	I 11
Cervara (Parma)	35	H 12
Cervarese Sta Croce	26	F 17
Cervaro	63	C 28
Cervaro (Frosinone)	60	R 23
Cervaro (Teramo)	55	O 22
Cervaro (Forcella di)	60	R 23
Cervaro (Ponte)	63	C 28
Cervaro (Torrente)	65	D 27
Cervarolo	11	E 6
Cervasca	30	I 4
Cervati (Monte)	70	G 28
Cervatto	11	E 6
Cervazzera	35	I 13
Cervellino (Monte)	34	I 12
Cerveno	15	D 12
Cerventosa (Passo di)	47	M 18
Cervara di Roma	59	Q 21
Cervere	21	I 5
Cervesina	23	G 9
Cerveteri	58	Q 18
Cervi (Monte dei)	87	N 23
Cervia	37	J 19
Cervialto (Monte)	65	E 27
Cervicati	76	I 30
Cervignano del Friuli	29	E 21
Cervignasco	21	H 4
Cervina (Punta) / Hirzerspitze	6	B 15
Cervinara	64	D 25
Cervino	64	D 25
Cervino (Monte)/ Matterhorn	11	E 4
Cervo	31	K 6
Cervo (Pizzo)	86	M 22
Cervo (Torrente)	11	E 5
Cervognano	46	M 17
Cerzeto	76	I 30
Cesa	64	E 24
Cesacastma	55	O 22
Cesana Torinese	20	H 2
Cesano (Ancona)	43	K 21
Cesano (Roma)	54	P 19
Cesano Boscone	13	F 9
Cesano (Fiume)	43	K 21
Cesano Maderno	13	F 9
Cesaproba	55	O 21
Cesara	12	E 7
Cesarò	88	N 26
Cesarolo	28	E 21
Cese (L'Aquila)	55	P 22
Cese (Perugia)	48	N 20
Ceselli	48	N 20
Cesen (Monte)	17	E 18
Cesena	41	J 18
Cesenatico	42	J 19
Ceserano	38	J 12
Cesi (Macerata)	48	M 20
Cesi (Terni)	54	O 19
Cesiomaggiore	17	D 17
Cesole	25	G 13
Cessalto	28	E 19
Cessaniti	78	L 30
Cessapalombo	48	M 21
Cessuta (Sella)	71	G 29
Cesuna	16	E 16
Cetara	65	F 26
Cetica	40	K 16
Cetinale	45	M 15
Ceto	15	D 13
Cetona	46	N 17
Cetona (Monte)	46	N 17
Cetraro	76	I 29
Ceva	31	I 6
Cevedale (Monte)	5	C 13
Cevo	15	D 13
Chabodey	10	E 3
Challand- St. Anselme	11	E 5
Chambave	11	E 4
Chambeyron (Brec de)	20	I 2
Chamois	11	E 4
Champdepraz	11	E 4
Champoluc	11	E 5
Champorcher	11	F 4
Chanavey	10	F 3
Chardonney	11	F 4
Charvensod	10	E 3
Château des Dames	11	E 4
Châtelair	10	E 3
Châtillon	11	E 4
Chécrouit	10	E 2
Cheradi (Isole)	74	F 33
Cherasco	21	I 5
Cheremule	98	F 8
Cherio	14	E 11
Chero	34	H 11
Chero (Torrente)	34	H 11
Chia	53	O 18
Chiaicis	18	C 20
Chialamberto	10	F 4
Chiampo	26	F 15
Chiampo (Torrente)	26	F 15
Chiana (Canale Maestro della)	46	M 17
Chiana (Val di)	41	L 17
Chianacce	46	M 17
Chianale	20	I 2
Chianca	67	D 31
Chianca (Isola la)	63	B 30
Chianca (Torre)	75	F 36
Chianche	65	D 26
Chianciano	46	M 17
Chianciano Terme	46	M 17
Chiani	47	N 18
Chianni	39	L 13
Chianti	39	L 13
Chianti (Monti del)	40	L 16
Chianzutan (Sella)	18	C 20
Chiappa (Punta)	33	J 9
Chiappera	20	I 2
Chiappi	30	I 3
Chiappo (Monte)	33	H 9
Chiaramonte Gulfi	92	P 26
Chiaramonti	98	E 8
Chiarano	28	E 19
Chiaravalle	43	L 21
Chiaravalle Centrale	78	K 31
Chiaravalle della Colomba	34	H 11
Chiaravalle Milanese (Milano)	13	F 9
Chiarescons (Monte)	8	C 19
Chiari	24	F 11
Chiaromonte	72	G 30
Chiarso	9	C 21
Chiáscio	48	L 20
Chiaserna	42	L 20
Chiassa	41	L 17
Chiatona	74	F 33
Chiauci	61	Q 25
Chiavano	55	O 21
Chiavano (Forca di)	48	N 21
Chiavari	33	J 9
Chiavenna	4	D 10
Chiavenna (Rifugio)	4	C 10
Chiavenna (Torrente)	34	H 11
Chiavenna Landi	24	G 11
Chiaverano	11	F 5
Chibbò (Monte)	91	O 23
Chieffo (Masseria)	66	D 28
Chienes / Kiens	7	B 17
Chienti	48	M 20
Chieri	21	G 5
Chies d'Alpago	18	D 19
Chiesa (Belluno)	8	C 18
Chiesa (Novara)	2	C 7
Chiesa in Valmalenco	14	D 11
Chiesa Nuova (Belluno)	17	E 17
Chiesa Nuova (Trapani)	85	M 19
Chiesanuova (Firenze)	39	K 15
Chiesanuova (Ravenna)	37	I 17
Chiesanuova di S. Vito	48	L 21
Chiese	25	F 13
Chiesina	35	J 14
Chiesina Uzzanese	39	K 14
Chiesino	41	L 17
Chiesuol del Fosso	36	H 16
Chiesuola	37	I 18
Chieti	56	O 24
Chieuti	62	B 27
Chieve	13	F 10
Chievolis	18	D 20
Chignolo Po	23	G 10
Chilivani	98	F 8
Chioggia	27	G 18
Chioggia (Porto di)	27	G 18
Chiomonte	20	G 2
Chions	28	E 20
Chiotas (Digo del)	30	J 4
Chiozzola	35	H 13
Chirignano	27	F 18
Chisola	20	H 4
Chisone	20	H 3
Chisone (Valle del)	20	G 2
Chitignano	41	L 17
Chiuduno	14	F 11
Chiulano	23	H 10
Chiunzi (Valico di)	65	E 25
Chiuppano	16	E 16
Chiuro	14	D 11
Chiusa (Bolzano)	7	B 16
Chiusa (Reggio di Calabria)	81	M 30
Chiusa di Pesio	31	J 5
Chiusa / Klausen	7	C 16
Chiusa Sclafani	86	N 21
Chiusaforte	19	C 21
Chiusanico	31	K 5
Chiusano di S. Domenico	65	E 26
Chiusavecchia	31	K 5
Chiusdino	45	M 15
Chiusella	11	F 5
Chiusi	46	M 17
Chiusi (Lago di)	46	M 17
Chiusi della Verna	41	K 17
Chiusi Scalo	46	M 17
Chiusola	34	I 11
Chivasso	21	G 5
Chizzola	15	E 14
Chorio	80	N 29
Ciaculli	86	M 22
Ciagola (Monte)	76	H 29
Cialancia (Punta)	20	H 3
Ciampie	7	C 17
Ciampino	59	Q 19
Ciamprisco	64	D 24
Cianciana	90	O 22
Ciane (Fonte)	93	P 27
Ciano (Modena)	36	I 15
Ciano (Treviso)	17	E 18
Ciano d'Enza	35	I 13
Ciarforòn	10	F 3
Ciaudon (Testa)	30	J 4
Ciavolo	84	N 19
Cibiana (Passo)	8	C 18
Cibiana di Cadore	8	C 18
Cibottola	47	N 18
Cicagna	33	I 9
Cicala	78	J 31
Ciccalento (Ponte di)	63	C 28
Ciccia (Monte)	83	M 28
Cicciano	64	E 25
Cicerale	70	F 27
Cicese	27	G 17
Cichero	33	I 9
Ciciliano	59	Q 20
Ciclopi (Riviera dei)	89	O 27
Cicogna	3	D 7
Cicognara	25	H 13
Cicogni	23	H 10
Cicognolo	24	G 12
Cicolano	55	P 21
Ciconicco	18	D 21
Cicoria (Masseria)	66	E 29
Cigliano (Firenze)	40	K 16
Cigliano (Vercelli)	11	G 6
Cignano	24	F 12
Cigno	62	B 26
Cignone	24	G 11
Cigole	24	G 12
Cilavegna	22	G 8
Cilento	65	F 27
Cima Fiammante Rifugio	6	B 15
Cima Gogna	8	C 19
Cima Tre Scarperi	8	C 18
Cimabanche	8	C 18
Cimadolmo	28	E 19
Cimaferle	32	I 7
Cimasappada	18	C 20
Cime Nere / Hintere Schwärze	6	B 14
Cimego	15	E 13
Cimetta (Colle)	59	Q 21
Ciminà	80	M 30
Ciminarella (Masseria)	67	D 30
Ciminna	86	N 22
Cimino (Masseria)	68	E 32
Cimino (Monte)	53	O 18
Cimiti (Capo)	79	K 33
Cimitile	64	E 25
Cimolais	18	D 19
Cimoliana	18	D 19
Cimone (Monte)	35	J 14
Cimpello	28	E 20
Cinecitta (Roma)	58	Q 19
Cineto Romano	55	P 20
Cinghio	35	H 12
Cingia de' Botti	25	G 12
Cingoli	48	L 21
Cinigiano	46	N 16
Cinisello Balsamo (Milano)	13	F 9
Cinisi	86	M 21
Cino	4	D 10
Cinquale	38	K 12
Cinque Croci (Passo)	16	D 16
Cinque Denti (Cala)	84	Q 18
Cinque Terre	33	J 11
Cinquefrondi	80	L 30
Cinquemiglia (Piano della)	60	Q 23
Cinte Tesino	16	D 16
Cinto Caomaggiore	28	E 20
Cinto Euganeo	26	G 16
Cintoia	40	L 16
Cintolese	39	K 14
Cinzano (Cuneo)	21	H 5
Cinzano (Torino)	21	G 5
Cioccaro	22	G 6
Ciociaria	59	Q 21
Ciola	41	K 18
Ciommarino	66	D 28
Ciorlano	61	R 24
Cipollaro (Galleria del)	38	J 12
Cipressi	56	O 24
Cirami (Monte)	90	O 21
Circello	62	C 26
Circeo (Cap)	59	S 21
Circeo (Monte)	59	S 21
Circeo (Parco Nazionale del)	59	R 21
Cirella (Cosenza)	76	H 29
Cirella (Reggio di Calabria)	80	M 30
Cirella (Isola di)	76	H 29
Cirella (Punta di)	76	H 29
Cirello	80	L 29
Ciriano	34	H 11
Ciricilla	78	J 31
Cirié	21	G 4
Cirié (Rifugio)	10	F 3
Ciriegia (Colle di)	30	J 3
Ciriga (Punta)	93	Q 26
Cirigliano	72	F 30
Cirò	77	I 33
Cirò Marina	77	I 33
Cirone (Passo)	34	I 12
Cisa (Passo della)	34	I 11
Cisano	25	F 14
Cisano Bergamasco	13	E 10
Cisano sul Neva	31	J 6
Cisigliana	34	J 12
Cislago	13	F 8
Cisliano	13	F 8
Cismon	16	D 17
Cismon del Grappa	16	E 17
Cismon (Monte)	17	E 17
Cison di Valmarino	17	E 18
Cispiri	100	G 8
Cissone	21	I 6
Cistella (Monte)	2	D 6
Cisterna	18	D 20
Cisterna d'Asti	21	H 6
Cisterna di Latina	59	R 20
Cisternino	69	E 34
Citara (Spiaggia di)	64	E 23
Citelli (Rifugio)	89	N 27
Citerione	56	P 23
Citerna (Parma)	34	I 12
Citerna (Perugia)	41	L 18
Citerna (Terni)	39	J 15
Città della Pieve	47	N 18
Città di Castello	41	L 18
Città di Milano (Rifugio)	5	C 13
Città di Novara (Rif.)	2	D 6
Città S. Angelo	56	O 24
Cittadella	26	F 17
Cittadella del Capo	76	I 29
Cittaducale	55	O 20
Cittanova (Modena)	35	I 14
Cittanova (Reggio di Calabria)	80	L 30
Cittareale	55	O 21
Cittiglio	12	E 7
Citulo (Masseria)	67	D 30
Ciuchesu	94	D 9
Ciuffenna	40	L 16
Civago	35	J 13
Civate	13	E 10
Civé	27	G 18
Civenna	13	E 9
Civetta (Monte)	8	C 18
Civezzano	16	D 15
Civiasco	11	E 6
Cividale del Friuli	19	D 22
Cividale Mantovano	25	G 13
Cividate al Piano	24	F 11
Cividate Camuno	15	E 12
Civiello (Masseria)	66	E 29
Civita	76	H 30
Civita (Perugia)	48	N 21
Civita (Viterbo)	53	O 18
Civita (Forca di)	48	N 21
Civita Castellana	54	P 19
Civita d'Antino	60	Q 22
Civita-campomarano	61	B 26
Civitaluparella	57	Q 24
Civitanova del Sannio	61	Q 25
Civitanova Marche	49	M 23
Civitaquana	56	P 23
Civitaretenga	56	P 23
Civitatomassa	55	O 21
Civitavecchia (Frosinone)	60	R 22
Civitavecchia (Roma)	53	P 17
Civitella	55	P 20
Civitella (Monte) (Grosseto)	46	N 17
Civitella (Monte) (Perugia)	41	L 18
Civitella di Romagna	41	J 17
Civitella in Val Chiana	46	L 17
Civitella Alfedena	60	Q 23
Civitella Casanova	56	O 23
Civitella Cesi	53	P 18
Civitella d'Agliano	53	O 18
Civitella del Lago	47	N 18
Civitella del Tronto	49	N 23
Civitella Licinio	61	D 25
Civitella Marittima	45	N 15
Civitella Messer Raimondo	56	P 24
Civitella Ranieri	47	M 19
Civitella Roveto	60	Q 22
Civitella S. Paolo	54	P 19
Civo	4	D 10
Civorio	41	K 18
Cixerri	102	J 7
Cizzago	24	F 11
Cizzolo	25	G 14
Claino-Osteno	3	D 9
Clapier (Monte)	30	J 4
Classe	37	I 18
Classe (Pineta di)	37	I 18
Claut	18	D 19
Clautana (Forcella)	18	D 19
Clauzetto	18	D 20
Clavière	20	H 2
Cles	6	C 15
Cleto	78	J 30
Cleulis	18	C 20
Climiti (Monti)	93	P 27
Clitunno (Fonti del)	48	N 20
Clitunno (Tempio del)	48	N 20
Clivio	13	E 8
Clusane sul Lago	14	F 12
Clusio	5	B 13
Clusone	14	E 11
Coazze	20	G 3
Coazzolo	21	H 6
Coca (Pizzo di)	14	D 12
Coccaglio	24	F 11
Coccanile	37	H 17
Coccau	19	C 22
Coccia (Poggio di)	53	P 18
Coccolia	37	J 18
Cocconato	21	G 6
Coccorino	80	L 29
Coccovello (Monte)	71	G 29
Coco (Monte del)	85	N 20
Cocquio Trevisago	12	E 8
Cocullo	56	P 23
Cocumola	75	G 37
Cocuzza (Monte)	80	M 29
Cocuzzo (Monte) (Cosenza)	78	J 30
Cocuzzo (Monte) (Salerno)	71	G 28
Coda Cavallo (Capo)	99	E 11
Coda (Rifugio)	11	F 5
Codarda	59	R 21
Codelago o Devero (Lago)	2	C 6
Codevigo	27	G 18
Codevilla	23	H 9
Codigoro	37	H 18
Codiponte	38	J 12
Codisotto	25	H 14
Codogne	28	E 19
Codogno	24	G 11
Codonfuri	80	M 29
Codrignano	36	J 16
Codroipo	28	E 20
Codrongianos	98	F 8
Codula de Sisine	101	G 10
Codula di Luna	101	G 10
Coeli Aula	39	K 15
Cofano (Golfo del)	85	M 20
Cofano (Monte)	85	M 20
Coggina (Genna)	101	G 10
Coggiola	11	E 6
Coghinas	97	E 9
Coghinas (Fiume)	98	E 8
Coghinas (Lago del)	97	E 9
Coglians (Monte) / Hohe Warte	18	C 20
Cogliate	13	F 9
Cogne	10	F 4
Cogne (Val di)	10	F 3
Cogogna	6	C 14
Cogoleto	32	I 7
Cogoli	99	F 10
Cogollo del Cengio	16	E 16
Cogolo	6	C 14
Cogorno	33	I 9
Cogozzo	25	H 13
Cogruzzo	35	H 13
Col Collon (Rifugio)	11	E 4
Col di Prà	17	D 17
Col S. Martino	17	E 18
Colà	25	F 14
Colazza	12	E 7
Colbertaldo	17	E 18
Colbu (Lu)	97	E 9
Colcavagno	21	G 6
Colcellalto	41	K 18
Colcerasa	48	M 21
Coldrano / Goldrain	6	C 14
Coleazzo (Monte)	15	D 13
Coler	6	C 14
Colere	14	E 12
Colfelice	60	R 22
Colfiorito	48	M 20
Colfosco	17	E 18
Coli	23	H 10
Colico	4	D 10
Colla	82	M 26
Colla (Monte)	89	N 28
Colla (Monte sa)	101	H 10
Colla (Passo)	34	I 11
Colla (Passo la)	71	G 29
Collagna	35	I 12
Collalbo / Klobenstein	7	C 16
Collalto (Siena)	45	L 15
Collalto (Udine)	19	D 21
Collalto / Hochgall	8	B 18
Collalto Sabino	55	P 21
Collalunga (Cima di)	30	J 3
Collamato	48	M 20
Collarmele	56	P 22
Collatoni	48	N 20
Collazzone	47	N 19
Colle	18	D 20
Colle (L'Aquila)	55	O 21
Colle (Ascoli Piceno)	48	N 21
Colle Alto	60	R 22
Colle / Bichl	6	B 15
Colle Croce	48	M 20
Colle d'Anchise	61	R 25
Colle di Tora	55	P 20
Colle di Val d'Elsa	45	L 15
Colle di Villa / Bauernkohlern	6	C 16
Colle Don Bosco (Santuario)	21	G 6
Colle Isarco / Gossensaß	7	B 16
Colle-Lupo	52	O 16
Colle Sannita	62	C 26
Colle S. Lorenzo	48	N 20
Colle Sta Lucia	8	C 18
Colle S. Magno	60	R 22
Colle S. Marco	49	N 22
Colle Umberto	28	E 19
Collebaldo	47	N 18
Collebarucci	39	K 15
Collebeato	24	F 12
Collebrincioni	55	O 22
Collecchio	34	H 12
Collecorvino	56	O 24
Colledara	56	O 23
Colledimacine	56	P 24
Colledimezzo	57	P 24
Colledoro	56	O 23
Colleferro	59	Q 21
Collegiove	55	P 21
Collegno (Torino)	21	G 4
Collelongo	60	Q 22
Collelungo	47	N 18
Collelungo (Torre)	51	O 15
Collemancio	47	N 19
Collemeto	75	G 36
Colleminicio	48	M 20
Colleoli	39	L 14
Collepardo	60	Q 22
Collepasso	75	G 36
Collepepe	47	N 19
Collepietra / Steinegg	7	
Collepietro	56	P 23
Collepino	48	M 20
Collere (Monte)	33	I 9
Colleri	23	H 9
Collerin (Monte)	10	G 3
Collesalvetti	38	L 13
Collesano	87	N 23
Collesanto	48	M 21
Collesecco (Perugia)	47	N 19
Collesecco (Terni)	47	N 19
Collestatte Piano	54	O 20
Colletorto	62	B 26
Collevecchio	54	O 19
Colli a Volturno	61	R 24
Colli del Tronto	49	N 23
Colli di Montebove	55	P 21
Colli Euganei	26	G 17
Colli sul Velino	54	O 20

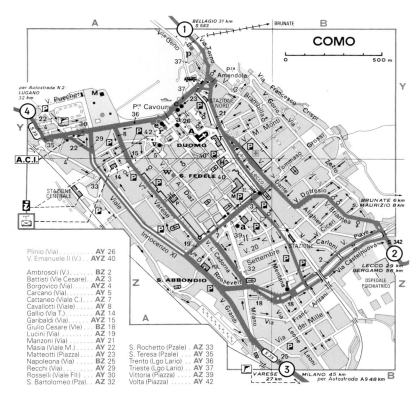

COMO

BELLAGIO 31 km S 583 / BRUNATE
per Autostrada N 2 LUGANO 32 km
BRUNATE 6 km / S. MAURIZIO 8 km
LECCO 29 km / BERGAMO 56 km
VARESE 27 km / MILANO 45 km per Autostrada A9 48 km

Plinio (Via) . . . . AY 26
V. Emanuele II (V.) . . AYZ 40

Ambrosoli (V.) . . . . . . BZ 2
Battisti (Vle Cesare) . . AZ 3
Borgovico (Via) . . . . . AYZ 4
Carcano (Via) . . . . AY 5
Cattaneo (Viale C.) . . . AZ 7
Cavallotti (Viale) . . . . AY 8
Gallio (Via T.) . . . . . . AZ 14
Garibaldi (Via) . . . . . . AYZ 15
Giulio Cesare (Vle) . . . BZ 18
Lucini (Via) . . . . AY 19
Manzoni (Via) . . . . AY 21
Masia (Viale M.) . . . . AY 22
Matteotti (Piazza) . . . BZ 23
Napoleona (Via) . . . . BZ 25
Recchi (Via) . . . . AY 29
Rosselli (Viale Flli) . . . AZ 30
S. Bartolomeo (Pza) . . AZ 32
S. Rochetto (Pzale) . AZ 33
S. Teresa (Pzale) . . . AY 35
Trento (Lgo Lario) . . AY 36
Trieste (Lgo Lario) . . AY 37
Vittoria (Piazza) . . . . AY 39
Volta (Piazza) . . . . . . AY 42

Colliano 65 E 27
Collicelle 55 O 21
Collimento 55 P 22
Collina (Ancona) 43 L 21
Collina (Lucca) 38 K 13
Collina (Udine) 18 C 20
Collina (Passo della) 39 J 14
Collinas 102 I 8
Colline Metallifere 45 M 14
Collinello 41 J 18
Collio 15 E 13
Collodi 39 K 13
Colloredda (Punta di) 99 E 10
Colloredo di Monte Albano 18 D 21
Colloredo di Prato 18 D 21
Colma di Monbarone 11 F 5
Colma la 12 E 6
Colmurano 49 M 22
Colobraro 72 G 31
Cologna (Ferrara) 27 H 17
Cologna (Teramo) 49 N 23
Cologna Spiaggia 49 N 23
Cologna Veneta 26 G 16
Cologne 24 F 11
Cologno al Serio 24 F 11
Cologno Monzese (Milano) 13 F 9
Colognola 47 M 19
Colognola ai Colli 26 F 15
Colognora (vicino a Diecimo) 38 K 13
Colognora (vicino a Villa Basilica) 38 K 13
Colombaia 35 I 13
Colombara (Secca) 84 K 21
Colombardo (Colle del) 20 G 3
Colombare 25 F 13
Colombata (Isola) 84 M 19
Colombine (Monte) 15 E 13
Colombo (Monte) 10 F 4
Colonna 59 Q 20
Colonna (Capo) 79 J 33
Colonna di Grillo 46 M 16
Colonnata 39 K 15
Colonnata (Cave di) 38 J 12
Colonne (Punta delle) 102 J 6
Colonnella 49 N 23
Colonnetta 47 N 18
Coloretta 34 I 11
Colorno 35 H 13

Colosimi 78 J 31
Colostrai (Stagno di) 103 I 10
Colpalombo 47 M 19
Colpetrazzo 47 N 19
Coltaro 25 H 12
Colvalenza 47 N 19
Comabbio 12 E 8
Comabbio (Lago di) 12 E 8
Comacchio 37 H 18
Comacchio (Valli di) 37 H 17
Comano 34 J 12
Comano Terme 15 D 14
Comazzo 13 F 10
Combai 17 E 18
Combolo (Monte) 14 D 12
Comeglians 18 C 20
Comelico Superiore 8 C 19
Comerconi 80 L 29
Comero (Monte) 41 K 18
Comezzano-Cizzago 24 F 11
Comino 56 P 24
Comino (Capo) 99 F 11
Comiso 92 Q 25
Comitini 91 O 22
Commessaggio 25 G 13
Communitore (Monte) 49 N 21
Como 13 E 9
Como (Lago di) 13 E 9
Como (Rifugio) 3 D 9
Comoretta (Punta) 97 F 9
Compiano (Parma) 33 I 10
Compiano (Reggio nell'Emilia) 35 I 13
Compione 34 J 12
Comun Nuovo 13 F 10
Comuna 11 F 6
Comunanza 49 N 22
Comuneglia 33 I 10
Comunelli (Lago) 92 P 24
Cona Faiete 49 N 22
Cona (Ferrara) 36 H 17
Cona (Venezia) 27 G 18
Conca 42 K 19
Conca Casale 60 R 24
Conca dei Marini 64 F 25
Conca di Campania 60 R 23
Conca d'Oro (Masseria) 73 F 32
Conca (Pizzo) 87 N 23
Concas 99 F 10
Concerviano 55 P 20

Concesio 24 F 12
Concessa 83 M 28
Conche 27 G 18
Conco 16 E 16
Concordia Sagittaria 28 E 20
Concordia sulla Secchia 35 H 14
Concorezzo 13 F 10
Condino 15 E 13
Condiò 83 M 27
Condofuri Marina 80 N 29
Condove 20 G 3
Conegliano 17 E 18
Cónero (Monte) 43 L 22
Confienza 22 G 7
Configni 54 O 19
Confinale (Monte) 5 C 13
Confinale (Passo) 14 D 11
Conflenti 78 J 30
Coniale 40 J 16
Conigli (Isola dei) 90 U 19
Coniolo 24 F 11
Consandolo 37 I 17
Conscenti 33 I 10
Conselice 37 I 17
Conselve 27 G 17
Consolazione (Convento) 66 D 28
Consuma 40 K 16
Consuma (Passo della) 40 K 16
Contane 37 H 18
Contarina 27 G 18
Conte di Noia (Masseria) 66 D 29
Conte (Porto) 96 F 6
Contessa (Monte) 93 P 26
Contessa Entellina 86 N 21
Contessa (Monte) 78 K 31
Contessa (Punta della) 69 F 36
Contigliano 54 O 20
Contignano 46 N 17
Contrada 65 E 26
Contrasto (Colle del) 88 N 25
Contrebbia 23 G 10
Controguerra 49 N 23
Controne 65 F 27
Contursi Terme 65 F 27
Conversano 68 E 33
Conza (Lago di) 65 E 27
Conza (Sella di) 65 E 27
Conza della Campania 66 E 28
Conzano 22 G 7

Corio 11 G 4
Corleone 86 N 21
Corleto 66 D 28
Corleto (Bosco di) 70 F 28
Corleto Monforte 70 F 28
Corleto Perticara 72 F 30
Corlo (Lago del) 16 E 17
Cormons 29 E 22
Cormor 28 E 21
Cornacchia (Monte) (Foggia) 62 C 27
Cornacchia (Monte) (L'Aquila) 60 Q 22
Cornaget (Monte) 18 D 19
Cornaiano / Girlan 6 C 15
Cornale 22 G 8
Cornaredo 13 F 9
Cornate d'Adda 13 F 10
Cornedo Vicentino 26 F 16
Corneliano d'Alba 21 H 5
Cornello (Passo) 48 M 20
Cornetto 16 E 15
Cornia 45 M 14
Corniglia 33 J 11
Corniglio 34 I 12
Corniolo 41 K 17
Cornisello (Lago di) 15 D 14
Corno (Rieti) 55 O 20
Corno (Udine) 28 E 21
Corno Bianco (Aosta) 11 E 5
Corno Bianco (Bolzano) 7 B 16
Corno di Rosazzo 29 E 22
Corno Giovine 24 G 11
Corno Grande 55 O 22
Corno (Isola del) 102 J 6
Cornolo 33 I 10
Cornone 62 B 27
Cornour (Punta) 20 H 3
Cornovecchio 24 G 11
Cornoviglio (Monte) 33 J 11
Cornuda 17 E 18
Cornus 100 G 7
Corona 32 I 7
Coronella 36 H 16
Corones (Plan de) / Kronplatz 7 B 17
Corongiu (Laghi di) 103 J 9
Corongiu (Punta) 101 H 10
Corpo di Cava 65 E 26
Corpolo 42 J 19

Corra Cherbina (Punta) 97 F 9
Corrasi (Punta) 101 G 10
Correggio 35 H 14
Correggioli 26 G 15
Correnti (Isola delle) 93 Q 27
Correzzola 27 G 18
Corridonia 49 M 22
Corropoli 49 N 23
Corsaglia 31 I 5
Corsaglia (Torrente) 31 J 5
Corsano 75 H 37
Corsi (Piano dei) 31 J 6
Corsi (Rifugio) (Bolzano) 6 C 14
Corsi (Rifugio) (Udine) 19 C 22
Corsico (Milano) 13 F 9
Corsignano (Pieve di) 46 M 17
Corso (Portella) 91 P 23
Cortaccia s. str. d. vino / Kurtatsch 16 D 15
Cortale 78 K 31
Cortandone 21 H 6
Cortazzone 21 G 6
Corte (Belluno) 8 C 18
Corte (Nuoro) 100 G 7
Corte (Vercelli) 11 E 6
Corte Brugnatella 23 H 10
Corte Centrale 37 H 18
Corte Cerbos (Monte) 101 H 9
Corte de' Frati 24 G 12
Corte Falasco 23 G 10
Corte Franca 24 F 11
Corte Porcus 101 H 10
Corte S. Andrea 23 G 10
Corte Vetere (Masseria) 75 G 35
Cortellazzo 28 F 20
Cortemaggiore 24 H 11
Cortemaggiore (Masseria) 74 F 34
Cortemilia 21 I 6
Cortenedolo 6 D 12
Corteno (Val di) 5 D 12
Corteno Golgi 5 D 12
Cortenova 13 E 10
Cortenuova 24 F 11
Corteolona 23 G 10
Corticato (Sella del) 70 F 28

Corticella (Bologna) 36 I 16
Corticelle Pieve 24 F 12
Cortiglione 22 H 7
Cortigno 48 N 20
Cortile 35 H 14
Cortina d'Ampezzo 8 C 18
Cortina s. str. d. vino / Kurtinig 16 D 15
Cortino 55 O 22
Cortoghiana 102 J 7
Cortona 46 M 17
Corva 28 E 19
Corvara 56 P 23
Corvara in Badia 7 C 17
Corvara / Rabenstein 6 B 15
Corvaro 55 P 21
Corvo (Monte) 55 O 22
Corvi (Monte dei) 43 L 22
Corvia 48 N 20
Corviale (Roma) 58 Q 19
Corzes / Kortsch 6 C 14
Cosa 18 D 20
Cosa (Ansedonia) 51 O 15
Cosa (Fiume) 59 R 21
Coscerno (Monte) 48 N 20
Coscile 76 H 30
Coseano 18 D 21
Cosentino (Masseria) 77 I 31
Cosenza 78 J 30
Cosimo (Pizzo) 87 N 24
Cosio Valtellino 4 D 10
Cosoleto 80 M 29
Cossano Belbo 21 I 6
Cossarello (Monte) 11 E 5
Cossato 11 F 6
Cossignano 49 N 23
Cossogno 12 E 7
Cossoine 98 F 8
Costa (Brescia) 15 E 13
Costa (Ragusa) 92 Q 25
Costa Amalfitana 64 F 25
Costa de' Nobili 23 G 10
Costa di Rovigo 26 G 17
Costa Dorata 99 E 10
Costa Merlata 69 E 34
Costa Paradiso 94 D 8
Costa Pavesi 34 H 12
Costa Rossa (Brec) 30 J 4
Costa S. Abramo 24 G 11
Costa Vescovato 22 H 8
Costa Viola 80 M 29

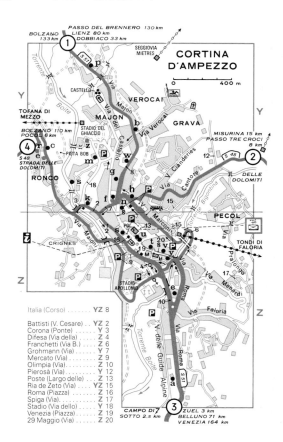

CORTINA D'AMPEZZO

PASSO DEL BRENNERO 130 km
BOLZANO 133 km / LIENZ 80 km / DOBBIACO 33 km
SEGGIOVIA MIETRES
TOFANA DI MEZZO
BOLZANO 110 km / POCOL 6 km
MISURINA 15 km / PASSO TRE CROCI 8 km
STRADA DELLE DOLOMITI
TONDI DI FALORIA
ZUEL 3 km / BELLUNO 71 km / VENEZIA 164 km
CAMPO DI SOTTO 2.5 km

Italia (Corso) . . . . YZ 8

Battisti (V. Cesare) . . YZ 2
Corona (Ponte) . . . . . . Y 3
Difesa (Via della) . . . . Z 4
Franchetti (Via B.) . . . . Y 7
Grohmann (Via) . . . . . . Z 9
Mercato (Via) . . . . Z 10
Olimpia (Via) . . . . Y 10
Pierosà (Via) . . . . Y 12
Poste (Largo delle) . . . Z 13
Ria de Zeto (Via) . . . . YZ 15
Roma (Piazza) . . . . Z 16
Spiga (Via) . . . . Z 17
Stadio (Via dello) . . . . Y 18
Venezia (Piazza) . . . . . Z 19
29 Maggio (Via) . . . . . . Z 20

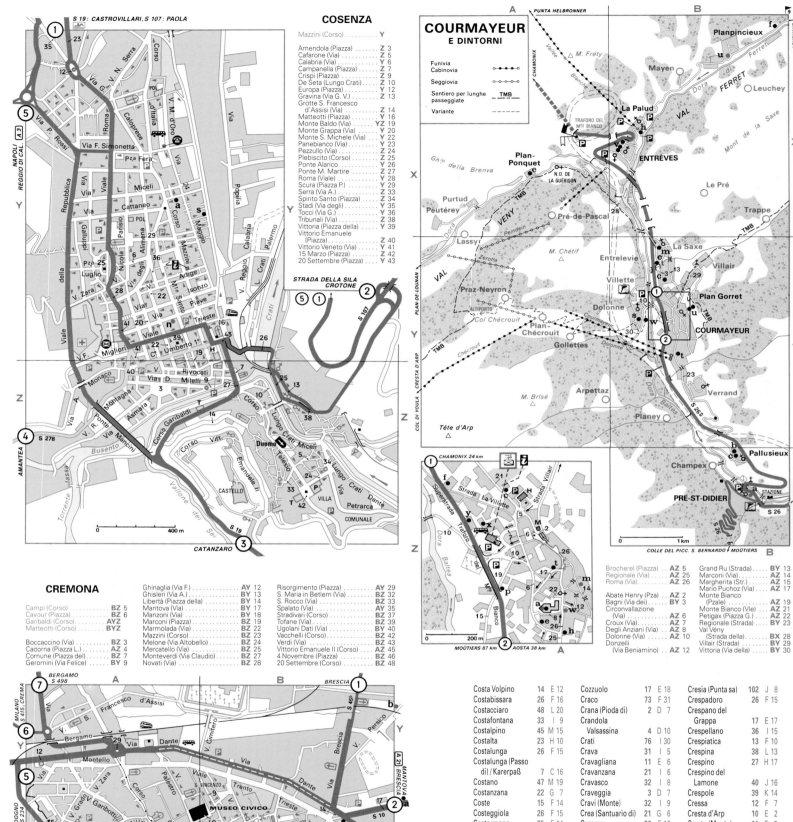

COSENZA

S 19: CASTROVILLARI, S 107: PAOLA
NAPOLI REGGIO DI CAL. A 3
STRADA DELLA SILA CROTONE
CATANZARO
AMANTEA

COURMAYEUR E DINTORNI

PUNTA HELBRONNER — CHAMONIX
Funivia Cabinovia
Seggiovia
Sentiero per lunghe passeggiate — TMB
Variante

Planpincieux — Mayen — Leuchey — La Palud — VAL FERRET — Mont de la Saxe — Le Pré — Trappe — ENTRÈVES — Plan-Ponquet — N.D. DE LA GUÉRISON — La Saxe — Villair — Entrelevie — Villette — Plan Gorret — Dolonne — COURMAYEUR — Arpettaz — Verrand — Planey — Pallusieux — Champex — PRE-ST-DIDIER — STAZIONE — S 26 — COLLE DEL PICC. S. BERNARDO MOÛTIERS

Purtud — Peutèrey — VAL VENY — Lassy — M. Chétif — Praz-Neyron — ALTIPORTO — Col Chécrouit — Plan-Chécrouit — Gollettes — M. Brisé — Arpettaz — Tête d'Arp — COL DI YOULA — CRESTA D'ARP — PLAN-DE-LOGNAN — VAL VENY

CHAMONIX 24 km — MOÛTIERS 87 km — AOSTA 38 km

CREMONA

BERGAMO S 498 — MILANO S 415, CREMA — BRESCIA — MANTOVA BRESCIA A 21 — A 21 — MANTOVA CASALMAGGIORE — MILANO PIACENZA A 21 — CODOGNO S 234

B SANT'AGOSTINO   D PALAZZO FODRI   L BATTISTERO

Name	Map	Grid
Crissolo	20	H 3
Cristallo	8	C 18
Cristo (Monte)	60	S 22
Cristo Re	68	E 33
Croara	36	J 16
Crobus (Monte is)	101	I 10
Crocchio	79	J 32
Crocci	85	M 19
Croccia (Monte la)	72	F 30
Crocco (Monte)	81	L 30
Croce	42	K 19
Croce (Colle della)	60	Q 23
Croce (Monte)	16	D 16
Croce (Pania della)	38	J 12
Croce (Pian della)	59	R 21
Croce (Picco di) / Wilde Kreuzspitze	7	B 16
Croce (Portella della)	86	N 22
Croce a Veglia	39	J 14
Croce al Promontorio	83	M 27
Croce Arcana (Passo)	35	J 14
Croce d'Aune (Passo)	17	D 17
Croce dello Scrivano (Passo)	71	F 29
Croce di Comelico (Passo di Monte)/ Kreuzbergpass	8	C 19
Croce di Magara	78	J 31
Croce di Panaro (Passo)	81	L 31
Croce di Raparo	71	G 29
Croce di Serra (Monte)	53	O 18
Croce Dominii (Passo di)	15	E 13
Croce Ferrata (Passo)	81	L 30
Croce Mancina (Monte)	89	N 27
Croce Rossa	10	G 3
Crocefieschi	32	I 9
Crocelle (Passo delle)	66	E 28
Crocera di Barge	20	H 4
Crocetta	21	H 5
Crocetta (Bologna)	36	I 17
Crocetta (Rovigo)	26	G 16
Crocetta del Montello	17	E 18
Crocetta (Passo)	78	J 30
Crocette (Goletto del)	15	E 13
Crocevie	85	M 19
Croci (Monte di)	47	M 19
Croci (Vetta Le)	40	K 16
Croci di Calenzano	39	K 15
Crodo	2	D 6
Crognaleto	55	O 22
Cropalati	77	I 32
Cropani	79	K 32
Cropani Marina	79	K 32
Crosa	11	E 6
Crosano	15	E 14
Crosia	77	I 32
Crostis (Monte)	18	C 20
Crostolo	35	I 13
Crotone	79	J 33
Crotta d'Adda	24	G 11
Crova	22	G 6
Crozzón di Lares	15	D 13
Crucoli	77	I 33
Crucoli Torretta	77	I 33
Cruser	37	I 18
Cruxi (Genna)	101	G 10
Cruzitta (Punta)	94	D 8
Cuasso al Monte	13	E 8
Cuccaro Monferrato	22	G 7
Cuccaro Vetere	70	G 27
Cucchinadorza (Lago di)	101	G 9
Cucco (Monte)	48	L 20
Cuccurano	42	K 20
Cuccurdoni Mannu (Punta)	102	I 8
Cuccureddu (Monte)	101	G 9
Cuccuru 'e Paza	101	G 10
Cuceglio	21	G 5
Cuddia	85	N 19
Cuestalta / Hoher Trieb	9	C 21
Cuffiano	62	C 26
Cuga	96	F 7
Cuga (Lago)	96	F 7
Cuggiono	12	F 8
Cuglieri	100	G 7
Cugnana (Punta)	95	D 10
Cugnoli	56	P 23
Cuiaru (Monte)	98	F 8
Cuma	64	E 24
Cumiana	20	H 4
Cumignano sul Naviglio	24	F 11
Cuna	46	M 16
Cunardo	12	E 8
Cuneo	30	I 4
Cuorgné	11	F 4
Cupa	60	S 23
Cupello	57	P 26
Cupetti (Punta)	99	F 10
Cupi	48	M 21
Cupoli	56	O 23
Cupra Marittima	49	M 23
Cupramontana	43	L 21
Cura	53	P 18
Curcuris	100	H 8
Curi (Monte sa)	99	E 10
Curiglia	3	D 8
Curinga	78	K 30
Curino	11	F 6
Curon Venosta / Graun im Vinschgau	5	B 13
Curone	23	H 9
Curos	96	F 7
Cursi	75	G 36
Cursolo Orasso	3	D 7
Curtarolo	27	F 17
Curtatone	25	G 14
Curticelle	65	E 26
Cusa (Cave di)	85	O 20
Cusago	13	F 9
Cusano	28	E 20
Cusano Milanino (Milano)	13	F 9
Cusano Mutri	61	R 25
Cusercoli	41	J 18
Cusio	13	E 10
Cusna (Monte)	35	J 13
Cussorgia	102	J 7
Custonaci	85	M 20
Custoza	25	F 14
Cutigliano	39	J 14
Cuto (Monte)	89	N 26
Cutro	79	J 32
Cutrofiano	75	G 36
Cuvio	12	E 8
Cuzzago	2	D 7

D

Name	Map	Grid
Dalmine	13	F 10
Dambel	6	C 15
Danta	8	C 19
Daone	15	E 13
Daone (Val di)	15	D 13
Darfo-Boario Terme	14	E 12
Darzo	15	E 13
Dasà	80	L 30
Dattilo	85	N 19
Daunia (Monti della)	62	C 27
Davagna	33	I 9
Davoli	78	L 31
Dazio	4	D 10
De Costanzi	20	I 3
De Gasperi (Rifugio)	18	C 20
De Lorenzis (Masseria)	67	E 31
Decima	36	H 15
Decimomannu	103	J 8
Decimoputzu	102	I 8
Decollatura	78	J 31
Decorata	62	C 26
Degano	18	C 20
Dego	31	I 6
Deiva Marina	33	J 10
Del Vecchio (Masseria)	73	F 32
Delebio	4	D 10
Delfino (Lido)	84	N 19
Delia	91	O 23
Delia (Fiume)	91	P 23
Delianuova	80	M 29
Deliceto	66	D 28
Dello	24	F 12
Demo	15	D 13
Demonte	30	J 4
Denice	32	I 7
Denno	16	D 15
Denore	37	H 17
Dent d'Hérens	11	E 4
Dente del Gigante	10	E 2
Denza (Rifugio)	15	D 13
Derby	10	E 3
Dermulo	6	C 15
Dernice	23	H 9
Deruta	47	N 19
Dervio	3	D 9
Desana	22	G 7
Dese	27	F 18
Dese (Fiume)	27	F 18
Desenzano del Garda	25	F 13
Desio	13	F 9
Destro	77	I 32
Desulo	101	G 9
Desusino (Monte)	92	P 24
Deta (Pizzo)	60	Q 22
Deutschnofen / Nova Ponente	7	C 16
Devero (Val)	2	D 6
Dezzo	14	E 12
Dezzo (Fiume)	14	E 12
Di Brazza (Rifugio)	19	C 22
Di Santo (Masseria)	68	E 32
Diacceto	40	K 16
Diamante	76	H 29
Diano Arentino	31	K 6
Diano Castello	31	K 6
Diano d'Alba	21	I 6
Diano Marina	31	K 6
Diano (Vallo di)	70	F 28
Diavolo (Passo del)	60	Q 23
Diavolo (Pizzo del)	14	D 11
Dicomano	40	K 16
Dieci (Cima)	7	C 17
Diecimo	38	K 13
Diegaro	41	J 18
Dierico	9	C 21
Dietro Isola (Porto)	84	O 18
Digerbato	84	N 19
Dignano	18	D 20
Dignini	34	H 11
Diliella (Fattoria)	92	P 24
Diligenza	92	Q 25
Dimaro	15	D 14
Dinami	80	L 30
Dino (Isola di)	76	H 29
Dipignano	78	J 30
Dipilo (Pizzo)	87	N 23
Dirillo	92	P 25
Dirillo (Lago)	92	P 26
Disfida di Barletta (Monumento alla)	67	D 31
Disgrazia (Monte)	14	D 11
Diso	75	G 37
Disueri	92	P 24
Disueri (Lago)	92	P 24
Dittaino	88	O 25
Divedro (Val)	2	D 6
Diveria	2	D 6
Divieto	83	M 28
Divignano	12	F 7
Divino Amore (Santuario del)	58	Q 19
Dobbiaco / Toblach	8	B 18
Dobbiaco (Lago di)	8	B 18
Dobbiaco Nuovo	8	B 18
Doberdò del Lago	29	E 22
Dodici (Cima)	16	E 16
Dogana Nuova	39	J 13
Doganaccia	39	J 14
Doganella	59	R 20
Dogaro	36	H 15
Doglia (Monte)	96	F 6
Dogliani	21	I 5
Doglio	47	N 18
Dogliola	57	O 25
Dogna	19	C 21
Dogna (Torrente)	19	C 22
Dolcé	25	F 14
Dolceacqua	30	K 4
Dolcecanto	67	E 30
Dolcedo	31	K 5
Dolcedorme (Serra)	76	H 30
Dolegna del Collio	19	D 22
Dolent (Monte)	10	E 3
Dolianova	103	I 9
Dolo	27	F 18
Dolo (Torrente)	35	J 13
Dolomiti Bellunesi (Parco Nazionale delle)	17	D 17
Dolzago	13	E 10
Domanico	78	J 30
Domanins	18	D 20
Domaso	4	D 9
Domegge di Cadore	8	C 19
Domegliara	25	F 14
Domelletto	12	E 7
Domenica (Città della) (Perugia)	47	M 19
Domicella	64	E 25
Domo	43	L 21
Domo di Sasso (Poggio)	40	K 16
Domodossola	2	D 6
Domu 'e s'Orcu (Sa)	103	J 9
Domus de Maria	102	K 8
Domusnovas	102	J 7
Donada	27	G 18
Donato	11	F 5
Dondenaz	11	F 4
Dongo	3	D 9
Donigala	101	H 11
Donigala Fenughedu	100	H 7
Donna Giacoma (Cozzo)	86	N 22
Donna (Punta sa)	99	F 10
Donnafugata	92	Q 25
Donnalucata	92	Q 25
Donnas	11	F 5
Donoratico	45	M 13
Donori	103	I 9
Dont	8	C 18
Donzella (Isola della)	37	H 19
Doppo (Monte)	25	F 12
Dora Baltea	10	E 3
Dora di Rhêmes	10	F 3
Dora di Valgrisanche	10	F 3
Dora Riparia	20	H 2
Dordo	13	E 10
Dorga	14	E 12
Dorgali	101	G 10
Doria	76	H 31
Dorigoni (Rifugio)	6	C 14
Dorio	4	D 9
Dorno	23	G 8
Dorra	32	I 9
Dosimo	24	G 12
Dosolo	25	H 13
Dossena	14	E 11
Dosso	36	H 16
Dosso del Liro	3	D 9
Dosson	27	F 18
Doues	10	E 3
Dovadola	41	J 17
Dovaru (Monte su)	101	G 9
Dovera	13	F 10
Dozza (vicino ad Imola)	36	I 16
Dragoncello	26	H 15
Dragone	35	J 13
Dragone (Colle del)	76	H 30
Dragonetti	66	E 29
Dragoni	64	D 24
Drapia	78	L 29
Drei Zinnen / Lavaredo (Tre Cime di)	8	C 18
Dreieck-Spitze / Triangolo di Riva	8	B 18
Dreiherrnspitze / Tre Signori (Picco dei)	8	A 18
Drena	15	E 14
Drenchia	19	D 22
Dresano	13	F 10
Drizzona	25	G 13
Dro	15	E 14
Dronero	30	I 4
Drosi	80	L 29
Druento	21	G 4
Druges	11	E 4
Druogno	2	D 7
Drusco	33	I 10
Dualchi	100	G 8
Duanera la Rocca	62	C 28
Dubbione	20	H 3
Dubino	4	D 10
Duca degli Abruzzi (Rifugio)	55	O 22
Duca (Masseria del)	74	F 34
Duca (Masseria Nuova del)	67	D 31
Ducato Fabriago	37	I 17
Duchessa (Lago della)	55	P 22
Due Maestà	35	I 13
Due Santi (Passo dei)	34	I 11
Due Uomini (Laghi dei)	76	I 30
Duesanti	47	N 19
Dueville	26	F 16
Dufour (Punta)	11	E 5
Dugenta	64	D 25
Duglia	76	I 31
Dugliolo	36	I 16
Duino	29	E 22
Dumenza	3	D 8
Dumarobba	47	N 19
Duomo	24	F 12
Dura (Cima)	8	B 18
Duran (Passo)	17	D 18
Durazzanino	37	J 18
Durazzano	64	D 25
Durnholz / Valdurna	7	B 16
Durone (Passo)	15	D 14
Duronia	61	R 25

E

Name	Map	Grid
Ebba (Scala s')	100	H 8
Eboli	65	F 27
Eclause	20	G 2
Ederas (Piana)	98	E 8
Edolo	15	D 12
Ega (Val d') / Eggental	7	C 16
Egadi (Isole)	84	N 18
Eggental / Ega (Val d')	7	C 16
Egna	11	E 6
Egna / Neumarkt	16	D 15
Egnazia	69	E 34
Egola	39	L 14
Ehrenburg / Casteldarne	7	B 17
Eia	35	H 12
Eianina	76	H 30
Eira (Passo d')	5	C 12
Eisack / Isarco	7	B 16
Eisacktal / Isarco (Val)	7	B 16
Eita	5	C 12
Elba (Isola d')	50	N 12
Elcito	48	M 21
Eleme (S')	97	E 9
Eleutero	86	N 22
Elice	56	O 23
Elicona	83	M 27
Elini	101	H 10
Elio (Monte d')	63	B 28
Elisabetta	10	E 2
Ellena Soria	30	J 4
Ellera	32	I 7
Ellero	31	J 5
Ello	13	E 10
Elmas	103	J 9
Elmo	46	N 17
Elmo (Monte)	46	N 17
Elmo (Monte) / Helm	8	B 19
Eloro	93	Q 27
Elsa	39	L 14
Eltica (Monte la)	97	E 9
Elva	20	I 3
Elvo	11	F 6
Emarèse	11	E 5
Embrisi (Monte)	80	M 29
Emilius (Monte)	10	E 4
Empoli	39	K 14
Ena 'e Tomes (Sa)	99	F 10
Enas	99	E 10
Enciastraia (Monte)	30	I 2
Endine (Lago di)	14	E 11
Endine Gaiano	14	E 11
Enego	16	E 17
Enego 2000	16	E 16
Enemonzo	18	C 20
Enfola (Capo d')	50	N 12
Enna	88	O 24
Enna (Bergamo)	13	E 10
Enneberg / Marebbe	7	B 17
Ente	46	N 16
Entracque	30	J 4
Entrata (Sella)	80	M 29
Entréves	10	E 2
Envie	20	H 4
Enza	35	I 12
Eolie o Lipari (Isole)	82	L 26
Eores / Afers	7	B 17
Epinel	10	F 3
Episcopia	72	G 30
Epitaffio (Masseria)	67	E 30
Epomeo (Monte)	64	E 23
Equi Terme	38	J 12
Era	4	D 10
Era (Fiume)	39	L 14
Eraclea (Matera)	73	G 32
Eraclea (Venezia)	28	F 20
Eraclea Mare	28	F 20
Eraclea Minoa	90	O 21
Eramo a Marzagaglia (Casino)	68	E 32
Erba	13	E 9
Erba (Masseria dell')	68	E 33
Erbano (Monte)	61	D 25
Erbavuso	88	O 24
Erbè	25	G 14
Erbe (Passo di)	7	B 17
Erbea (Monte)	4	D 10
Erbezzo	25	F 14
Erbognone	22	G 8
Erbonne	13	E 9
Erbusco	24	F 11
Erchia (Casino d')	68	E 33
Erchie	69	F 35
Ercolano (Napoli)	64	E 25
Ercolano Scavi	64	E 25
Erei (Monti)	88	O 24
Eremita (Monte)	66	E 28
Eremita (Pizzo dell')	88	N 26
Erice	84	M 19
Erli	31	J 6
Ernici (Monti)	59	Q 21
Erro	32	I 7
Erto	18	D 19
Erula	98	E 8
Erve	13	E 10
Esanatoglia	48	M 20
Esaro	76	I 30
Escalaplano	103	I 10
Escolca	101	H 9
Escovedu	100	H 8
Esenta	25	F 13
Esine	14	E 12
Esino	48	L 20
Esino Lario	13	E 10
Esperia	60	R 23
Esporlatu	98	F 8
Esse	46	M 17
Este	26	G 16
Esterzili	101	H 9
Etna (Cantoniera dell')	89	N 26
Etna (Monte)	89	N 26
Etroubles	10	E 3
Etsch / Adige	6	C 15
E.U.R. (Roma)	58	Q 19
Euialia	93	P 27
Eva (Punta)	102	K 8
Evançon	11	E 5
Exilles	20	G 2

F

Name	Map	Grid
Fabbri	48	N 20
Fabbrica Curone	23	H 9
Fabbriche	39	J 13
Fabbriche di Vallico	38	K 13
Fabbrico	35	H 14
Fabriano	48	L 20
Fabrica di Roma	53	O 18
Fabrizia	81	L 30
Fabro	47	N 18
Fabro Scalo	47	N 18
Facen	17	D 17
Fadalto	18	D 19
Fadalto (Sella di)	18	D 19
Faedis	19	D 22
Faedo (Sondrio)	14	D 11
Faedo (Trento)	16	D 15
Faedo (Vicenza)	26	F 16
Faenza	37	J 17
Faetano (San Marino)	42	K 19
Faeto	62	D 27
Fagagna	18	D 21
Faggiano	35	I 13
Faggiano (Benevento)	64	D 25
Faggiano (Taranto)	74	F 34
Fagnano Alto	56	P 22
Fagnano Castello	76	I 30
Fagnano Olona	12	E 8
Fagnigola	28	E 20
Fago del Soldato	76	I 31
Fai della Paganella	16	D 15
Faiallo (Passo del)	32	I 8
Faiano	65	F 26
Faiatella	70	G 28
Faicchio	64	D 25
Faida	16	D 15
Faidello	39	J 13
Faiolo	47	N 18
Faiti	59	R 20
Faito (Monte)	64	E 25
Falcade	7	C 17
Falciano	41	L 17
Falciano del Massico	60	S 23
Falcioni	48	L 20
Falcognana	58	Q 19
Falconara	92	P 24
Falconara Albanese	78	J 30
Falconara Marittima	43	L 22
Falcone	83	M 27
Falcone (Capo del)	96	E 6
Falcone (Monte)	84	N 18
Falcone (Punta)	94	D 9
Falconiera (Capo)	84	K 21
Faleria (Ascoli Piceno)	49	M 22
Faleria (Viterbo)	54	P 19
Falerii Novi	54	P 19
Falerna	78	K 30
Falerna Marina	78	K 30
Falerone	49	M 22
Falicetto	21	I 4
Falier (Rifugio)	7	C 17
Fallascoso	57	P 24
Faller (Corno di)	11	E 5
Fallère (Monte)	10	E 3
Fallo	57	Q 24
Falmenta	3	D 7
Faloria (Tondi di)	8	C 18
Falterona (Monte)	41	K 17
Faltona (Arezzo)	41	L 17
Faltona (Firenze)	40	K 16
Falvaterra	60	R 22
Falzarego (Passo di)	8	C 18
Falze di Piave	17	E 18
Falzes / Pfalzen	7	B 17
Fana (Corno di) / Toblacher Pfannhorn	8	B 18
Fanaco (Lago)	91	O 22
Fanano	35	J 14
Fanciullo	53	P 17
Fane	25	F 14
Fangacci (Passo)	41	K 17
Fanghetto	30	K 4
Fanna	18	D 20
Fano	43	K 21
Fano a Corno	56	O 22
Fano Adriano	55	O 22
Fantina	83	M 27
Fantiscritti (Cave di)	38	J 12
Fantoli (Rifugio)	12	E 7
Fanzarotta	91	O 23
Fanzolo	17	E 17
Fara Filiorum Petri	56	P 24
Fara Gera d'Adda	13	F 10
Fara in Sabina	54	P 20
Fara Novarese	12	F 7
Fara S. Martino	56	P 24

FERRARA

0   400 m

[city map of Ferrara with streets, landmarks including MOTOVELODROMO, CIMETERO EBRAICO, PALAZZO MASSARI, PAL. D. DIAMANTI, DUOMO, CASA ROMEI, S. MARIA IN VADO, etc.]

Cavour (Viale) .... **AY**
Martiri d. Libertà
  (Corso) .... **BY** 8
Porta Reno (Corso) ...... **BZ** 10

Borgo di Sotto (Via) ...... BZ 3
Garibaldi (Via) .... ABY 6
Pomposa (Via) .... BZ 9
S. Maurelio (Via) .... BZ 14
Saraceno (Via) .... BZ 16
Savonarola (Via) .... BZ 17
Spacari (Via) .... AY 18
Travaglio (Piazza del) .... BZ 19
Trento Trieste (Piazza) ... BZ 20
Voltapaletto (Via) .... BZ 21
Volte (Via delle) .... BZ 22

B CASTELLO ESTENSE
E PALAZZO SCHIFANOIA

M¹ PALAZZO DI LUDOVICO
    IL MORO

N PALAZZINA DI MARFISA
    D'ESTE

Fetovaia (Punta di)	50 N 12	Fiemme (Val di)	16 D 16	Filignano	61 R 24			
Feverstein /		Fiera di Primiero	16 D 17	Filio (Pizzo)	88 N 25			
Montarso	6 B 15	Fiera (Monte della)	86 N 21	Fillaciano	54 P 19			
Fiamenga	47 N 19	Fierozzo	16 D 15	Filo	37 I 17			
Fiamignano	55 P 21	Fieschi		Filogaso	78 K 30			
Fianello	54 O 19	(Basilica dei)	33 J 10	Filottrano	43 L 22			
Fiano (Firenze)	39 L 15	Fiesco	24 F 11	Finale	87 M 24			
Fiano (Lucca)	38 K 13	Fiesole (Firenze)	39 K 15	Finale di Rero	37 H 17			
Fiano Romano	54 P 19	Fiesse	25 G 12	Finale Emilia	36 H 15			
Fiano (Torino)	21 G 4	Fiesso d'Artico	27 F 18	Finale Ligure	32 J 6			
Fiascherino	38 J 11	Fiesso		Fine	38 L 13			
Fiaschetti	28 E 19	Umbertiano	26 H 16	Finero	3 D 7			
Fiastra	48 M 21	Figari (Capo)	99 E 11	Finestra				
Fiastra		Figino Serenza	13 E 9	di Champorcher	11 F 4			
(Abbazia di)	49 M 22	Figline	39 K 15	Finestre				
Fiastra (Lago di)	48 M 22	Figline Valdarno	40 L 16	(Colle delle)	20 G 3			
Fiastra (Torrente)	49 M 22	Figline Vegliaturo	78 J 30	Fino	56 O 23			
Fiastrone	48 M 21	Filadelfia	78 K 30	Fino del Monte	14 E 11			
Fiavé	15 D 14	Filadonna		Fino Mornasco	13 E 9			
Fibreno (Lago)	60 Q 23	(Becco di)	16 E 15	Finocchio	59 Q 20			
Ficarazzi	86 M 22	Filaga	86 N 22	Fioio	59 Q 21			
Ficarolo	26 H 16	Filandari	80 L 30	Fionchi (Monte)	48 N 20			
Ficarra	82 M 26	Filattiera	34 J 11	Fiora	46 N 19			
Ficulle	47 N 18	Filau (Monte)	102 K 8	Fiorana	37 I 17			
Ficuzza	86 N 22	Filettino	59 Q 21	Fiorano Modenese	35 I 14			
Ficuzza		Filetto (Ancona)	43 L 21	Fiordimonte	48 M 21			
(Bosco della)	86 N 22	Filetto (L'Aquila)	55 O 22	Fiore	47 N 19			
Ficuzza (Fattoria)	91 P 23	Filetto (Chieti)	57 P 24	Fiorentina	36 I 16			
Ficuzza (Fiume)	92 P 25	Filettole	38 K 13	Fiorentino (San				
Ficuzza (Pizzo)	91 O 23	Filiano	66 E 29	Marino)	42 K 19			
Ficuzza (Rocca)	90 O 21	Filibertu	96 E 6	Fiorenzuola d'Arda	24 H 11			
Fidenza	34 H 12	Filicudi (Isola)	82 L 25	Fiorenzuola				
Fié allo Sciliar /		Filicudi Porto	82 L 25	di Focara	42 K 20			
Völs am Schlern	7 C 16	Filighera	23 G 9					

FIRENZE
PERCORSI DI ATTRAVERSAMENTO E DI CIRCONVALLAZIONE

Agnelli (Via Giovanni) .... **BS** 4
Alberti (Piazza L.B.) .... **BS** 6
Aretina (V.) .... **BS** 13
Chiantigiana (Via) .... **BS** 36
Colombo (Lung. C.) .... **BS** 37
D'Annunzio (Via G.) .... **BS** 41
De Amicis (Viale E.) .... **BS** 45
Europa (Viale) .... **BS** 49
Giannotti (Viale D.) .... **BS** 58
Guidoni (Viale A.) .... **AR** 67
Machiavelli (Vle Niccolò) ... **BS** 73
Mariti (Via G. F.) .... **BR** 81
Michelangiolo (Viale) .... **BS** 87
Novoli (Via di) .... **AR** 91
Panche (Via delle) .... **BR** 100
Paoli (Via) .... **AS** 103
Paoli (Viale Pasquale) ...... **BS** 105
Pietro Leopoldo (Piazza) .... **BR** 114
Poggio Imperiale (Via) ...... **BS** 118
Pollaiuolo (Via A. del) ...... **AS** 121
Salviati (Via) .... **BR** 144
S. Domenico (Via) .... **BR** 147
Villamagna (Via di) .... **BS** 196

Fara Vicentino	16 E 16	Favignana (Isola)	84 N 18	Ferento	53 O 18
Faraglione (Punta)	84 N 18	Favogna / Fennberg	16 D 15	Feriolo	12 E 7
Faraglioni (Isola)	64 F 24	Favoscuro	89 N 26	Ferla	93 P 26
Fardella	72 G 30	Favria	11 G 5	Fermignano	42 K 19
Farfa	54 P 20	Fazzon	15 D 14	Fermo	49 M 23
Farfa (Abbazia di)	54 P 20	Fedaia (Lago di)	7 C 17	Ferno	12 F 8
Farfengo	24 G 11	Fedaia (Passo di)	7 C 17	Feroleto Antico	78 K 31
Farigliano	21 I 5	Feglino	31 J 6	Feroleto della	
Farindola	56 O 23	Feisoglio	21 I 6	Chiesa	80 L 30
Farini	23 H 10	Felci (Fossa)	82 L 25	Ferrandina	72 F 31
Farnese	53 O 17	Feldthurns /		Ferrania	31 I 6
Farneta (Cosenza)	72 G 31	Velturno	7 B 16	Ferranti (Masseria)	66 D 28
Farneta (Modena)	35 I 13	Felegara	34 H 12	Ferrara	36 H 16
Farneta		Feletto	11 G 5	Ferrara	
(Abbazia di)	46 M 17	Feletto Umberto	19 D 21	di Monte Baldo	15 E 14
Farneta di Riccò	35 I 14	Feliciano	47 M 18	Ferraro	81 M 30
Faro (Capo)	82 L 26	Felina	35 I 13	Ferrato (Capo)	103 J 10
Faro Superiore	83 M 28	Felino	34 H 12	Ferrazzano	61 C 26
Faroma (Monte)	10 E 4	Felisio	37 I 17	Ferrazza	11 E 6
Farra d'Alpago	18 D 19	Felitto	70 F 27	Ferrera	11 E 6
Farra di Soligo	17 E 18	Felizzano	22 H 7	Ferrera Erbognone	22 G 8
Farro	17 E 18	Fella	19 C 22	Ferrere (Asti)	21 H 6
Fasana	79 J 33	Fellicarolo	35 J 14	Ferrere (Cuneo)	30 I 2
Fasana Polesine	27 G 18	Felonica	26 H 16	Ferret (Col du)	10 E 3
Fasanella	65 F 27	Feltre	17 D 17	Ferret (Val)	10 E 3
Fasano (Brescia)	25 F 13	Fema (Monte)	48 N 21	Ferretto	46 M 17
Fasano (Brindisi)	69 E 34	Femmina Morta	40 J 16	Ferricini (Monte)	86 N 21
Fasano (Palermo)	87 N 24	Femmina Morta		Ferriere	33 I 10
Fascia	33 I 9	Miraglia		Ferriere (Le)	59 R 20
Fassa (Val di)	7 C 17	(Portella)	88 N 25	Ferro	73 G 31
Fassinoro	55 P 20	Femminamorta	39 K 14	Ferro (Canale del)	19 C 21
Fastello	53 O 18	Femminamorta		Ferro (Capo)	95 D 10
Fate (Monte delle)	59 R 21	(Monte) (Crotone)	79 J 32	Ferro di Cavallo	47 M 19
Fattoria (Zoo)	86 M 21	Femminamorta		Ferro (Pizzo del)	5 C 12
Fau (Pizzo)	88 N 25	(Monte) (Enna)	88 N 25	Ferro (Porto)	96 E 6
Fauglia	38 L 13	Femmine		Ferrone	39 L 15
Faule	21 H 4	(Isola delle)	86 M 21	Ferru (Monte)	
Favale di Malvaro	33 I 9	Fenaio (Punta del)	51 O 14	(Cagliari)	103 J 10
Favalto (Monte)	47 L 18	Fener	17 E 17	Ferru (Monte)	
Favara	91 P 22	Fenestrelle	20 G 3	(Nuoro)	101 H 10
Favara (Lago)	90 O 21	Fenigli	42 L 20	Ferru (Monte)	
Favazzina	80 M 29	Fenile	42 K 20	(Oristano)	100 G 7
Faver	16 D 15	Fenis	11 E 4	Ferruzzano	80 M 30
Faverga	17 D 18	Fennau (Monte)	101 G 10	Fersinone	47 N 18
Faverghera		Fennberg / Favogna	16 D 15	Fertilia	96 F 6
(Nevegal)	17 D 18	Ferdinandea	81 L 31	Festiona	30 J 4
Faverzano	24 F 12	Ferentillo	54 O 20	Feto (Capo)	84 O 19
Favignana	84 N 18	Ferentino	59 Q 21	Fetovaia	50 N 12

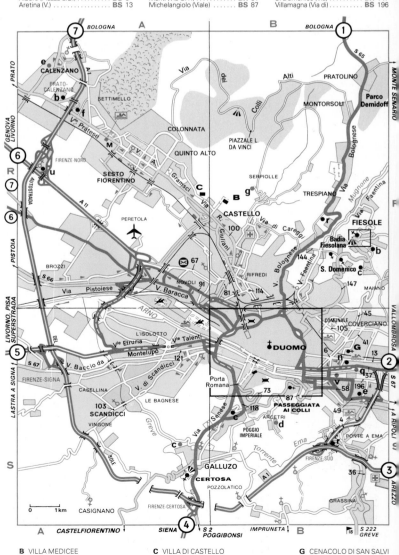

[Firenze — Percorsi di attraversamento e di circonvallazione map showing Calenzano, Sesto Fiorentino, Fiesole, Scandicci, Galluzzo, Duomo, etc.]

B VILLA MEDICEE   **C** VILLA DI CASTELLO   **G** CENACOLO DI SAN SALVI

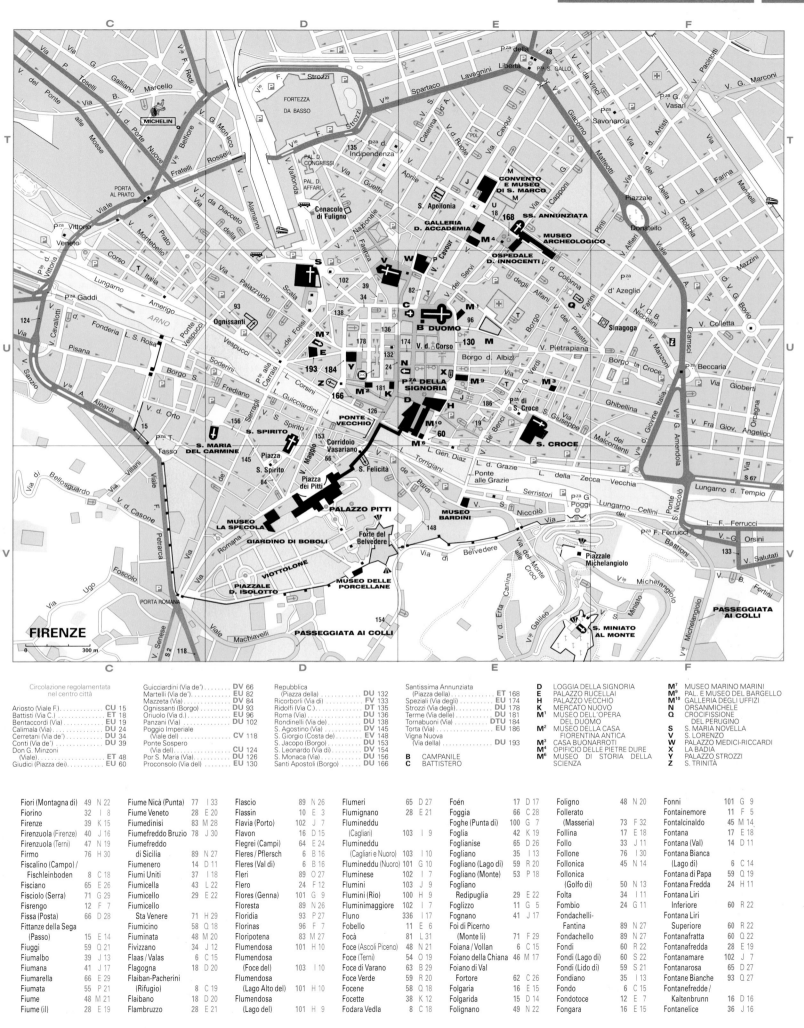

FIRENZE

0 300 m

Circolazione regolamentata
nel centro città

Ariosto (Viale F.)	CU	15
Battisti (Via C.)	ET	18
Bentaccordi (Via)	EU	19
Calimala (Via)	DU	24
Cerretani (Via de')	DU	34
Conti (Via de')	DU	39
Don G. Minzoni (Viale)	ET	48
Giudici (Piazza dei)	EU	60
Guicciardini (Via de')	DV	66
Martelli (Via de')	EU	82
Mazzeta (Via)	DV	84
Ognissanti (Borgo)	DU	93
Oriuolo (Via de')	EU	96
Panzani (Via)	DU	102
Poggio Imperiale (Viale del)	CV	118
Ponte Sospero (Via del)	CU	124
Por S. Maria (Via)	EU	126
Proconsolo (Via del)	EU	130
Repubblica (Piazza della)	DU	132
Ricorboli (Via di)	FV	133
Ridolfi (Via C.)	DT	135
Roma (Via)	DU	136
Rondinelli (Via de')	DU	138
S. Agostino (Via)	DV	145
S. Giorgio (Costa de')	EV	148
S. Jacopo (Borgo)	DV	153
S. Leonardo (Via di)	DV	154
S. Monaca (Via)	DU	156
Santi Apostoli (Borgo)	DU	166
Santissima Annunziata (Piazza della)	ET	168
Speziali (Via degli)	DU	174
Strozzi (Via degli)	DU	178
Terme (Via delle)	DTU	181
Tornabuoni (Via)	DTU	184
Torta (Via)	EU	186
Vigna Nuova (Via della)	DU	193

B	CAMPANILE
C	BATTISTERO
D	LOGGIA DELLA SIGNORIA
E	PALAZZO RUCELLAI
H	PALAZZO VECCHIO
K	MERCATO NUOVO
M¹	MUSEO DELL'OPERA DEL DUOMO
M²	MUSEO DELLA CASA FIORENTINA ANTICA
M³	CASA BUONARROTI
M⁴	OPIFICIO DELLE PIETRE DURE
M⁶	MUSEO DI STORIA DELLA SCIENZA
M⁷	MUSEO MARINO MARINI
M⁹	PAL. E MUSEO DEL BARGELLO
M¹⁰	GALLERIA DEGLI UFFIZI
N	ORSANMICHELE
Q	CROCIFISSIONE DEL PERUGINO
S	S. MARIA NOVELLA
V	S. LORENZO
W	PALAZZO MEDICI-RICCARDI
X	LA BADIA
Y	PALAZZO STROZZI
Z	S. TRINITA

Fiori (Montagna di)	49 N 22	Fiume Nicà (Punta)	77 I 33	Flascio	89 N 26	Flumeri	65 D 27	Foén	17 D 17
Fiorino	32 I 8	Fiume Veneto	28 E 20	Flassin	10 E 3	Flumignano	28 E 21	Foggia	66 C 28
Firenze	39 K 15	Fiumedinisi	83 M 28	Flavia (Porto)	102 J 7	Flumineddu (Cagliari)	103 I 9	Foghe (Punta di)	100 G 7
Firenzuola (Firenze)	40 J 16	Fiumefreddo Bruzio	78 J 30	Flavon	16 D 15	Flumineddu (Cagliari e Nuoro)	103 I 10	Foglia	42 K 19
Firenzuola (Terni)	47 N 19	Fiumefreddo di Sicilia	89 N 27	Flegrei (Campi)	65 E 24	Flumineddu (Nuoro)	101 G 10	Foglianise	65 D 26
Firmo	76 H 30	Fiumenero	14 D 11	Fleres / Pflersch	6 B 16	Fluminese	102 I 7	Fogliano	35 I 13
Fiscalino (Campo) / Fischleinboden	8 C 18	Fiumi Uniti	37 I 18	Fleres (Val di)	6 B 16	Flumini (Rio)	103 J 9	Fogliano (Lago di)	59 R 20
Fisciano	65 E 26	Fiumicella	43 L 22	Fleri	89 O 27	Flumini (Rio)	100 H 9	Fogliano (Monte)	53 P 18
Fisciolo (Serra)	71 E 29	Fiumicello	29 E 22	Flero	24 F 12	Fluminimaggiore	102 I 7	Foglizzo	11 G 5
Fisrengo	12 F 7	Fiumicello Sta Venere	71 H 29	Flores (Genna)	101 G 9	Fluno	336 I 17	Fognano	41 J 17
Fissa (Posta)	66 D 28	Fiumicino	58 Q 18	Floresta	89 N 26	Fobello	11 E 6	Foi di Picerno (Monte li)	71 F 29
Fittanze della Sega (Passo)	15 E 14	Fiuminata	48 M 20	Floridia	93 P 27	Focà	81 L 31	Foiana / Vollan	6 C 15
Fiuggi	59 Q 21	Fivizzano	34 J 12	Florinas	97 F 7	Foce (Ascoli Piceno)	48 N 21	Foiano della Chiana	46 M 17
Fiumalbo	39 J 13	Flaas / Valas	6 C 15	Floripotena	83 M 27	Foce (Terni)	54 O 19	Foiano di Val Fortore	62 C 26
Fiumana	41 J 17	Flagogna	18 D 19	Flumendosa	101 H 10	Foce di Varano	63 B 29	Folgaria	16 E 15
Fiumarella	66 E 29	Flaiban-Pacherini (Rifugio)	8 C 19	Flumendosa (Foce del)	103 I 10	Foce Verde	59 R 20	Folgarida	15 D 14
Fiumata	55 P 21	Flaibano	18 D 20	Flumendosa (Lago Alto del)	101 H 10	Focene	58 Q 18	Folignano	49 N 22
Fiume	48 M 21	Flambruzzo	28 E 21	Flumendosa (Lago del)	101 H 10	Focette	38 K 12		
Fiume (il)	28 E 19							Fodara Vedla	8 C 18

Foligno	48 N 20	Fonni	101 G 9
Follerato (Masseria)	73 F 32	Fontainemore	11 F 5
Follina	17 E 18	Fontalcinaldo	45 M 14
Follo	33 J 11	Fontana	17 E 18
Follone	76 I 30	Fontana (Val)	14 D 11
Follonica	45 N 14	Fontana Bianca (Lago di)	6 C 14
Follonica (Golfo di)	50 N 13	Fontana di Papa	59 Q 19
Folta	34 I 11	Fontana Fredda	24 H 11
Fombio	24 G 11	Fontana Liri Inferiore	60 R 22
Fondachelli-Fantina	89 N 27	Fontana Liri Superiore	60 R 22
Fondachello	89 N 27	Fontanafratta	60 Q 22
Fondi	60 R 22	Fontanafredda	28 E 19
Fondi (Lago di)	60 S 22	Fontanamare	102 J 7
Fondi (Lido di)	59 S 21	Fontanarosa	65 D 27
Fondiano	35 I 13	Fontane Bianche	93 Q 27
Fondo	6 C 15	Fontanefredde / Kaltenbrunn	16 D 16
Fondotoce	12 E 7	Fontanelice	36 J 16

FOGGIA

Arpi (Via) . . . . Y
Vittorio Emanuele (Corso) . . . . . Y

Aporti (Viale Ferrante) . . . . . . Z 2
Conte Appiano (Via) . . . . Y 4

Dante (Via) . . . . Y 7
Della Rocca (Via Vincenzo) . . . . Z 8
Fuiani (Via Pasquale) . . . . Y 10
Galliani (Via) . . . . Z 12
Giardino (Via) . . . . Z 13
Lamarmora (Via) . . . . Z 15
Lanza (Via V.) . . . . Y 16
Lucera (Via) . . . . Y 19

Oberdan (Via Guglielmo) . . . . . . Y 21
Puglia (Piazza) . . . . Z 22
S. Lorenzo (Via) . . . . Z 25
Scillitani (Via L.) . . . . Y 27
Tiro a Segno (Via) . . . . Z 28
Vittime Civili (Via) . . . . Z 29
4 Novembre (Via) . . . . Z 31
20 Settembre (Piazza) . . . . Y 32

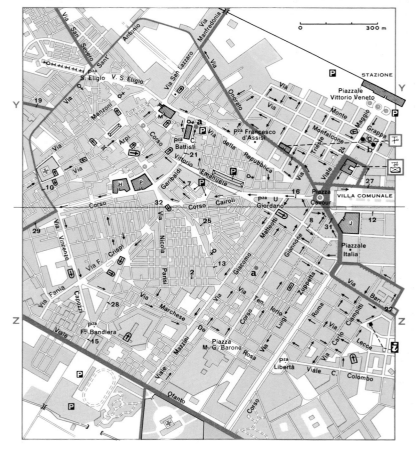

Fontanella
  (Bergamo)   24 F 11
Fontanella (Firenze) 39 L 14
Fontanella
  Grazioli   25 G 12
Fontanellato   34 H 12
Fontanelle (Cuneo)   30 J 4
Fontanelle (Teramo)   56 O 23
Fontanelle (Parma)   24 H 12
Fontanelle (Treviso) 28 E 19
Fontanelle (Vicenza) 16 E 16
Fontaneto
  d'Agogna   12 F 7

Fontanetto Po   21 G 6
Fontanigorda   33 I 9
Fontanile   22 H 7
Fontaniva   26 F 17
Fonte (Frosinone)   59 Q 21
Fonte (Treviso)   17 E 17
Fonte alla Roccia /
  Trinkstein   8 A 18
Fonte Avellana
  (Eremo di)   42 L 20
Fonte Cerreto   55 O 22
Fonte Colombo
  (Convento di)   55 O 20

Fonte Lardina   48 M 21
Fonte Vetica
  (Rifugio)   56 O 23
Fonteblanda   51 O 15
Fontecchia (Monte)   60 Q 23
Fontecchio   56 P 22
Fontechiari   60 Q 23
Fontecorniale   42 K 20
Fontegreca   61 R 24
Fonteno   14 E 12
Fonterutoli   39 L 15
Fontespina   49 M 23
Fontevivo   34 H 12

Fonti (Cima)   16 E 16
Fontignano   47 M 18
Fonzaso   16 D 17
Foppa (Passo di)   5 D 12
Foppiano (Verbania)   2 D 7
Foppiano (Genova)   33 I 9
Foppolo   14 D 11
Foradada (Isola)   96 F 6
Forani   30 J 3
Forano   54 P 19
Forano (Convento
  di)   49 L 22
Forbici (Passo di)   35 J 13

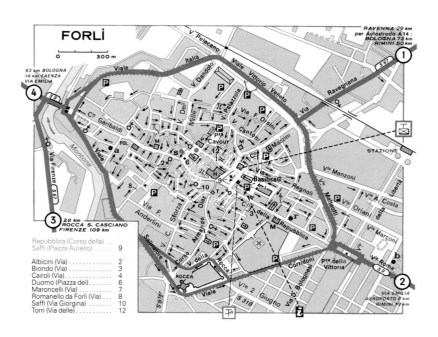

FORLÌ

Repubblica (Corso della) . .
Saffi (Piazza Aurelio) 9

Albicini (Via) 2
Biondo (Via) 3
Cairoli (Via) 4
Duomo (Piazza del) 6
Maroncelli (Via) 7
Romanello da Forlì (Via) 8
Saffi (Via Giorgina) 10
Torri (Via delle) 12

Forca di Valle   56 O 22
Force   49 N 22
Forcella   48 N 20
Forcella (Monte)   71 G 28
Forcella (Passo la) 33 I 10
Forcella Vallaga
  (Rifugio)   7 B 16
Forchetta
  (Valico della)   61 Q 24
Forcito   93 P 26
Forcola (Pizzo di) /
  Furkel Spitze   5 C 13
Forcoli   39 L 14
Forcuso (Monte)   65 E 27
Fordongianus   100 H 8
Forenza   66 E 29
Foresta (Crotone)   79 J 32
Foresta (Cosenza)   77 I 32
Foresta
  (Convento La)   55 O 20
Foresta di Burgos   98 F 8
Foresta
  (Timpone della)   76 H 31
Foresto   21 H 5
Foresto Sparso   14 E 11
Forgaria nel Friuli 18 D 20
Foria   70 G 27
Forino   65 E 26
Forio   64 E 23
Forlì   37 I 18
Forlì del Sannio   61 Q 24
Forlimpopoli   41 J 18
Formazza   2 C 7
Formazza (Val)   2 C 7
Forme   56 P 22
Formello   54 P 19
Formeniga   17 E 18
Formia   60 S 22
Formica di Burano
  (Isola)   51 O 15
Formica (Isola)   84 N 19
Formiche
  (Punta delle)   93 Q 27
Formico (Pizzo)   14 E 11
Formicola   64 D 24
Formigara   24 G 11
Formigine   35 I 14
Formigliana   11 F 6
Formignana   37 H 17
Formigosa   25 G 14
Formole   41 L 18
Fornace (Bologna)   36 I 15
Fornace (Firenze)   40 K 16
Fornace (Trento)   28 E 20
Fornacette (Firenze) 39 L 15
Fornacette (Pisa)   38 K 13
Fornaci   24 F 12
Fornaci (Passo di)   48 N 21
Fornaci di Barga   38 J 13
Fornazzano   40 J 16
Fornazzo   89 N 27
Fornelli (Isernia)   61 R 24
Fornelli (Sassari)   96 E 6
Forni Avoltri   18 C 20
Forni di Sopra   8 C 19
Forni di Sotto   18 C 20
Forni (i)   5 C 13
Forni (Vedretta dei) 5 C 13
Fornisono
  (Masseria)   67 E 31
Forno (Verbania)   12 E 6
Forno (Massa
  Carrara)   38 J 12
Forno (Torino)   20 G 3
Forno (Monte) /
  Ofen   19 C 23
Forno (Monte del)   4 C 10
Forno Alpi Graie   10 F 3
Forno Canavese   21 G 4
Forno di Zoldo   8 C 18
Fornoli   38 J 13
Fornovo di Taro   34 H 12
Fornovolasco   38 J 13
Foro   56 P 24
Forotondo   23 H 9
Forte Buso
  (Lago di)   16 D 17
Forte dei Marmi   38 K 12
Forte di Bibbona   44 M 13
Forte (Monte)   96 E 6
Fortezza /
  Franzensfeste   7 B 16
Fortino   71 G 29
Fortore   62 C 26
Fortuna (Passo
  della)   59 Q 20
Forza d'Agro   89 N 27

Foscagno (Monte)   5 C 12
Foscagno (Passo
  di)   5 C 12
Fosciandora   38 J 13
Fosdinovo   38 J 12
Fosini   45 M 14
Fossa (L'Aquila)   56 P 22
Fossa (Modena)   36 H 15
Fossa delle Felci
  (Monte)   82 L 26
Fossabiuba   28 E 19
Fossacesia   57 P 25
Fossacesia Marina   57 P 25
Fossalon di Grado   29 E 22
Fossalta (Ferrara)   36 H 17
Fossalta (Modena)   35 I 14
Fossalta (Padova)   27 F 18
Fossalta di Piave   28 F 19
Fossalta
  di Portogruaro   28 E 20
Fossalta Maggiore   28 E 19
Fossalto   61 Q 25
Fossalunga   17 E 18
Fossano   21 I 5
Fossanova
  (Abbazia di)   59 R 21
Fossanova S.
  Marco   36 H 16
Fossato (Colle di)   48 M 20
Fossato di Vico   48 M 20
Fossato Ionico   80 M 29
Fossato Serralta   79 K 31
Fossazza (Monte)   83 M 27
Fossazzo   83 M 27
Fosse   25 F 14
Fosse (Monte le)   90 O 22
Fosso   27 F 18
Fosso del Lupo
  (Passo)   78 K 31
Fossola   38 J 12
Fossombrone   42 K 20
Foxi   103 J 9
Foxi (Porto)   103 J 9
Foxi Manna (Sa)   101 H 10
Foza   16 E 16
Fra (Monte)   15 E 12
Frabosa
  Soprana   31 J 5
Frabosa Sottana   31 J 5
Fraccano   41 L 18
Fraciscio   4 C 10
Fraforeano   28 E 20
Fragagnano   74 F 34
Fragaiolo   41 L 17
Fragneto
  (Masseria)   68 F 33
Fragneto l'Abate   65 D 26
Fragneto Monforte   65 D 26
Fraigada (Sa)   98 F 8
Fraine (Brescia)   14 E 12
Fraine (Chieti)   61 Q 25
Fraioli   60 R 22
Frais   20 G 2
Fraisse   20 G 2
Fraiteve (Monte)   20 H 2
Fram (Punta)   84 Q 17
Framura   33 J 10
Francavilla
  al Mare   57 O 24
Francavilla
  Angitola   78 K 30
Francavilla Bisio   28 H 8
Francavilla d'Ete   49 M 22
Francavilla
  di Sicilia   89 N 27
Francavilla
  Fontana   74 F 34
Francavilla in Sinni 72 G 30
Francavilla
  Marittima   76 H 31
Francenigo   28 E 19
Francesi
  (Punta di li)   94 D 9
Franche (Forcella)   22 H 7
Franchini   22 H 7
Francica   80 L 30
Francofonte   93 P 26
Francolino   36 H 16
Francolise   64 D 24
Franscia   14 D 11
Franzensfeste /
  Fortezza   7 B 16
Frasassi
  (Grotte di)   42 L 20
Frasca (Capo della) 100 H 7
Frascarolo   22 G 8

Frascati   59 Q 20
Frascineto   76 H 30
Frassanito   75 G 37
Frassené   17 D 17
Frassine   45 M 14
Frassinelle
  Polesine   26 H 17
Frassinello
  Monferrato   22 G 7
Frassineta   40 J 16
Frassineti   35 I 14
Frassineto   75 L 17
Frassineto
  (Passo di)   41 K 18
Frassineto Po   22 G 7
Frassinetto   11 F 4
Frassino (Cuneo)   20 I 3
Frassino (Mantova)   25 G 14
Frassinoro   35 J 13
Frasso Telesino   64 D 25
Fratta   41 J 18
Fratta (Fiume)   26 G 16
Fratta Polesine   26 G 16
Fratta Todina   47 N 19
Frattaguida   47 N 18
Frattamaggiore   64 E 24
Fratte   27 F 17
Fratte Rosa   42 L 20
Fratticiola Selvatica 47 M 19
Frattina   86 N 21
Frattocchie   59 Q 19
Frattuccia   54 O 19
Frattura   60 Q 23
Frazzanò   82 M 26
Fredane   65 E 27
Freddo   85 N 20
Fregene   58 Q 18
Fregona   18 D 19
Freidour (Monte)   20 H 3
Freienfeld /
  Campo di Trens   7 B 16
Frejus (Traforo del) 20 G 2
Fremamorta (Cima
  di)   30 J 3
Frentani
  (Monti dei)   61 Q 25
Fresagrandinaria   57 B 25
Fresciano   41 K 18
Fresonara   22 H 8
Frigento   65 D 27
Frigintini   93 Q 26
Frignano   64 E 24
Frigole   75 F 36
Frioland (Monte)   20 H 3
Frisa   57 P 25
Frise   30 I 3
Frisolino   33 J 10
Frodolfo   5 C 13
Front   11 G 4
Frontale   48 L 21
Frontano (Monte)   42 L 19
Fronte (Monte)   31 J 5
Frontignano   48 N 21
Frontino   42 K 19
Frontone   42 L 20
Froppa (Cimon del)   8 C 19
Frosini   45 M 15
Frosinone   60 R 22
Frosolone   61 R 25
Frossasco   20 H 4
Frua (la)   2 C 7
Frugarolo   22 H 8
Frugno   66 D 28
Frusci   66 E 29
Frusciu (Monte)   96 F 7
Fubine   22 H 7
Fucecchio   39 K 14
Fucecchio
  (Padule di)   39 K 14
Fucine   15 D 14
Fucino
  (Piana del)   56 P 22
Fugazzolo   34 I 12
Fuipiano
  Valle Imagna   13 E 10
Fulgatore   85 N 20
Fumaiolo (Monte)   41 K 18
Fumane   25 F 14
Fumero   5 C 13
Fumo   23 G 9
Fumo (Monte)
  (Pesaro)   42 L 19
Fumo (Monte)
  (Trento)   15 D 13
Fumo (Monte) /
  Rauchkofel   8 A 18

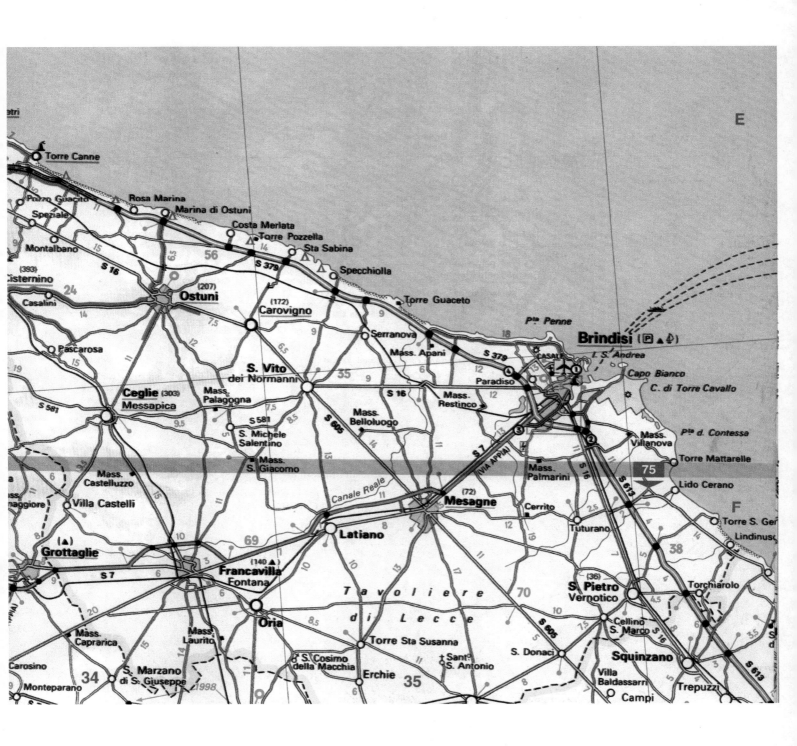

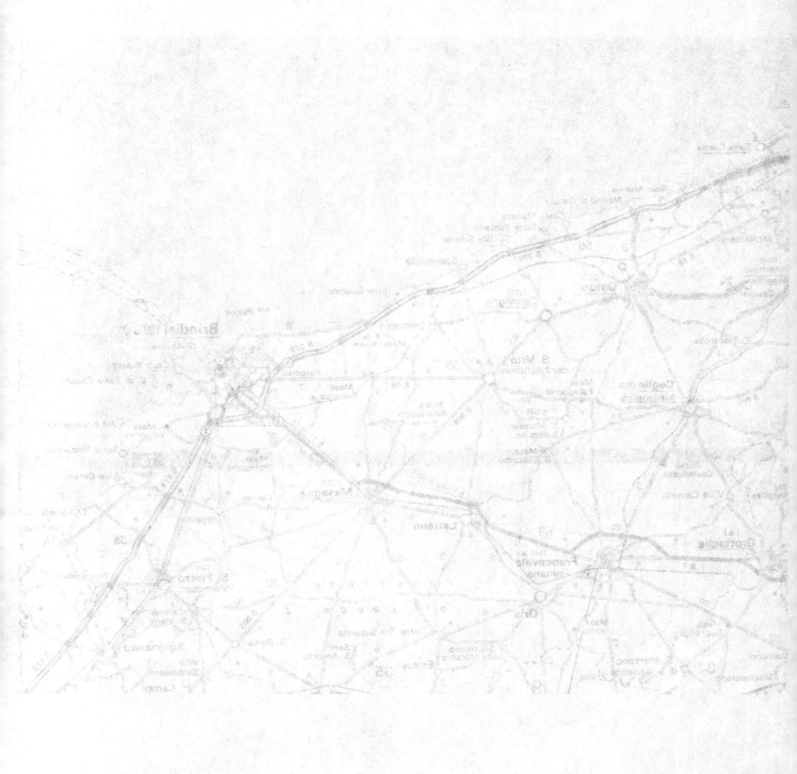

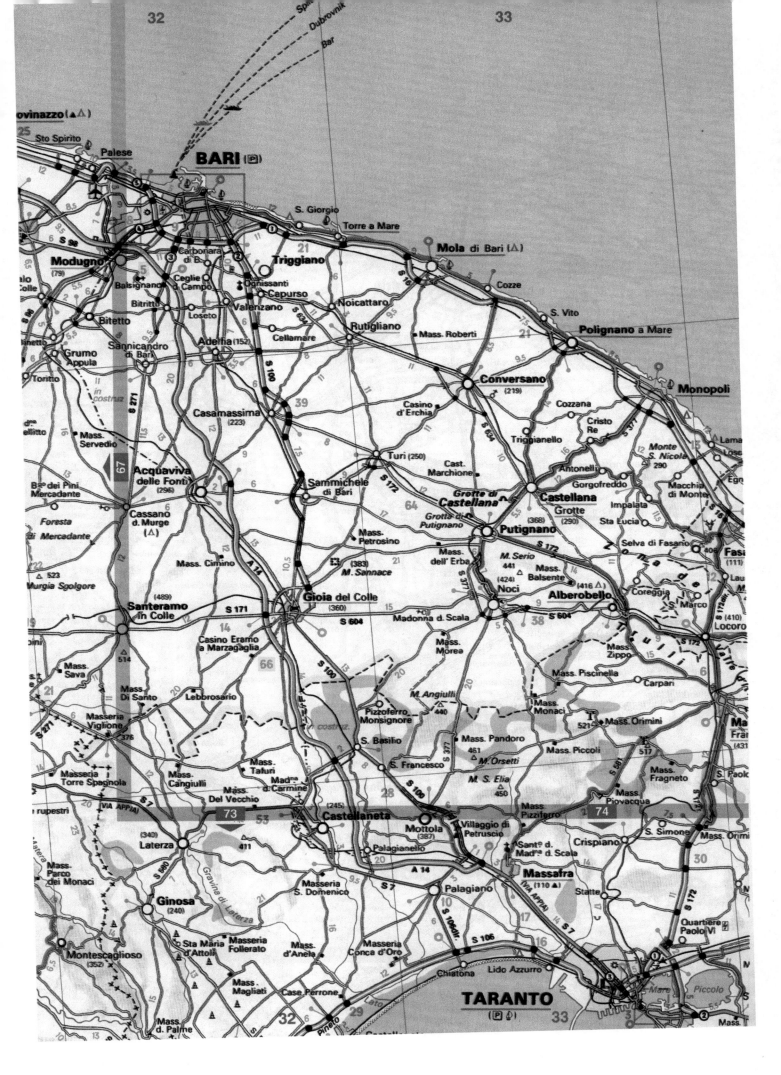

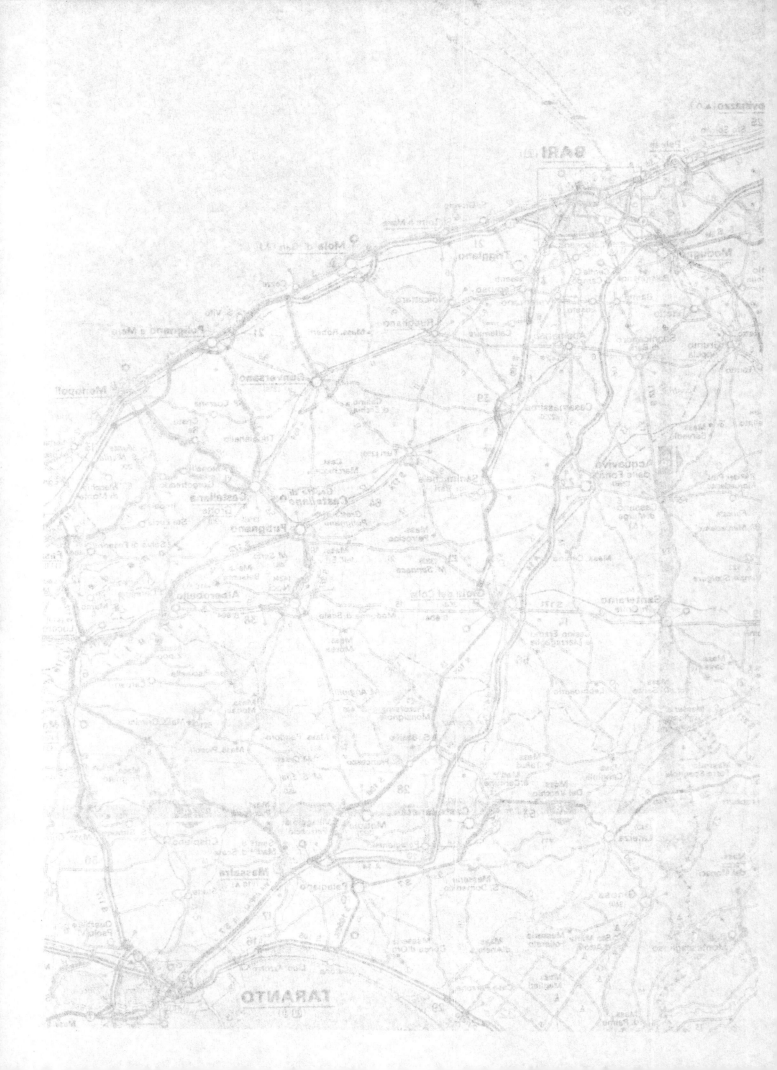

Fumo (Val di)	15 D 13	Gabelletta	53 P 18	Galati	80 N 30
Fumone	59 Q 21	Gabellino	45 M 15	Galati Mamertino	88 M 26
Fundres / Pfunders	7 B 17	Gabiano	21 G 6	Galati Marina	83 M 28
Fúndres (Val di)	7 B 17	Gabicce Mare	42 K 20	Galatina	75 G 36
Funes / Villnöß	7 C 17	Gabicce Monte	42 K 20	Galatone	75 G 36
Funes (Val di)	7 C 17	Gabiet (Lago)	11 E 5	Galatro	80 L 30
Funesu (Monte)	100 I 7	Gabria	29 E 22	Galbiate	13 E 10
Funtana Bona	101 G 10	Gabutti	31 I 6	Galciana	39 K 15
Funtana Congiada		Gaby	11 E 5	Galeata	41 K 17
(Punta)	101 H 9	Gadera	7 B 17	Galeazza	36 H 15
Funtaneddas	101 G 9	Gadertal /		Galera (Punta)	95 D 10
Fuorni	65 F 26	Badia (Val)	7 B 17	Galgagnano	13 F 10
Furci	57 P 25	Gadignano	23 H 10	Galiello (Monte)	86 N 21
Furci Siculo	89 N 28	Gadir	84 Q 18	Galiga	40 K 16
Furggen	11 E 5	Gadoni	101 H 9	Galisia (Punta di)	10 F 3
Furiano	88 N 25	Gaeta	60 S 22	Gallarate	12 F 8
Furkel Spitze /		Gaeta (Golfo di)	60 S 23	Gallareto	21 G 6
Forcola (Pizzo di)	5 C 13	Gaggi	89 N 27	Gallegione (Pizzo)	4 C 10
Furlo	42 L 20	Gaggiano	13 F 9	Galleno	39 K 14
Furlo (Gola del)	42 L 20	Gaggio	36 I 15	Gallese	54 O 19
Furlo (Passo del)	42 L 20	Gaggio Montano	35 J 14	Galli (Li)	64 F 25
Furnari	83 M 27	Gaglianico	11 F 6	Gallia	22 G 8
Furonis (Perda is)	103 I 10	Gagliano		Galliano	39 J 15
Furore	64 F 25	(Catanzaro)	78 K 31	Galliano (Cantù)	13 E 9
Furtei	102 I 8	Gagliano (Udine)	19 D 22	Galliate	12 F 8
Fusaro (Lago del)	64 E 24	Gagliano Aterno	56 P 23	Galliavola	22 G 8
Fuscaldo	76 I 30	Gagliano		Gallicano	38 J 13
Fusignano	37 I 17	Castelferrato	88 N 25	Gallicano	
Fusina	27 F 18	Gagliano del Capo	75 H 37	nel Lazio	59 Q 20
Fusine	14 D 11	Gagliato	78 K 31	Gallicchio	72 G 30
Fusine		Gagliole	48 M 21	Gallico	80 M 29
(Foresta di)	19 C 22	Gaianello	35 J 14	Gallico Marina	83 M 28
Fusine (Laghi di)	19 C 23	Gaianico	35 J 14	Galliera	36 H 16
Fusine in		Gaiano (Parma)	34 H 12	Galliera Veneta	17 F 17
Valromana	19 C 22	Gaiano (Salerno)	65 E 26	Gallignano	24 F 11
Fusine Laghi	19 C 23	Gaiarine	28 E 19	Gallinara	
Fusino	14 D 12	Gaiato	35 J 14	(Isola)	31 J 6
Futa (Passo della)	39 J 15	Gaiba	26 H 16	Gallinaro	60 R 23
Futani	70 G 27	Gaibana	36 H 16	Gallinaro (Pizzo di)	90 O 22
		Gaibanella	36 H 16	Gallinazza	29 E 21
		Gaifana	48 M 20	Gallio	16 E 16
G		Gainago	35 H 13	Gallipoli	75 G 35
		Gaiola	30 I 4	Gallitello	85 N 20
Gabbiani (Baia dei)	63 B 30	Gaiole in Chianti	40 L 16	Gallivaggio	4 C 10
Gabbioneta	24 G 12	Gaione	35 H 12	Gallizzi	71 G 30
Gabbro	38 L 13	Gairo	101 H 10	Gallo (L'Aquila)	55 P 21
Gabella	43 L 21	Gairo (Ruderi di)	101 H 10	Gallo (Caserta)	61 R 24
Gabella Grande	79 J 33	Gais	7 B 17	Gallo (Pesaro e	
Gabella Nuova	48 M 21	Galassi (Rifugio)	8 C 18	Urbino)	42 K 20

Gallo (Capo)	86 M 21	Garbagna		Garlasco	22 G 8	Gazzo (Padova)	26 F 17
Gallo (Pizzo di)	86 N 21	Novarese	12 F 7	Garlate	13 E 10	Gazzo Veronese	26 G 15
Gallo d'Oro	91 O 23	Garbagnate		Garlate (Lago di)	13 E 10	Gazzola	23 H 10
Gallo (Lago del)	5 C 12	Milanese	13 F 9	Garlenda	31 J 6	Gazzolo (Mantova)	25 G 14
Gallodoro	89 N 27	Garcia	87 N 23	Garniga	16 D 15	Gazzuolo (Reggio	
Galluccio	60 R 23	Garda (Brescia)	15 D 13	Garrufo	49 N 23	nell'Emilia)	35 I 12
Gallura	97 E 9	Garda (Verona)	25 F 14	Garza	25 F 12	Gazzuolo	25 G 13
Galluzzo Certosa		Garda (Isola di)	25 F 13	Garzeno	3 D 9	Geislerspitze / Odle	
(Firenze)	39 K 15	Garda (Lago di)	25 F 13	Garzigliana	20 H 4	(le)	7 C 17
Galtelli	99 F 10	Gardena		Garzirola (Monte)	3 D 9	Gela	92 P 24
Galugnano	75 G 36	(Passo di) /		Gaspare (Rifugio)	11 E 5	Gela (Fiume)	92 P 24
Galzignano Terme	26 G 17	Grödner Joch	7 C 17	Gasperina	78 K 31	Gela (Golfo di)	92 Q 24
Gamalero	22 H 7	Gardena (Val) /		Gassano	38 J 12	Gelagna Bassa	48 M 21
Gambara	25 G 12	Grödnertal	7 C 16	Gassino Torinese	21 G 5	Gelas (Cima dei)	30 J 4
Gambarana	22 G 8	Gardolo	16 D 15	Gasteig / Casateia	7 B 16	Gelé (Monte)	10 E 4
Gambarie	80 M 29	Gardone		Gatta	35 I 13	Gello (Lucca)	38 K 13
Gambaro	33 I 10	Riviera	25 F 13	Gattaia	40 K 16	Gello (Pisa)	38 L 13
Gambasca	20 I 4	Gardone Val		Gattarella	63 B 30	Gelso	82 L 26
Gambassi Terme	39 L 14	Trompia	14 E 12	Gattatico	35 H 13	Gelsomini	
Gambatesa	62 C 26	Garelli (Rifugio)	31 J 5	Gatteo	42 J 19	(Costa dei)	80 N 30
Gambellara	26 F 16	Gares	17 D 17	Gatteo a Mare	42 J 19	Gemelli (Laghi)	14 E 11
Gamberale	61 Q 24	Garessio	31 J 6	Gàttico	12 E 7	Gemelli (Monte)	41 K 17
Gambettola	42 J 19	Garfagnana	38 J 13	Gattinara	12 F 7	Gemini	75 H 36
Gambolò	22 G 8	Gargallo (Modena)	35 H 14	Gattorna	33 I 9	Gemmano	42 K 19
Gambugliano	26 F 16	Gargallo (Novara)	12 E 7	Gaudiano	66 D 29	Gemona del Friuli	18 D 21
Gambulaga	37 H 17	Gargano		Gaudo (Piano del)	85 E 27	Gemonio	12 E 8
Gammauta (Lago		(Promontorio		Gavardo	25 F 13	Gena	17 D 18
di)	86 N 22	del)	62 B 28	Gavassa	35 H 14	Genazzano	59 Q 20
Gampenjoch /		Gargano		Gavasseto	35 I 14	Generoso (Monte)	13 E 9
Palade		(Testa del)	63 B 30	Gavelli	48 N 20	Genga	42 L 20
(Passo delle)	6 C 15	Gargazon /		Gavello (Modena)	36 H 15	Genis (Monte)	103 I 9
Ganaceto	35 H 14	Gargazzone	6 C 15	Gavello (Rovigo)	27 G 17	Genivolta	24 F 11
Ganda di Martello	6 C 14	Gargazzone /		Gaverina Terme	14 E 11	Genna Maria	
Gandellino	14 E 11	Gargazon	6 C 15	Gavi	32 H 8	(Nuraghe)	102 I 8
Gandino	14 E 11	Gargnano	15 E 13	Gavia (Monte)	5 C 13	Gennargentu	
Gangi	87 N 24	Gargonza	46 L 17	Gavia (Passo di)	5 C 13	(Monti del)	101 G 9
Gangi (Fiume)	87 N 24	Gari	60 R 23	Gavignano	59 Q 21	Gennaro (Monte)	55 P 20
Ganna	3 E 8	Garibaldi		Gaville (Ancona)	42 L 20	Genola	21 I 5
Gannano del Monte	72 G 31	(Casa di)	95 D 10	Gaville (Firenze)	40 L 16	Genoni	100 H 9
Gannano (Lago di)	73 G 31	Garibaldi (Cippo)		Gavinana	39 J 14	Genova	32 I 8
Gantkofel /		(Aspromonte)	80 M 29	Gavirate	12 E 8	Genova (Rifugio)	
Macaion (Monte)	6 C 15	Garibaldi		Gavoi	101 G 9	(Bolzano)	7 C 17
Ganzanigo	36 I 16	(Cippo di Anita)	37 I 18	Gavorrano	45 N 14	Genova (Rifugio)	
Ganzirri	83 M 28	Garibaldi (Rifugio)	15 D 13	Gazoldo		(Cuneo)	30 J 3
Garadassi	23 H 9	Gariffi (Pantano)	93 Q 26	degli Ippoliti	25 G 13	Genova (Val di)	15 D 13
Garaguso	72 F 30	Garigliano	60 S 23	Gazzaniga	14 E 11	Genovese	
Garaventa	33 I 9	Gariglione (Monte)	79 J 31	Gazzano	35 J 13	(Grotta del)	84 M 18
Garavicchio	52 O 16	Garitta Nuova		Gazzaro	35 H 13	Gentile (Col)	18 C 20
Garbagna	23 H 8	(Testa di)	20 I 3	Gazzo (Mantova)	25 G 14	Genuardo (Monte)	86 N 21

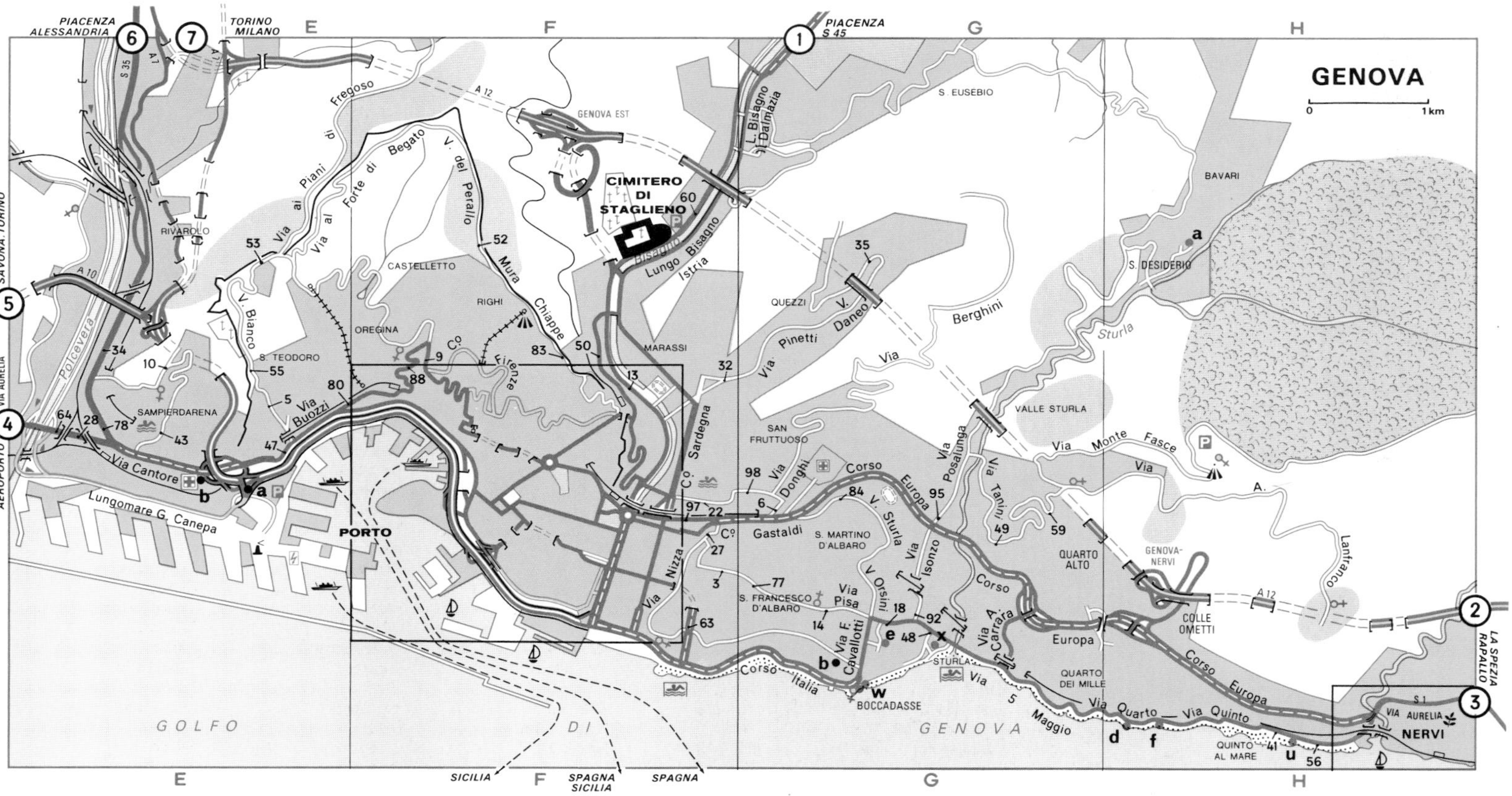

GENOVA

0 ___ 1 km

PIACENZA ALESSANDRIA 6 7 · TORINO MILANO · PIACENZA S 45 1 · E · F · G · H

GENOVA EST · CIMITERO DI STAGLIENO · S. EUSEBIO · BAVARI · a · S. DESIDERIO

RIVAROLO · CASTELLETTO · RIGHI · OREGINA · S. TEODORO · QUEZZI · VALLE STURLA

SAMPIERDARENA · MARASSI · SAN FRUTTUOSO · S. MARTINO D'ALBARO · QUARTO ALTO · GENOVA-NERVI · COLLE OMETTI

PORTO · GASTALDO · S. FRANCESCO D'ALBARO · BOCCADASSE · QUARTO DEI MILLE · NERVI

GOLFO · DI · GENOVA · QUINTO AL MARE

AEROPORTO · SAVONA TORINO · VIA AURELIA · LA SPEZIA RAPALLO · 2 · 3

Albaro (Via) .... F 3	Caprera (Via) .... G 18	Gianelli (Via A.) .... H 41	Mura del
Angeli (Salita degli) .... E 5	Casoni (Via) .... F 22	Martinetti	Castellaccio (Via) .... F 52
Barrili (Via) .... G 6	Dassori (Via F.) .... F 27	(Corso L. A.) .... E 43	Mura di
Bassi (Corso U.) .... E 5	Degola (Via) .... E 28	Milano (Via W.) .... E 47	Granolo (Via) .... E 53
Belvedere (Corso) .... E 10	Fereggiano (Via) .... F 32	Mille (Via dei) .... G 48	Mura di
Bobbio (Via) .... F 13	Fillak (Via W.) .... E 34	Monaco Simone (Via) .... G 49	Porta Murata (Via delle) .... E 55
Boselli (Via) .... G 14	Fontanarossa (Via S.) .... G 35	Montaldo (Via L.) .... F 50	Murcarolo (Via) .... H 56

Olivieri (Via) .... G 59	S. Erasmo (Mura) .... F 83
Piacenza (Via) .... F 60	S. Martino (Via) .... G 84
Piave (Via) .... F 63	S. Ugo (Via) .... F 88
Pieragostini (Via R.) .... E 64	Sturla (Via) .... G 92
Ricci (Via) .... G 77	Timavo (Via) .... G 95
Rolando (Via C.) .... E 78	Tolemaide (Via) .... F 97
S. Benedetto (Via) .... EF 80	Torti (Via G.) .... G 98

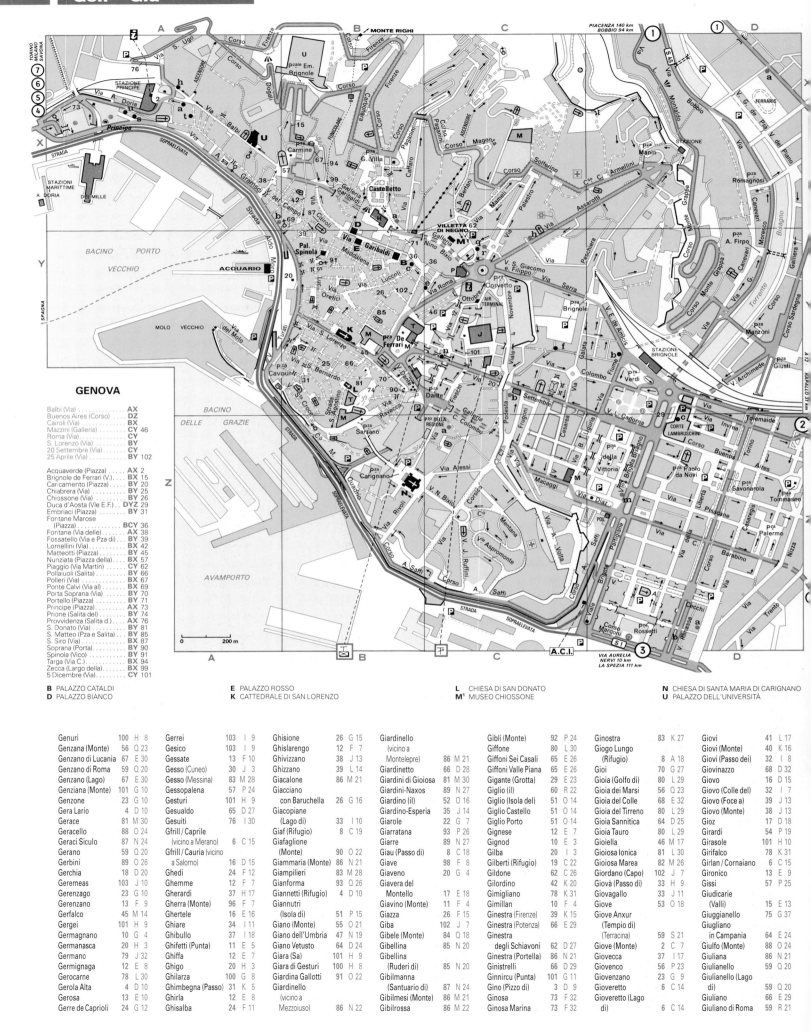

GENOVA

Balbi (Via) .... **AX**
Buenos Aires (Corso) .... **DZ**
Cairoli (Via) .... **BX**
Mazzini (Galleria) .... **CY 46**
Roma (Via) .... **CY**
S. Lorenzo (Via) .... **BY**
20 Settembre (Via) ...... **CY**
25 Aprile (Via) .... **BY 102**

Acquaverde (Piazza) ..... **AX 2**
Brignole de Ferrari (V.) . **BX 15**
Caricamento (Piazza) .... **BY 20**
Chiabrera (Via) .... **BY 25**
Chiossone (Via) .... **BY 26**
Duca d'Aosta (Vle E.F.) . **DYZ 29**
Embriaci (Piazza) .... **BY 31**
Fontane Marose (Piazza) . **BCY 36**
Fontane (Via delle) ..... **AX 38**
Fossatello (Via e Pza di) . **BX 39**
Lomellini (Via) .... **BX 42**
Matteotti (Piazza) ...... **BY 45**
Nunziata (Piazza della) .. **BX 57**
Piaggio (Via Martin) .... **CY 62**
Pollaiuoli (Salita) ..... **BY 66**
Polleri (Via) .... **BX 67**
Ponte Calvi (Via al) .... **BX 69**
Porta Soprana (Via) ..... **BY 70**
Portello (Piazza) .... **BY 71**
Principe (Piazza) .... **AX 73**
Prione (Salita del) ..... **BY 74**
Provvidenza (Salita d.) . **AX 76**
S. Donato (Via) .... **BY 81**
S. Matteo (Pza e Salita) . **BY 85**
S. Siro (Via) .... **BX 87**
Soprana (Porta) .... **BY 90**
Spinola (Vico) .... **BX 91**
Targa (Via C.) .... **BX 94**
Zecca (Largo della) ..... **BX 99**
5 Dicembre (Via) .... **CY 101**

B PALAZZO CATALDI
D PALAZZO BIANCO
E PALAZZO ROSSO
K CATTEDRALE DI SAN LORENZO
L CHIESA DI SAN DONATO
M¹ MUSEO CHIOSSONE
N CHIESA DI SANTA MARIA DI CARIGNANO
U PALAZZO DELL'UNIVERSITÀ

Name	No.	Ref
Genuri	100	H 8
Genzana (Monte)	56	Q 23
Genzano di Lucania	67	E 30
Genzano di Roma	59	Q 20
Genzano (Lago)	67	E 30
Genziana (Monte)	101	G 10
Genzone	23	G 10
Gera Lario	4	D 10
Gerace	81	M 30
Geracello	88	O 24
Geraci Siculo	87	N 24
Gerano	59	Q 20
Gerbini	89	O 26
Gerchia	18	D 20
Geremeas	103	J 10
Gerenzago	23	G 10
Gerenzano	13	F 9
Gerfalco	45	M 14
Gergei	101	H 9
Germagnano	10	G 4
Germanasca	20	H 3
Germano	79	J 32
Germignaga	12	E 8
Gerocarne	78	L 30
Gerola Alta	4	D 10
Gerosa	13	E 10
Gerre de Caprioli	24	G 12
Gerrei	103	I 9
Gesico	103	I 9
Gessate	13	F 10
Gesso (Cuneo)	30	J 3
Gesso (Messina)	83	M 28
Gessopalena	57	P 24
Gesturi	101	H 9
Gesualdo	65	D 27
Gesuiti	76	I 30
Gfrill / Caprile (vicino a Merano)	6	C 15
Gfrill / Cauria (vicino a Salorno)	16	D 15
Ghedi	24	F 12
Ghemme	12	F 7
Gherardi	37	H 17
Gherra (Monte)	96	I 32
Ghertele	16	E 16
Ghiare	34	I 11
Ghibullo	37	I 18
Ghifetti (Punta)	11	E 5
Ghiffa	12	E 7
Ghigo	20	H 3
Ghilarza	100	G 8
Ghimbegna (Passo)	31	K 5
Ghirla	12	E 8
Ghisalba	24	F 11
Ghisione	26	G 15
Ghislarengo	12	F 7
Ghivizzano	38	J 13
Ghizzano	39	L 14
Giacalone	86	M 21
Giacciano con Baruchella	26	G 16
Giacopiane (Lago di)	33	I 10
Giaf (Rifugio)	8	C 19
Giafaglione (Monte)	90	O 22
Giammaria (Monte)	86	N 21
Giampilieri	83	M 28
Gianforma	93	Q 26
Giannetti (Rifugio)	4	D 10
Giannutri (Isola di)	51	P 15
Giano (Monte)	55	O 21
Giano dell'Umbria	47	N 19
Giano Vetusto	64	D 24
Giara (Sa)	101	H 9
Giara di Gesturi	100	H 8
Giardina Gallotti	91	O 22
Giardinello (vicino a Montelepre)	86	M 21
Giardinetto	66	D 28
Giardini di Gioiosa	81	M 30
Giardini-Naxos	89	N 27
Giardino (il)	52	O 16
Giardino-Esperia	35	J 14
Giarole	22	G 7
Giarratana	93	P 26
Giarre	89	N 27
Giavera del Montello	17	E 18
Giaveno	20	G 4
Giazza	26	F 15
Giba	102	J 7
Gibele (Monte)	84	Q 18
Gibellina	85	N 21
Gibellina (Ruderi di)	85	N 20
Gibilmanna (Santuario di)	87	N 24
Gibilmesi (Monte)	86	M 21
Gibilrossa	86	M 22
Gibli (Monte)	92	P 24
Giffone	80	L 30
Giffoni Sei Casali	65	E 26
Giffoni Valle Piana	65	E 26
Gigante (Grotta)	29	E 23
Giglio (il)	60	R 22
Giglio (Isola del)	51	O 14
Giglio Castello	51	O 14
Giglio Porto	51	O 14
Gignese	12	E 7
Gignod	10	E 3
Gilba	20	I 3
Gilberti (Rifugio)	19	C 22
Gildone	62	C 26
Gilordino	42	K 20
Gimigliano	78	K 31
Gimillan	10	F 4
Ginestra (Firenze)	39	K 15
Ginestra (Potenza)	66	E 29
Ginestra degli Schiavoni	62	D 27
Ginestra (Portella)	86	N 21
Ginistrelli	66	D 29
Ginnircu (Punta)	101	G 11
Gino (Pizzo di)	3	D 9
Ginosa	73	F 32
Ginosa Marina	73	F 32
Ginostra	83	K 27
Giogo Lungo (Rifugio)	8	A 18
Gioi	70	G 27
Gioia (Golfo di)	80	L 29
Gioia dei Marsi	56	Q 23
Gioia del Colle	68	E 32
Gioia del Tirreno	80	L 29
Gioia Sannitica	64	D 25
Gioia Tauro	80	L 29
Gioiella	46	M 17
Gioiosa Ionica	81	L 30
Gioiosa Marea	82	M 26
Giordano (Capo)	102	J 7
Giovà (Passo di)	33	H 9
Giovagallo	33	J 11
Giove	53	O 18
Giove Anxur (Tempio di) (Terracina)	59	S 21
Giovecca	37	I 17
Giovenco	56	P 23
Giovenzano	23	G 9
Giovereto (Lago di)	6	C 14
Giovi	41	L 17
Giovi (Monte)	40	K 16
Giovi (Passo dei)	32	I 8
Giovinazzo	68	D 32
Giovo	16	D 15
Giovo (Colle del)	32	I 7
Giovo (Foce a)	39	J 13
Giovo (Monte)	38	J 13
Gioz	17	D 18
Girardi	54	P 19
Girasole	101	H 10
Girifalco	78	K 31
Girlan / Cornaiano	6	C 15
Gironico	13	E 9
Gissi	57	P 25
Giudicarie (Valli)	15	E 13
Giuggianello	75	G 37
Giugliano in Campania	64	E 24
Giulfo (Monte)	88	O 24
Giuliana	86	N 21
Giulianello	59	Q 20
Giulianello (Lago di)	59	Q 20
Giuliano	66	E 30
Giuliano di Roma	59	R 21

Giuliano Teatino 57 P 24
Giulianova 49 N 23
Giulianova Lido 49 N 23
Giumarra 88 O 25
Giumenta (Serra la) 71 G 29
Giuncarico 45 N 14
Giuncata (Masseria) 67 D 30
Giuncugnano 38 J 12
Giungano 65 F 27
Giurazzi (Masseria) 66 E 28
Giurdignano 75 G 37
Giussago (Pavia) 23 G 9
Giussago (Venezia) 28 E 20
Giussano 13 E 9
Giusvalla 32 I 7
Givoletto 21 G 4
Gizio 56 P 23
Gizzeria 78 K 30
Gizzeria Lido 78 K 30
Glacier 10 E 3
Glacier (Monte) 11 F 4
Gleno (Monte) 14 D 12
Gleris 28 E 20
Gliaca 82 M 26
Glorenza / Glurns 5 C 13
Glurns / Glorenza 5 C 13
Gnignano 23 G 9
Gnocca 37 H 18
Gnocchetta 37 H 19
Gnutti (Rifugio) 15 D 13
Gobbera (Passo di) 16 D 17
Goceano 97 F 9
Goceano (Catena del) 98 F 8
Godega di S. Urbano 28 E 19
Godiasco 23 H 9
Godo 37 I 18
Godrano 86 N 22
Goglio 2 D 6
Goillet (Lago) 11 E 5
Goito 25 G 14
Gola (Passo di) / Klammljoch 8 B 18
Golasecca 12 E 7
Goldrain / Coldrano 6 C 14
Golferenzo 23 H 9
Golfo Aranci 99 E 10
Golfo Orosei e del Gennargentu (Parco Nazionale) 101 G 10
Gologone (Sorgente su) 101 G 10
Gomagoi 5 C 13
Gombio 35 I 13
Gombola 35 I 14
Gonars 29 E 21
Goni 103 I 9
Gonnesa 102 J 7
Gonnoscodina 100 H 8
Gonnosfanadiga 102 I 7
Gonnosno 100 H 8
Gonnostramatza 100 H 8
Gonzaga 25 H 14
Goraiolo 39 K 14
Gordana 34 I 11
Gordona 4 D 10
Gorfigliano 38 J 12
Gorga (Roma) 59 R 21
Gorga (Salerno) 70 G 27
Gorgo 28 E 21
Gorgo al Monticano 28 E 19
Gorgo (Laghetto) 90 O 21
Gorgofreddo 68 E 33
Gorgoglione 72 F 30
Gorgona (Isola di) 38 L 11
Gorgonzola 13 F 10
Goriano Sicoli 56 P 23
Goriano Valli 56 P 23
Goricizza 28 E 20
Gorino 37 H 19
Gorizia 29 E 22
Gorla Maggiore 13 F 8
Gorla Minore 13 F 8
Gorlago 14 E 11
Gornalunga 88 O 25
Goro 37 H 18
Gorra 31 J 6
Gorré 30 I 4
Gorreto 33 I 9
Gorruppu (Gola su) 101 G 10
Gorto (Canale di) 18 C 20
Gorzano 35 I 14
Gorzano (Monte) 55 O 22
Gorzegno 21 I 6
Gorzone (Canale) 27 G 17
Gosaldo 17 D 17
Gossensaß / Colle Isarco 7 B 16
Gossolengo 23 G 10
Gottasecca 21 I 6
Gottero (Monte) 34 I 11
Gottolengo 24 G 12
Governolo 25 G 14
Govone 21 H 6
Govossai (Lago) 101 G 9
Gozzano 12 E 7
Grabellu (Punta su) 99 F 10
Gracciano 46 M 17
Gradara 42 K 20
Gradara (Monte) 86 M 21
Gradella 13 F 10
Gradisca 18 D 20
Gradisca d'Isonzo 29 E 22
Gradiscutta 28 E 20
Gradizza 37 H 17
Grado 29 E 22
Grado (Laguna di) 29 E 21
Grado Pineta 29 E 22
Gradoli 53 O 17
Graffignana 23 G 10
Graffignano 53 O 18
Graglia 11 F 5
Graglia (Santuario di) 11 F 5
Gragnanino 23 G 10
Gragnano (Lucca) 39 K 13
Gragnano (Napoli) 64 E 25
Gragnano Trebbiense 23 G 10
Gragnola 38 J 12
Graines 11 E 5
Gramignazzo 24 H 12
Grammatica 34 I 12
Grammichele 92 P 25
Gramolazzo 38 J 12
Gran Bagna 20 G 1
Gran Cratere 82 L 26
Gran Monte 19 D 21
Gran Paradiso 10 F 3
Gran Paradiso (Parco Nazionale del) 10 F 3
Gran Pilastro / Hochfeiler 7 B 17
Gran Queyron 20 H 3
Gran S. Bernardo (Colle del) (Aosta) 10 E 3
Gran S. Bernardo (Traforo del) (Aosta) 10 E 3
Gran S. Bernardo (Valle del) (Aosta) 10 E 3
Gran S. Pietro 10 F 4
Gran Sasso d'Italia 55 O 22
Gran Sasso (Parco Naz. del) 56 O 22
Gran Tournalin 11 E 5
Gran Truc 20 H 3
Gran Zebru 5 C 13
Grana 22 G 6
Grana (Torrente) (Alessandria) 22 H 7
Grana (Torrente) (Cuneo) 30 I 3
Granaglione 39 J 14
Granaione 45 N 15
Granano (Monte di) 42 L 19
Granarolo 37 I 17
Granarolo dell'Emilia 36 I 16
Granarone 26 G 16
Granatello 84 N 19
Granaxiu 100 H 8
Grancona 26 F 16
Grand Assaly 10 F 2
Grand Combin 10 E 3
Grand Eyvia 10 F 3
Grand Golliaz 10 E 3
Grande (Parma) 34 H 12
Grande (Trapani) 85 N 20
Grande o Imera Settentrionale 87 N 23
Grande Bonifica Ferrarese 37 H 18
Grande (Isola) 84 N 19
Grande (Lago) 20 G 4
Grande (Montagna) (I. di Pantelleria) 84 Q 18
Grande (Montagna) (Messina) 89 N 27
Grande (Montagna) (Trapani) 85 N 20
Grande (Porto) 93 P 27
Grande (Punta) 90 P 22
Grande Rochère (la) 10 E 3
Grande Rousse 10 F 3
Grande Sassière 10 F 3
Grandola ed Uniti 3 D 9
Granero (Monte) 20 H 3
Granieri 92 P 25
Granieri (Masseria) 93 Q 26
Granieri (Monte) 81 L 31
Graniti 89 N 27
Granitola (Punta) 85 O 20
Granozzo 12 F 7
Grantola 12 E 8
Grantorto 26 F 17
Granze 26 G 17
Grappa (Monte) 16 E 17
Grassano 72 F 30
Grassina 39 K 15
Grassobbio 24 F 11
Gratosoglio 13 F 9
Gratteri 87 N 23
Graun im Vinschgau / Curon Venosta 5 B 13
Grauno 16 D 15
Grauson (Monte) 10 F 4
Grauzaria 9 C 21
Gravedona 4 D 9
Gravellona 22 G 8
Gravellona Toce 12 E 7
Gravina di Catania 89 O 27
Gravina di Laterza 73 F 32
Gravina di Matera 67 E 31
Gravina di Picciano 67 E 31
Gravina in Puglia 67 E 31
Graziano (Capo) 82 L 25
Grazie (Lago di) 48 M 21
Grazie (Monte le) 53 P 17
Grazzanise 64 D 24
Grazzano Badoglio 22 G 6
Grazzano Visconti 24 H 11
Grecale (Capo) 90 U 19
Greccio 54 O 20
Greci 65 D 27
Greco (Monte) 60 Q 23
Greggio 12 F 7
Grego (Rifugio) 19 C 22
Gressan 10 E 3
Gressone (Val di) 11 F 5
Gressoney-la Trinité 11 E 5
Gressoney-St. Jean 11 E 5
Greve 39 L 15
Greve in Chianti 39 L 15
Grezzana 26 F 15
Grezzano 40 J 16
Gricuzzo (Monte) 92 P 24
Gries (Passo di) / Griespass 2 C 7
Grighini (Monte) 100 H 8
Grigna Meridionale 13 E 10
Grigna Settentrionale 13 E 10
Grignano 29 E 23
Grignano Polesine 26 G 17
Grignasco 12 E 7
Grigno 16 D 16
Grigno (Torrente) 16 D 16
Grilli 45 N 14
Grimaldi 78 J 30
Grimesi (Torre) 85 N 20
Grinzane Cavour 21 I 5
Grisenche (Val) 10 F 3
Grisi 86 N 21
Grisignano di Zocco 26 F 17
Grisolia 76 H 29
Grizzana 36 J 15
Grödner Joch / Gardena (Passo di) 7 C 17
Grödnertal / Gardena (Val) 7 C 16
Grognardo 32 I 7
Gromo 14 E 11
Gromo S. Marino 14 E 11
Gromola 65 F 26
Grondana 33 I 10
Grondo 76 H 30
Grondola 34 I 11
Grondona 32 H 8
Grondone 33 H 10
Grone 14 E 11
Gronlait 16 D 16
Gropa (Monte) 23 H 9
Gropello Cairoli 23 G 8
Gropello d'Adda 13 F 10
Gropina 52 L 16
Groppallo 33 H 10
Gropparello 34 H 11
Groppera (Pizzo) 4 C 10
Groppi (Monte) 33 J 10
Groppovisdomo 34 H 11
Gros Passet 20 H 3
Groscavallo 10 F 3
Grosina (Valle) 5 C 12
Grosio 5 D 12
Grosotto 5 D 12
Groß Löffler / Lovello (Monte) 7 A 17
Großer-Kinigat / Cavallino (Monte) 8 B 19
Grosseto 45 N 15
Grosseto (Formiche di) 51 O 14
Grosso (Capo) (I. Levanzo) 84 M 19
Grosso (Capo) (Palermo) 86 M 22
Grosso (Monte) 93 P 27
Groste (Cima) 15 D 14
Grottaferrata 59 Q 20
Grottaglie 74 F 34
Grottaminarda 65 D 27
Grottammare 49 N 23
Grottazza (Punta) 82 L 26
Grottazzolina 49 M 22
Grotte 91 O 23
Grotte di Castro 46 N 17
Grotte Sto Stefano 53 O 18
Grotteria 81 L 30
Grotti (Perugia) 48 N 20
Grotti (Rieti) 55 O 20
Grotti (Siena) 45 M 15
Grotticelle (Monte) 91 O 23
Grottole 72 F 31
Grottolella 65 E 26
Gruaro 28 E 20
Grue 23 H 8
Gruf (Monte) 4 D 10
Grugliasco (Torino) 21 G 4
Grugua 102 I 7
Grumello Cremonese 24 G 11
Grumello del Monte 24 F 11
Grumento Nova 71 G 29
Grumentum 71 G 29
Grumo Appula 68 D 32
Grumolo delle Abbadesse 26 F 16
Gruppa 103 I 10
Gruppo (Monte) 7 B 17
Gsies / Casies (Valle di) 8 B 18
Guà 26 F 16
Guaceto (Torre) 69 E 35
Guadagnolo 59 Q 20
Guagnano 69 F 35
Gualdo (Arezzo) 40 K 16
Gualdo (Ferrara) 36 H 17
Gualdo (Forlì) 41 J 18
Gualdo (vicino a Sarnano) 48 M 21
Gualdo (vicino a Visso) 48 N 21
Gualdo (Passo di) 48 N 21
Gualdo Cattaneo 47 N 19
Gualdo Tadino 48 M 20
Gualtieri 35 H 13
Gualtieri Sicaminò 83 M 27
Guamaggiore 103 I 9
Guanzate 13 E 9
Guarcino 59 Q 21
Guarda Ferrarese 37 H 17
Guarda Veneta 27 H 17
Guardamiglio 24 G 11
Guardapasso 58 R 19
Guardavalle 81 L 31
Guardea 53 O 18
Guardia 89 O 27
Guardia (Serra la) 76 I 31
Guardia Alta 6 C 15
Guardia dei Mori 102 J 6
Guardia Lombardi 65 E 27
Guardia (Monte della) 92 P 24
Guardia (Monte La) 88 N 25
Guardia Perticara 72 F 30
Guardia Piemontese 76 I 30
Guardia Piemontese Marina 76 I 29
Guardia Sanframondi 64 D 25
Guardia (Serra La) 91 P 23
Guardia Vomano 56 O 23
Guardiagrele 56 P 24
Guardialfiera 62 B 26
Guardiaregia 61 R 25
Guardistallo 45 M 13
Guarene 21 H 6
Guarenna 57 P 25
Guasila 103 I 9
Guastalla 35 H 13
Guasticce 38 L 13
Guazzolo 21 G 6
Guazzora 22 G 8
Gubbio 48 L 19
Gudo Visconti 13 F 9
Guella (Rifugio) 15 E 14
Guello 13 E 9
Guerro 35 I 14
Guffone (Monte) 41 K 17
Guglielmo (Monte) 14 E 12
Guglionesi 62 B 26
Guidizzolo 25 G 13
Guidonia-Montecelio 54 Q 20
Guietta 17 E 18
Guiglia 35 I 14
Guilmi 57 Q 25
Guinza 41 L 18
Gulfi (Santuario di) 92 P 26
Gurlamanna 67 E 31
Gurro 3 D 7
Gurue 101 G 10
Gusana (Lago di) 101 G 9
Guselli 34 H 11
Guspini 102 I 7
Gussago 24 F 12
Gussola 25 G 13
Gutturu Mannu 102 J 8
Guzzafame 23 G 10
Guzzini (Monte) 101 H 9
Guzzurra (Cantoniera) 99 F 10

H

Hafling / Avelengo 6 C 15
Halæsa 87 M 24
Helbronne (Pointe) 10 E 2
Helm / Elmo (Monte) 8 B 19
Helsenhorn 2 D 6
Helvia Ricina 49 M 22
Hera Lacinia (Santuario) 79 J 33
Herbetet 10 F 3
Herculanum (Napoli) 64 E 25
Hintere Schwärze / Cime Nere 6 B 14
Hintere Seelenkogl / Anime (Cima delle) 6 B 15
Hirzerspitze / Cervina (Punta) 6 B 15
Hochalpjoch / Oregone (Passo dell') 18 C 20
Hochfeiler / Gran Pilastro 7 B 17
Hochgall / Collalto 8 B 18
Hochjoch / Alto (Giogo) 6 B 14
Hochkreuz Spitze / Altacroce (Monte) 8 B 18
Hochwilde / L'Altissima 6 B 15
Hohe Geisel / Rossa (Croda) 8 C 18
Hohe Warte / Coglians (Monte) 18 C 20
Hoher Treib / Cuestalta 9 C 21
Hoherfirst / Principe (Monte) 6 B 15
Hone 11 F 5
Hundskehljoch / Cane (Passo del) 8 A 18

I

Iacono (Casa) 92 Q 25
Iacurso 78 K 31
Iano (Firenze) 39 L 14
Iano (Reggio nell'Emilia) 35 I 14
Iato 86 M 21
Iazzo Vecchio (Monte) 90 O 22
Ible (Monti) 93 P 26
Idice 36 I 16
Idice (Torrente) 40 J 16
Idolo (Monte) 101 H 10
Idro 15 E 13
Idro (Lago d') 15 E 13
Iermanata 80 N 30
Iesce (Masseria) 67 E 31
Igea Marina 42 J 19
Iglesias 102 J 7
Iglesiente 102 I 7
Igliano 31 I 6
Igno (Monte) 48 M 20
Ilbono 101 H 10
Ilci 47 N 19
Illasi 26 F 15
Illasi (Torrente d') 26 F 15
Illegio 9 C 21
Illorai 97 F 9
Imbriaca (Portella) 86 N 22
Imele 55 P 21
Imelle 54 P 19
Imer 16 D 17
Imera 87 N 23
Imera Meridionale 87 N 24
Imera Settentrionale 87 N 23
Imola 36 I 17
Impalata 68 E 33
Imperatore (Punta) 64 E 23
Imperia 31 K 6
Imperiale 42 K 20
Impiso (Colle d') 76 H 30
Impiso (Ponte) 67 E 30
Impruneta 39 K 15
Inacquata (Masseria) 63 C 29
Incaroio (Canale d') 9 C 21
Incisa (Passo della) 41 K 18
Incisa in Val d'Arno 40 L 16
Incisa Scapaccino 22 H 7
Incoronata 63 C 28
Incoronata (Santuario dell') 63 C 28
Incudine 15 D 13
Indicatore 41 L 17
Indiritto 20 G 3
Indren (Punta) 11 E 5
Induno Olona 13 E 8
Infantino 79 J 32
Infernaccio (Gola dell') 48 N 21
Inferneto 58 Q 19
Inferno (Pizzo d') 4 C 10
Inferno (Ponte) 71 G 28
Infreschi (Punta degli) 70 H 28
Ingarano (Passo di) 62 B 28
Ingria 11 F 4
Ingurtosu 102 I 7
Innichen / S. Candido 8 B 18
Intimiano 13 E 9
Intra 12 E 7
Intragna 12 E 7
Introbio 13 E 10
Introd 10 E 3
Introdacqua 56 P 23
Inverigo 13 E 9
Inveruno 13 F 8
Invorio 12 E 7
Invrea 32 I 7
Inzago 13 F 10
Ioanneddu (Punta) 99 F 11
Ioano 35 I 13
Iolanda di Savoia 37 H 17
Iolo 39 K 15
Ioppolo Giancaxio 91 O 22
Iorenzo 62 C 28
Ippari 92 Q 25
Ippocampo 63 C 29
Irgoli 99 F 10
Iria 88 M 25
Irminio 93 P 26
Irpinia 65 D 27
Irsina 67 E 30
Irveri (Monte) 101 G 10
Isalle 99 F 10
Isarco / Eisack 7 B 16
Isarco (Val) / Eisacktal 7 B 16
Isca de sa Mela (Valico s') 101 G 9
Isca Marina 81 L 31
Isca sullo Ionio 81 L 31
Iscala Mola 96 F 7
Ischia 64 E 23
Ischia di Castro 53 O 17
Ischia (Isola d') 64 E 23
Ischia-Ponte 64 E 23
Ischia-Porto 64 E 23
Ischitella 63 B 29
Ischitella Lido 64 E 24
Iscoba (monte) 98 E 8
Iselle 2 D 6
Iseo 24 F 12
Iseo (Lago d') 14 E 12
Isera 16 E 15
Isernia 61 R 24
Isili 101 H 9
Isnello 87 N 24
Isola 41 K 17
Isola (Genova) 33 I 9
Isola (Sondrio) 4 C 9
Isola Bella 59 R 20
Isola d'Arbia 46 M 16
Isola d'Asti 21 H 6
Isola del Cantone 32 I 8
Isola del Gran Sasso d'Italia 56 O 22
Isola del Liri 60 Q 22
Isola della Scala 26 G 15
Isola delle Femmine 86 M 21
Isola di Capo Rizzuto 79 K 33
Isola di Fano 42 L 20
Isola di Fondra 14 E 11
Isola di Piano 42 K 20
Isola Dovarese 25 G 12
Isola Farnese 54 P 19
Isola Fossara 42 L 20
Isola Pescaroli 24 G 12
Isola Rizza 26 G 15
Isola Rossa 94 D 8
Isola Santa 38 J 12
Isola S. Antonio 22 G 8
Isola S. Biagio 48 N 21
Isola Vicentina 26 F 16
Isolabella 21 H 5
Isolabona 30 K 4
Isolaccia 5 C 12
Isoletta 60 R 22
Isonzo 29 E 22
Isorella 25 G 12
Isorella (Naviglio d') 24 F 12
Isorno 2 D 7
Isorno (Valle dell') 2 D 7
Ispani 71 G 28
Ispica 93 Q 26
Ispica (Cava d') 93 Q 26
Ispinigoli 101 G 10
Ispra 12 E 7
Issengo / Issing 7 B 17
Issime 11 E 5
Issing / Issengo 7 B 17
Isso 24 F 11
Issogne 11 F 5
Istia d'Ombrone 45 N 15
Istrago 18 D 20
Istrana 17 E 18
Itala 83 M 28
Itala Marina 83 M 28
Italba 37 H 18
Itri 60 S 22

Itria (Valle d')	69	E 34
Ittia (Punta)	99	E 10
Ittireddu	98	F 8
Ittiri	96	F 7
Iudica (Fattoria)	93	Q 26
Iudica (Monte)	88	O 25
Iuvanum	57	P 24
Ivigna (Pico)	6	B 15
Ivrea	11	F 5
Ixi (Monte)	103	I 9
Izano	24	F 11
Izzana	97	E 9

J

Jafferau (Monte)	20	G 2
Jamiano	29	E 22
Jannarello (Bivio)	89	O 26
Jaufenpaß / Monte		
Giovo (Passo di)	6	B 15
Jelsi	62	C 26
Jenesien /		
S. Genesio		
Atesino	6	C 15
Jenne	59	Q 21
Jerzu	101	H 10
Jesi	43	L 21
Jesolo	28	F 19
Joppolo	80	L 29
Joux (Colle di)	11	E 5
Joux (la)	10	E 2
Jovençan	10	E 3
Judrio	19	D 22

K

Kalch / Calice	6	B 16
Kaltenbrunn /		
Fontanefredde	16	D 16
Kaltern a. d. Wein-		
straße / Caldaro	6	C 15
Karerpaß /		
Costalunga		
(Passo di)	7	C 16
Karersee / Carezza		
al Lago	7	C 16
Kartibubbo	85	O 20
Kasern / Casere	8	A 18
Kastelbell /		
Castelbello	6	C 14
Kastelruth /		
Castelrotto	7	C 16
Kematen /		
Caminata	7	B 16
Khamma	84	Q 18
Kiens / Chienes	7	B 17
Klammljoch /		
Gola (Passo di)	8	B 18
Klausen /		
Chiusa	7	C 16
Klobenstein /		
Collalbo	7	C 16
Knutten-Alm /		
Malga dei Dossi	8	B 18
Kortsch / Corzes	6	C 14
Kreuzbergpass /		
Croce di		
Comelico		
(Passo di Monte)	8	C 19
Kreuzboden / Plan		
de Gralba	7	C 17
Krimmlertauern /		
Tauri (Passo dei)	8	A 18
Kronio (Monte)	90	O 21
Kronplatz /		
Corones (Plan		
de)	7	B 17
Kurtatsch a. d.		
Weinstraße /		
Cortaccia	16	D 15
Kurtinig a. d. Wein-		
straße / Cortina	16	D 15
Kurzras /		
Maso Corto	6	B 14

L

La Barcaccia	47	M 19
La Berzigala	35	I 14
La Bottaccia	58	Q 18
La Briglia	39	K 15
La Caletta		
(Cagliari)	102	J 6

La Caletta		
(Nuoro)	99	F 11
La California	44	M 13
La Cassa	21	G 4
La Clava	6	B 15
La Conia	95	D 10
La Corte	96	E 6
La Costa	95	D 10
La Crocina	41	L 17
La Crosetta	18	D 19
La Crucca	96	E 7
La Fagosa	71	G 30
La Farnesiana	53	P 17
La Ficaccia	94	D 9
La Foce	46	M 17
La Forca (L'Aquila)	55	P 21
La Forca (Rieti)	55	O 21
La Fossiata	77	I 31
La Gabellina	34	I 12
La Gala	83	M 27
La Gardenaccia	7	C 17
La Giustiniana		
(Roma)	58	Q 19
La Grivola	10	F 3
La Guardia	60	Q 23
La Lama	74	F 33
La Lima	39	J 14
la Loggia	21	H 5
La Maddalena	95	D 10
La Madonnina	60	Q 22
La Maina	18	C 20
La Marchesa	62	C 27
La Martella	73	F 31
La Meta	60	Q 23
La Monna	60	Q 22
La Montagna	72	F 30
La Montagna		
(Catania)	88	O 25
La Montagna		
(Palermo)	86	N 22
La Montagnola	89	N 27
La Morra	21	I 5
La Motticella	62	C 28
La Muda	17	D 18
La Muddizza	98	E 8
La Mula	76	H 29
La Nurra	96	F 6
La Palazza	41	L 18
La Palazzina	61	R 25
La Pedraia	96	E 6
La Pescia	63	C 29
La Petrizia	79	K 32
La Picciola	65	F 26
La Pizzuta	86	N 21
La Presanella	15	D 13
La Punta	102	J 6
La Reale	96	D 6
La Rocca	35	H 13
La Rotta (Grosseto)	53	O 17
La Rotta (Pisa)	39	L 14
La Salute		
di Livenza	28	F 20
La Santona	35	J 14
La Scala	46	M 17
La Sellata	71	F 29
La Selva	45	M 15
La Serra	39	L 14
La Serra d'Ivrea	11	F 5
La Serra Lunga	86	N 21
La Sila	78	J 31
La Solfatara	64	E 24
La Spezia	33	J 11
La Stanga	17	D 18
La Sterza	39	L 14
La Strada	34	I 12
La Taverna	60	R 22
La Torraccia	44	M 13
La Torre	42	K 20
La Trinita	34	H 11
La Valle / Wengen	7	C 17
La Valle Agordina	17	D 18
La Varella	7	C 17
La Vecchia	35	I 13
La Verna (Arezzo)	41	K 17
La Verna (Modena)	35	I 13
La Villa / Stern	7	C 17
La Villa	48	M 21
Laas / Lasa	6	C 14
Laatsch / Laudes	5	B 13
Labante	35	J 15
L'Abbandonato	46	N 16
Labbro (Monte)	46	N 16
Labico	59	Q 20
Labro	55	O 20
Lacchiarella	23	G 9
Laccio	33	I 9

Lacco Ameno	64	E 23
Laccu sa Vitella		
(Punta)	100	H 8
Lacedonia	66	D 28
Laceno (Lago di)	65	E 27
Lachelle	22	G 6
Lacina (Lago di)	81	L 31
Lacona	50	N 12
Laconi	101	H 9
Lada (Perda)	103	I 10
Ladispoli	58	Q 18
Laerru	98	E 8
Laga		
(Monti della)	55	O 22
Lagadello	34	I 11
Laganadi	80	M 29
Lagarina (Val)	16	E 15
Lagaro	39	J 15
Lagastrello		
(Passo di)	34	I 12
Lagdei	34	I 12
Laghi	16	E 15
Laglesie-		
S. Leopoldo	19	C 22
Laglio	13	E 9
Lagnasco	21	I 4
Lago (Cosenza)	78	J 30
Lago (Treviso)	17	E 18
Lago (Croda da)	8	C 18
Lago Bianco		
(Punta) /		
Weißseespitze	6	B 14
Lago Gelato (Pizzo)	3	D 7
Lagonegro	71	G 29
Lagoni	45	M 15
Lagoni del Sasso	45	M 14
Lagoni Rossi	45	M 14
Lagorai		
(Catena dei)	16	D 16
Lagorai (Lago)	16	D 16
Lagosanto	37	H 18
Lagrimone	34	I 12
Laguna Veneta	27	G 18
Lagundo / Algund	6	B 15
Lagune	36	I 15
L'Aia	54	O 19
Laiatico	39	L 14
Laigueglia	31	K 6
Lainate	13	F 9
Laino	13	E 9
Laino Borgo	76	H 29
Laino Castello	76	H 29
Laion / Lajen	7	C 16
Làives / Leifers	6	C 16
Lajen / Laion	7	C 16
L'Altissima /		
Hochwilde	6	B 15
Lama (Bologna)	36	I 15
Lama (Perugia)	41	L 18
Lama dei Peligni	56	P 24
Lama di Monchio	35	I 14
Lama Iesa	45	M 15
Lama la Noce		
(Masseria)	67	E 31
Lama Mocogno	35	J 14
Lama Polesine	27	G 17
Lamalunga	66	D 29
Lamandia	69	E 34
Lambrinia	23	G 10
Lambro (Como)	13	E 9
Lambro (Salerno)	70	G 27
Lambrugno	9	C 21
Lamezia Terme	78	K 30
Lamole	40	L 16
Lamon	16	D 17
Lamone	41	J 17
Lampedusa	90	U 19
Lampedusa		
(Isola di)	90	U 19
Lampione		
(Isola di)	90	U 18
Lamporecchio	39	K 14
Lamporo	21	G 6
Lana	6	C 15
Lana (Col di)	7	C 17
Lanara (Monte)	61	R 24
Lanciaia	45	M 14
Lanciano	57	P 25
Lanciano (Passo)	56	P 24
Landiona	12	F 7
Landriano	23	G 9
Landro (Val di)	8	B 18
Landshuter Haus		
(Rifugio)	7	B 16
Langan (Colla di)	31	K 5

Langhe	21	I 6
Langhirano	34	I 12
Langosco	22	G 7
L'Annunciata	65	D 26
L'Annunziata	63	C 29
Lanusei	101	H 10
Lanùvio	59	Q 20
Lanzada	14	D 11
Lanzé	26	F 16
Lariano	59	Q 20
Larino	62	B 26
Lanzo d'Intelvi	13	E 9
Lanzo Torinese	10	G 4
Lanzone (Pizzo)	86	N 22
Lao	76	H 29
Laorca	13	E 10
Lapanu (Monte)	102	K 8
Lapedona	49	M 23
Lapio (Avellino)	65	E 26
Lapio (Vicenza)	26	F 16
Lappach / Lappago	7	B 17
Lappago / Lappach	7	B 17

L'Aquila	55	O 22
Larcher (Rifugio)	5	C 13
Larciano	39	K 14
Lardaro	15	E 13
Larderello	45	M 14
Larderia	83	M 28
Lardirago	23	G 9
Lari	39	L 13
Latina (Caserta)	64	D 24
Latina (Pisa)	59	R 20
Latina (Lido di)	59	R 20
Latina Scalo	59	R 20
Latisana	28	E 20
Lato	73	F 32
Latsch / Laces	6	C 14
Lattari (Monti)	64	F 25
Lattarico	76	I 30
Latzfons / Lazfons	7	B 16
Laudemio (Lago)	71	G 29

Lastreto		
(Abbazia di)	42	L 20
Lat (Piz)	5	B 13
Látemar	7	C 16
Latera	53	O 17
Laterina	41	L 17
Laterza	73	F 32
Latiano	69	F 35
Lasa / Laas	6	C 14
Lasa (Punta di)	6	C 14
Lascari	87	M 23
Lases	16	D 15
Lasino	15	D 14
Lasnigo	13	E 9
Lassini	103	I 9
Lastebasse	16	E 15
Lastra a Signa	39	K 15

Laudes / Laatsch	5	B 13
Laura	70	F 26
Laura (Serbatoio)	91	P 23
Laurasca (Cima di)	3	D 7
Laureana Cilento	70	G 27
Laureana di		
Borrello	80	L 30
Laurenzana	71	F 29
Laureto	69	E 34
Lauria	71	G 29
Lauriano	21	G 5
Laurino	70	F 27
Laurito (Masseria)	74	F 32
Lauro (Avellino)	65	E 25
Lauro (Caserta)	60	S 23
Lauro (Monte)	93	P 26
Lauropoli	76	H 31
Lauzacco	29	E 21
Lauzo (Monte)	60	S 22

LA SPEZIA

Beverini (Piazza G.)	A 3
Brin (Piazza Benedetto)	A 4
Caduti del Lavoro (Piazzale)	A 6
Cavour (Corso e Piazza)	AB
Chiodo (Pza e Via Domenico)	B 8
Colli (Via dei)	AB 9
Da Passano (Via)	B 10
Europa (Piazza)	B 12
Fieschi (Viale Nicolò)	A 14
Manzoni (Via)	B 15
Prione (Via del)	AB
Battisti (Piazza Cesare)	B 2
Milano (Via)	A 16
Mille (Via dei)	A 17
Napoli (Via)	A 18
Rosselli (Via Flli)	A 20
Spallanzani (Via e Salita)	A 22
Verdi (Pza Giuseppe)	B 23
20 Settembre (Via)	AB 24
27 Marzo (Via)	AB 26

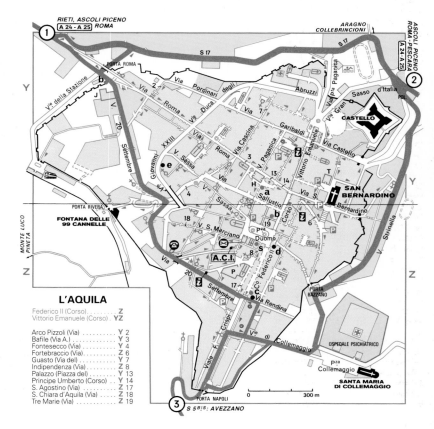

L'AQUILA

Federico II (Corso)	Z
Vittorio Emanuele (Corso)	YZ
Arco Pizzoli (Via)	Y 2
Bafile (Via A.)	Y 3
Fontesecco (Via)	Y 4
Fortebraccio (Via)	Y 6
Guasto (Via del)	Y 7
Indipendenza (Via)	Y 8
Palazzo (Piazza del)	Y 13
Principe Umberto (Corso)	Y 14
S. Agostino (Via)	Z 15
S. Chiara d'Aquila (Via)	Z 17
S. Chiara d'Aquila (Via)	Z 18
Tre Marie (Via)	Z 19

LECCE

Fazzi (Via Vito) .... Y 12
Imperatore Augusto (V.) .... Y 15
S. Oronzo (Piazza) .... Y
Vitt. Emanuele (Cso) ...... Y 42

Aragona (Via F. d') .... YZ 3

Caracciolo (Via Roberto) ...... Z 7
Cavaillotti (Viale) .... Y 8
Costadura (Via M.C.) .... Y 9
Imperatore Adriano (V.) ...... Y 14
Jacobis (V. Agostino de) ...... Z 17
Ludovico (Via) .... Y 21
Orsini del Balzo (Via) .... Z 25
Palazzo dei Conti
  di Lecce (Via del) .... Z 26

Pietro (Via M. de) .... Y 28
Rubichi
  (Via Francesco) .... Y 32
Taranto (Via) .... Y 38
Vittorio Emanuele
  (Pza) .... Y 43
25 Luglio (Via) .... Y 44

M MUSEO PROVINCIALE

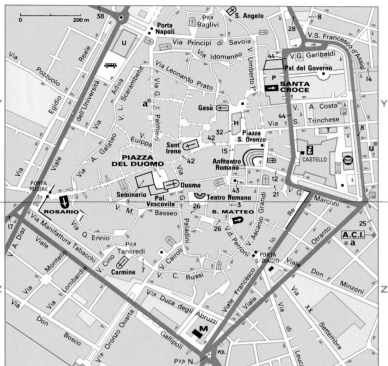

Lesa   12 E 7
Lese   77 I 32
Lesegno   31 I 5
Lesignano de'
  Bagni   35 I 12
Lesima (Monte)   33 H 9
Lesina   62 B 28
Lesina (Lago di)   62 B 28
Lesmo   13 F 9
Lessini (Monte)   16 E 15
Lessolo   11 F 5
Lestans   18 D 20
Lestizza   28 E 21
Letegge (Monte)   48 M 21
Letino   61 R 24
Letojanni   89 N 27
Lettere   64 E 25
Lettomanoppello   56 P 24
Lettopalena   56 P 24
Levada (Padova)   27 F 18
Levada (Treviso)   28 E 19
Levaldigi   21 I 4
Levane   40 L 16
Levanna   10 F 3
Levante
  (Riviera di)   33 J 9
Levanto   33 J 10
Levanzo   84 N 19
Levanzo (Isola)   84 M 18

Levata   24 G 12
Levate   13 F 10
Leverano   75 G 36
Leverogne   10 E 3
Levi-Molinari   20 G 2
Levice   21 I 6
Levico Terme   16 D 15
Levigliani   38 J 12
Levone   11 G 4
Lezzeno   13 E 9
Liano (Bologna)   36 I 16
Liano (Brescia)   15 E 13
Liariis   18 C 20
Libbiano   45 M 14
Libeccio (Punta)
  (Livorno)   50 O 12
Libeccio (Punta)
  (Trapani)   84 N 18
Liberi   64 D 24
Libertinia   88 O 25
Libra (Monte)   88 O 25
Librari   74 G 34
Librizzi   82 M 26
Licata   91 P 23
Licciana Nardi   34 J 12
Licenza   55 P 20
Licodia Eubea   92 P 26
Licola Mare   64 E 24
Licosa (Isola)   70 G 26

Licosa (Monte)   70 G 26
Licosa (Punta)   70 G 26
Licusati   70 G 28
Lidi Ferraresi   37 H 18
Lido   50 N 13
Lido (Porto di)   28 F 19
Lido Adriano   37 I 18
Lido Azzurro   74 F 33
Lido Bruno   74 F 33
Lido Cannatello   91 P 22
Lido Cerano   75 F 36
Lido
  degli Estensi   37 I 18
Lido degli
  Scacchi   37 H 18
Lido dei Pini   58 R 19
Lido del Sole
  (Foggia)   63 B 29
Lido del Sole
  (Sassari)   99 E 10
Lido
  delle Conchiglie 75 G 36
Lido delle Nazioni 37 H 18
Lido delle Sirene   58 R 19
Lido di Camaiore   38 K 12
Lido
  di Campomarino   62 B 27
Lido di
  Casalbordino   57 P 25

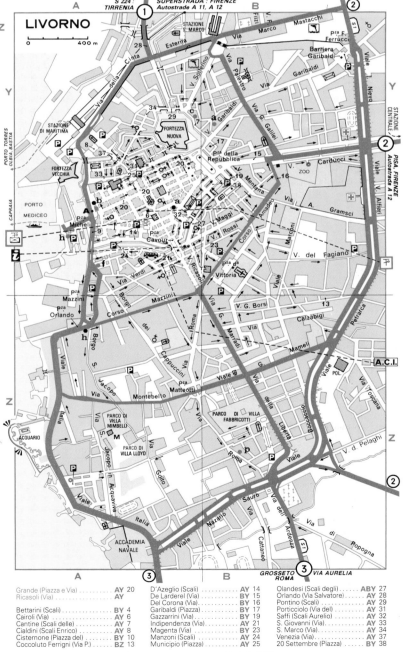

LIVORNO

Grande (Piazza e Via) .... AY 20
Ricasoli (Via) .... AY

Bettarini (Scali) .... BY 4
Cairoli (Via) .... AY 6
Cantine (Scali delle) .... BY 7
Cialdini (Scali Enrico) ...... AY 8
Cisternone (Piazza del) ...... BY 10
Coccoluto Ferrigni (Via P.) .. BZ 13

D'Azeglio (Scali) .... AY 14
De Larderel (Via) .... BY 15
Del Corona (Via) .... BY 16
Garibaldi (Piazza) .... BY 17
Gazzarrini (Via) .... AY 19
Indipendenza (Via) .... AY 21
Magenta (Via) .... AY 23
Manzoni (Scali) .... AY 24
Municipio (Piazza) .... AY 25

Olandesi (Scali degli) .... ABY 27
Orlando (Via Salvatore) ...... AY 28
Pontino (Via) .... AY 29
Porticciolo (Via del) .... AY 31
Saffi (Scali Aurelio) .... AY 32
S. Giovanni (Via) .... AY 33
S. Marco (Via) .... AY 34
Venezia (Via) .... AY 37
20 Settembre (Piazza) .... BY 38

A MONUMENTO A FERDINANDO I DE' MEDICI

Lavachey   10 E 3
Lavagna (Lodi)   13 F 10
Lavagna (Genova)   33 J 10
Lavagna (Torrente)   5 C 13
Lavaiano   38 L 13
Lavane (Monte)   40 K 16
Lavardet (Forcella) 8 C 19
Lavaredo
  (Tre Cime di) /
  Drei Zinnen   8 C 18
Lavariano   29 E 21
Lavarone   16 E 15
Lavaze (Passo di)   7 C 16
Lavello   66 D 29
Lavena   13 E 8
Laveno   15 E 12
Laveno
  Monbello   12 E 7
Lavenone   15 E 13
Lavezzola   37 I 17
Laviano   65 E 27
Lavinio-Lido di
  Enea   58 R 19
Lavino   36 I 15
Lavino di Mezzo   36 I 15
Lavis   16 D 15
Lavone   14 E 12
Lazfons / Latzfons   7 B 16
Lazise   25 F 14
Lazzaretti   16 E 16
Lazzaro   80 N 29
Lazzaro (Monte)   23 H 10
Lazzi (Cima di)   11 E 5
Le Bolle   39 L 15
Le Castella   79 K 33
Le Cerbaie   39 K 14
Le Conche   74 G 34
Le Conie   46 N 17
Le Cornate   45 M 14
Le Coste   35 I 14
Le Crete   46 M 16
Le Croci   79 K 31
Le Grazie   33 J 11
Le Mainarde   60 R 23
Le Moline   33 I 10
Le Monache   59 R 21
Le Monachelle   76 I 31
Le Murgie   79 J 33
Le Palombe   67 D 30
Le Piastre   39 J 14

Le Pizzorne   39 K 13
Le Polle   35 J 14
Le Pozze   39 K 14
Le Prese   5 C 13
Le Pulci   47 M 19
Le Regine   35 J 14
Le Rocchette   45 N 14
Le Tagliole   39 J 13
Le Tofane   8 C 18
Le Torri   66 D 29
Le Torri   47 N 19
Le Vigne   76 H 30
Le Ville   41 L 18
Le Volte   31 J 6
Leano (Monte)   59 R 21
Leardo (Monte)   86 N 22
Lebbrosario   68 E 32
Leca   31 J 6
Lecce   75 G 36
Lecce nei Marsi   60 Q 23
Lecce (Tavoliere di) 69 F 35
Lecchi   40 L 16
Lecchiore   31 K 5
Leccio   40 K 16
Leccio (Poggio del) 51 O 15
Leccio (Rio)   39 K 13
Lecco   13 E 10
Lecco (Lago di)   13 E 9
Lechaud (Pointe de) 10 E 2
Lechère (la)   11 E 4
Ledra (Canale)   18 D 21
Ledro (Lago di)   15 E 14
Ledro (Val di)   15 E 14
Ledu (Pizzo)   4 D 9
Leffe   14 E 11
Legnago   26 G 15
Legnano   13 F 8
Legnone (Monte)   4 D 10
Legoli   39 L 14
Legri   39 K 15
Lei   100 G 8
Lei (Lago di)   4 C 10
Lei (Valle di)   4 C 10
Leia   53 O 17
Leifers / Làives   6 C 16
Leini   21 G 5
Leivi   33 I 9
Lella (Masseria)   74 F 34

Lelo (Monte)   77 I 32
Lema (Monte)   3 D 8
Lemene   28 E 20
Lemie   20 G 3
Lemina   21 H 4
Lemma   20 I 4
Lemme   32 H 8
Lempa   49 N 22
Lena (Punta)   83 K 27
Lendinara   26 G 16
Lengstein /
  Longostagno   7 C 16
Leni (Cagliari)   102 I 7
Leni (Messina)   82 L 26
Lenna   14 E 11
Lenno   13 E 9
Leno   24 F 12
Lenola   60 R 22
Lenta   12 F 7
Lentate sul Seveso   13 E 9
Lentella   57 B 26
Lentiai   17 D 18
Lentigione   35 H 13
Lentini   93 P 27
Lentini
  (Serbatoio di)   93 P 26
Lentiscosa   70 G 28
Lentula   39 J 15
Leo   35 J 14
Leofreni   55 P 21
Leone (Monte)   2 D 6
Leone (Pizzo del)   86 N 22
Leonessa   55 O 20
Leonessa (Sella di) 55 O 21
Leonforte   88 O 25
Leoni (Monte)   45 N 15
Leontinoi   93 P 27
Leopardi   64 E 25
Lepini (Monti)   59 R 20
Leporano   74 F 33
Lequile   75 G 36
Lequio Berria   21 I 6
Lequio Tanaro   21 I 5
Lercara Bassa   86 N 22
Lercara Friddi   86 N 22
Lerchi   41 L 18
Lerici   38 J 11
Lerma   32 I 8
Lerno (Monte)   97 F 9
Lernu (Su)   99 E 10

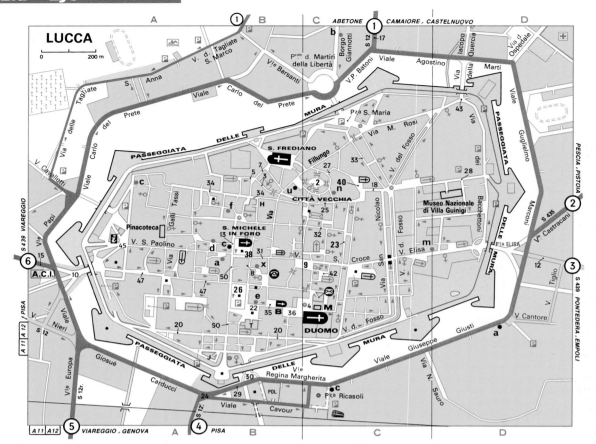

LUCCA

0 200 m

Circolazione regolamentata nel centro città

Battistero (Via del)	B 6	Beccheria (Via)	B 8	Guinigi (Via)	C 23	S. Giorgio (Via)	B 34
Fillungo (Via)	BC	Bernardini (Pza)	C 9	Indipendenza (Piazza dell')	B 24	S. Giovanni (Pza)	B 35
Roma (Via)	B 31	Boccherini (Pza L.)	A 10	Mordini (Via A.)	B 25	S. Martino (Pza)	B 36
Vittorio Veneto (Via)	B 50	Cadorna (Viale)	D 12	Napoleone (Pza)	B 26	S. Michele (Pza)	B 38
		Calderia (Via)	B 13	Portico (Via del)	C 27	S. Pietro (Pza)	C 40
Anfiteatro (Pza dell')	C 2	Catalani (Via)	A 15	Quarquonia (Via della)	D 28	Servi (Pza dei)	C 42
Angeli (Via degli)	B 3	Civitali (Via M.)	C 17	Repubblica (Viale)	B 29	Varanini (Pza L.)	D 43
Antelminelli (Pza)	C 4	Fratta (Via della)	C 18	Risorgimento (Pza)	B 30	Verdi (Pzale G.)	A 45
Asili (Via degli)	B 5	Garibaldi (Corso)	AB 20	S. Andrea (Via)	C 32	Vittorio	
Battisti (Via C.)	B 7	Giglio (Pza del)	B 22	S. Gemma Galgani (Via)	C 33	Emanuele II (Via)	AB 47

Lido di Castel Fusano	58	Q 18	Lignano Sabbiadoro	29	E 21	Linosa	90	T 20	Lizzano in Belvedere	35	J 14	Lombardore	21	G 5	Lorenzatico	36	I 15	Luco dei Marsi	56	Q 22
Lido di Cincinnato	58	R 19	Ligonchio	35	J 13	Linosa (Isola di)	90	T 20	Lizzola	14	D 12	Lombriasco	21	H 4	Loreo	27	G 18	Luco (Monte)	6	C 15
Lido di Classe	37	J 19	Ligoncio (Pizzo)	4	D 10	Lio Piccolo	28	F 19	Loano	31	J 6	Lomellina	22	G 7	Loretello	42	L 20	Lucolena	40	L 16
Lido di Dante	37	I 18	Ligosullo	9	C 21	Lioni	65	E 27	Loazzolo	21	H 6	Lomello	22	G 8	Loreto	43	L 22	Lucoli	55	P 22
Lido di Faro	58	Q 18	Lilibeo (Capo)	84	N 19	Lipari	82	L 26	Lobbi	22	H 8	Lonate Ceppino	13	E 8	Loreto Aprutino	56	O 23	Lucrezia	42	K 20
Lido di Fermo	49	M 23	Lillaz	10	F 4	Lipari (Isola)	82	L 26	Lobbia Alta	13	D 13	Lonate Pozzolo	12	F 8	Loria	17	E 17	Lucugnano	75	H 36
Lido di Jesolo	28	F 19	Lillianes	11	F 5	Lippiano	41	L 18	Lobbie (Cima delle)	20	I 3	Lonato	25	F 13	Lorica	78	J 31	Luda (Su)	101	H 10
Lido di Lonato	25	F 13	Lilliano	39	L 15	Lippo (Pizzo)	88	N 25	Lobia	26	F 15	Loncon	28	E 20	Lorio (Monte)	14	D 12	Ludu (Genna su)	101	H 10
Lido di Maronti	64	E 23	Lima	39	J 13	Lipuda	77	I 33	Locana	10	F 4	Londa	40	K 16	Loro Ciuffenna	40	L 16	Lüsen / Luson	7	B 17
Lido di Metaponto	73	F 32	Limana	17	D 18	Liri	59	Q 21	Locana (Valle di)	10	F 3	Longa	16	E 16	Loro Piceno	49	M 22	Lugagnano	25	F 14
Lido di Noto	93	Q 27	Limatola	64	D 25	Liro	4	C 10	Locate di Triulzi	13	F 9	Longa (Serra)	71	G 29	Lorsica	33	I 9	Lugagnano Val d'Arda	34	H 13
Lido di Ostia	58	Q 18	Limbadi	80	L 29	Lis (Colle del)	20	G 4	Locatelli (Rifugio)	8	C 18	Longano	61	R 24	Losa (Abbasanta)	100	G 8	Lugano (Lago di)	12	E 8
Lido di Pittulongu	99	E 10	Limbara (Monte)	97	E 9	Lisca Bianca (Isola)	83	L 27	Locati	87	N 24	Longara	26	F 16	Losciale-Garrappa	69	E 34	Luggerras (Cuccuru)	103	I 10
Lido di Policoro	73	G 32	Limbara (Passo del)	97	E 9	Liscate	13	F 10	Loceri	101	H 10	Longare	26	F 16	Loseto	68	D 32	Lugnano	47	L 18
Lido di Pomposa	37	H 18	Limbiate	13	F 9	Liscia (Chieti)	57	Q 25	Loco	33	I 9	Longarini (Pantano)	93	Q 27	Losine	15	E 12	Lugnano in Teverina	53	O 18
Lido di Portonuovo	63	B 30	Limena	27	F 17	Liscia (Sassari)	94	D 9	Locoe	101	G 10	Longarone	17	D 18	Lotzorai	101	H 10	Lugnola	54	O 19
Lido di Procida	64	E 24	Limentra Inferiore	39	J 15	Liscia (Lago della)	97	E 9	Locone	67	E 30	Longastrino	37	I 18	Lova	27	G 18	Lugo (Ravenna)	37	I 17
Lido di Rivoli	65	C 29	Limes	15	E 13	Lisciano	55	O 20	Loconia	66	D 29	Longega (Zwischenwasser)	7	B 17	Lovadina	17	E 18	Lugo (Reggio nell'Emilia)	35	I 13
Lido di S. Giuliano	84	M 19	Limidario (Monte)	3	D 7	Lisciano Niccone	47	M 18	Locorotondo	68	E 33	Longerin (Crode dei)	8	C 19	Lovello (Monte) / Groß Löffler	7	A 17	Lugo (Venezia)	27	F 18
Lido di Savio	37	J 19	Limina	89	N 27	Liscione (Lago del)	62	B 26	Locri	81	M 30	Longarì / Campill	7	C 17	Lovere	14	E 12	Lugo (Verona)	25	F 14
Lido di Scanzano	73	G 32	Limina (Monte)	81	L 30	Lisignano	16	D 15	Locri Epizefiri	81	M 30	Longhena	24	F 12	Lovero	14	D 12	Lugo di Vicenza	16	E 16
Lido di Siponto	63	C 29	Limite	39	K 14	L'Isola	63	B 29	Loculi	99	F 10	Longhi	16	E 15	Lovoleto	36	I 16	Lugosano	65	E 26
Lido di Spina	37	I 18	Limito	13	F 9	Lissone	13	F 9	Lodè	99	F 10	Longi	88	M 26	Lozio	15	E 12	Lugugnana	28	E 20
Lido di Tarquinia	53	P 17	Limo (Passo di)	8	C 18	Lissone (Rifugio)	15	D 13	Lodi	23	G 10	Longiano	41	J 18	Lozze (Monte)	16	E 16	Lugugnano	34	I 16
Lido di Torre Mileto	63	B 28	Limone Piemonte	30	J 4	Liternum	64	E 24	Lodi Vecchio	23	G 10	Longobardi	78	J 30	Lozzo Atestino	26	G 16	Luicciana	39	J 15
Lido di Tortora	76	H 29	Limone sul Garda	15	E 14	Littu Petrosu (Punta)	99	E 10	Lodignano (Sella di)	35	I 12	Longobardi Marina	78	J 30	Lozzo di Cadore	8	C 19	Luino	12	E 8
Lido di Venezia	28	F 19	Limonetto	30	J 4	Liuru (Monte)	103	J 10	Lodine	101	G 9	Longobucco	77	I 31	Lozzolo	11	F 6	Lula	99	F 10
Lido di Volano	37	H 18	Limoni (Riviera dei)	89	O 27	Livenza	18	D 19	Lodrino	15	E 12	Longone al Segrino	13	E 9	Lu	22	G 7	Lumarzo	33	I 9
Lido Gandoli	74	F 33	Limosano	61	Q 25	Liveri	64	E 25	Lodrone	15	E 13	Longone Sabino	55	P 20	Lubriano	53	O 18	Lumbaldu	98	E 8
Lido Marausa	84	N 19	Limpida (Serra la)	76	H 29	Lividonia (Punta)	51	O 15	Loelle	97	F 9	Longoni (Rifugio)	14	D 11	Lucca	38	K 13	Lumellogno	12	F 7
Lido Marini	75	H 36	Limpiddu	99	E 11	Livigno	5	C 12	Loggio (Monte)	41	K 18	Longu	103	J 9	Lucca Sicula	90	O 21	Lumezzane	24	F 12
Lido Quarantotto	73	G 32	Linaro (Capo)	53	P 17	Livigno (Forcola di)	5	C 12	Lograto	24	F 12	Longoni	28	F 19	Lucchio	39	J 14	Lumiei	18	C 20
Lido Riccio	57	O 25	Linarolo	23	G 9	Livigno (Valle di)	5	C 12	Logudoro	98	E 8	Lonate Pozzolo			Lucco (Monte)	40	L 16	Luminaria (Pizzo)	88	N 25
Lido S. Angelo	77	I 31	Linas (Monte)	102	I 7	Livo (Como)	4	D 9	Loiano	36	J 15				Lucedio	21	G 6	Lumini	25	F 14
Lido Signorino	84	N 19	Linera	89	O 27	Livo (Trento)	6	C 15	Loiri	99	E 10				Lucera	62	C 28	Luna (Alpe della)	41	L 18
Lido Silvana	74	F 34	L'Incontro	40	K 16	Livorno	38	L 13	Lollove	97	F 9				Lucignano	46	M 17	Luna (Cala di)	101	G 10
Lierna	13	E 9	Lindinuso	75	F 36	Livorno Ferraris	11	G 6	Lomaso	15	D 14				Lucignano d'Arbia	46	M 16	Lunamatrona	102	I 8
Lignana	22	G 7	Lingua	82	L 26	Livraga	23	G 10	Lomazzo	13	E 9				Lucinico	19	E 22	Lunano	42	K 19
Lignano (Monte)	46	L 17	Linguaglossa	89	N 27	Lizzanello	75	G 36	Lombai	19	D 22				Lucito	61	B 26	Lunella (Punta)	20	G 3
Lignano Pineta	28	F 21	Linguiglietta	31	K 5	Lizzano (Pistoia)	39	J 14	Lombarda (Colle di)	30	J 3				Luco (Monte) (L'Aquila)	55	O 22	Lungavilla	23	G 9
Lignano Riviera	28	F 21				Lizzano (Taranto)	74	F 34	Lombardi	53	P 17							Lunghezza	59	Q 20

Lungo (Lago) (Latina) 60 S 22
Lungo (Lago) (Rieti) 55 O 20
Lungo (Sasso) 7 C 17
Lungro 76 H 30
Luni 38 J 12
Lunigiana 34 J 11
Luogosano 65 D 26
Luogosanto 94 D 9
Lupara (Campobasso) 61 B 26
Lupara (Foggia) 63 C 29
Lupara (Masseria) 66 E 29
Lupia 26 F 16
Lupicino / Wölfl 7 C 16
Lupo (Portella del) 87 N 23
Lupo (Valico di) 63 B 30
Lupone (Monte) 59 R 20
Lura 13 E 9
Lurago d'Erba 13 E 9
Lurago Marinone 13 E 8
Luras 97 E 9
Lurate Caccivio 13 E 9
Luretta 23 H 10
Luriano 45 M 15
Lurisia 31 J 5
Luseney (Becca di) 11 E 4
Luserna 16 E 15
Luserna S. Giovanni 20 H 3
Lusevera 19 D 21
Lusia 26 G 16
Lusia (Passo di) 7 C 17
Lusiana 16 E 16
Lusiglié 11 G 5
Luson / Lüsen 7 B 17
Lustignano 45 M 14
Lustra 70 G 27
Lusurasco 34 H 11
Lutago / Luttach 7 B 17
Lutirano 41 J 17
Lutrano 28 E 19
Luttach / Lutago 7 B 17
Luzzara 25 H 14
Luzzi 76 I 30
Luzzogno 12 E 7
Lys 11 F 5
Lyskamm 11 E 5

M

Macaion (Monte) / Gantkofel 6 C 15
Macalube (Vulcanelli di) 91 O 22
Macari 85 M 20
Maccabei 65 D 26
Maccacari 26 G 15
Maccagno 3 D 8
Maccarese 58 Q 18
Maccarese (Bonifica di) 58 Q 18
Macchia (Catania) 89 N 27
Macchia (Cosenza) 76 I 31
Macchia (Coppa della) 63 B 29
Macchia da Sole 49 N 22
Macchia di Monte 68 E 33
Macchia d'Isernia 61 R 24
Macchia Rotonda 63 C 29
Macchia Valfortore 62 C 26
Macchiagodena 61 R 25
Macchialunga (Monte) 54 O 20
Macchiareddu 103 J 9
Macchiascandona 45 N 14
Macchiatornella 55 O 22
Macchie (Perugia) 47 M 18
Macchie (Terni) 54 O 19
Macchina Lagana 80 L 30
Macchioni 60 R 22
Macciano (Perugia) 47 N 19
Macciano (Siena) 46 M 17
Macconi (i) 92 Q 25
Macello 20 H 4
Mácera di Morte 49 N 22
Macerata 49 M 22
Macerata (Pisa) 38 L 13
Macerata Campania 64 D 24
Macerata Feltria 42 K 19
Macere 59 Q 20
Macereto (Ponte) 45 M 15
Macereto (Santuario di) 48 N 21
Macerino 47 N 19
Macerone 42 J 19
Maciano 41 K 18
Macina 49 M 22
Macioni (Monte) 103 J 10
Maclodio 24 F 12
Macomer 100 G 8
Macra 20 I 3
Macugnaga 11 E 5
Maddalena 32 I 7
Maddalena (Arcipelago della) 95 D 10
Maddalena (Colle della) (Cuneo) 20 I 2
Maddalena (Colle della) (Torino) 21 G 5
Maddalena (Isola) 95 D 10
Maddalena (Monte) 25 F 12
Maddalena (Monti della) 71 F 28
Maddalena (Penisola della) 93 P 27
Maddalena Spiaggia 103 J 9
Maddalene 21 I 4
Maddaloni 64 D 25
Madesimo 4 C 10
Madone 13 F 10
Madonie 87 N 23
Madonna 22 H 7
Madonna Candelecchia 60 Q 22
Madonna dei Fornelli 39 J 15
Madonna dei Miracoli 67 D 30
Madonna dei Monti 47 L 19
Madonna del Buon Cammino 67 E 31
Madonna del Buonconsiglio 92 P 25
Madonna del Carmine (Salerno) 70 F 28
Madonna del Carmine (Taranto) 73 F 32
Madonna del Furi 86 M 21
Madonna del Ghisallo 13 E 9
Madonna del Monte (Forlì) 41 J 18
Madonna del Monte (Perugia) 48 N 20
Madonna del Monte Vivo 70 F 28
Madonna del Pettoruto 76 H 29
Madonna del Piano 92 P 25
Madonna del Ponte 43 K 21
Madonna del Sasso 12 E 7
Madonna della Cava 84 N 19
Madonna della Cima 48 L 19
Madonna della Civita 60 S 22
Madonna della Lanna 60 Q 23
Madonna della Libera 85 N 20
Madonna della Neve 48 N 21
Madonna della Pace 59 Q 21
Madonna della Quercia 53 O 18
Madonna della Scala (Bari) 68 E 33
Madonna della Scala (Santuario della) (Taranto) 74 F 33
Madonna della Stella 72 G 30
Madonna della Valle 47 N 19
Madonna dell'Acero 35 J 14
Madonna dell'Acqua 38 K 13
Madonna dell'Alto 85 N 20
Madonna dell'Ambro 48 N 21
Madonna dell'Auricola 60 R 22
Madonna delle Grazie 27 G 18
Madonna di Bagno (Deruta) 47 N 19
Madonna di Baiano 48 N 20
Madonna di Campiglio 15 D 14
Madonna di Canneto (Campobasso) 61 Q 25
Madonna di Canneto (Frosinone) 60 Q 23
Madonna di Costantinopoli 70 F 27
Madonna di Cristo 63 C 28
Madonna di Fatima 97 F 9
Madonna di Gaspreano 48 M 21
Madonna di Mellitto 67 E 31
Madonna di Monserrato 50 N 13
Madonna di Novi Velia 70 G 28
Madonna di Pergamo 72 F 30
Madonna di Piano 42 L 20
Madonna di Picciano 67 E 31
Madonna di Pietralba 16 C 16
Madonna di Porto Salvo 90 U 19
Madonna di Pugliano 42 K 19
Madonna di Ripalta 66 D 29
Madonna di S. Luca (Bologna) 36 I 15
Madonna di Senales / Unserfrau 6 B 14
Madonna di Sterpeto 67 D 30
Madonna di Stignano (Santuario della) 63 B 28
Madonna di Tirano 14 D 12
Madonna di Viatosto 21 H 6
Madonna di Viggiano (Viggiano) 71 F 29
Madonnino 46 M 17
Madonnuzza (Portella) 87 N 24
Madrano 16 D 15
Mae 17 D 18
Maenza 59 R 21
Maerne 27 F 18
Maestrale (Stagno di) 102 K 7
Maestrello 47 M 18
Mafalda 57 B 26
Maffiotto 20 G 3
Magaggiaro (Monte) 85 N 20
Magasa 15 E 13
Magazzino 36 I 15
Magazzolo 90 O 22
Magdeleine (la) 11 E 4
Magenta 13 F 8
Maggio 13 E 10
Maggio (Monte) (Ancona) 48 M 20
Maggio (Monte) (Siena) 39 L 15
Maggiora 12 E 7
Maggiorasca (Monte) 33 I 10
Maggiore (Isola) (L. Trasimeno) 47 M 18
Maggiore (Lago) 12 E 7
Maggiore (Monte) (Caserta) 64 D 24
Maggiore (Monte) (Grosseto) 52 O 16
Maggiore (Monte) (Perugia) 48 N 20
Maggiore (Punta) 99 E 10
Maggiore (Serra) 73 G 31
Magherno 23 G 9
Magione (Bologna) 36 I 16
Magione (Perugia) 47 M 18
Magisano 79 J 31
Magliano Alfieri 21 H 6
Magliano Alpi 21 I 5
Magliano de' Marsi 55 P 22
Magliano di Tenna 49 M 22
Magliano in Toscana 51 O 15
Magliano Romano 54 P 19
Magliano Sabina 54 O 19
Magliano Vetere 70 F 27
Magliati (Masseria) 73 F 32
Maglie 75 G 36
Magliolo 31 J 6
Magnacavallo 26 G 15
Magnago 12 F 8
Magnano (Biella) 11 F 6
Magnano (Potenza) 72 G 30
Magnano in Riviera 19 D 21
Magnisi (Penisola) 93 P 27
Magnola (Monte della) 55 P 22
Magnolini (Rifugio) 14 E 12
Magomadas 100 G 7
Magra 34 I 11
Magras 6 C 14
Magré s. str. d. vino / Magreid 16 D 15
Magredis 19 D 21
Magreglio 13 E 9
Magreid a. d. Weinstraße / Magré 16 D 15
Magreta 35 I 14
Magugnano 53 O 18
Magusu (Punta) 102 I 7
Mai (Monte) 65 E 26
Maiano (Perugia) 48 N 20
Maiano (Pesaro e Urbino) 41 K 18
Maiano Monti 37 I 17
Maida 78 K 31
Maida Marina 78 K 30
Maiella (Montagna della) 56 P 24
Maiella (Parco Naz. della) 56 Q 24
Maielletta (la) 56 P 24
Maierà 76 H 29
Maierato 78 K 30
Maiern / Masseria 6 B 15
Maiero 37 H 17
Maiolati Spontini 43 L 21
Maiolo 23 H 10
Maiorana (Masseria) 67 E 31
Maiori (Salerno) 65 F 25
Maiori (Sassari) 97 E 9
Maiori (Monte) 100 H 8
Maira (Torrente) 20 I 3
Maira (Valle) 20 I 3
Mairago 23 G 10
Mairano 24 F 12
Maissana 33 I 10
Majano 18 D 21
Mal di Ventre (Isola di) 100 H 6
Malacalzetta 102 I 7
Maladecia (Punta) 30 J 3
Malagnino 24 G 12
Malagrotta 58 Q 19
Malaina (Monte) 59 R 21
Malalbergo 36 H 16
Malamocco 27 F 19
Malamocco (Porto di) 27 F 18
Malara (Monte) 65 D 27
Malborghetto 19 C 22
Malcesine 15 E 14
Malchina 29 E 22
Malciaussia 20 G 3
Malcontenta 27 F 18
Malé 6 C 14
Malegno 15 E 12
Malenco (Val) 14 D 11
Maleo 24 G 11
Malesco 3 D 7
Maletto 89 N 26
Malfa 82 L 26
Malfatano (Capo) 102 K 8
Malga Bissina (Lago di) 15 D 13
Malga Boazzo (Lago di) 15 D 13
Malga dei Dossi / Knutten-Alm 8 B 18
Malga di Valmaggiore 16 D 16
Malga Fana 7 B 16
Malga Movlina 15 D 14
Malga Prato / Wieser Alm 8 A 18
Malga Pudio / Pidig Alm 8 B 18
Malga Sadole 16 D 16
Malghera 5 C 12
Malgrate 13 E 10
Malignano 45 M 15
Malina 19 D 21
Malinvern (Testa) 30 J 3
Malito 78 J 30
Mallare 31 J 6
Màllero 14 D 11
Malles Venosta / Mals 5 B 13
Malnate 13 E 8
Malnisio 18 D 19
Malo 26 F 16
Malonno 5 D 12
Malopasseto (Passo) 87 N 24
Malosco 6 C 15
Malpaga (Bergamo) 24 F 11
Malpaga (Brescia) 25 F 12
Mals / Malles Venosta 5 B 13
Maltignano (Ascoli Piceno) 49 N 23
Maltignano (Perugia) 48 N 21
Malu 103 I 8
Malvagna 89 N 27
Malvicino 32 I 7
Malvito 76 I 30
Malvizza 65 D 27
Malvizzo (Monte) 91 P 23
Mamiano 35 H 13
Mammola 81 L 30
Mamoiada 101 G 9
Mamone 99 F 10
Mamusi 99 E 10
Manacore 63 B 30
Manara (Punta) 33 J 10
Manarola 33 J 11
Manciano 52 O 16
Mancuso (Monte) 78 J 30
Mandanici 89 M 27
Mandarini (Portella) 87 N 24
Mandas 101 I 9
Mandatoriccio 77 I 32
Mandatoriccio-Campana (Stazione di) 77 I 32
Mandela 55 P 20
Mandello del Lario 13 E 9
Mandello Vitta 12 F 7
Mandolossa 24 F 12
Mandra de Caia (Punta) 101 G 10
Mandrazzi (Portella) 89 N 27
Mandria Luci 76 H 30
Mandriole 37 I 18
Mandrioli (Passo dei) 41 K 17
Mandriolo (Cima) 16 E 16
Mandrogne 22 H 8
Mandrolisai 101 G 9
Mandrone (Monte) 15 D 13
Manduria 74 F 34
Manerba del Garda 25 F 13
Manerbio 24 F 12
Manfredonia 63 C 29
Manfredonia (Golfo di) 63 C 30
Manfredonico (Mussomeli) 91 O 23
Manfria 92 P 24
Manganaro (Bivio) 86 N 22
Mangari (Monte) 19 C 22
Manghen (Passo) 16 D 16
Mangiante (Portella) 87 N 23
Mangiatoriello (Pizzo) 86 N 22
Mango 21 H 6
Mangone 78 J 30
Maniace (Abbazia di) 88 N 26
Maniago 18 D 20
Maniago (Rifugio) 18 D 19
Maniglia (Monte) 20 I 2
Maniva (Passo del) 15 E 13
Mannu (ad Est di Teulada) 102 K 8
Mannu (a Nord di Nuoro) 97 F 9
Mannu (ad Ovest di Siniscola) 99 F 10
Mannu (a Sud di Terralba) 102 I 8
Mannu (Fluminimaggiore) 102 I 7
Mannu (vicino a Cuglieri) 100 G 7
Mannu (vicino a Narcao) 102 J 8
Mannu (vicino ad Ozieri) 98 F 8
Mannu (vicino a Samugheo) 100 H 8
Mannu (vicino a Santadi) 102 J 8
Mannu (vicino a Sassari) 96 F 7
Mannu (vicino a Villasor) 103 I 8
Mannu (Capo) (Oristano) 100 G 7
Mannu (Capo) (Sassari) 96 E 6
Mannu (Monte) 96 F 7
Mannu della Reale (Porto) 96 D 6
Manocalza 65 E 26
Manolino 31 J 5
Manoppello 56 P 24
Manoppello Scalo 56 P 24
Mansué 28 E 19
Manta 20 I 4
Mantignana 47 M 18
Mantova 25 G 14
Manzano 29 E 22
Manziana 53 P 18
Manzolino 36 I 15
Mapello 13 E 10

MANTOVA

Broletto (Via e Piazza) BZ 4
Libertà (Corso) AZ 12
Mantegna (Piazza Andrea) BZ 13
Roma (Via) AZ
Umberto (Corso) AZ
Accademia (Via) BY 2
Acerbi (Via) AZ 3
Canossa (Piazza) AY 5
Don Leoni (Piazza) AZ 6
Don Tazzoli (Via Enrico) BZ 7
Erbe (Piazza delle) BZ 8
Fratelli Cairoli (Via) BY 10
Marconi (Piazza) ABZ 15
Martiri di Belfiore (Piazza) AZ 16
Matteotti (Via) AZ 17
S. Giorgio (Via) BY 20
Sordello (Piazza) BY 21
Verdi (Via Giuseppe) AZ 24
Virgilio (Via) AY 25
20 Settembre (Via) BZ 27
B SAN LORENZO

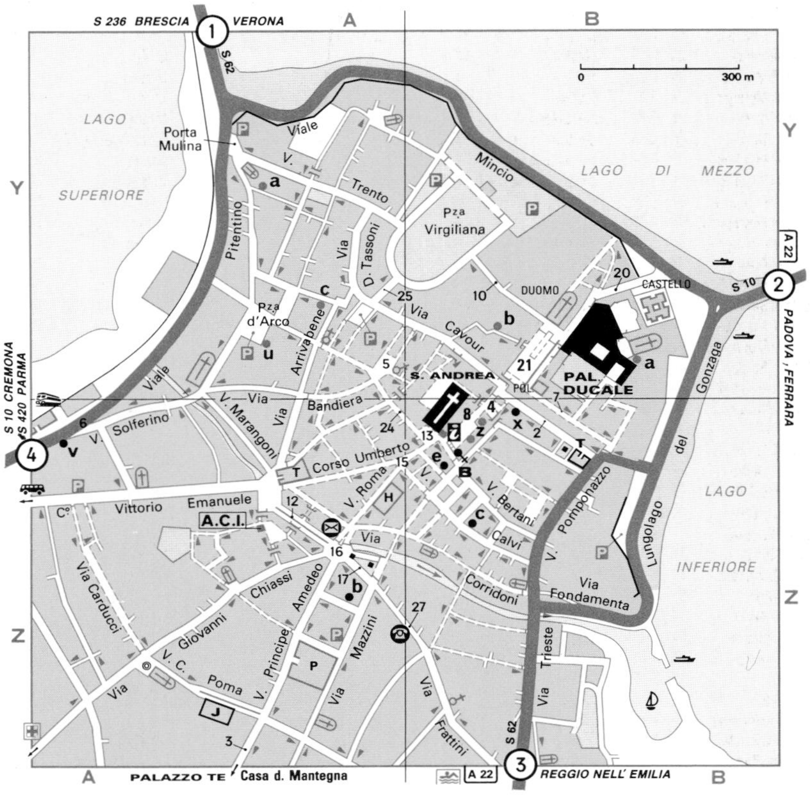

Mappa 91 O 23
Mara 96 F 7
Maracalagonis 103 J 9
Maragnole 16 E 16
Marana 55 O 21
Marane 56 P 23
Maranello 35 I 14
Marano 35 J 15
Marano (Laguna di) 29 E 21
Marano (Torrente) 42 K 19
Marano di Napoli (Napoli) 64 E 24
Marano Equo 59 Q 21
Marano Lagunare 28 E 21
Marano Marchesato 78 J 30
Marano Principato 78 J 30
Marano sul Panaro 35 I 14
Marano Ticino 12 F 7
Marano Valpolicella 25 F 14
Marano Vicentino 16 E 16
Maranola 60 S 22
Maranza / Meransen 7 B 16
Maranzana 22 H 7
Maraone (Isola) 84 N 19
Marargiu (Capo) 100 F 7
Marasca (Colle) 61 Q 25
Maratea 76 H 29
Maratea (Grotta di) 71 H 29
Marausa 84 N 19
Marazzino 94 D 9
Marcallo 13 F 8
Marcanzotta 84 N 19
Marcaria 25 G 13
Marcato Bianco 88 O 24
Marcato d'Arrigo 88 O 24
Marcatobianco 87 N 23
Marceddi 100 H 7
Marceddi (Stagno di) 100 H 7
Marcedusa 79 J 32
Marcellinara 78 K 31
Marcelli 43 L 22
Marcellina (Cosenza) 76 H 29
Marcellina (Roma) 55 P 20
Marcellise 26 F 15
Marcetelli 55 P 21
Marcheno 14 E 12
Marchesa (Masseria la) 62 B 27
Marchesato 79 J 32
Marchese (Punta del) 50 O 12
Marchetti (Rifugio) 15 E 14
Marchiazza 12 F 7
Marchione (Castello) 68 E 33
Marchioni (Masseria) 75 G 35
Marchirolo 3 E 8
Marciana 50 N 12
Marciana Marina 50 N 12
Marcianise 64 D 24
Marciano 41 K 17
Marciano della Chiana 46 M 17
Marciaso 38 J 12
Marcignago 23 G 9
Marcignana 39 K 14
Marcignano 41 L 18
Marco 16 E 15
Marcolano (Monte) 60 Q 23
Marcon 27 F 18
Marconi (Mausoleo di G.) 36 I 15
Marconia 73 F 32
Mardimago 27 G 17
Mare Grande 74 F 33
Mare Piccolo 74 F 33
Mare (Portella di) 87 N 23
Mare (Val de la) 6 C 14
Marebbe / Enneberg 7 B 17
Marebello 42 J 19
Marecchia 41 K 18
Marechiaro (Napoli) 64 E 24
Marega 26 G 16
Maremma 51 N 15
Maremma (Parco Naturale della) 51 O 15
Marene 21 I 5
Mareneve 89 N 27

Marengo (Alessandria) 22 H 8
Marengo (Cuneo) 21 I 6
Marengo (Mantova) 25 G 14
Mareno di Piave 28 E 19
Marentino 21 G 5
Marepotamo 80 L 30
Maresca 39 J 14
Mareson 8 C 18
Mareto 13 H 10
Marettimo 84 N 18
Marettimo (Isola) 84 N 18
Margana (Valle della) 86 N 22
Margarita 31 I 5
Marghera 27 F 18
Margherita di Savoia 63 C 30
Margherito Soprano 88 O 25
Margherito Sottano 88 O 25
Marghine (Catena di) 100 G 8
Margi 93 P 26
Margine di Momigno 39 K 14
Marginetto (Punta) 95 D 10
Marginone 39 K 14
Margno 13 D 10
Margone 20 G 3
Margorabbia 12 E 8
Marguareis (Punta) 31 J 5
Mari Ermi 100 H 7
Maria e Franco (Rifugio) 15 D 13
Maria Luisa (Rifugio) 2 C 7
Maria (Monte) 103 J 10
Mariana Mantovana 25 G 13
Mariano Comense 13 E 9
Mariano del Friuli 29 E 22
Marianopoli 91 O 23
Marigliano 64 E 25
Marilleva 15 D 14
Marina 28 E 20
Marina (Torrente) 39 K 15
Marina dei Ronchi 38 K 12
Marina del Cantone 64 F 25
Marina di Alberese 51 O 15
Marina di Amendolara 77 H 31
Marina di Andora 31 K 6
Marina di Andrano 75 H 37
Marina di Arbus 102 I 7
Marina di Ascea 70 G 27
Marina di Avola 93 Q 27
Marina di Belmonte 78 J 30
Marina di Belvedere 76 I 29
Marina di Bibbona 44 M 13
Marina di Camerota 70 G 28
Marina di Campo 50 N 12
Marina di Caronia 88 M 25
Marina di Carrara 38 J 12
Marina di Casal Velino 70 G 27
Marina di Castagneto-Donoratico 44 M 13
Marina di Caulonia 81 L 31
Marina di Cecina 44 M 13
Marina di Cetraro 76 I 30
Marina di Chieuti 62 B 27
Marina di Davoli 79 L 31
Marina di Fuscaldo 76 I 30
Marina di Gairo 101 H 11
Marina di Gioia Tauro 80 L 29
Marina di Gioiosa Ionica 81 M 30
Marina di Grosseto 45 N 14
Marina di Lago di Patria 64 E 24
Marina di Lesina 62 B 28
Marina di Leuca 75 H 37
Marina di lu Impostu 99 E 10
Marina di Mancaversa 75 H 36
Marina di Maratea 71 H 29
Marina di Massa 38 J 12
Marina di Melilli 93 P 27

Marina di Minturno 60 S 23
Marina di Modica 93 Q 26
Marina di Montemarciano 43 L 22
Marina di Montenero 57 P 26
Marina di Novaglie 75 H 37
Marina di Orosei 99 F 11
Marina di Ostuni 69 E 34
Marina di Palma 91 P 23
Marina di Palmi 80 L 29
Marina di Paola 76 I 30
Marina di Patti 82 M 26
Marina di Pescia Romana 52 O 16
Marina di Pescoluse 75 H 36
Marina di Pietrasanta 38 K 12
Marina di Pisa 38 K 12
Marina di Pisciotta 70 G 27
Marina di Pisticci 73 G 32
Marina di Pulsano 74 F 34
Marina di Ragusa 92 Q 25
Marina di Ravenna 37 I 18
Marina di S. Lorenzo (Reggio di Calabria) 80 N 29
Marina di Salivoli 50 N 13
Marina di S. Antonio 81 L 31
Marina di S. Ilario 81 M 30
Marina di S. Lorenzo (Roma) 58 R 19
Marina di S. Vito 57 P 25
Marina di Sorso 96 E 7
Marina di Strongoli 79 J 33
Marina di Torre del Lago 38 K 12
Marina di Torre Grande 100 H 7
Marina di Varcaturo 64 E 24
Marina di Vasto 57 P 26
Marina di Zambrone 78 K 29
Marina Faleriense 49 M 23
Marina Grande 64 F 24
Marina Palmense 49 M 23
Marina Piccola 64 F 24
Marina Romea 37 I 18
Marina Roseto Capo Spulico 77 H 31
Marina Schiavonea 77 I 31
Marina Serra 75 H 37
Marina Velca 53 P 17
Marine di Posto Rossi 75 H 36
Marinella (Trapani) 85 O 20
Marinella (Venezia) 28 E 21
Marinella di Sarzana 38 J 12
Marinella (Golfo di) 95 D 10
Marinelli (Rifugio) (Sondrio) 4 C 11
Marinelli (Rifugio) (Udine) 18 C 20
Marineo 86 N 22
Marineo (Monte) 92 P 26
Marini (Rifugio) 87 N 24
Marino 59 Q 19
Marino (Monte) 41 K 17
Mariotti (Rifugio) 34 I 12
Mariotto 67 D 31
Maristella 96 F 6
Marlengo / Marling 6 C 15
Marlia 38 K 13
Marliana 39 K 14
Marling / Marlengo 6 C 15
Marmagna (Monte) 34 I 11
Marmarole (Gruppo delle) 8 C 18
Marmigliaio 38 L 13
Marmilla 100 H 8
Marmirolo 25 G 14
Marmitte (Parco delle) 4 D 10
Marmolada 7 C 17
Marmontana (Monte) 3 D 9
Marmora 20 I 3
Marmora (Punta la) 101 H 9
Marmorata (Isola la) 94 D 9

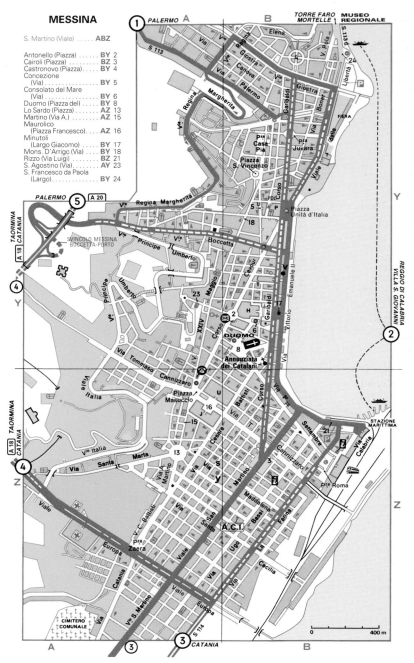

MESSINA

Marmore (Aosta) 11 E 4
Marmore (Terni) 54 O 20
Marmore (Cascata delle) 54 O 20
Marmorta 36 I 17
Marmottere (Punta) 20 G 3
Marmuri (Su) 101 H 10
Marocco 27 F 18
Marogella 47 N 19
Maroglio (Passo della) 14 E 11
Maroglio 92 P 24
Marola (Reggio nell'Emilia) 35 I 13
Marola (Vicenza) 26 F 16
Marone 14 E 12
Maropati 80 L 30
Marostica 16 E 16
Marotta 43 K 21
Marozzo 37 H 18
Marradi 40 J 16
Marrara 36 H 17
Marro 80 L 29
Marroggia 48 N 20
Marrubiu 100 H 7
Mars (Monte) 11 F 5
Marsaglia (Cuneo) 21 I 5
Marsaglia (Piacenza) 23 H 10
Marsala 84 N 19
Marsala (Punta) 84 N 19
Marsciano 47 N 19
Marsia 55 P 21
Marsiai 17 D 18

Marsicano (Monte) 60 Q 23
Marsico Nuovo 71 F 29
Marsicovetere 71 F 29
Marsiliana 52 O 16
Marsure 18 D 19
Marta 53 O 17
Marta (Fiume) 53 O 17
Martana (Isola) 53 O 17
Martani (Monti) 47 N 19
Martano 75 G 36
Martano (Monte) 47 N 19
Martell / Martello 6 C 14
Martellago 27 F 18
Martello / Martell 6 C 14
Martello (Pizzo) 3 D 9
Martello (Val) 6 C 14
Marti 39 L 14
Martignacco 18 D 21
Martignana di Po 25 G 13
Martignano (Lago di) 53 P 18
Martina Franca 69 E 34
Martina Olba 32 I 7
Martinengo 24 F 11
Martinelle 27 G 18
Martines (Case) 88 O 24
Martinez (Case) 88 O 24
Martiniana Po 20 I 4
Martino (Poggio) 53 O 17
Martinsicuro 49 N 23
Martirano 78 J 30

Martirano Lombardo 78 J 30
Martis 98 E 8
Martone 81 L 30
Martorano 41 J 18
Maru 89 M 26
Maruggio 74 G 34
Marzabotto 36 I 15
Marzamemi 93 Q 27
Marza 93 Q 26
Marzano Appio 60 R 24
Marzano di Nola 64 E 25
Marzeno 41 J 17
Marzettelle 25 H 14
Marzi 78 J 30
Marziano (il) 67 D 30
Marzio 13 E 8
Marzo (Monte) 11 F 4
Marzocca 43 K 21
Marzolara 34 I 12

Maserà di Padova 27 G 17
Maserada sul Piave 17 E 18
Masi 26 G 16
Masi di Cavalese 16 D 16
Masi S. Giacomo 37 H 17
Masino 4 D 10
Masino (Torrente) 4 D 10
Masiennera (Punta) 97 F 9
Masio 22 H 7
Maso Corto / Kurzras 6 B 14
Mason Vicentino 16 E 16
Masone (Genova) 32 I 8
Masone (Reggio nell'Emilia) 35 H 14
Massa 38 J 12
Massa Annunziata 89 O 27
Massa d'Albe 55 P 22
Massa e Cozzile 39 K 14
Massa Fermana 49 M 22
Massa Finalese 36 H 15
Massa Fiscaglia 37 H 18
Massa Lombarda 37 I 17
Massa Lubrense 64 F 25
Massa Marittima 45 M 14
Massa Martana 47 N 19
Massa S. Giorgio 83 M 28
Massaciuccoli 38 K 13
Massaciuccoli (Lago di) 38 K 13
Massafra 74 F 33

Massama	100 H 7	Matine di Latta		Mazzarino	92 P 24	Mediglia	13 F 9	Melendugno	75 G 37	Melosa (Colla)	31 K 5	Mera	4 D 10
Massanzago	27 F 17	(Masseria le)	67 D 31	Mazzarino		Mediis	18 C 20	Meleta	45 M 15	Melpignano	75 G 36	Meran /	
Massarella	39 K 14	Matinella	65 F 27	(Castello di)	92 P 24	Mediterraneo		Meleti	24 G 11	Meltina / Mölten	6 C 15	Merano	6 C 15
Massarosa	38 K 13	Matino	75 G 36	Mazzarò	89 N 27	(Lido)	84 N 19	Meletole	35 H 13	Melzo	13 F 10	Merano 2000	6 B 15
Massazza	11 F 6	Matraia	38 K 13	Mazzarrone	92 P 25	Medolago	13 E 10	Melezza	3 D 7	Mena	26 G 16	Merano /	
Massello	20 H 3	Matrice	61 C 26	Mazzarrone		Medole	25 G 13	Mélezet	20 G 2	Menago	26 G 15	Meran	6 C 15
Massenzatica	37 H 18	Matsch / Mazia	5 B 13	(Poggio)	92 P 25	Medolla	36 H 15	Melfa	3 D 7	Menarola	4 D 10	Meransen /	
Masserano	11 F 6	Mattarana	33 J 10	Mazzè	11 G 5	Meduna	18 D 20	Melfa	60 R 22	Menata	37 I 18	Maranza	7 B 16
Masserecci		Mattarello	16 D 15	Mazzi	41 K 18	Meduna di Livenza	28 E 19	Melfa (Fiume)	60 R 23	Menconico	23 H 9	Merate	13 E 10
(Poggio)	41 L 17	Mattie	20 G 3	Mazzin	7 C 17	Meduno	18 D 20	Melfi	66 E 28	Mendatica	31 J 5	Meraviglia (Monte)	48 N 21
Masseria / Maiern	6 B 15	Mattina (Monte)	66 E 28	Mazzo di Valtellina	5 D 12	Megara Hyblaea	93 P 27	Melia (Messina)	89 N 27	Mendola		Mercadante	
Massico (Monte)	60 S 23	Mattinata	63 B 30	Mazzolla	45 L 14	Meggiano	48 N 20	Melia (Reggio di		(Passo della)	6 C 15	(Foresta di)	68 E 32
Massignano	49 M 23	Mattinata (Porto di)	63 B 30	Mazzorno	27 G 18	Megliadino		Calabria)	80 M 29	Mendicino	78 J 30	Mercallo	12 E 8
Massimino	31 J 6	Mattinatella	63 B 30	Meana di Susa	20 G 3	S. Fidenzio	26 G 16	Melicuccà	80 M 29	Mendola	85 N 20	Mercante	
Massino Visconti	12 E 7	Mattinella	65 E 27	Meana Sardo	101 H 9	Megliadino S.		Melicucco	80 L 30	Mendola (Fiume		(Passo di)	80 M 30
Massone (Monte)	12 E 7	Matto (Monte)	30 J 3	Meano	16 D 15	Vitale	26 G 16	Melilli	93 P 27	della)	86 N 22	Mercantour (Cima	
Mastallone	11 E 6	Matzaccara	102 J 7	Mecca	10 G 4	Meia (Rocca la)	30 I 3	Melilli (Casa)	93 P 27	Mendola (Passo d.) /		di)	30 J 3
Mastaun	6 B 14	Maucini	93 Q 27	Meda (Milano)	13 F 9	Meina	12 E 7	Melisenda	101 I 10	Mendelpaß	6 C 15	Mercatale (Bologna)	36 I 16
Mastixi (Punta su)	101 H 11	Mauls / Mules	7 B 16	Meda (Vicenza)	16 E 16	Mel	17 D 18	Melissa	79 J 33	Menegosa (Monte)	34 H 11	Mercatale	
Masua	102 I 7	Mauria (Passo		Medaris (Monte)	97 H 9	Mela	83 M 27	Melissano	75 H 36	Menfi	85 O 20	(Pesaro e Urbino)	42 K 19
Masuccio (Monte)	14 D 12	della)	8 C 19	Medaro (Pizzo)	3 D 7	Melag / Melago	5 B 13	Melito	80 N 29	Menga (Punta)	102 K 7	Mercatale	
Masullas	100 H 8	Maurin (Colle de)	20 I 2	Medau (Genna 'e)	101 H 10	Melago / Melag	5 B 13	Melito Porto Salvo	80 N 29	Mengara	47 M 19	(vicino a Cortona)	47 M 18
Mataiur (Monte)	19 D 22	Mauro (Monte)	61 B 26	Medau Zirimilis		Melandro	71 F 28	Melito Irpino	65 D 27	Menotre	48 N 20	Mercatale	
Matarazzo		Maxia (Punta)	102 J 8	(Lago di)	102 J 8	Melara	26 G 15	Melito		Mensa	37 I 18	(vicino a	
(Monte)	88 O 24	Mazara del Vallo	84 O 19	Mede	22 G 8	Melas	96 F 7	Irpino Vecchia	65 D 27	Mensanello	45 L 15	Montevarchi)	40 L 16
Matarocco	84 N 19	Mazaro	85 N 19	Medea	29 E 22	Melazzo	32 I 7	Melizzano	64 D 25	Mensano	45 M 15	Mercatale	
Matelica	48 M 21	Mazia / Matsch	5 B 13	Medelana	36 I 16	Meldola	41 J 18	Mella	14 E 12	Menta (Pizzo la)	90 O 22	in Val di Pesa	39 L 15
Matera	67 E 31	Mazia (Val di)	5 B 13	Medesano	34 H 12	Mele	32 I 8	Melle	20 I 3	Mentana	54 P 19	Mercatello	
Materdomini	65 E 27	Mazzangrugno	43 L 21	Medeuzza	29 E 22	Mele (Capo)	31 K 6	Mellea	21 I 4	Mentorella	59 Q 20	(vicino a	
Matese (Lago del)	61 R 25	Mazzano Romano	54 P 19	Mediano	35 I 12	Meledo	27 F 16	Mello	4 D 10	Menzano	55 O 21	Marsciano)	47 N 18
Matese (Monti del)	61 R 25	Mazzarà S. Andrea	83 M 27	Medicina	36 I 16	Meledrio (Val)	15 D 14	Melogno (Colle di)	31 J 6	Meolo	28 F 19	Mercatello	
Mathi	11 G 4			Medico (Scoglio		Melegnanello	23 G 10	Meloria (Torre				(vicino a	
Matigge	48 N 20			del)	84 K 21	Melegnano	13 F 9	della)	38 L 12			Montefalco)	48 N 20

MILANO

Agrate (V. M. d') . . . . BP 2
Antonini (V. G.) . . . . BP 8
Arcangelo Corelli (V.) . . . . CP 9
Bartolini (V.) . . . . AO 18
Bellini (V. G.) . . . . AP 23
Benefattori
  dell' Ospedale (V.) . . . . . BO 24
Berna (V.) . . . . AP 29
Cà Granda (Vle) . . . . BO 44
Cardinale
  A. Sforza (V.) . . . . BP 50
Casiraghi (Vle Flli) . . . . . . BO 51
Cassinis (V. G. B.) . . . . . . BP 53
Cermenate (V. G. da) . . . . BP 60
Chiesa Rossa (V.) . . . . AP 62
Comasinella (V.) . . . . BO 68
Corsica (Vle) . . . . BP 74
Don L. Milani
  (Cavalcavia) . . . . AP 78
Faenza (Vle) . . . . AP 89
Famagosta (Vle) . . . . AP 90
Girardengo (V.) . . . . AO 103
Grassi (V. G. B.) . . . . AO 107
Graziano Imperatore . . . . BO 108
Harar (V.) . . . . AP 112
Ippodromo (V.) . . . . AOP 117
La Spezia (V.) . . . . AP 119
Legioni Romane (Vle) . . . AP 125
Lucania (Vle) . . . . BP 134
Mambretti (V.) . . . . AO 137
Marconi (V.) . . . . BO 143
Marelli (Vle) . . . . BO 146
Marochetti (V.) . . . . BP 149
Milano (V.) . . . . AP 161
Montegani (V.) . . . . AP 173
Omero (Vle) . . . . BP 186
Palizzi (V.) . . . . AO 192
Parenzo (V.) . . . . AP 194
Patroclo (V.) . . . . AP 196
Picardi (V. Flli) . . . . BO 200
Quaranta (V. B.) . . . . BP 209
Ravenna (V.) . . . . BP 212
Rembrandt (V.) . . . . AP 213
Rivoltana (Strada) . . . . . . CP 216
Rogoredo (V.) . . . . CP 219
Roma (V.) . . . . BO 219
Rospigliosi (V. dei) . . . . . . AP 221
Rubicone (V.) . . . . BO 224
S. Arialdo (V.) . . . . CP 227
S. Elia (V. A.) . . . . AO 233
S. Rita da Cascia (V.) . . . . AP 239
Sauro (V. N.) . . . . AO 242
Solaroli (V.) . . . . BP 249
Stratico (V. S.) . . . . AP 252
Tucidide (V.) . . . . CP 263
Valasina (V.) . . . . BO 265
Vittorio Emanuele (V.) . . . AP 276

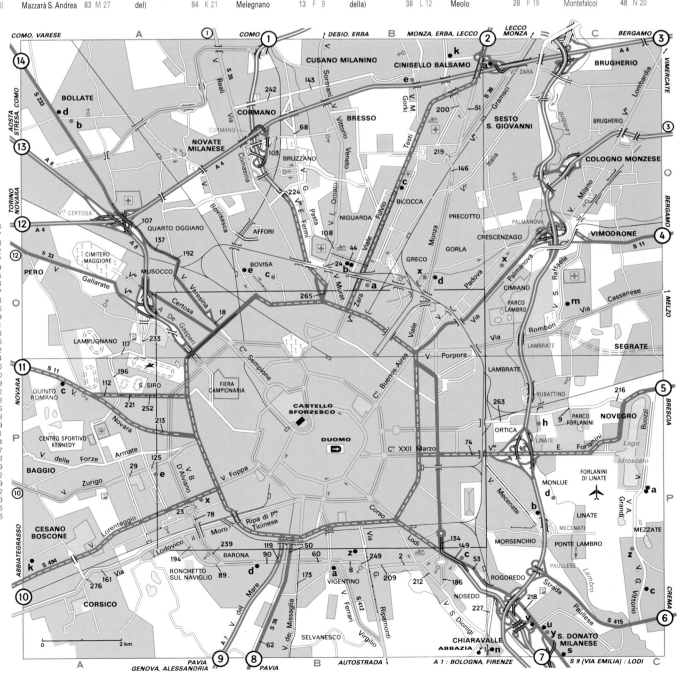

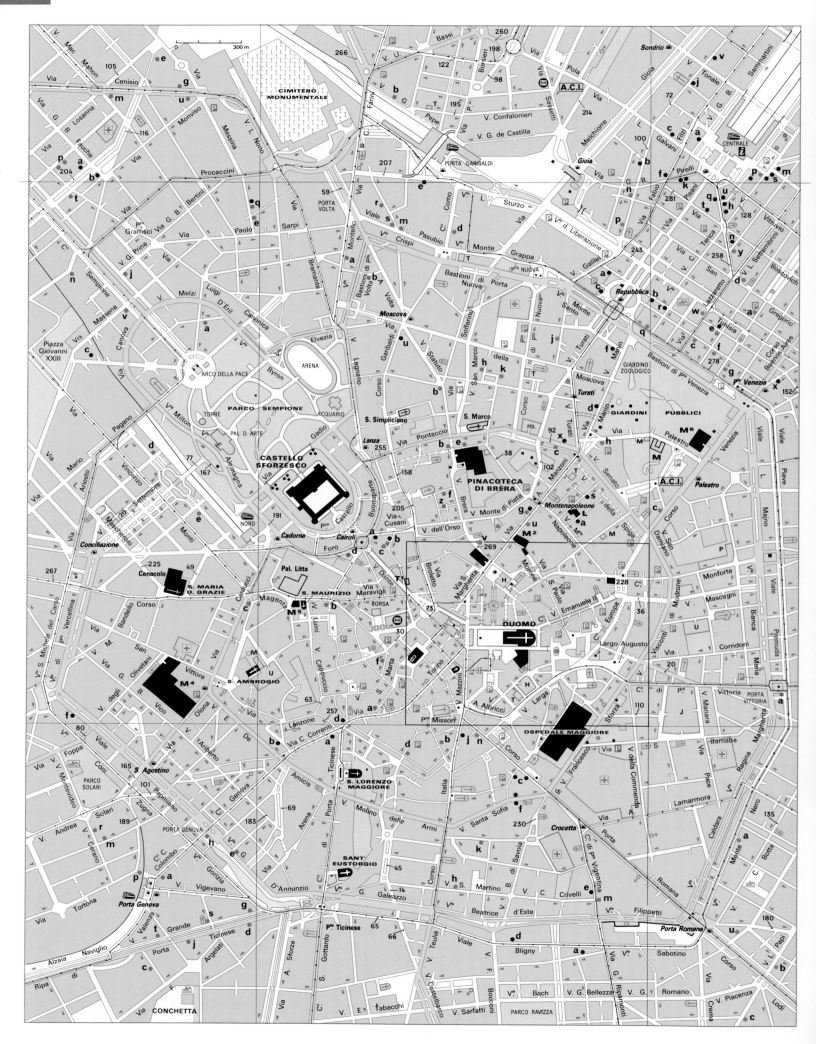

MILANO

All'interno della zona delimitata da
un retino verde la città è divisa in
settori il cui accesso è segnalato
lungo tutta la cerchia, Non è possibile
passare in auto da un settore all'altro.

Aurispa (V.)	JY	14
Battisti (V. C.)	KLX	20
Bocchetto (V.)	JX	30
Borgogna (V.)	KX	36
Borgonuovo (V.)	KV	38
Calatafimi (V.)	JY	45
Caradosso (V.)	HX	49
Ceresio (V.)	JU	59
Circo (V.)	JX	63
Col di Lana (Vle)	JY	65
Col Moschin (V.)	JY	66
Conca del Naviglio (V.)	JY	69
Copernico (V.)	LT	72
Cordusio (Pza)	KX	73
Curie (Vle P. M.)	HV	77
Dugnani (V.)	HY	80
Fatebenefratelli (V.)	KV	92
Garigliano (V.)	KT	98
Generale Fara (V.)	KT	100
Ghisleri (V. A.)	HY	101
Giardini (V. dei)	KV	102
Gran S. Bernardo (V.)	HT	105
Guastalla (V.)	KX	110
Induno (V. Fratelli)	HT	116
Lambertenghi (V. P.)	KT	122
Lepetit (V.)	LTU	128
Maffei (V. A.)	LY	135
Melzo (V.)	LU	152
Mercato (V.)	JV	158
Modestino (V.)	HY	165
Moliere (Vle E.)	HV	167
Muratori (V.)	LY	180
Oggiono (V. M. d')	HJY	183
Orseolo (V.)	HY	189
Paleocapa (V.)	JV	191
Pastrengo (V.)	KT	195
Perasto (V.)	KV	198
Poliziano (V.)	HTU	204
Ponte Vetero (V.)	JV	205
Quadrio (V. M.)	JT	207
Restelli (Vie F.)	KT	214
Ruffini (V. Fratelli)	HX	225
S. Babila (Pza)	KX	228
S. Calimero (V.)	KY	230
Savoia (Vle F. di)	KU	243
Tivoli (V.)	HV	255
Torchio (V.)	JX	257
Torriani (V. N.)	LU	258
Trau (V.)	KT	260
Valtellina (V.)	JT	266
Vercelli (Cso)	HX	267
Verdi (V.)	KV	269
Vittorio Veneto (Vle)	KLU	278
Zezon (V.)	LU	281

M¹	MUSEO DEL DUOMO
M²	MUSEO POLDI-PEZZOLI
M⁴	MUSEO NAZIONALE LEONARDO DA VINCI
M⁶	MUSEO DI STORIA NATURALE
M⁷	CASA DEL MANZONI

Mercatello (Passo del)	33	I 10
Mercatello sul Metauro	42	L 19
Mercatino Conca	42	K 19
Mercato (Parma)	35	I 12
Mercato (Salerno)	65	E 26
Mercato Cilento	70	G 27
Mercato S. Severino	65	E 26
Mercato Saraceno	41	K 18
Mercato Vecchio	42	K 19
Mercenasco	21	G 5
Merchis	100	G 8
Mercogliano	65	E 26
Mercore	24	H 11
Mercure	76	H 30
Mereto di Tomba	18	D 21
Mergo	43	L 21
Mergozzo	12	E 7
Mergozzo (Lago di)	12	E 7
Meri	83	M 27
Merine	75	G 36
Merizzo	34	J 11
Merlara	26	G 16
Merlino	13	F 10
Mernicco	19	D 22
Merone	13	E 9
Merse	45	M 15
Mesa	59	R 21
Mesa (Punta sa)	97	F 9
Mesagne	69	F 35
Meschio	28	E 19
Mesco (Punta)	33	J 10
Mescolino (Monte)	41	K 18
Mesiano	80	L 30
Mesima	80	L 30
Mesola	37	H 18

Mesola (Bosco della)	37	H 18
Mesoraca	79	J 32
Messignadi	80	M 29
Messina	83	M 28
Messina (Stretto di)	83	M 28
Mestre	27	F 18
Mestrino	26	F 17
Mesu 'e Roccas (Monte)	100	G 7
Mesule / Möseler	7	B 17
Meta (L'Aquila)	60	Q 22
Meta (Napoli)	64	F 25
Meta (Monti della)	60	Q 23
Meta (Serra)	93	Q 26
Metaponto	73	F 32
Metapontum	73	F 32
Metato	38	K 13
Metato (Poggio)	45	L 14
Metauro	42	L 19
Metramo	80	L 30
Mezzalama (Rifugio)	11	E 5
Mezzana (Pisa)	38	K 13
Mezzana (Trento)	15	D 14
Mezzana Bigli	22	G 8
Mezzana (Cima)	6	C 14
Mezzana Corti	23	G 9
Mezzana-Frido	76	H 30
Mezzana Grande (Masseria)	62	C 27
Mezzana Rabattone	23	G 9
Mezzana-Salice	76	H 30
Mezzane (Torrente)	26	F 15
Mezzane di Sotto	26	F 15
Mezzanego	33	I 10
Mezzanino (Lodi)	24	G 11
Mezzanino (Pavia)	23	G 9

Mezzano (Piacenza)	24	G 11
Mezzano (Ravenna)	37	I 18
Mezzano (Trento)	16	D 17
Mezzano (Valle del)	37	H 17
Mezzano Inferiore	35	H 13
Mezzano (Lago di)	53	O 17
Mezzano Scotti	23	H 10
Mezzano Superiore	35	H 13
Mezzaselva	16	E 16
Mezzaselva / Mittewald	7	B 16
Mezzocampo	77	I 32
Mezzocanale	17	D 18
Mezzocorona	16	D 15
Mezzogoro	37	H 18
Mezzoiuso	86	N 22
Mezzola (Lago di)	4	D 10
Mezzolago	15	E 14
Mezzolara	36	I 16
Mezzoldo	14	D 10
Mezzolombardo	16	D 15
Mezzomerico	12	F 7
Miale Ispina (Monte)	96	F 7
Miane	17	E 18
Miano (Forlì)	41	J 17
Miano (Teramo)	56	O 23
Miano (Monte)	62	C 27
Miasino	12	E 7
Miazzina	12	E 7
Micciano	45	M 14
Micheli (Rifugio)	34	I 12
Micigliano	55	O 21
Midia (Monte)	55	P 21
Miemo	39	L 14
Miggiano	75	H 36
Migiana	47	M 18
Migiana di Monte Tezio	47	M 19
Migianella dei Marchesi	47	M 18
Migliana	39	K 15
Miglianico	57	O 24
Migliano	47	N 18
Migliara	35	I 13
Migliarina	35	H 14
Migliarino (Ferrara)	37	H 17
Migliarino (Pisa)	38	K 12
Migliarino S. Rossore i Massaciuccoli (Parco Naturale)	38	K 12
Migliaro	37	H 17
Miglierina	78	K 31
Miglionico	73	F 31
Mignagola	17	E 18
Mignanego	32	I 8
Mignano (Lago di)	34	H 11
Mignano Monte Lungo	60	R 23
Mignone	53	P 17
Milano	13	F 9
Milano-Linate (Aeroporto di)	13	F 9
Milano-Malpensa (Aeroporto di)	12	F 8
Milano Marittima	37	J 19
Milazzese (Punta)	83	M 27
Milazzo	83	M 27
Milazzo (Capo di)	83	M 27
Milazzo (Golfo di)	83	M 27
Milena	91	O 23
Mileto	80	L 30
Miletto (Monte)	61	R 25
Mili S. Pietro	83	M 28
Milia	45	M 14
Milianni	87	M 24
Milici	83	M 27
Milicia	86	N 22
Milione (Portella)	90	O 22
Milis	100	G 7
Militello in Val di Catania	93	P 26
Militello Rosmarino	88	M 26
Millesimo	31	I 6
Milo	89	N 27
Milzano	24	G 12
Mimola	60	Q 23
Mincio	25	F 14
Mineo	92	P 26
Minerbe	26	G 16
Minerbio	36	I 16
Minerva (Monte)	96	F 7
Minervino di Lecce	75	G 37
Minervino Murge	67	D 30
Mingardo	70	G 28

Minniminni (Monte)	103	J 10
Minore	97	F 9
Minori	65	F 25
Minozzo	35	I 13
Minturnæ	60	S 23
Minturno	60	S 23
Minucciano	38	J 12
Mioglia	32	I 7
Mione	18	C 20
Mira	27	F 18
Mirabella	16	E 16
Mirabella Eclano	65	D 26
Mirabella Imbaccari	92	P 25
Mirabella (Pizzo)	86	M 21
Mirabello	36	H 16
Mirabello Monferrato	22	G 7
Mirabello Sannitico	61	C 26
Miradolo Terme	23	G 10
Mirafiori (Torino)	21	G 4
Miralago (Passo di)	61	R 25
Miramare (Rimini)	42	J 19
Miramare (Trieste)	29	E 23
Miranda	61	R 24
Mirandola	36	H 15
Mirano	27	F 18
Mirasole (Mantova)	25	G 14
Mirasole (Milano)	13	F 9
Miratoio	41	K 18
Miravidi (Monte)	10	E 2
Miroglio	31	J 5
Mirra (Monte sa)	102	J 8
Mirto	82	M 26
Mirto Crosia	77	I 32
Mis (Belluno)	17	D 18
Mis (Trento)	17	D 17
Mis (Canale del)	17	D 17
Mis (Lago del)	17	D 18
Misa	43	L 21
Misano Adriatico	42	K 20
Misano di Gera d'Adda	13	F 10
Misano Monte	42	K 19
Miscano	65	D 27
Misciano	41	L 17
Misegna	72	F 30
Miseno	64	E 24
Miseno (Capo)	64	E 24
Misericordia	46	L 17
Miserin (Lago)	11	F 4
Misilbesi (Portella)	85	O 20
Misilmeri	86	M 22
Misinto	13	F 9
Missaglia	13	E 10
Missanello	72	G 30
Misserio	89	N 27
Missian / Missiano	6	C 15
Missiano	47	M 18
Missiano / Missian	6	C 15
Misterbianco	89	O 27

Mistras (Stagno di)	100	H 7
Mistretta	88	N 25
Misurina	8	C 18
Misurina (Lago di)	8	C 18
Mittertal / Val di Mezzo	7	B 16
Mittewald / Mezzaselva	7	B 16
Mizofato	76	I 31
Mizzole	26	F 15
Moda (Pizzo della)	83	M 28
Modditzi (Punta sa)	103	I 10
Modena	35	I 14
Modesti (Masseria)	67	E 31
Modica	93	Q 26
Modica (Villa)	93	Q 26
Modigliana	41	J 17
Modione	85	O 20
Modolena	35	I 13
Modolo	100	G 7
Modugno	68	D 32
Mölten / Meltina	6	C 15
Möseler / Mesule	7	B 17
Moggio	13	E 10
Moggio Udinese	19	C 21
Moggiona	41	K 17
Moglia	35	H 14

Mogliano	49	M 22
Mogliano Veneto	27	F 18
Mogorella	100	H 8
Mogoro	100	H 8
Mogoro (Rio)	100	H 8
Moi (Col de)	17	D 18
Moiano	47	M 18
Moiano (Benevento)	64	D 25
Moiano (Napoli)	64	F 25
Moiazza (Monte)	8	C 18
Moie	43	L 21
Moimacco	19	D 22
Moio (Monte)	66	E 28
Moio Alcantara	89	N 27
Moio della Civitella	70	G 27
Moiola	30	J 4
Mola di Bari	68	D 33
Molara (Isola)	99	E 11
Molare	32	I 7
Molaro	80	N 29
Molassana	32	I 8
Molazzana	38	J 13
Molella	59	S 21
Molentina	101	G 10
Molentis (Punta)	103	J 10
Molfetta	67	D 31
Molfetta (Pulo di)	67	D 31
Molina (Perugia)	48	M 20
Molina (Trento)	16	D 16
Molina Aterno	56	P 23
Molina di Ledro	15	E 14

MODENA

Canal Chiaro (Cso)	AYZ	
Emilia (Via)	ABYZ	
Farini (Via)	BY	
Acc. Militare (Via)	BY	2
Canalino (Via)	BZ	5
Duomo (Corso)	AY	7
Fonteraso (Via)	BY	8
Giannone (Via P.)	AZ	10
Luca (Calle di)	AZ	
Mazzini (Piazza)	BY	13
Nonantolana (Via)	BY	15
Porta S. Agostino (Largo)	AY	17
Rismondo (Via F.)	ABY	18
Risorgimento (Piazzale)	AZ	19
S. Carlo (Via)	BZ	21
S. Francesco (Piazzale)	AZ	22
S. Giovanni del Cantone (V.)	AY	23
Storchi (Via G.)	AY	24
3 Febbraio (Via)	BY	25

A PALAZZO DUCALE   M¹ MUSEO DEL DUOMO   M² PALAZZO DEI MUSEI

Place	Ref	Place	Ref	Place	Ref
Molinaccio	37 I 18	Monferrato	21 H 5	Montalto (Forlì)	41 K 18
Molinara	62 D 26	Monforte d'Alba	21 I 5	Montalto (Isernia)	61 Q 24
Molinatico (Monte)	34 I 11	Monforte S. Giorgio	83 M 28	Montalto (Reggio nell'Emilia)	35 I 13
Molinazzo	23 H 10	Monfret (Cima)	10 F 3	Montalto (Monte)	80 M 29
Molinella	36 I 17	Mongardino (Asti)	21 H 6	Montalto di Castro	53 O 16
Molinetto	25 F 13	Mongardino (Bologna)	36 I 15	Montalto di Marche	49 N 22
Molini (Alessandria)	32 I 8	Mongerati	87 N 23	Montalto Dora	11 F 5
Molini (Vicenza)	16 E 15	Monghidoro	36 I 15	Montalto Ligure	31 K 5
Molini di Triora	31 K 5	Mongia	31 I 5	Montalto Pavese	23 H 9
Molini di Tures / Mühlen	7 B 18	Mongiana	81 L 30	Montalto Uffugo	76 I 30
Molino dei Torti	22 G 8	Mongiardino Ligure	33 I 9	Montan / Montagna	16 D 15
Molino del Piano	40 K 16	Mongioia	20 I 2	Montanara	25 G 14
Molino di Bascio	41 K 18	Mongioie (Monte)	31 J 5	Montanari	37 J 18
Molise	61 R 25	Mongiuffi	89 N 27	Montanaro	64 D 24
Moliterno	71 G 29	Mongrando	11 F 6	Montanaro (Piacenza)	24 H 11
Molla (Capo)	96 D 6	Monguelfo / Welsberg	8 B 18	Montanaro (Torino)	21 G 5
Molleone	42 L 20	Moniga del Garda	25 F 13	Montanaso Lombardo	13 F 10
Molli	45 M 15	Monna Casale (Monte)	60 R 23	Montanello (Pizzo)	86 M 21
Mollia	11 E 6	Monno	15 D 13	Montano Antilia	70 G 28
Mollières	20 H 2	Monopoli	68 E 33	Montaperto	91 P 22
Mollo	60 Q 23	Monreale (Cagliari)	102 I 8	Montappone	49 M 22
Molochio	80 M 30	Monreale (Palermo)	86 M 21	Montaquila	61 R 24
Molteno	13 E 9	Monreale (Castellacio di)	86 M 21	Montardone	35 I 14
Moltrasio	13 E 9	Monrupino	29 E 23	Montarso / Feverstein	6 B 15
Molvena	16 E 16	Monsampietro Morico	49 M 22	Montasio (Jôf di)	19 C 22
Molveno	15 D 14	Monsampolo di Tronto	49 N 23	Montasola	54 O 20
Molveno (Lago di)	15 D 14	Monsano	43 L 21	Montata	35 I 13
Mombaldone	21 I 6	Monselice	26 G 17	Montauro	78 K 31
Mombarcaro	21 I 6	Monserrato	103 J 9	Montazzoli	57 Q 25
Mombaroccio	42 K 20	Monsignore (Casino di)	67 D 31	Monte Amiata	46 N 16
Mombaruzzo	22 H 7	Monsola	21 I 4	Monte Antico	46 N 16
Mombasiglio	31 I 5	Monsole	27 G 18	Monte Bianco	10 E 2
Mombello Monferrato	22 G 6	Monsummano Terme	39 K 14	Monte Bianco (Traforo del)	10 E 2
Mombercelli	21 H 6	Monta	21 H 5	Monte Buono	47 M 18
Momo	12 F 7	Montabone	22 H 7	Monte Calderaro	36 I 16
Mompantero	20 G 3	Montacuto (Alessandria)	23 H 9	Monte Casale (Convento di)	41 L 18
Mompiano	24 F 12	Montacuto (Ancona)	43 L 22	Monte Castello di Vibio	47 N 19
Monaci (Isole)	95 D 10	Montafia	21 G 6	Monte Catone	36 I 16
Monaci (Lago di)	59 R 20	Montagano	61 C 26	Monte Cavallo	48 N 20
Monaci (Masseria)	68 E 33	Montagna (Arezzo)	41 L 18	Monte Cerignone	42 K 19
Monacilioni	62 C 26	Montagna (Cosenza)	76 H 29	Monte Codruzzo	41 J 18
Monacizzo	74 G 34	Montagna (Cozzo)	91 P 23	Monte Corona	47 M 19
Monaco Cappelli (Masseria)	63 C 28	Montagna Grande	60 Q 23	Monte Cotugno (Lago di)	72 G 31
Monaco (Monte)	85 M 20	Montagna / Montan	16 D 15	Monte Croce	16 D 17
Monale	21 H 6	Montagnana (Firenze)	39 K 15	Monte Croce Carnico (Passo di) / Plöckenpaß	18 C 20
Monasterace	81 L 31	Montagnana (Padova)	26 G 16	Monte Cucco	45 N 15
Monasterace Marina	81 L 31	Montagnano	46 L 17	Monte d'Accoddi	96 E 7
Monasteri	93 P 27	Montagnareale	82 M 26	Monte del Lago	47 M 18
Monastero	48 M 21	Montagnola	60 Q 23	Monte di Malo	16 F 16
Monastero Bormida	32 I 6	Montagnola (Monte)	45 M 15	Monte di Procida	64 E 24
Monastero di Vasco	31 I 5	Montagnone (il)	65 E 27	Monte Domenico	33 J 10
Monasterolo	24 G 12	Montagnone-Sonico	25 F 12	Monte Falterona, Campigna e delle Foreste Casentinesi	41 K 17
Monasterolo del Castello	14 E 11	Montaguto	65 D 27	Monte Giberto	49 M 22
Monasterolo di Savigliano	21 H 4	Montaione	39 L 14	Monte Giovo (Passo di) / Jaufenpaß	6 B 15
Monastier di Treviso	28 F 19	Montalbano (Rimini)	42 J 19	Monte Grande	60 S 22
Monastir	103 I 9	Montalbano Elicona	89 M 27	Monte Gridolfo	42 K 20
Monate (Lago di)	12 E 8	Montalbano (Ferrara)	36 H 16	Monte Grimano	42 K 19
Monbello di Torino	21 G 5	Montalbano Ionico	73 G 31	Monte Isola	14 E 12
Moncalieri (Torino)	21 G 5	Montalbo	23 H 10	Monte Lattaia	45 N 15
Moncalvo	21 G 6	Montalcinello	45 M 15	Monte Livata	59 Q 21
Moncenisio	20 G 2	Montalcino	46 M 16	Monte Maria (Abbazia di)	5 B 13
Monchio	35 I 13	Montaldeo	32 H 8	Monte Mario (Roma)	58 Q 19
Monchio delle Corti	34 I 12	Montaldo di Cosola	23 H 9	Monte Martello	42 L 20
Moncioni	40 L 16	Montaldo di Mondovì	31 J 5	Monte Melino	42 L 20
Monclassico	6 C 14	Montaldo Roero	21 H 5	Monte Nero (Rif.)	20 H 2
Moncolombone	10 G 4	Montaltino (Bari)	67 D 30	Monte Nieddu	102 J 8
Moncrivello	11 G 6	Montaltino (Foggia)	63 C 29	Monte Ombraro	36 I 15
Moncucco Torinese	21 G 5			Monte Orsello	35 I 14
Mondaino	42 K 20			Monte Paganuccio	42 L 20
Mondalavia	21 I 5			Monte Petrosu	99 E 10
Mondanica-Viola	37 I 17			Monte Porzio	43 K 21
Mondavio	42 K 20			Monte Porzio Catone	59 Q 20
Mondello (Palermo)	86 M 21			Monte Pranu (Lago di)	102 J 7
Mondole (Monte)	31 J 5			Monte Rinaldo	49 M 22
Mondolfo	43 K 21			Monte Roberto	43 L 21
Mondovì	31 I 5				
Mondragone	64 D 23				
Mondrone	10 G 3				
Monega (Monte)	31 J 5				
Moneglia	33 J 10				
Mónesi di Triora	31 J 5				
Monesiglio	21 I 6				
Monestirolo	36 H 17				
Moneta	95 D 10				
Monfalcon di Montanaia	8 C 19				
Monfalcone	29 E 22				

Place	Ref	Place	Ref	Place	Ref
Monte Romano	53 P 17	Montecassiano	49 L 22	Montegelli	41 K 18
Monte Rosa	11 E 5	Montecassino (Abbazia di)	60 R 23	Montegemoli	45 M 14
Monte Rota / Radsberg	8 B 18	Montecastelli	47 L 18	Montegiordano	73 G 31
Monte Sacro (Roma)	58 Q 19	Montecastelli Pisano	45 M 14	Montegiordano Marina	73 G 31
Monte Santu (Capo di)	101 G 11	Montecastello	22 H 8	Montegiorgio	49 M 22
Monte S. Angelo	63 B 29	Montecastrilli	54 O 19	Montegiovi (Arezzo)	41 L 17
Monte S. Biagio	60 R 22	Montecatini Alto	39 K 14	Montegiovi (Grosseto)	46 N 16
Monte S. Giacomo	71 F 28	Montecatini Terme	39 K 14	Montegonzi	40 L 16
Monte S. Giovanni	36 I 15	Montecatini Val di Cecina	45 L 14	Montegranaro	49 M 22
Monte S. Giovanni Campano	60 R 22	Montecchia di Crosara	26 F 15	Montegrassano	76 I 30
Monte S. Giovanni in Sabina	54 P 20	Montecchio (Arezzo)	46 M 17	Montegrazie	31 K 5
Monte S. Giusto	49 M 22	Montecchio (Perugia)	48 M 20	Montegrino	12 E 8
Monte Sta Maria Tiberina	41 L 18	Montecchio (Pesaro e Urbino)	42 K 20	Montegroppo	34 I 11
Monte Ste Marie	46 M 16	Montecchio (Terni)	53 O 18	Montegrosso (Asti)	21 H 6
Monte S. Martino	49 M 22	Montecchio Emilia	35 H 13	Montegrosso (Bari)	67 D 30
Monte S. Pietro (Bologna)	36 I 15	Montecchio Maggiore	26 F 16	Montegrosso d'Asti	21 H 6
Monte S. Pietro / Petersberg (Bolzano)	16 C 16	Montecchio Precalcino	16 F 16	Montegrotto Terme	26 F 17
Monte S. Savino	46 M 17	Montecelio	54 P 20	Monteguidi	45 M 15
Monte S. Vito (Ancona)	43 L 21	Montecerboli	45 M 14	Monteguiduccio	42 K 20
Monte S. Vito (Perugia)	48 N 20	Montecerreto	35 I 14	Montelabate	47 M 19
Monte Scuro (Valico di)	77 I 31	Montechiaro	91 P 23	Montelabbate	42 K 20
Monte Senario (Convento di)	40 K 16	Montechiaro d'Asti	21 G 6	Montelabreve	41 L 18
Monte Sirai	102 J 7	Montechiaro Piana	32 I 7	Montelago	42 L 20
Monte Sopra Rondine	41 L 17	Montechiarugolo	35 H 13	Montelaguardia	89 N 26
Monte Terlago	16 D 15	Monteciccardo	42 K 20	Montelanico	59 R 21
Monte Urano	49 M 23	Montecilfone	62 B 26	Monteleone	23 G 10
Monte Vergine (Santuario di)	65 E 26	Montecompatri	59 Q 20	Monteleone di Fermo	49 M 22
Monte Vidon Combatte	49 M 22	Montecontieri	46 M 16	Monteleone di Puglia	65 D 27
Monte Vidon Corrado	49 M 22	Montecopiolo	42 K 19	Monteleone di Spoleto	55 O 20
Montea	76 I 29	Montecorice	70 G 26	Monteleone d'Orvieto	47 N 18
Monteacuto delle Alpi	39 J 14	Montecoronaro (Valico di)	41 K 18	Monteleone Rocca Doria	96 F 7
Monteacuto Ragazza	36 J 15	Montecorvino Pugliano	65 E 26	Monteleone Sabino	55 P 20
Monteacuto Vallese	36 J 15	Montecorvino Rovella	65 E 26	Montelepre	86 M 21
Monteaperta	19 D 21	Montecosaro	49 M 22	Monteleto	47 L 19
Monteaperti	46 M 16	Montecreto	35 J 14	Montelibretti	54 P 20
Montebamboli	45 M 14	Montecristo (Formica di)	50 O 12	Montelicciano	42 K 19
Montebaranzone	35 I 14	Montecristo (Isola di)	50 O 12	Montella	65 E 27
Montebello (Rimini)	42 K 19	Montecuccoli	39 J 15	Montello (il)	17 E 18
Montebello (Pesaro e Urbino)	42 K 20	Montedale	41 L 18	Montelongo	62 B 26
Montebello (Viterbo)	53 P 17	Montedinove	49 N 22	Monteluco	48 N 20
Montebello della Battaglia	23 G 9	Montedoro	91 O 23	Montelungo	34 I 11
Montebello di Bertona	56 O 23	Montefalcione	65 E 26	Montelupo Albese	21 I 6
Montebello Ionico	80 N 29	Montefalco	47 N 19	Montelupo Fiorentino	39 K 15
Montebello sul Sangro	57 Q 24	Montefalcone	39 K 14	Montelupone	49 L 22
Montebello Vicentino	26 F 16	Montefalcone Appennino	49 N 22	Montemaggiore (Forlì)	41 J 17
Montebelluna	17 E 18	Montefalcone di Val Fortore	62 D 27	Montemaggiore Appennino	49 N 22
Montebenichi	46 L 16	Montefalcone nel Sannio	61 Q 25	Montemaggiore (Roma)	54 P 20
Montebibico	55 O 20	Montefano	43 L 22	Montemaggiore (vicino a Monteaperta)	19 D 22
Montebonello	35 I 14	Montefegatesi	39 J 13	Montemaggiore (vicino a Savogna)	19 D 22
Montebruno	33 I 9	Montefelcino	42 K 20	Montemaggiore al Metauro	42 K 20
Montebufo	48 N 21	Montefeltro	41 K 18	Montemaggiore Belsito	87 N 23
Montebuono	54 O 19	Monteferrante	57 Q 25	Montemagno	22 H 6
Montebuono Alppato	46 N 16	Montefiascone	53 O 18	Montemale di Cuneo	30 I 4
Montecagnano	45 M 15	Montefino	56 O 23	Montemarano	65 E 26
Montecagno	35 J 13	Montefiore Conca	42 K 19	Montemarcello	38 J 11
Montecalvello	53 O 18	Montefiore di Aso	49 M 23	Montemarciano	43 L 21
Montecalvo in Foglia	42 K 19	Montefiorentino (Convento di)	42 K 19	Montemartano	47 N 19
Montecalvo Irpino	65 D 27	Montefiorino	35 I 13	Montemarzino	23 H 8
Montecalvo Versiggia	23 H 9	Montefiridolfi	39 L 15	Montemassi	45 N 15
Montecampano	54 O 19	Monteflavio	55 P 20	Montemesola	74 F 34
Montecanepino	49 L 22	Montefollonico	46 M 17	Montemignaio	40 K 16
Montecarelli	39 J 15	Monteforte	96 E 6	Montemiletto	65 D 26
Montecarlo	39 K 14	Monteforte Cilento	70 F 27	Montemilone	65 D 29
Montecarlo (Convento)	40 L 16	Monteforte d'Alpone	26 F 15	Montemitro	61 Q 25
Montecarotto	43 L 21	Monteforte Irpino	65 E 26	Montemonaco	49 N 21
Montecarulli	39 L 14	Montefortino	49 N 22	Montemurlo	39 K 15
		Montefosca	19 D 22	Montemurro	71 G 29
		Montefoscoli	39 L 14	Montenars	19 D 21
		Montefranco	54 O 20	Montenero (Cosenza)	79 J 31
		Montefredane	65 E 26	Montenero (Foggia)	63 B 29
		Montefredente	39 J 15	Montenero (Grosseto)	46 N 16
		Montefusco	65 D 26	Montenero (Livorno)	38 L 13
		Montegabbione	47 N 18	Montenero (Perugia)	47 N 19
		Montegalda	26 F 17	Montenero (Salerno)	65 E 27
		Montegaldella	26 F 17		
		Montegallo	49 N 21		
		Montegaudio	42 K 20		

Place	Ref
Montenero di Bisaccia	62 B 26
Montenero (Portella di)	87 N 24
Montenero Sabino	55 P 20
Montenero Val Cocchiara	61 Q 24
Montenerodomo	57 Q 24
Montenotte Superiore	32 I 7
Monteodorisio	57 P 25
Monteorsaro	35 J 13
Monteortone	26 F 17
Montepagano	49 N 23
Montepaone	78 K 31
Montepaone Lido	79 K 31
Monteparano	74 F 34
Montepastore	36 I 15
Montepescali	46 M 16
Montepescini	46 M 16
Montepiano	39 J 15
Monteponi (Lago)	102 J 7
Monteprandone	49 N 23
Montepulciano	46 M 17
Montepulciano (Lago di)	46 M 17
Montepulciano Stazione	46 M 17
Monterado	43 K 21
Monterappoli	39 K 14
Monterchi	41 L 18
Montereale (L'Aquila)	55 O 21
Montereale (Forlì)	41 J 18
Montereale Valcellina	18 D 19
Montereggi	40 K 16
Montereggio	33 J 11
Monterenzio	36 J 16
Monteriggioni	45 L 15
Monteroduni	61 R 24
Monterolo	42 L 20
Monteroni d'Arbia	46 M 16
Monteroni di Lecce	75 G 36
Monterosi	53 P 18
Monterosi (Lago di)	53 P 18
Monterosso (Ancona)	42 L 20
Monterosso (Bolzano)	6 B 14
Monterosso al Mare	33 J 10
Monterosso Almo	93 P 26
Monterosso Calabro	78 K 30
Monterosso Grana	30 I 3
Monterotondo	54 P 19
Monterotondo Marittimo	45 M 14
Monterotondo Scalo	54 P 19
Monterubbiano	49 M 23
Monterubiaglio	47 N 18
Monteruga (Masseria)	75 F 35
Montesano Salentino	75 H 36
Montesano Scalo	66 E 28
Montesano sulla Marcellana	71 G 29
Montesanto di Lussari	19 C 22
Montesarchio	65 D 25
Montesardo	75 H 37
Montescaglioso	73 F 32
Montescano	23 G 9
Montescudaio	45 M 13
Montescudo	42 K 19
Montese	35 J 14
Montesegale	23 H 9
Montesicuro	43 L 22
Montesilvano Marina	56 O 24
Montesoffio	42 K 19
Montesoro	78 K 30
Montespertoli	39 L 15
Montespluga	4 C 9
Montespluga (Lago di)	4 C 10
Monteti	52 O 16
Monteu Roero	21 H 5
Montevaca (Passo di)	33 I 10
Montevago	85 N 20
Montevarchi	40 L 16

Montevecchio	102 I 7	Monticchio Bagni	66 E 28	Montodine	24 G 11	Mont'Orso		Morbegno	4 D 10	Moria	42 L 19	Morra	47 L 18
Monteveglio	36 I 15	Monticelli	60 R 22	Montoggio	32 I 9	(Galleria di)	59 R 21	Morbello	32 I 7	Moriago		Morra De Sanctis	65 E 27
Monteventano	23 H 10	Monticelli		Montone (Perugia)	47 L 18	Montorso		Morcella	47 N 18	della Battaglia	17 E 18	Morra (Monte)	55 P 20
Monteverde	66 D 28	d'Ongina	24 G 11	Montone (Teramo)	49 N 23	Vicentino	26 F 16	Morciano di Leuca	75 H 36	Moricone	54 P 20	Morrano Nuovo	47 N 18
Monteverdi		Monticelli Pavese	23 G 10	Montone (Fiume)	37 J 17	Montoso	20 H 3	Morciano		Morigerati	71 G 28	Morre	47 N 19
Marittimo	45 M 14	Monticelli		Montone (Monte)	8 B 18	Montottone	49 M 22	di Romagna	42 K 19	Morimondo	13 F 8	Morrea (Forchetta)	60 Q 22
Montevettolini	39 K 14	Terme	35 H 13	Montoni-Vecchio	87 N 23	Montovolo	39 J 15	Morcone	61 R 25	Morino	60 Q 22	Morrice	49 N 22
Monteviale	26 F 16	Monticello	46 N 16	Montopoli di		Montresta	96 F 7	Mordano	37 I 17	Morleschio	47 M 19	Morro d'Alba	43 L 21
Montevitozzo	46 N 17	Monticello (Lecco)	13 E 9	Sabina	54 P 20	Montù Beccaria	23 G 9	Morea (Masseria)	68 E 33	Morlupo	54 P 19	Morro d'Oro	56 O 23
Montezemolo	31 I 6	Monticello		Montopoli		Monvalle	12 E 7	Morello	88 O 24	Mormanno	76 H 29	Morro (Monte del)	89 N 26
Monti (Sassari)	97 E 9	(Piacenza)	23 H 10	in Val d'Arno	39 K 14	Monveso di Forzo	10 F 4	Morello (Monte)	39 K 15	Mornago	12 E 8	Morro Reatino	55 O 20
Monti (Siena)	46 L 16	Montichiari	25 F 13	Montorfano	13 E 9	Monza	13 F 9	Morena (Perugia)	42 L 19	Mornese	32 I 8	Morrone	
Monti (Torino)	10 G 4	Monticiano	45 M 15	Montorgiali	45 N 15	Monzambano	25 F 14	Morena (Roma)	59 Q 19	Mornico Losana	23 G 9	(Montagne del)	56 P 23
Monti Sibillini		Montieri	45 M 15	Montorio		Monzone	38 J 12	Morengo	24 F 11	Moro	57 P 25	Morrone (Monte)	56 P 23
(Parco Nazionale		Montiglio	21 G 6	(Grosseto)	46 N 17	Monzoni	7 C 17	Moreri	83 M 27	Moro (Monte) (Rieti)	55 P 21	Morrone del	
dei)	48 N 21	Montignano	43 K 21	Montorio (Verona)	26 F 15	Monzuno	36 J 15	Mores	98 F 8	Moro (Monte)		Sannio	62 B 26
Montiano (Forlì)	41 J 18	Montignoso	38 J 12	Montorio al		Moos / S. Giuseppe	8 B 19	Moresco	49 M 23	(Sassari)	95 D 10	Morrovalle	49 M 22
Montiano		Montingegnoli	45 M 15	Vomano	56 O 22	Moos in Passeier /		Moretta	21 H 4	Moro		Morsano	
(Grosseto)	51 O 15	Montioni	45 M 14	Montorio		Moso in Passiria	6 B 15	Morfasso	34 H 11	(Passo di Monte)	11 E 5	al Tagliamento	28 E 20
Monticano	28 E 19	Montirone	24 F 12	nei Frentani	62 B 26	Morano Calabro	76 H 30	Morgantina	88 O 25	Moro (Sasso)	14 D 11	Morsasco	32 I 7
Monticchiello	46 M 17	Montisi	46 M 16	Montorio Romano	55 P 20	Morano sul Po	22 G 7	Morgex	10 E 3	Morolo	59 R 21	Mortara	22 G 8
Monticchio	56 P 22	Montjovet	11 E 5	Montoro	43 L 22	Moraro	29 E 22	Morgonaz	10 E 4	Morone (Colle)	78 L 30	Mortegliano	29 E 21
Monticchio		Montjovet		Montoro Inferiore	65 E 26	Morasco (Lago di)	2 C 7	Morgongiori	100 H 8	Moronico	41 J 17	Mortelle	83 M 28
(Laghi di)	66 E 28	(Castello)	11 E 4	Montorsaio	45 N 15	Morazzone	12 E 8	Mori	15 E 14	Morozzo	31 I 5	Morter	6 C 14

NAPOLI

Augusto (Viale) .... AU 10
Capodichino (Calata) .... CT 16
Caravaggio
(Via Michelangelo Da) ..... AU 19
Casoria (Str. Prov.) ...... CT 21

Cilea (Via Francesco) .... BU 26
Claudio (Via) .... AU 28
De Amicis
(Via Tommaso) .... BT 41
De Pinedo (Via) .... CT 44
Di Vittorio (Piazza) .... AU 45
Domiziana (Via) .... AU 46
Don Bosco (Via) .... CT 47

Europa (Corso) .... BU 52
Ferraris (Via Galileo) ..... CTU 54
Garibaldi (Corso G.) ...... DU 61
Gianturco (Via E.) .... CTU 63
Giulio Cesare (Via) .... AU 66
Imparato (Via F.) .... CTU 67
Jannelli (Via Gabriele) .... BT 68
Kennedy (Viale J. F.) ...... AU 69

Maddalena (Viale U.) ..... CT 71
Miraglia (Via Nicola) ...... CT 79
Napoli
Capodimonte (Via) ..... BT 92
Nicolini (Via Nicola) ...... CT 95
Orazio (Via) .... BU 103
Piave (Via) .... AU 112
Pietravalle (Via M.) ...... BT 114

Pigna (Via) .... BU 116
Ponte della Maddalena
(Via) .... CU 120
Ponti Rossi (Via) .... BT 122
Reggia di Portici (Via) .... CU 128
Riposo (Via del) .... CT 129
S. Giovanni
a Teduccio (Corso) .... CU 142

Taddeo da Sessa (Via)...... CT 157
Tasso (Via Torquato) .... BU 158
Tecchio (Piazzale V.) ...... AU 160
Traccia
a Poggioreale (Via) ...... CT 164

M¹ PALAZZO E GALLERIA
   DI CAPODIMONTE

Name	Page	Grid
Morterone	13	E 10
Mortizza	24	G 11
Mortizzuolo	36	H 15
Morto (Lago)	17	D 18
Morto di Primaro	36	H 16
Morto (Portella del)	88	O 24
Mortola Inferiore	30	K 4
Mortorio (Isola)	95	D 10
Moscazzano	24	G 11
Moschella	66	D 29
Moscheta	40	J 16
Moschiano	65	E 25
Moschin (Col)	16	E 17
Mosciano S. Angelo	49	N 23
Moscufo	56	O 24
Mosio	25	G 13
Moso in Passiria / Moos in Passeier	6	B 15
Mosorrofa	80	M 29
Mossa	29	E 22
Mosso Sta Maria	11	F 6
Mosson	16	E 16
Mostri (Parco dei)	53	O 18
Moticella	80	M 30
Mòtola (Monte)	70	F 28
Motorra	101	G 10
Motta (Modena)	35	H 14
Motta (Vicenza)	26	F 16
Motta Baluffi	24	G 12
Motta Camastra	89	N 27
Motta d'Affermo	87	N 24
Motta de Conti	22	G 7
Motta di Livenza	28	E 19
Motta Montecorvino	62	C 27
Motta S. Anastasia	89	O 23
Motta S. Giovanni	80	M 29
Motta Sta Lucia	78	J 30
Motta Visconti	23	G 8
Mottafollone	76	I 30
Mottalciata	11	F 6
Mottaziana	23	G 10
Motteggiana	25	G 14
Mottiscia (Punta)	2	D 6
Mottola	68	F 33
Mozia	84	N 19
Mozzagrogna	57	P 25
Mozzanica	24	F 11
Mozzate	13	E 8
Mozzecane	25	G 14
Muccia	48	M 21
Mucone	76	I 30
Mucone (Lago di)	77	I 31
Mucrone (Monte)	11	F 5
Mühlbach / Rio di Pusteria	7	B 16
Mühlbach / Riomolino	7	B 17
Mühlen / Molini di Tures	7	B 17
Mühlwald / Selva dei Molini	7	B 17
Muggia	29	F 23
Muggia (Baia di)	29	F 23
Muglia	88	O 26
Mugnai	17	D 17
Mugnano	47	M 18
Mugnano del Cardinale	65	E 25
Mugnano di Napoli (Napoli)	64	E 24
Mugnano in Teverina	53	O 18
Mugnone	39	K 15
Mugnone (Punta)	84	N 18
Mulargia	101	H 9
Mulargia (Lago di)	101	I 9
Mulazzano (Lodi)	13	F 10
Mulazzano (Parma)	35	I 12
Mulazzo	34	J 11
Mules / Mauls	7	B 16
Mulinello	88	O 25
Mulino di Arzachena	95	D 10
Multeddu	98	E 8
Mumullonis (Punta)	102	I 7
Muntiggioni	98	E 8
Mura	15	E 13
Muraglione (Passo del)	40	K 16
Murano	28	F 19
Muravera	103	I 10
Murazzano	21	I 6
Murci	46	N 16
Murello	21	H 4
Murera	101	H 9
Muretto (Passo del)	4	C 11
Le Murge	67	D 30
Murgetta	67	E 31
Muri (Necropoli di li)	94	D 9
Murialdo	31	J 6
Muris	18	D 20
Murisengo	21	G 6
Murittu (Punta)	99	F 16
Murlo	46	M 16
Muro Leccese	75	G 37
Muro Lucano	66	E 28
Muros	96	E 7
Murro di Porco (Capo)	93	P 28
Murta Maria	99	E 10
Murtazzolu	100	G 8
Musano	17	E 18
Muscletto	28	E 21
Musei	102	J 8
Musellaro	56	P 23
Musi	19	D 21
Musignano (Varese)	3	D 8
Musignano (Viterbo)	53	O 17
Musile di Piave	28	F 19
Musone	43	L 21
Mussomeli	91	O 23
Mussolente	16	E 17
Muta (Lago di)	5	B 13
Mutignano	56	O 24
Mutria (Monte)	61	R 25
Muxarello	91	O 22
Muzza (Canale)	13	F 10
Muzza S. Angelo	23	G 10
Muzzana del Turgnano	28	E 21

N

Name	Page	Grid
Nago	15	E 14
Nai (Monte)	103	J 10
Naia	47	N 19
Nàlles / Nals	6	C 15
Nals / Nàlles	6	C 15
Nambino (Monte)	15	D 14
Nanno	16	D 15
Nanto	26	F 16
Napola	85	N 19
Napoli	64	E 24
Napoli-Capodichino (Aeroporto)	64	E 24
Napoli (Golfo di)	64	E 24
Narba (Monte)	103	I 10
Narbolia	100	G 7
Narcao	102	J 8
Narcao (Monte)	102	J 7
Nardis (Cascata di)	15	D 14
Nardò	75	G 36
Nardodipace	81	L 31
Nardodipace Vecchio	81	L 31
Naregno	50	N 13
Narni	54	O 19
Narni Scalo	54	O 19
Naro	91	P 23
Naro (Fiume)	91	P 23
Naro (Portella di)	91	P 23
Narzole	21	I 5
Nasino	31	J 6
Naso	82	M 26
Naso (Fiume di)	82	M 26
Naßfeld-Paß / Pramollo (Passo di)	-19	C 21
Natile Nuovo	80	M 30
Natisone	19	D 22
Naturno / Naturns	6	C 15
Naturns / Naturno	6	C 15
Natz / Naz	7	B 17
Nava	31	J 5
Nava (Colle di)	31	J 5
Navacchio	38	K 13
Nave	25	F 12
Nave (Monte La)	89	N 26
Navelli	56	P 23
Nave S. Felice	16	D 15
Navene	15	E 14
Navene (Bocca di)	15	E 14
Navicello	35	H 14
Navone (Monte)	88	O 24
Naxos	89	N 27
Naz / Natz	7	B 17
Nazzano (Roma)	54	P 19
Nazzano (Pavia)	23	H 9
Nebbiano	48	L 20
Nebbiuno	12	E 7
Nebida	102	J 7
Nebin (Monte)	20	I 3
Nebius (Monte)	30	I 3
Nebrodi	88	N 25
Negra (Punta)	96	E 6
Negrar	25	F 14
Neirone	33	I 9
Neive	21	H 6
Nembro	14	E 11
Nemi	59	Q 20
Nemi (Lago di)	59	Q 20
Nemoli	71	G 29

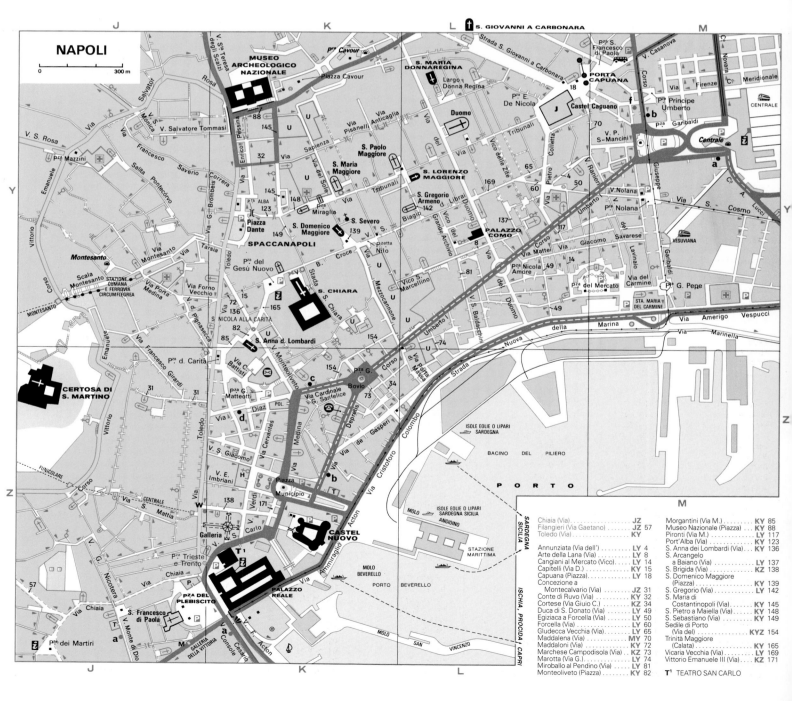

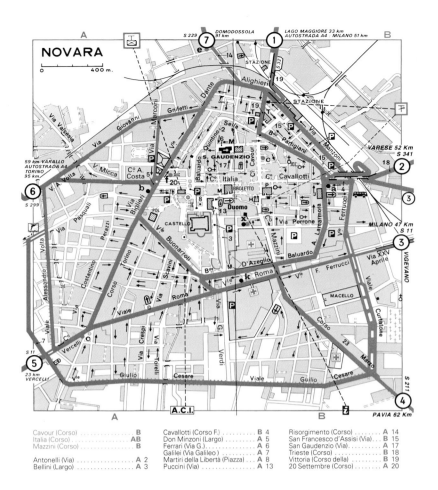

NOVARA

Cavour (Corso) .... B
Italia (Corso) .... AB
Mazzini (Corso) .... B

Antonelli (Via) .... A 2
Bellini (Largo) .... A 3

Cavallotti (Corso F.) .... B 4
Don Minzoni (Largo) .... A 5
Ferrari (Via G.) .... A 6
Galilei (Via Galileo) .... A 7
Martiri della Libertà (Piazza) ... A 8
Puccini (Via) .... A 13

Risorgimento (Corso) .... A 14
San Francesco d'Assisi (Via) . B 15
San Gaudenzio (Via) .... A 17
Trieste (Corso) .... B 18
Vittoria (Corso della) .... B 19
20 Settembre (Corso) .... A 20

Nome		
Neoneli	100	G 8
Nepi	54	P 19
Nera	48	N 20
Nera (Croda)	8	B 18
Nera (Punta) (Aosta)	10	F 4
Nera (Punta) (Livorno)	50	N 12
Nera (Punta) (Nuoro)	99	F 11
Nerbisci	47	L 19
Nercone (Monte su)	101	G 10
Nereto	49	N 23
Nerina (Val)	48	N 20
Nero (Capo)	31	K 5
Nero (Monte)	89	N 27
Nero (Sasso)	14	D 11
Nero (Sasso) / Schwarzenstein	7	A 17
Nerola	55	P 20
Nerone (Monte)	42	L 19
Nervesa d. Battaglia	17	E 18
Nervi (Genova)	32	I 9
Nervia (Torrente)	30	K 4
Nervia (Val)	30	K 4
Nerviano	13	F 8
Nery (Monte)	11	E 5
Nespoledo	28	E 21
Nespolo	55	P 21
Nesso	13	E 9
Nestore (vicino a Marsciano)	47	N 18
Nestore (vicino a Trestina)	47	L 18
Neto	79	J 31
Netro	11	F 5
Nettuno	59	R 19
Nettuno (Grotta di)	96	F 6
Neumarkt / Egna	16	D 15
Neurateis / Rattisio Nuovo	6	B 14
Neustift / Novacella	7	B 16
Neva (Torrente)	31	J 6
Neva (Val)	31	J 6
Nevea (Passo di)	19	C 22
Nevegal	17	D 18
Néves (Lago di)	7	B 17
Neviano	75	G 36
Neviano de' Rossi	34	I 12
Neviano degli Arduini	35	I 12
Neviera (Serra la)	71	F 29
Nevola	43	L 21
Niardo	15	E 13
Nibbia	12	F 7
Nibbiaia	38	L 13
Nibbiano	23	H 10
Nica (Cosenza)	77	I 32
Nica (Trapani)	84	Q 17
Nicastro	78	K 30
Niccioleta	45	M 14
Niccone	47	M 18
Niccone (Torrente)	47	M 18
Nichelino (Torino)	21	H 4
Nicola Bove (Monte)	103	J 10
Nicola (Monte)	63	B 30
Nicoletti (Lago)	88	O 24
Nicolosi	89	O 27
Nicorvo	22	G 8
Nicosia	88	N 25
Nicotera	80	L 29
Nicotera Marina	80	L 29
Nieddu (Monte)	99	E 10
Nieddu di Ottana (Monte)	101	G 9
Niederdorf / Villabassa	8	B 18
Niel	11	E 5
Niella Belbo	21	I 6
Niella Tanaro	31	I 5
Nigra (Passo)	7	C 16
Nimis	19	D 21
Ninfa	59	R 20
Niovole	39	K 14
Nirano	35	I 14
Niscemi	92	P 25
Nisida (Isola di) (Napoli)	64	E 24
Nissoria	88	O 25
Niviano	23	H 10
Niviere (Pizzo dello)	85	M 20
Nivolet (Colle del)	10	F 3
Nizza di Sicilia	89	N 28
Nizza Monferrato	22	H 7
Noale	27	F 18
Noasca	10	F 3
Nocchi	38	K 13
Nocciano	56	O 23
Noce (Potenza)	71	G 29
Noce (Trento)	6	C 14
Nocelleto	64	D 24
Nocera Inferiore	64	E 25
Nocera Superiore	65	E 26
Nocera Terinese	78	J 30
Nocera Umbra	48	M 20
Noceto	34	H 12
Noci	68	E 33
Nociara	88	O 24
Nociazzi	87	N 24
Nociglia	75	G 36
Noepoli	72	G 30
Nogara	26	G 15
Nogarè	17	E 18
Nogaro	29	E 21
Nogarole Rocca	25	G 14
Nogarole Vicentino	26	F 15
Nogheredo	18	D 19
Nogna	47	L 19
Noha	75	G 36
Noicattaro	68	D 32
Nola	64	E 25
Nole	11	G 4
Noli	32	J 7
Noli (Capo di)	32	J 7
Nomi	16	E 15
Non (Val di)	16	D 15
Nona	14	D 12
Nonantola	36	H 15
None	21	H 4
Nongruella	19	D 21
Nonio	12	E 7
Nora	103	J 9
Noragugume	100	G 8
Norba	59	R 20
Norbello	100	G 8
Norchia	53	P 17
Nòrcia	48	N 21
Nordio-Deffar (Rif.)	19	C 22
Norma	59	R 20
Nortiddi	99	F 10
Nosate	12	F 8
Nosedole	25	G 14
Nostra Signora de Cabu Abbas	98	F 8
Nostra Signora della Solitudine	101	G 10
Nostra Signora di Bonaria	98	E 8
Nostra Signora di Castro	97	E 9
Nostra Signora di Gonari	101	G 9
Nostra Signora di Monserrato (Nuoro)	101	G 10
Nostra Signora di Montallegro (Genova)	33	I 9
Notaresco	56	O 23
Noto	93	Q 27
Noto (Golfo di)	93	Q 27
Noto Antica	93	Q 27
Notteri (Stagno)	103	J 10
Nova Levante / Welschnofen	7	C 16
Nova Milanese	13	F 9
Nova Ponente / Deutschnofen	7	C 16
Nova Siri	73	G 31
Nova Siri Stazione	73	G 31
Novacella / Neustift	7	B 16
Novafeltria	41	K 18
Novale (Vicenza)	16	F 15
Novale / Rauth (Bolzano)	7	C 16
Novaledo	16	D 16
Novalesa	20	G 3
Novara	12	F 7
Novara di Sicilia	89	M 27
Novate Mezzola	4	D 10
Nove	16	E 17
Novegigola	34	J 11
Noveglia	34	I 11
Novegno (Monte)	16	E 15
Novellara	35	H 14
Novello	21	I 5
Noventa di Piave	28	F 19
Noventa Padovana	27	F 17
Noventa Vicentina	26	G 16
Novi di Modena	35	H 14
Novi Ligure	22	H 8
Novi Velia	70	G 28
Noviglio	13	F 9
Novoli	75	F 36
Nozza	15	E 13
Nozzano	38	K 13
Nubia	84	N 19
Nuccio	84	N 19
Nucetto	31	I 6
Nuchis	97	E 9
Nudo (Col)	18	D 19
Nughedu di S. Nicolò	97	F 9
Nughedu Sta Vittoria	100	G 8
Nugola	38	L 13
Nule	97	F 9
Nulvi	98	E 8
Numana	43	L 22
Nunziata	89	N 27
Nuoro	101	G 9
Nuova Bisaccia	66	D 28
Nuova Olonio	4	D 10
Nuovo (Ponte)	66	D 28
Nuracciolu (Punta)	102	I 7
Nurachi	100	H 7
Nuradeo	100	G 7
Nuraghi (Valle dei)	98	F 8
Nuragus	101	H 9
Nurallao	101	H 9
Nuraminis	103	I 9
Nuraxi (Su) (Barumini)	100	H 8
Nuraxi de Mesu (Valico)	102	K 8
Nuraxi Figus	102	J 7
Nure	34	H 11
Nureci	100	H 7
Nuria (Monte)	55	O 21
Nurri	101	H 9
Nurri (Cantoniera di)	101	H 9
Nus	10	E 4
Nuschele (Monte)	97	F 9
Nusco	65	E 27
Nusenna	40	L 16
Nuvolato	26	G 15
Nuvolau (Rifugio)	8	C 18
Nuvolento	25	F 13
Nuvolera	25	F 13
Nuxis	102	J 8

O

Nome		
Ober Wielenbach / Vila di Sopra	7	B 17
Oberbozen / Soprabolzano	7	C 16
Obereggen / S. Floriano	7	C 16
Obolo	23	H 10
Oca	37	H 18
Occhieppo	11	F 6
Occhiobello	36	H 16
Occhione (Punta)	95	D 10
Occhito (Lago di)	62	C 26
Occimiano	22	G 7
Oclini (Passo di)	7	C 16
Ocre (L'Aquila)	56	P 22
Ocre (Rieti)	55	O 20
Ocre (Monte)	55	P 22
Odalengo Grande	21	G 6
Oderzo	28	E 19
Odle (le) / Geislerspitze	7	C 17
Odolo	25	F 13
Oes	98	F 8
Ofanto	66	E 28
Ofanto (Foce dell')	63	C 30
Ofen / Forno (Monte)	19	C 23
Ofena	56	P 23
Offagna	43	L 22
Offanengo	24	F 11
Offida	49	N 23
Offlaga	24	F 12
Oggia (Colle di)	31	K 5
Oggiono	13	E 10
Ogliastra	101	H 10
Ogliastra (Isola dell')	101	H 11
Ogliastro Cilento	70	F 27
Ogliastro (Lago di)	88	O 25
Ogliastro Marina	70	G 26
Oglio	15	D 13
Ogliolo	14	D 12
Ogna (Monte)	66	E 28
Ognina	93	O 27
Ognina (Capo)	93	Q 27
Ognio	33	I 9
Ognissanti	68	D 32
Oisternig (Monte)	19	C 22
Ola	101	G 9
Olang / Valdaora	8	B 18
Olbia	99	E 10
Olbia (Golfo di)	99	E 10
Olbicella	32	I 7
Olcenengo	12	F 6
Olcio	13	E 9
Olda	13	E 10
Olevano di Lomellina	22	G 8
Olevano Romano	59	Q 21
Olevano sul Tusciano	65	F 27
Olgiasca	4	D 9
Olgiata	54	P 19
Olgiate Comasco	13	E 8
Olgiate Olona	13	F 8
Olginate	13	E 10
Olia (Monte)	99	E 10
Olia Speciosa	103	J 10
Oliena	101	G 10
Oliena (Rio d')	101	G 10
Olinie (Monte)	101	G 10
Olivadi	78	K 31
Olivarella	83	M 27
Oliveri	83	M 27
Oliveto	80	M 29
Oliveto (Arezzo)	46	L 17
Oliveto (Bologna)	36	I 15
Oliveto (Masseria)	67	E 30
Oliveto Citra	65	E 27
Oliveto Lario	13	E 9
Oliveto Lucano	72	F 30
Oliveto Maggiore (Abbazia di Monte)	46	M 16
Olivetta	30	K 4
Olivieri (Masseria)	67	E 31
Olivo	88	O 24
Olivo (Ponte)	92	P 24
Olivola	34	J 12
Ollastra Simaxis	100	H 8
Ollastu	103	I 10
Olle	16	D 16
Ollolai	101	G 9
Ollomont	10	E 3
Olmedo	96	F 7
Olmeneta	24	G 12
Olmi	39	K 14
Olmi (Monte degli)	6	C 14
Olmo (Arezzo)	41	L 17
Olmo (Firenze)	40	K 16
Olmo (Reggio nell'Emilia)	35	H 13
Olmo (Sondrio)	4	C 10
Olmo (Treviso)	16	E 17
Olmo (Vicenza)	26	F 16
Olmo al Brembo	13	E 10
Olmo Gentile	21	I 6
Olona	13	E 8
Olonia	13	F 9
Olpeta	53	O 17
Oltre il Colle	14	E 11
Oltre Vara	33	J 11
Olza	24	G 11
Olzai	101	G 9
Ombrone (vicino a Grosseto)	46	M 16
Ombrone (vicino a Pistoia)	39	K 14
Ome	24	F 12
Omegna	12	E 7
Omignano	70	G 27
Omignano Scalo	70	G 27
Omodeo (Lago)	100	G 8
Onamarra (Punta)	101	G 10
Onani	99	F 10
Onano	46	N 17
Onara	27	F 17
Oncino	20	H 3
Oneglia	31	K 6
Ongaro	16	E 15
Ongina	34	H 12
Onifai	99	F 10
Oniferi	101	G 9
Onigo di Piave	17	E 17
Onno	13	E 9
Onzo	31	J 6
Opera	13	F 9
Opi	60	Q 23
Oppeano	26	G 15
Oppido Lucano	67	E 29
Oppido Mamertina	80	M 29
Oppio (Passo di)	39	J 14
Ora / Auer	6	C 15
Orani	101	G 9
Orasso	3	D 7
Oratino	61	R 25
Orba	22	H 7
Orbai (Monte)	102	J 8
Orbassano (Torino)	21	G 4
Orbetello	51	O 15
Orbetello (Laguna di)	51	O 15
Orbetello Scalo	51	O 15
Orcenico Inferiore	28	E 20
Orcia	46	N 16
Orciano di Pesaro	42	K 20
Orciano Pisano	38	L 13
Orciatico	39	L 14
Orco	10	F 3
Ordini (Monte)	103	I 10
Ordona	66	D 28
Orecchiella	38	J 13
Oregone (Passo d.) / Hochalpljoch	18	C 20
Orentano	39	K 13
Orezzoli	33	I 10
Orgiano	26	F 16
Orgnano	18	D 21
Orgosolo	101	G 10
Oria (Brindisi)	74	F 34
Oria (Como)	3	D 9
Oriago	27	F 18
Oricola	55	P 21
Origgio	13	F 9
Orimini (Masseria) (vicino a Martina Franca)	68	E 33
Orimini (Masseria) (vicino a S. Simone)	74	F 33
Orino	12	E 8
Orio al Serio	14	E 11
Orio Litta	23	G 10
Oriolo (Cosenza)	73	G 31
Oriolo (Pavia)	23	G 9
Oriolo (Perugia)	48	N 20
Oriolo Romano	53	P 18
Oristano	100	H 7
Oristano (Golfo di)	100	H 7
Orlando (Capo d')	82	M 26
Ormea	31	J 5
Ormelle	28	E 19
Ornaro	55	P 20
Ornavasso	12	E 7
Orneta	65	D 27
Ornica	13	E 10
Oro (Conca d')	86	M 21
Oro (Monte d')	87	N 23
Oro (S')	103	I 10
Orolo	26	F 16
Oronaye (Monte)	20	I 2
Oropa	11	F 5
Orosei	99	F 11
Orosei (Golfo di)	101	G 11
Orotelli	101	G 9
Orotelli (Serra d')	97	F 9
Orri (Monte)	102	J 8
Orria	70	G 27
Orrido di S. Anna	3	D 8
Orriola (Monte)	97	F 9
Orroli	101	H 9
Orru (Cuccuru)	103	I 9
Orsago	28	E 19
Orsaiola	42	L 19
Orsara di Puglia	66	D 28
Orsaria	19	D 22
Orsetti (Monte)	68	E 33
Orsia	11	E 5
Orsiera (Monte)	20	G 3
Orso (Capo d') (Salerno)	65	F 26
Orso (Capo d') (Sassari)	95	D 10
Orso (Colle dell')	61	R 25
Orsogna	57	P 24
Orta	56	P 24
Orta di Atella	64	E 24
Orta (Lago d')	12	E 7
Orta Nova	66	D 29
Orta S. Giulio	12	E 7
Ortacesus	103	I 9

Orte	54	O 19	Orzivecchi	24	F 11	Ospedaletto (Trento)	16	D 16
Ortelle	75	G 37	Osasco	20	H 4	Ospedaletto		
Ortezzano	49	M 22	Osasio	21	H 4	(Treviso)	17	F 18
Orti	80	M 29	Oscasale	24	G 11	Ospedaletto (Udine)	18	D 21
Orticelli	27	G 18	Oscata	65	D 27	Ospedaletto		
Ortigara (Monte)	16	D 16	Oschiri	97	E 9	d'Alpinolo	65	E 26
Ortignano-			Oschiri (Rio di')	97	E 9	Ospedaletto		
Raggiolo	41	K 17	Osento (Avellino)	66	E 28	Euganeo	26	G 16
Ortimino	39	L 15	Osento (Chieti)	57	P 25	Ospedalicchio	47	M 19
Ortisei /			Osidda	97	F 9	Ospitale (Ferrara)	36	H 16
St. Ulrich	7	C 17	Osiglia	31	J 6	Ospitale (Modena)	35	J 14
Ortler / Ortles	5	C 13	Osiglietta (Lago di')	31	J 6	Ospitale di Cadore	17	D 18
Ortles / Ortler	5	C 13	Osilo	98	E 8	Ospitaletto (Brescia)	24	F 12
Ortobene (Monte)	101	G 10	Osimo	43	L 22	Ospitaletto		
Ortolano	55	O 22	Osimo Stazione	43	L 22	(Mantova)	25	G 13
Ortona	57	O 25	Osini-Nuovo	101	H 10	Ospitaletto		
Ortona dei Marsi	56	Q 23	Osini-Vecchio	101	H 10	(Modena)	35	I 14
Ortonovo	38	J 12	Osio Sotto	13	F 10	Ospitalmonacale	36	H 17
Ortovero	31	J 6	Oslavia	29	E 22	Ossago Lodigiano	23	G 10
Ortuabis (Valico)	101	H 9	Osnago	13	E 10	Ossalengo	24	G 12
Ortucchio	56	Q 22	Osoppo	18	D 21	Ossegna	33	I 10
Ortueri	100	G 8	Ospedaletti	31	K 5	Osservanza (Siena)	46	L 16
Orune	99	F 10	Ospedaletto	23	G 10	Ossi	96	E 7
Orvieto	47	N 18	Ospedaletto (Forlì)	37	J 18	Ossola (Val d')	2	D 6
Orvinio	55	P 20	Ospedaletto			Ossolaro	24	G 11
Orzano	19	D 22	(Rimini)	42	K 19	Ossona	13	F 8
Orzinuovi	24	F 11	Ospedaletto (Terni)	47	N 18	Ossuccio	13	E 9

PADOVA

Altinate (Via)	DYZ	S. Fermo (Via)	DY	
Cavour (Piazza e Via)	DY 15	Carmine (Via del)	DY 10	Monte di Pietà (Via del)	CZ 45
Dante (Via)	CY	Cesarotti (Via M)	DZ 17	Petrarca (Via)	CY 50
Filiberto (Via E.)	DY 24	Erbe (Piazza delle)	DZ 20	Ponte Molino (Vicolo)	CY 52
Garibaldi (Corso)	DY 27	Eremitani (Piazza)	DY 21	S. Canziano (Via)	DZ 57
Ponti Romani		Frutta (Piazza della)	DZ 25	S. Lucia (Via)	DY 59
(Riviera dei)	DYZ 53	Garibaldi (Piazza)	DY 28	Vandelli (Via D.)	CZ 66
Roma (Via)	DZ	Gasometro (Via dell'ex)	DY 29	Verdi (Via G.)	CY 67
		Guariento (Via)	DY 35	Vittorio Emanuele II	
		Insurrezione (Piazza)	DY 39	(Corso)	CZ 70
				8 Febbraio (Via)	DZ 74
				58 Fanteria (Via)	DZ 75

PALERMO
PIANTA D'INSIEME

Ammiraglio Rizzo (Via L.)	FV	3
Brigata Verona (Viale)	EV	10
Cantieri Navali (V. dei)	FV	14
Cappuccini (V. dei)	FV	
Croce Rossa (Via)	EUV	
Dalla Chiesa (V. C.A.)	FV	23
Duca degli Abruzzi		
(Viale)	EU	25
Duca della Verdura (V.)	EV	27
Empedocle Restivo (Via)	EV	28
Favorita (Via della)	FUV	29
Finocchiaro Aprile (C.)	EV	31
Generale Cascino (Pza)	FV	35
Giacchery (Piazza)	FV	36
Imperatore		
Federico (Via)	FV	
Marchese di Villabianca		
(Via)	FV	47
Maresciallo Diaz (Via)	FV	49
Messina Marine (Via)	FV	53
Mondello (Via)	EU	55
Montegrappa (Via)	FV	56
Monte Pellegrino (Via)	FV	
Museo Etnografico (Vle)	EU	61
Notarbartolo (Via E.)	EFV	63
Palme (Viale delle)	EU	65
Parrocchia (Via della)	EU	67
Piazza (Via)	FV	73
Quattroventi (Via)	FV	88
Resurrezione (V. della)	EU	89
Resuttana (Via)	EU	90

M MUSEO ETNOGRAFICO

Ostana	20	H 3
Ostellato	37	H 17
Osteria del Gatto	48	M 20
Osteria dell'Osa	59	Q 20
Osteria di Morano	48	M 20
Osteria Grande	36	I 16
Osteria Nuova	53	P 18
Osterianova	49	L 22
Ostia Antica	58	Q 18
Ostia Parmense	34	I 11
Ostia Scavi	58	Q 18
Ostiano	24	G 12
Ostiglia	26	G 15
Ostigliano	70	G 27
Ostra	43	L 21
Ostra Vetere	43	L 21
Ostuni	69	E 34
Oten (Valle d')	8	C 18
Otranto	75	G 37
Otranto		
(Capo d')	75	G 37
Otricoli	54	O 19
Ottana	101	G 9
Ottati	65	F 27
Ottava	96	E 7
Ottavia (Roma)	58	Q 19
Ottaviano	64	E 25
Ottiglio	22	G 7
Ottiolu (Punta d')	99	E 11
Ottobiano	22	G 8
Ottone	33	I 10

Oulx	20	G 2
Ovada	32	I 7
Ovaro	18	C 20
Oviglio	22	H 7
Ovindoli	56	P 22
Ovo (Torre dell')	74	G 34
Ovodda	101	G 9
Oyace	10	E 4
Ozegna	21	G 5
Ozein	10	E 3
Ozieri	97	F 9
Ozzano dell'Emilia	36	I 16
Ozzano Monferrato	22	G 7
Ozzano Taro	34	H 12
Ozzero	13	F 8
P		
Pabillonis	102	I 8
Pace	83	M 28
Pace del Mela	83	M 27
Paceco	84	N 19
Pacengo	25	F 14
Pacentro	56	P 23
Pachino	93	Q 27
Paciano	47	M 18
Padenghe sul		
Garda	25	F 13
Padergnone	15	D 14
Paderno (Belluno)	17	D 18

Paderno (Bologna)	36	I 15
Paderno (Treviso)	17	E 18
Paderno d'Adda	13	E 10
Paderno del		
Grappa	17	E 17
Paderno Dugnano	13	F 9
Paderno Ponchielli	24	G 11
Padiglione	43	L 22
Padiglione		
(Bosco di)	59	R 19
Pàdola	8	C 19
Pàdola (Val)	8	C 19
Padova	27	F 17
Padova (Rifugio)	8	C 19
Padria	96	F 7
Padriciano	29	F 23
Padrio (Monte)	14	D 12
Padru	99	E 10
Padru (Monte)	94	D 9
Padula	71	F 28
Padule	47	M 19
Paduli	65	D 26
Paduli (Lago)	34	I 12
Padulle	36	I 15
Paesana	20	H 3
Paese	17	E 18
Paestum	70	F 27
Paestum Antica	65	F 27
Paganella (Monte)	16	D 15
Pagani	64	E 25
Pagania	76	I 31

A STATUA EQUESTRE DEL GATTAMELATA
B ORATORIO DI SAN GIORGIO-SCUOLA DI SANT' ANTONIO
J PALAZZO DELLA RAGIONE
M PINACOTECA CIVICA

Paganica	55 O 22	Paisco (Valle)	15 D 12	Palazzo (Perugia)	47 M 19	Palestro 22 G 7
Paganico	45 N 15	Palade (Passo		Palazzo Adriano	86 N 22	Paliano 59 Q 21
Pagano (Monte)	61 Q 24	delle) /		Palazzo d'Ascoli	66 D 28	Palidano 25 H 14
Paganuccio		Gampenjoch	6 C 15	Palazzo del Pero	41 L 17	Palidoro 58 Q 18
(Monte)	42 L 20	Paladina	13 E 10	Palazzo Foscarini		Palinuro 70 G 27
Pagazzano	24 F 11	Palagano	35 J 13	(Mira)	27 F 18	Palinuro (Capo) 70 G 27
Paghera	15 E 13	Palagianello	73 F 32	Palazzo S. Gervasio	67 E 29	Palla Palla 79 J 32
Paglia	46 N 17	Palagiano	74 F 33	Palazzolo Acreide	93 P 26	Pallagorio 79 J 32
Paglia		Palagogna		Palazzolo dello		Pallanfre 30 J 4
(Portella della)	86 M 21	(Masseria)	69 F 34	Stella	28 E 21	Pallanza 12 E 7
Pagliara	89 N 28	Palagonia	93 P 26	Palazzolo		Pallare 31 J 6
Pagliare	49 N 23	Palai (Punta)	98 F 8	Vercellese	21 G 6	Pallareta (Monte) 72 G 30
Pagliarelle	79 J 32	Palaia	39 L 14	Palazzone	46 N 17	Pallerone 38 J 12
Pagliaroli	55 O 22	Palanuda (Monte)	76 H 30	Palazzuolo	46 L 16	Pallizzi 80 N 29
Pagliarone (Monte)	62 C 27	Palanzano	34 I 12	Palazzuolo sul		Pallizzi Marina 80 N 29
Paglieres	20 I 3	Palanzone (Monte)	13 E 9	Senio	40 J 16	Pallosu (Cala su) 100 H 7
Pagliericcio	41 K 17	Palata	62 B 26	Palena	56 Q 24	Palma 84 N 19
Paglieta	57 P 25	Palata Pepoli	36 H 15	Paleparto (Monte)	77 I 31	Palma (Fiume) 91 P 23
Pagliosa		Palau	95 D 10	Palermiti	78 K 31	Palma Campania 64 E 25
(Isola sa)	96 F 7	Palavas (Monte)	20 H 2	Palermo	86 M 22	Palma
Pagnacco	19 D 21	Palazello	76 I 30	Palermo (Golfo di)	86 M 22	di Montechiaro 91 P 23
Pagnano	17 E 17	Palazzago	13 E 10	Palermo-Punta		Palmadula 96 E 6
Pagno	20 I 4	Palazzelli	89 O 26	Raisi (Aeroporto		Palmaiola (Isola) 50 N 13
Pagnona	4 D 10	Palazzetto	45 M 15	di)	86 M 21	Palmanova 29 E 21
Pago Veiano	65 D 26	Palazzine Sta Maria	72 F 30	Palese	68 D 32	Palmaria (Isola) 33 J 11
Pai	25 F 14	Palazzo (Ancona)	42 L 20	Palestrina	59 Q 20	Palmariggi 75 G 37
Paidorzu (Monte)	97 F 9	Palazzo (Livorno)	50 N 13			Palmarini
Paisco	15 D 12	Palazzo (Macerata)	48 M 20			(Masseria) 69 F 35

Palmas	102 J 7	Palu (Pizzo)	4 C 11	Pantalica
Palmas (Golfo di)	102 J 7	Palù del Fersina	16 D 16	(Necropoli di) 93 P 27
Palmas (Rio)	102 J 7	Paludi	77 I 32	Pantalla 47 N 19
Palmas Arborea	100 H 7	Paluzza	9 C 21	Pantanelle
Palmavera	96 F 6	Pamparato	31 J 5	(Passo delle) 92 P 25
Palme		Pampeago	7 C 16	Pantasina 31 K 5
(Masseria delle)	73 F 32	Pan di Zucchero	102 I 7	Pantelleria 84 Q 17
Palmi	80 L 29	Panarea (Isola)	83 L 27	Pantelleria
Palmiano	49 N 22	Panaro	35 I 14	(Isola di) 84 Q 18
Palmieri (Rifugio)	8 C 18	Panarotta	16 D 16	Pantianicco 18 D 21
Palmoli	57 Q 25	Pancalieri	21 H 4	Pantigliate 13 F 10
Palmori	62 C 28	Pancarana	23 G 9	Panzano 40 L 15
Palmschoss /		Panchià	16 D 16	Panzano (Golfo di) 29 E 22
Plancios	7 B 17	Pancole (Grosseto)	45 N 15	Panzano Bagni 29 E 22
Palo	58 Q 18	Pancole (Siena)	39 L 15	Paola 76 I 30
Palo (Savona)	32 I 7	Pandino	13 F 10	Paolillo (Masseria) 66 D 29
Palo (Trento)	15 E 14	Pandoro (Masseria)	68 E 33	Paolini 84 N 19
Palo del Colle	68 D 32	Panettieri	78 J 31	Paolisi 64 D 25
Palombaio	67 D 31	Paneveggio	16 D 17	Papa (Monte del) 71 G 29
Palombara	56 O 23	Panfresco		Papanice 79 J 33
Palombara Sabina	54 P 20	(Masseria)	67 D 31	Paparotti 19 D 21
Palombaro	56 P 24	Panicale	47 M 18	Papasidero 76 H 29
Palombina	43 L 22	Panicarola	47 M 18	Papiano (Arezzo) 41 K 17
Palomonte	65 F 27	Pannaconi	78 K 30	Papiano (Perugia) 47 N 19
Palosco	24 F 11	Pannarano	65 D 26	Papola-Casale
Palù	26 G 15	Panni	65 D 27	(Aeroporto di) 69 F 35
Palù (Cima)	15 D 14	Panocchia	35 H 12	Papozze 27 H 18
Palu (Lago)	14 D 11	Pantaleo	102 J 8	Para 41 J 18

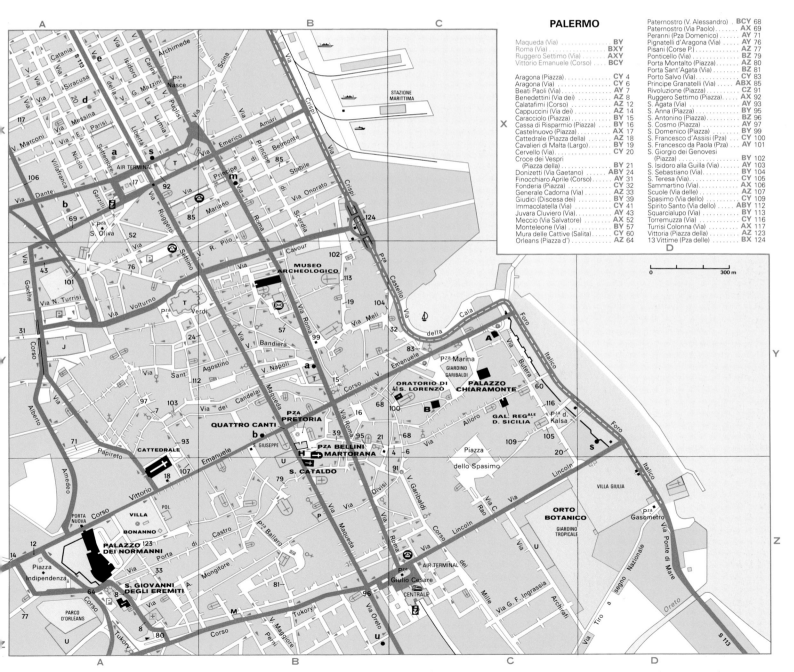

PALERMO

Maqueda (Via) .... **BY**
Roma (Via) .... **BXY**
Ruggero Settimo (Via) ...... **AXY**
Vittorio Emanuele (Corso) .... **BCY**

Aragona (Piazza) .... **CY** 4
Aragona (Via) .... **CY** 6
Beati Paoli (Via) .... **AY** 7
Benedettini (Via dei) .... **AZ** 8
Calatafimi (Corso) .... **AZ** 12
Cappuccini (Via dei) .... **BY** 15
Caracciolo (Piazza) .... **AZ** 14
Cassa di Risparmio (Piazza) .. **BY** 16
Castelnuovo (Piazza) .... **AX** 17
Cattedrale (Piazza della) ..... **AZ** 18
Cavalieri di Malta (Largo) .... **BY** 19
Cervello (Via) .... **CY** 20
Croce dei Vespri
(Piazza della) .... **BY** 21
Donizetti (Via Gaetano) ...... **ABY** 24
Finocchiaro Aprile (Corso) .... **AY** 31
Fonderia (Piazza) .... **CY** 32
Generale Cadorna (Via) ...... **AZ** 33
Giudici (Discesa dei) .... **BY** 39
Immacolatella (Via) .... **CY** 41
Juvara Cluviero (Via) .... **AY** 43
Meccio (Via Salvatore) ...... **AX** 52
Monteleone (Via) .... **BY** 57
Mura delle Cattive (Salita) .... **CY** 60
Orleans (Piazza d') .... **AZ** 64

Paternostro (V. Alessandro) . **BCY** 68
Paternostro (Via Paolo) ...... **AX** 69
Peranni (Pza Domenico) ...... **AY** 71
Pignatelli d'Aragona (Via) .... **AY** 76
Pisani (Corse P.) .... **AZ** 77
Ponticello (Via) .... **BZ** 79
Porta Montalto (Piazza) ...... **AZ** 80
Porta Sant'Agata (Via) ...... **BZ** 81
Porto Salvo (Via) .... **CY** 83
Principe Granatelli (Via) ..... **ABX** 85
Rivoluzione (Piazza) .... **CZ** 91
Ruggero Settimo (Piazzal.) .... **AX** 92
S. Agata (Via) .... **AY** 93
S. Anna (Piazza) .... **AY** 95
S. Antonino (Piazza) .... **BZ** 96
S. Cosmo (Piazza) .... **AY** 97
S. Domenico (Piazza) .... **BY** 99
S. Francesco d'Assisi (Pza) ... **CY** 100
S. Francesco da Paola (Pza) .. **AY** 101
S. Giorgio dei Genovesi
(Piazza) .... **BY** 102
S. Isidoro alla Guilla (Via) .... **AX** 103
S. Sebastiano (Via) .... **BY** 104
S. Teresa (Via) .... **CY** 105
Sammartino (Via) .... **AX** 106
Scuole (Via delle) .... **AZ** 107
Spasimo (Via dello) .... **CY** 109
Spirito Santo (Via dello) ..... **ABY** 112
Squarcialupo (Via) .... **BY** 113
Torremuzza (Via) .... **CY** 116
Turrisi Colonna (Via) .... **AX** 117
Vittoria (Piazza della) ...... **AZ** 123
13 Vittime (Pza delle) .... **BX** 124

A MUSEO INTERNAZIONALE DELLE MARIONETTE   **B** PALAZZO MIRTO

PARMA

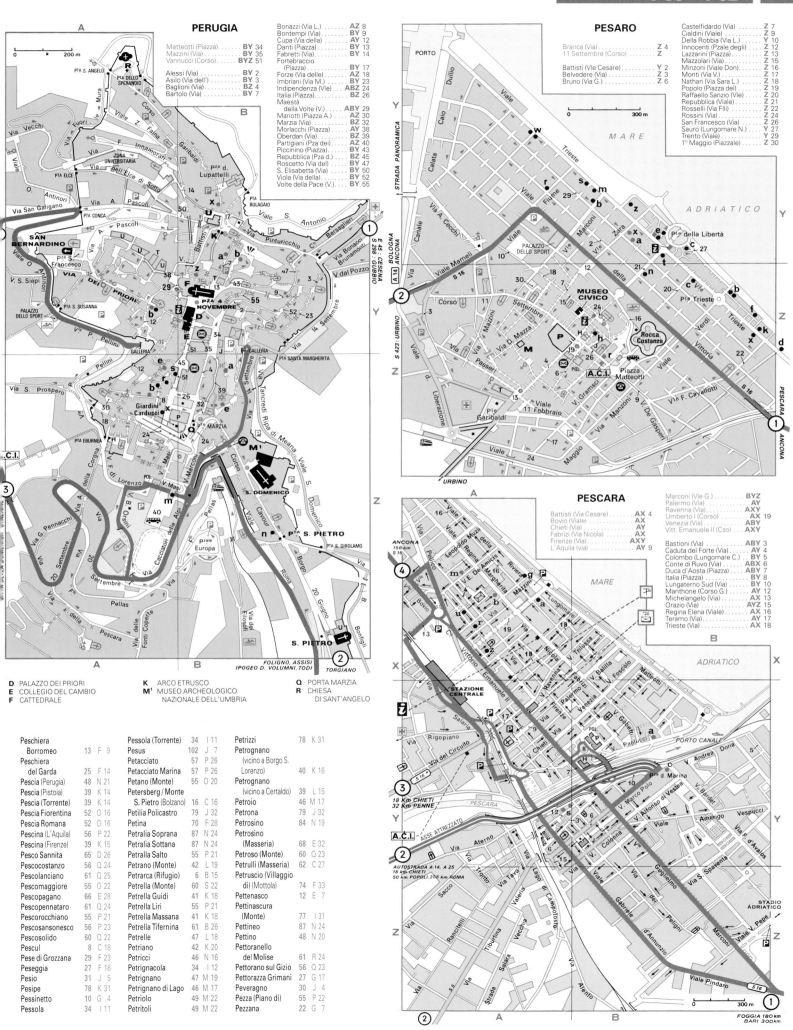

PERUGIA

Matteotti (Piazza) . . . . . . **BY** 34
Mazzini (Via) . . . . **BY** 35
Vannucci (Corso) . . . . . **BYZ** 51

Bonazzi (Via L.) . . . . . **AZ** 8
Bontempi (Via) . . . . . . **BY** 9
Cupa (Via della) . . . . . **AY** 12
Danti (Piazza) . . . . . . **BY** 13
Fabretti (Via) . . . . . . **BY** 14
Fortebraccio
(Piazza) . . . . **BY** 17
Forze (Via delle) . . . . **AZ** 18
Imbriani (Via M.) . . . . **BY** 23
Indipendenza (Vle) . . . **ABZ** 24
Italia (Piazza) . . . . . . **BZ** 26
Maestà
della Volte (V.) . . . . **ABY** 29
Mariotti (Piazza A.) . . . **AZ** 30
Marzia (Via) . . . . **BZ** 32
Morlacchi (Piazza) . . . . **AY** 38
Oberdan (Via) . . . . . . **BZ** 39
Partigiani (Pza dei) . . . **AZ** 40
Piccinino (Piazza) . . . . **BY** 43
Repubblica (Pza d.) . . . **BZ** 45
Roscetto (Via del) . . . . **BY** 47
S. Elisabetta (Via) . . . . **BY** 50
Viola (Via della) . . . . . **BY** 52
Volte della Pace (V.) . . . **BY** 55

D PALAZZO DEI PRIORI
E COLLEGIO DEL CAMBIO
F CATTEDRALE
K ARCO ETRUSCO
M¹ MUSEO ARCHEOLOGICO
    NAZIONALE DELL'UMBRIA
Q PORTA MARZIA
R CHIESA
    DI SANT'ANGELO

PESARO

Branca (Via) . . . . **Z** 4
11 Settembre (Corso) . . . **Z**

Battisti (Vle Cesare) . . . . **Y** 2
Belvedere (Via) . . . . . . **Z** 3
Bruno (Via G.) . . . . . . **Z** 6

Castelfidardo (Via) . . . . **Z** 7
Cialdini (Via) . . . . **Z** 9
Della Robbia (Via L.) . . . **Y** 10
Innocenti (Pzale degli) . . **Z** 12
Lazzarini (Piazza) . . . . **Z** 13
Mazzolari (Piazza) . . . . **Z** 15
Minzoni (Viale Don) . . . **Z** 16
Monti (Via V.) . . . . . . **Z** 17
Nathan (Via Sara L.) . . . **Z** 18
Popolo (Piazza del) . . . . **Z** 19
Raffaello Sanzio (Vle) . . . **Z** 20
Repubblica (Viale) . . . . **Z** 21
Rosselli (Via Flli) . . . . . **Z** 22
Rossini (Via) . . . . **Z** 24
San Francesco (Via) . . . **Z** 26
Sauro (Lungomare N.) . . **Z** 27
Trento (Viale) . . . . . . **Y** 29
1° Maggio (Piazzale) . . . **Z** 30

PESCARA

Battisti (Via Cesare) . . . . **AX** 4
Bovio (Viale) . . . . **AX**
Chieti (Via) . . . . **AY**
Fabrizi (Via Nicola) . . . . **AX**
Firenze (Via) . . . . **AXY**
L'Aquila (via) . . . . **AY** 9

Marconi (Vle G.) . . . . . **BYZ**
Palermo (Via) . . . . **AY**
Ravenna (Via) . . . . . . **AXY**
Umberto I (Corso) . . . . **AX** 19
Venezia (Via) . . . . **ABY**
Vitt. Emanuele II (Cso) . . **AXY**

Bastioni (Via) . . . . **ABY** 3
Caduta del Forte (Via) . . **AY** 4
Colombo (Lungomare C.) . **BY** 5
Conte di Ruvo (Via) . . . **ABX** 6
Duca d'Aosta (Piazza) . . . **ABY** 7
Italia (Piazza) . . . . . . **BY** 8
Lungaterno Sud (Via) . . . **BY** 10
Manthone (Corso G.) . . . **AY** 12
Michelangelo (Via) . . . . **AX** 13
Orazio (Via) . . . . **AYZ** 15
Regina Elena (Viale) . . . **AX** 16
Teramo (Via) . . . . **AX** 17
Trieste (Via) . . . . **AX** 18

Peschiera Borromeo	13	F 9	Pessola (Torrente)	34	I 11	Petrizzi	78	K 31
Peschiera del Garda	25	F 14	Pesus	102	J 7	Petrognano (vicino a Borgo S. Lorenzo)	40	K 16
Pescia (Perugia)	48	N 21	Petacciato	57	P 26			
Pescia (Pistoia)	39	K 14	Petacciato Marina	57	P 26	Petrognano (vicino a Certaldo)	39	L 15
Pescia (Torrente)	39	K 14	Petano (Monte)	55	O 20			
Pescia Fiorentina	52	O 16	Petersberg / Monte			Petroio	46	M 17
Pescia Romana	52	O 16	S. Pietro (Bolzano)	16	C 16	Petrona	79	J 32
Pescina (L'Aquila)	56	P 22	Petilia Policastro	79	J 32	Petrosino	84	N 19
Pescina (Firenze)	39	K 15	Petina	70	F 28	Petrosino (Masseria)	68	E 32
Pesco Sannita	65	D 26	Petralia Soprana	87	N 24			
Pescocostanzo	56	Q 24	Petralia Sottana	87	N 24	Petroso (Monte)	60	Q 23
Pescolanciano	61	Q 25	Petralla Salto	55	P 21	Petrulli (Masseria)	62	C 27
Pescomaggiore	55	O 22	Petrano (Monte)	42	L 19	Petruscio (Villaggio di) (Mottola)	74	F 33
Pescopagano	66	E 28	Petrarca (Rifugio)	6	B 15			
Pescopennataro	61	Q 24	Petrella Guidi	41	K 18	Pettenasco	12	E 7
Pescorocchiano	55	P 21	Petrella Liri	55	P 21	Pettinascura (Monte)	77	I 31
Pescosansonesco	56	P 23	Petrella Massana	41	K 18			
Pescosolido	60	Q 22	Petrella Tifernina	61	B 26	Pettineo	87	N 24
Pescul	8	C 18	Petrelle	47	L 18	Pettino	48	N 20
Pese di Grozzana	29	F 23	Petriano	42	K 20	Pettoranello del Molise	61	R 24
Peseggia	27	F 18	Petricci	46	N 16	Pettorano sul Gizio	56	Q 23
Pesio	31	J 5	Petrignacola	34	I 12	Pettorazza Grimani	27	G 17
Pesipe	78	K 31	Petrignano	47	M 19	Peveragno	30	J 4
Pessinetto	10	G 4	Petrignano di Lago	46	M 17	Pezza (Piano di)	55	P 22
Pessola	34	I 11	Petriolo	49	M 22	Pezzana	22	G 7
			Petritoli	49	M 22			

PIACENZA

20 Settembre (Via)	B 41
Belcredi (Via G.)	B 2
Borgo (Piazza)	A 3
Campo della Fiera (Via)	B 4
Cavalli (Piazza dei)	B 5
Garibaldi (Via)	A 9
Genova (Piazzale)	A 10
Giordani (Via P.)	B 12
La Primogenita (Via)	B 13
Legione Zanardi Landi (Via)	B 15
Legnano (Via)	B 16
Manfredi (Via Giuseppe)	A 17
Marconi (Piazzale)	B 19
Milano (Piazzale)	B 20
Pace (Via)	B 22
Risorgimento (Viale)	B 23
Roma (Piazzale)	B 24
S. Antonino (Via)	A 27
S. Eufemia (Via)	A 28
S. Sisto (Via)	A 29
S. Tommaso (Via)	A 32
Scalabrini (Via)	B 34
Torino (Piazzale)	A 35
Venturini (Via)	B 39
Verdi (Via)	B 39
Vittorio Emanuele II (V.)	A 40
D	IL GOTICO
E	DUOMO

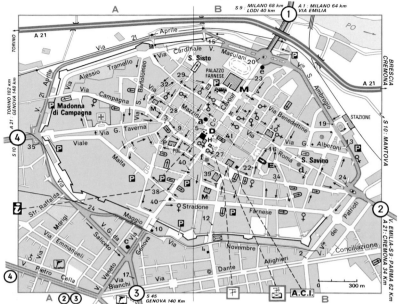

Pezzano	65	E 26	Piana degli			Piano del Monaco			
Pezzaze	14	E 12	Albanesi			(Masseria)	67	D 30	
Pezze di Greco	69	E 34	(Lago di)	86	N 21	Piano della Limina	81	L 30	
Pezzo	15	D 13	Piana di Monte			Piano delle Fonti	57	P 24	
Pezzolo	83	M 28	Verna	64	D 25	Piano di Pieve	47	M 19	
Pfalzen / Falzes	7	B 17	Piana (Isola)			Piano di Sorrento	64	F 25	
Pfatten / Vadena	6	C 15	(Cagliari)	102	J 6	Piano Laceno	65	E 27	
Pfelders / Plan	6	B 15	Piana (Isola)			Piano Maggiore	49	N 22	
Pfitscherjoch /			(vicino ad Alghero)	96	F 6	Pianoconte	82	L 26	
Vizze (Passo di)	7	B 16	Piana (Isola)			Pianola	55	P 22	
Pflersch / Fleres	6	B 16	(vicino a Stintino)	96	E 6	Pianopantano	65	D 26	
Pflerscher			Pianaccio	35	J 14	Pianopoli	78	K 31	
Tribulaun /			Pianazze			Pianoro	36	I 16	
Tribuláun	6	B 16	(Passo delle)	33	I 10	Pianosa	50	O 12	
Pfunders / Fundres	7	B 17	Piancaldoli	40	J 16	Pianosa (Isola)	50	O 12	
Pia Camuno	14	E 12	Piancastagnaio	46	N 17	Pianosinatico	39	J 14	
Piacenza	24	G 11	Piancavallo	18	D 19	Piansano	53	O 17	
Piacenza d'Adige	26	G 16	Pianche	30	J 3	Piantedo	4	D 10	
Piadena	25	G 13	Piancogno	14	E 12	Piantonia	34	I 12	
Piagge	42	K 20	Piandelagotti	35	J 13	Pianura (Napoli)	64	E 24	
Piaggia	48	N 20	Piandimeleto	42	K 19	Piasco	20	I 4	
Piaggine	70	F 28	Piane di Falerone	49	M 22	Piateda Alta	14	D 11	
Piaggio di Valmara	3	D 8	Piane di Mocogno	35	J 14	Piave	8	C 19	
Piamprato	11	F 4	Piane (le)	11	E 6	Piave Vecchia			
Pian Castagna	32	I 7	Pianedda (Monte			(Porto di)	28	F 19	
Pian d'Alma	45	N 14	sa)	99	E 10	Piavola	41	J 18	
Pian d'Audi	21	G 4	Pianella (Pescara)	56	O 24	Piavon	28	E 19	
Pian de Valli	55	O 20	Pianella (Siena)	46	L 16	Piazza (Cuneo)	31	I 5	
Pian dei Ratti	33	I 9	Pianello (Pesaro)	42	L 19	Piazza (Parma)	35	H 13	
Pian del Falco	35	J 14	Pianello (Palermo)	87	N 24	Piazza al Serchio	38	J 12	
Pian del Leone			Pianello (Ancona)	43	L 21	Piazza Armerina	88	O 25	
(Lago)	86	N 22	Pianello (Perugia)	47	M 19	Piazza Brembana	14	E 11	
Pian del Re	20	H 3	Pianello del Lario	3	D 9	Piazza di Brancoli	38	K 13	
Pian del Voglio	39	J 15	Pianello Val			Piazzatorre	14	E 11	
Pian dell'Osteria	18	D 19	Tidone	23	H 10	Piazze	46	N 17	
Pian delle Betulle	13	D 10	Pianengo	24	F 11	Piazzi (Cima de)	5	C 12	
Pian delle Fugazze			Pianetto	41	K 17	Piazzo	32	I 9	
(Passo)	16	E 15	Pianetto			Piazzola			
Pian di Barca	33	J 11	(Portella del)	86	M 22	sul Brenta	26	F 17	
Pian di Marte	47	M 18	Pianezza (Torino)	21	G 4	Picchetta	12	F 8	
Pian di Molino	42	L 19	Pianezze	17	E 18	Picciano	56	O 23	
Pian di Morrano	53	O 16	Pianfei	31	I 5	Piccilli	61	R 24	
Pian di Novello	39	J 14	Piangipane	37	I 18	Piccione	47	M 19	
Pian di Sco	40	L 16	Piani di Artavaggio	13	E 10	Picco (Forcella dei) /			
Pian di Venola	36	I 15	Piani Resinelli	13	E 10	Birnlücke	8	A 18	
Pian Gelassa	20	G 3	Pianico	14	E 12	Piccoli	23	H 10	
Pian Munè	20	I 3	Pianiga	27	F 18	Piccoli (Masseria)	68	E 33	
Pian Palu			Piano	21	H 6	Piccolo (Corno)	55	O 22	
(Lago di)	15	D 13	Piano (Pesaro e			Piccolo (Lago)	20	G 4	
Piana (Campobasso)	61	R 25	Urbino)	42	L 19	Piccolo S. Bernardo			
Piana (Perugia)	47	M 18	Piano (Rovigo)	27	H 18	(Colle del)	10	E 2	
Piana (Masseria la)	72	F 31	Piano d'Arta	9	C 21	Picentini			
Piana Caruso	77	I 31	Piano dei Peri	71	G 29	(Monti)	65	E 26	
Piana Crixia	21	I 6	Piano del Campo			Picentino	65	E 26	
Piana			(Lago)	86	N 21	Picerno	71	F 28	
degli Albanesi	86	M 21	Piano del Cansiglio	18	D 19	Picinisco	60	R 23	

Pico	60	R 22	Pietole	25	G 14	Pietramelina	47	M 19	
Picognola (Monte)	42	L 19	Pietra (Torre)	63	C 30	Pietramonte-			
Pideura	37	J 17	Pietra			corvino	62	C 27	
Pidig Alm /			Bismantova	35	I 13	Pietramurata	15	D 14	
Malga Pudio	8	B 18	Pietra Corva			Pietranico	56	P 23	
Pidocchio			(Romagnese)	23	H 10	Pietransieri	61	Q 24	
(Masseria il)	66	D 28	Pietra de' Giorgi	23	G 9	Pietrapaola	77	I 32	
Pie di Moggio	54	O 20	Pietra dell'Uso	41	K 18	Pietrapaola			
Pie di Via	34	H 11	Pietra Grande	15	D 14	(Stazione di)	77	I 32	
Piedicavallo	11	E 5	PietraLigure	31	J 6	Pietrapazza	41	K 17	
Piediluco	54	O 20	Pietra Marazzi	22	H 8	Pietrapennata	80	N 30	
Piediluco (Lago di)	54	O 20	Pietra Spada			Pietrapertosa	72	F 30	
Piedimonte	40	J 16	(Passo di)	81	L 31	Pietraporzio	30	I 3	
Piedimonte Alta	60	R 23	Pietrabbondante	61	Q 25	Pietraroia	61	R 25	
Piedimonte Etneo	89	N 27	Pietrabruna	31	K 5	Pietrarossa	92	P 25	
Piedimonte			Pietrabuona	39	K 14	Pietrarossa			
Massicano	60	S 23	Pietracamela	55	O 22	(Serbatoio di)	88	O 25	
Piedimonte Matese	61	R 25	Pietracatella	62	C 26	Pietrasanta	38	K 12	
Piedimonte			Pietracupa	61	Q 25	Pietrasecca	55	P 21	
S. Germano	60	R 23	Pietracuta	42	K 19	Pietrastornina	65	E 26	
Piedimulera	2	D 6	Pietradefusi	65	D 26	Pietravairano	61	D 24	
Piedipaterno	48	N 20	Pietrafaccia	32	I 8	Pietravecchia			
Piediripa	49	M 22	Pietraferrazzana	57	Q 25	(Monte)	30	K 4	
Piedivalle	48	N 21	Pietrafitta	78	J 31	Pietre Nere (Punta)	62	B 28	
Piegaio	47	L 18	Pietrafitta (Perugia)	47	N 18	Pietrelcina	65	D 26	
Piegaro	47	N 18	Pietrafitta (Siena)	39	L 15	Pietretagliate	84	N 19	
Piegolelle	65	E 26	Pietragalla	66	E 29	Pietri	65	E 27	
Pielungo	18	D 20	Pietragavina	23	H 9	Pietroso (Monte)	86	N 21	
Pienza	46	M 17	Pietraia (Arezzo)	46	M 17	Pieve			
Pierabec	18	C 20	Pietraia (Perugia)	47	M 18	Pieve a Nievole	39	K 14	
Pieranica	13	F 10	Pietralacroce	43	L 22	Pieve a Salti	46	M 16	
Pierantonio	47	M 19	Pietraliscia (Serra)	92	P 25	Pieve al Toppo	41	L 17	
Pierfaone (Monte)	71	F 29	Pietralunga	42	L 19	Pieve Albignola	23	G 8	
Pieris	29	E 22	Pietralunga (Villa)	88	N 25	Pieve d'Alpago	18	D 19	
Pierre Menue	20	G 2	Pietramelara	64	D 24				

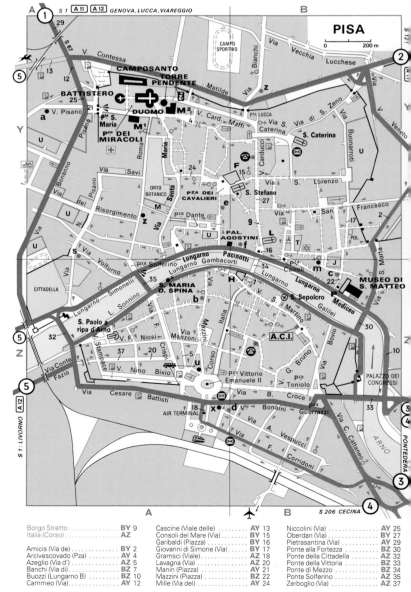

PISA

Borgo Stretto	BY 9	Cascine (Viale delle)	AY 13	Niccolini (Via)	AY 25
Italia (Corso)	AZ	Consoli del Mare (Via)	BY 15	Oberdan (Via)	BY 27
		Garibaldi (Piazza)	BY 16	Pietrasantina (Via)	AY 29
Amicis (Via de)	BY 2	Giovanni di Simone (Via)	BY 17	Ponte alla Fortezza	BZ 30
Arcivescovado (Pza)	AY 4	Gramsci (Via)	AZ 18	Ponte della Cittadella	BZ 31
Azeglio (Via d')	AZ 5	Lavagna (Via)	AZ 20	Ponte della Vittoria	BZ 33
Banchi (Via)	BZ 7	Manin (Via)	AY 21	Ponte di Mezzo	BZ 34
Buozzi (Lungarno B)	BZ 10	Mazzini (Piazza)	BZ 22	Ponte Solferino	BZ 35
Cammeo (Via)	AY 12	Mille (Via del)	AY 24	Zerboglio (Via)	AZ 37

F	PALLAZZO DEI CAVALIERI
L	SAN MICHELE IN BORGO
M¹	MUSEO DELLE SINOPIE
M²	MUSEO DELL'OPERA DEL DUOMO

Place	Ref
Pieve del Cairo	22 G 8
Pieve del Pino	36 I 16
Pieve della Rosa	41 L 18
Pieve di Bono	15 E 13
Pieve di Cadore	8 C 19
Pieve di C. (Lago di)	8 C 19
Pieve di Cagna	42 K 19
Pieve di Cento	36 H 15
Pieve di Chio	46 L 17
Pieve di Compito	38 K 13
Pieve di Compresseto	48 M 20
Pieve di Coriano	26 G 15
Pieve di Gusaliggio	34 I 11
Pieve di Ledro	15 E 14
Pieve di Livinallongo	7 C 17
Pieve di Marebbe / Plaiken	7 B 17
Pieve di Monti	34 J 12
Pieve di Rigutino	46 L 17
Pieve di S. Andrea	36 J 16
Pieve di Scalenghe	21 H 4
Pieve di Soligo	17 E 18
Pieve di Teco	31 J 5
Pieve d'Olmi	24 G 12
Pieve Emanuele	13 F 9
Pieve Fosciana	38 J 13
Pieve Ligure	33 I 9
Pieve Porto Morone	23 G 10
Pieve S. Giacomo	24 G 12
Pieve S. Giovanni	41 L 17
Pieve S. Nicolò	47 M 19
Pieve Sto Stefano	41 K 18
Pieve S. Vicenzo	34 I 12
Pieve Tesino	16 D 16
Pieve Torina	48 M 21
Pieve Trebbio	35 I 14
Pieve Vecchia	46 M 17
Pieve Vergonte	2 D 6
Pievebovigliana	48 M 21
Pievefavera (Lago di)	48 M 21
Pieveottoville	24 G 12
Pievepelago	39 J 13
Pievescola	45 M 15
Pievetta	31 J 6
Pievetta e Bosco Tosca	23 G 10
Pigazzano	23 H 10
Piglio	59 Q 21
Pigna	31 K 4
Pignataro Interamna	60 R 23
Pignataro Maggiore	64 D 24
Pignola	71 F 29
Pignone	33 J 11
Pigra	13 E 9
Pila (Aosta)	10 E 3
Pila (Perugia)	47 M 18
Pila (Rovigo)	27 H 19
Pila (La)	50 N 12
Pilastrello (Ferrara)	36 H 15
Pilastrello (Parma)	35 H 13
Pilastri	26 H 15
Pilastrino	36 I 15
Pilastro (Mantova)	25 G 13
Pilastro (Parma)	35 H 13
Pilato (Monte)	71 F 29
Pilcante	15 E 14
Pillaz	11 F 5
Pilli (Fattoria)	100 G 7
Pillonis (Is)	102 K 7
Pilo (Stagno di)	96 E 6
Pilosu (Monte)	98 E 8
Pilzone	14 E 12
Pimentel	103 I 9
Piminoro	80 M 30
Pimonte	64 E 25
Pinarella	37 J 19
Pinarolo Po	23 G 9
Pinasca	20 H 3
Pincara	26 H 16
Pinedo	18 D 19
Pinerolo	20 H 3
Pineta Grande	64 D 23
Pineta Mare	64 D 24
Pineto	56 O 24
Pineto (Bosco il)	73 F 32
Piniteddu (Monte)	89 N 27
Pino Grande	79 J 32
Pino Lago Maggiore	3 D 8
Pino (Porto)	102 K 7
Pino Torinese (Torino)	21 G 5
Pinocchio	43 L 22
Pinu (Monte)	99 E 10
Pinzano al Tagliamento	18 D 20
Pinzolo	15 D 14
Pio XI (Rifugio)	6 B 14
Piobbico	42 L 19
Piobesi Torinese	21 H 4
Piode	11 E 6
Pioltello	13 F 9
Pioltone (Pizzo)	2 D 6
Piombino	50 N 13
Piombino (Canale di)	50 N 13
Piombino Dese	27 F 17
Piombino (Monte)	87 N 23
Piombo (Cala)	102 K 7
Piona (Abbazia di)	4 D 9
Pione	33 I 10
Pioppa	35 H 14
Pioppi	70 G 27
Pioppo	86 M 21
Pioraco	48 M 20
Piosina	41 L 18
Piossasco	20 H 4
Piovà Massaia	21 G 6
Piovacqua (Masseria)	68 F 33
Piove di Sacco	27 G 18
Piovene Rocchette	16 E 16
Piovera	22 H 8
Pioverna	13 E 10
Piozzano	23 H 10
Piozzo	21 I 5
Pira (Cala)	103 J 10
Pira 'e Onni (Cantoniera)	101 G 10
Piraino	82 M 26
Piramide Vincent	11 E 5
Piras	99 F 10
Pirazzolu	95 D 10
Piretto	76 I 30
Piroi (Monte su)	103 I 10
Pirri	103 J 9
Pisa	38 K 13
Pisa (Certosa di)	38 K 13
Pisa-Galileo Galilei (Aeroporto)	38 K 13
Pisanino (Monte)	38 J 12
Pisano	12 E 7
Pisano (Monte)	38 K 13
Pisanu Mele (Monte)	101 G 9
Piscicelli (Masseria)	62 B 27
Piscina	20 H 4
Piscinas (vicino a Guspini)	102 I 7
Piscinas (vicino a Santadi)	102 J 8
Piscinella (Masseria)	68 E 33
Pisciotta	70 G 27
Piscopio	78 L 30
Piscu	103 I 9
Pisignano	37 J 18
Pisogne	14 E 12
Pisoniano	59 Q 20
Pissignano	48 N 20
Pisterzo	59 R 21
Pisticci	73 F 31
Pisticci Scalo	73 F 31
Pistoia	39 K 14
Pistone (Monte)	33 J 10
Pistrino	41 L 18
Pisucerbu (Bruncu 'e)	101 G 10
Piteccio	39 J 14
Piteglio	39 J 14
Piticchio	42 L 20
Pitigliano (Grosseto)	53 O 16
Pitigliano (Perugia)	41 L 18
Pitino	48 M 21
Pittada (Monte)	96 F 7
Pittu (Monte)	98 F 8
Pitursiddu (Cozzo)	91 O 23
Pitziu	100 G 8
Piubega	25 G 13
Piumazzo	36 I 15
Piuro	4 D 10
Pizzale	23 G 9
Pizziferro (Masseria)	74 F 33
Pizzighettone	24 G 11
Pizzillo (Monte)	89 N 27
Pizzini-Frattola (Rif.)	5 C 13
Pizzo	78 K 30
Pizzo Alto (Rifugio)	4 D 10
Pizzo (Torre del)	75 H 35
Pizzoc (Monte)	18 D 19
Pizzocco (Monte)	17 D 18
Pizzocorno	23 H 9
Pizzoferrato	61 Q 24
Pizzoferro Monsignore	68 E 32
Pizzolato	84 N 19
Pizzoli	55 O 21
Pizzolungo	84 M 19
Pizzone	60 Q 24
Pizzoni	78 L 30
Pizzuto (Monte)	54 O 20
Placanica	81 L 31
Place Moulin (Lago di)	11 E 4
Plaesano	80 L 30
Plätzwiesen / Prato Piazza	8 C 18
Plaia (Capo)	87 M 23
Plaia (Lido di)	89 O 27
Plaiken / Pieve di Marebbe	7 B 17
Plampincieux	10 E 2
Plan / Pfelders	6 B 15
Plan (Val di)	6 B 15
Plan de Gralba / Kreuzboden	7 C 17
Planaval (vicino a Courmayeur)	10 E 3
Planaval (vicino a Leverogne)	10 E 3
Planca di Sotto / Unterplanken	8 B 18
Plancios / Palmschoss	7 B 17
Planeil / Planol	5 B 13
Planol / Planeil	5 B 13
Plassas (Las)	100 H 8
Plataci	76 H 31
Platamona Lido	96 E 7
Platani	87 N 23
Platania	78 J 30
Plateau Rosa	11 E 5
Plati	80 M 30
Platischis	19 D 22
Plauris (Monte)	19 C 21
Plaus	6 C 15
Playa Grande	92 Q 25
Plesio	3 D 9
Ploaghe	98 F 8
Plodio	31 I 6
Plöckenpaß / Monte Croce Carnico (Passo di)	18 C 20
Plose (Cima di) / Plose Bühel	7 B 17
Plugna	18 C 20
Po	20 H 3
Po Bandino	46 M 17
Po della Donzella o di Gnocca	37 H 18
Po della Pila	27 H 19
Po delle Tolle	37 H 19
Po delle Tolle (Bocca del)	37 H 19
Po di Gnocca (Bocche del)	37 H 19
Po di Goro	37 H 18
Po di Goro (Bocca del)	37 H 19
Po di Levante	27 G 18
Po di Levante (Foce del)	27 G 18
Po di Maistra	27 H 19
Po di Maistra (Foce del)	27 G 19
Po di Venezia	27 H 19
Po di Volano	37 H 19
Pocapaglia	21 H 5
Pocenia	28 E 21
Pocol	8 C 18
Podenzana	34 J 11
Podenzano	24 H 11
Poderia	70 G 28
Poetto	103 J 9
Poffabro	18 D 20
Pofi	60 R 22
Poggetto	36 H 16
Poggi del Sasso	45 N 15
Poggiardo	75 G 37
Poggibonsi	39 L 15
Poggio (Bologna)	36 I 16
Poggio (Livorno)	50 N 12
Poggio (Lucca)	38 J 13
Poggio (Macerata)	48 M 20
Poggio a Caiano	39 K 15
Poggio alla Croce	40 L 16
Poggio alle Mura	46 N 16
Poggio Aquilone	47 N 18
Poggio Berni	42 J 19
Poggio Buco	53 O 16
Poggio Bustone	55 O 20
Poggio Cancelli	55 O 21
Poggio Catino	54 P 20
Poggio Cinolfo	55 P 21
Poggio d'Acona	41 L 17
Poggio d'Api	48 N 21
Poggio di Roio	55 P 22
Poggio Filippo	55 P 21
Poggio Imperiale	62 B 28
Poggio Imperiale	40 K 15
Poggio Mirteto	54 P 20
Poggio Moiano	55 P 20
Poggio Montone	47 N 18
Poggio Murella	46 N 16
Poggio Nativo	55 P 20
Poggio Picenze	56 P 22
Poggio Primocaso	48 N 20
Poggio Renatico	36 H 16
Poggio Rusco	26 H 15
Poggio Sannita	61 Q 25
Poggio S. Lorenzo	55 P 20
Poggio S. Marcello	43 L 21
Poggio S. Romualdo	48 L 21
Poggio S. Vicino	48 L 21
Poggiodomo	48 N 20
Poggioferro	46 N 16
Poggiofiorito	57 P 24
Poggiola	41 L 17
Poggiomarino	64 E 25
Poggiomoretto	49 N 23
Poggioreale	86 N 21
Poggioreale (Ruderi di)	86 N 21
Poggiorsini	67 E 30
Poggiridenti	14 D 11
Pognana Lario	13 E 9
Pognano	13 F 10
Pogno	12 E 7
Poiana Maggiore	26 G 16
Poira (Portella di)	86 N 21
Poirino	21 H 5
Polaveno	14 F 12
Polcanto	40 K 16
Polcenigo	18 D 19
Polenta	41 J 18
Polentes	17 D 18
Poleo	16 E 15
Polesella	26 H 17
Polesine	37 H 17
Polesine (Isola di)	37 H 17
Polesine (Località)	25 H 14
Polesine Camerini	27 H 19
Polesine Parmense	24 G 12
Poli	59 Q 20
Polia	78 K 30
Policastro (Golfo di)	71 G 28
Policastro Bussentino	71 G 28
Policoro	73 G 32
Polignano	24 G 11
Polignano a Mare	68 E 33
Polinago	35 I 14
Polino	55 O 20
Polino (Monte)	88 O 24
Polistena	80 L 30
Polizzello	91 O 23
Polizzi Generosa	87 N 23
Polizzo (Monte)	85 N 20
Polla	70 F 28
Pollara	82 L 26
Pollastra	22 H 8
Pollena-Trocchia	64 E 25
Pollenza	49 M 22
Pollenzo	21 H 5
Pollica	70 G 27
Pollina	87 N 24
Pollina (Fiume)	87 N 24
Pollinara	76 H 31
Pollino	76 H 30
Pollino (Monte)	76 H 30
Pollino (Parco Nazionale di)	72 G 30
Pollone	11 F 5
Polluce (Masseria)	63 C 28
Pollutri	57 P 25
Polonghera	21 H 4
Polpenazze del Garda	25 F 13
Polpet	17 D 18
Polsa	15 E 14
Polsi (Santuario di)	80 M 29
Poltu Quatu	95 D 10
Poludnig (Monte)	19 C 22
Polvano	41 L 18
Polveraia	45 N 15
Polveraia (Punta)	50 N 12
Polverara	27 G 17
Polverello	89 N 26
Polverigi	43 L 22
Polverina (Ascoli Piceno)	49 N 22
Polverina (Macerata)	48 M 21
Polverina (Lago di)	48 M 21
Polvese (Isola)	47 M 18
Polvica Tramonti	65 E 25
Poma (Lago)	86 N 21
Poma (Passo di)	7 C 17
Pomaia	38 L 13
Pomarance	45 M 14
Pomarico	73 F 31
Pomaro Monferrato	22 G 7
Pombia	12 F 7
Pometo	23 H 9
Pomezia	58 Q 19
Pomiere (Monte)	88 N 25
Pomigliano d'Arco	64 E 25
Pomino	40 K 16
Pomone	47 N 19
Pomonte (Grosseto)	52 O 16
Pomonte (Livorno)	50 N 12
Pompagnano	48 N 20
Pompeano	35 I 14
Pompei	64 E 25
Pompei Scavi	64 E 25
Pompeiana	31 K 5
Pompiano	24 F 11
Pomponesco	35 H 13
Pomposa (Abbazia di)	37 H 18
Pompu	100 H 8
Poncarale	24 F 12
Ponente (Capo)	90 U 19
Ponente (Riviera di)	31 K 6
Ponsacco	39 L 13
Ponsano	45 L 14
Ponso	26 G 16
Pont	10 F 3
Pont Canavese	11 F 4
Pont-St. Martin	11 F 5
Pontassieve	40 K 16
Pontboset	11 F 5
Ponte (Trapani)	84 N 19
Ponte (Udine)	19 C 21
Ponte (Benevento)	65 D 26
Ponte (Caserta)	60 S 23
Ponte (il)	36 I 16
Ponte a Cappiano	39 K 14
Ponte a Egola	39 K 14
Ponte a Elsa	39 K 14
Ponte a Moriano	38 K 13
Ponte agli Stolli	40 L 16
Ponte Arche	15 D 14
Ponte Barizzo	65 F 27
Ponte Biferchia	64 D 25
Ponte Buggianese	39 K 14
Ponte Buriano	41 L 17
Ponte Caffaro	15 E 13
Ponte Cappuccini	48 M 20
Ponte Centesimo	48 M 20
Ponte d. Valle	41 J 17
Ponte d'Arbia	46 M 16
Ponte d'Assi	41 L 17
Ponte del Rio	43 K 21
Ponte della Venturina	39 J 14
Ponte dell'Olio	23 H 10
Ponte dell'Uso	41 K 18
Ponte di Barbarano	26 F 16
Ponte di Brenta	27 F 17
Ponte di Ferro	47 N 19
Ponte di Ghiaccio (Passo)	7 B 17
Ponte di Legno	15 D 13
Ponte di Masino	39 K 14
Ponte di Nava	31 J 5
Ponte di Piave	28 E 19
Ponte di Samone	35 I 14
Ponte di Turbigo	12 F 8
Ponte di Verzuno	39 J 15
Ponte Erro	32 I 7
Ponte Ete	49 M 23
Ponte Felcino	47 M 19
Ponte Fontanelle (Lago di)	71 F 29
Ponte Galeria	58 Q 19
Ponte Gardena / Waidbruck	7 C 16
Ponte in Valtellina	14 D 11
Ponte Lambro (Como)	13 E 9
Ponte Ludovico	30 K 4
Ponte Marmora	20 I 3
Ponte Messa	41 K 18
Ponte nelle Alpi	17 D 18
Ponte Nizza	23 H 9
Ponte Nossa	14 E 11
Ponte Nova / Birchabruck	7 C 16
Ponte Nuovo (Macerata)	48 M 21
Ponte Nuovo (Perugia)	47 M 19
Ponte Nuovo (Pistoia)	39 K 14
Ponte Pattoli	47 M 19
Ponte Ribellasca	3 D 7
Ponte Ronca	36 I 15
Ponte Samoggia	36 I 15
Ponte S. Giovanni	47 M 19
Ponte S. Marco	25 F 13
Ponte S. Nicolò	27 F 17
Ponte S. Pellegrino	36 H 15
Ponte S. Pietro	13 E 10
Ponte Taro	34 H 12
Ponte 13 Archi	62 C 26
Ponte Tresa	12 E 8
Ponte Valleceppi	47 M 19
Ponte Zanano	14 E 12
Pontebba	19 C 21
Pontecagnano	65 F 26
Pontecasale	27 G 17
Pontecchio Polesine	27 G 17
Ponteceno (vicino a Badia)	33 I 10
Ponteceno (vicino a Bedonia)	33 I 10
Pontechianale	20 I 3
Pontechiusita	48 N 20
Pontecorvo	60 R 22
Pontecurone	22 H 8
Pontedassio	31 K 6
Pontedazzo	42 L 19
Pontedecimo	32 I 8
Pontedera	39 L 13
Ponteginori	45 L 14
Pontegrande (Catanzaro)	79 K 31
Pontegrande (Verbania)	11 E 6
Pontegrosso	34 H 11
Pontelagoscuro	36 H 16
Pontelandolfo	61 D 26
Pontelatone	64 D 24
Pontelongo	27 G 18
Pontelungo	23 G 9
Pontenano	41 L 17
Pontenure	24 H 11
Pontepetri	39 J 14
Ponteranica	14 E 11
Ponteranica (Pizzo)	14 D 10
Pontericcioli	42 L 19
Pontestrambo	33 I 10
Pontestura	22 G 7
Pontevico	24 G 12
Pontey	11 E 4
Ponti	32 I 7
Ponti di Spagna	36 H 16
Ponti sul Mincio	25 F 14
Ponticelli (Bologna)	36 J 16
Ponticelli (Rieti)	55 P 20
Ponticello / Brückele	8 B 18
Ponticino	41 L 17
Ponticino / Bundschen	7 C 16
Pontida	13 E 10
Pontinia	59 R 21
Pontinvrea	32 I 7
Pontirolo Nuovo	13 F 10
Pontoglio	24 F 11
Pontorme	39 K 14
Pontremoli	34 I 11
Ponzalla	40 J 16
Ponzano	49 N 23
Ponzano di Fermo	49 M 22
Ponzano Monferrato	21 G 6
Ponzano Romano	54 P 19
Ponzano Veneto	17 E 18
Ponze	48 N 20
Ponzone (Biella)	11 F 6
Ponzone (Alessandria)	32 I 7
Popelli	81 L 31
Popiglio	39 J 14
Popoli	56 P 23
Poppi	41 K 17
Populonia	50 N 13
Porano	47 N 18
Porassey	10 E 2
Porcari	39 K 13
Porcellengo	17 E 18
Porchette (Foce di)	38 J 13
Porchia	49 N 22
Porchiano (Ascoli Piceno)	49 N 22
Porchiano (Terni)	54 O 19
Porcia	28 E 19
Porcino	41 K 17
Porcile (Monte)	33 I 10
Porco (Ponte del)	62 B 27
Pordenone	28 E 20
Pordenone (Rifugio)	8 C 19
Pordoi (Passo)	7 C 17
Poreta S. Giacomo	48 N 20
Porlezza	3 D 9
Pornassio	31 J 5
Pornello	47 N 18
Poro (Monte)	80 L 29
Porotto-Cassana	36 H 16
Porpetto	29 E 21
Porretta Terme	35 J 14
Porri (Isola dei)	96 E 6
Porro	7 B 17
Porro (Rifugio)	14 D 11
Portacomaro	21 H 6
Portalbera	23 G 9
Portaria	54 O 19
Portatore	59 S 21
Porte	20 H 3
Portegrandi	28 F 19
Portelle	88 N 25
Portello (Passo di)	33 I 9
Port'Ercole	51 O 15
Portese	25 F 13
Porticelle Soprane	89 N 26
Porticello	86 M 22
Porticello-Sta Trada	80 M 29
Portici (Napoli)	64 E 25
Portico di Caserta	64 D 24
Portico di Romagna	41 J 17
Portigliola	81 M 30
Portiglione	45 N 14
Portile	35 I 14
Portio	32 J 7
Portiolo	25 G 14
Portis	9 C 21
Portisco	95 D 10
Portixeddu	102 I 7
Porto	46 M 17
Porto Alabe	100 G 7
Porto Azzurro	50 N 13
Porto Badino	59 S 21
Porto Badisco	75 G 37
Porto Botte	102 J 7
Porto Botte (Stagno di)	102 J 7
Porto Ceresio	13 E 8
Porto Cervo	95 D 10
Porto Cesareo	75 G 35
Porto Conte	96 F 6
Porto Corsini	37 I 18
Porto d'Ascoli	49 N 23
Porto di Falconera	28 F 20
Porto di Levante	82 L 26
Porto di Maratea	71 H 29
Porto di Ponente	82 L 26
Porto di Vasto	57 P 26
Porto Empedocle (Agrigento)	90 P 22

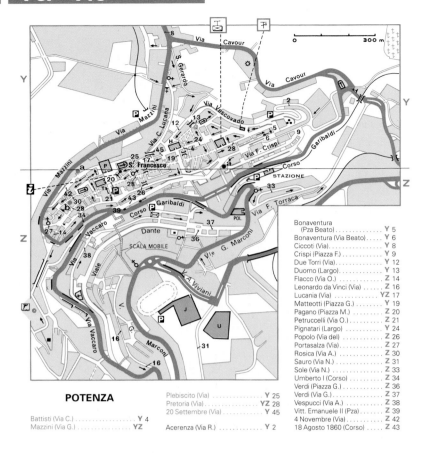

POTENZA

Battisti (Via C.) .... Y 4
Mazzini (Via G.) .... YZ

Bonaventura
(Pza Beato) .... Y 5
Bonaventura (Via Beato) ..... Y 6
Ciccoti (Via) .... Y 8
Crispi (Piazza F.) .... Y 9
Due Torri (Via) .... Y 12
Duomo (Largo) .... Y 13
Flacco (Via O.) .... Z 14
Leonardo da Vinci (Via) ..... Z 16
Lucania (Via) .... YZ 17
Matteotti (Piazza G.) .... Y 19
Pagano (Piazza M.) .... Y 20
Petruccelli (Via O.) .... Z 21
Pignatari (Largo) .... Z 24
Popolo (Via del) .... Z 26
Portasalza (Via) .... Z 27
Rosica (Via A.) .... Z 30
Sauro (Via N.) .... Z 31
Sole (Via N.) .... Z 33
Umberto I (Corso) .... Z 34
Verdi (Piazza G.) .... Z 36
Verdi (Via G.) .... Z 37
Vespucci (Via A.) .... Z 38
Vitt. Emanuele II (Pza) .... Z 39
4 Novembre (Via) .... Z 42
18 Agosto 1860 (Corso) ...... Z 43

Plebiscito (Via) .... Y 25
Pretoria (Via) .... YZ 28
20 Settembre (Via) .... Y 45
Acerenza (Via R.) .... Y 2

Porto Fuori	37 I 18	Porto Palo	85 O 20	Porto S. Giorgio	49 M 23	Portobello			
Porto Garibaldi	37 H 18	Porto Pino	102 K 7	Porto		di Gallura	94 D 9		
Porto Istana	99 E 10	Porto		Sta Margherita	28 F 20	Portobuffole	28 E 19		
Porto Levante	27 G 19	Potenza Picena	49 L 23	Porto		Portocannone	62 B 27		
Porto Mandriola	100 G 7	Porto Pozzo	94 D 9	Sto Stefano	51 O 15	Portoferraio	50 N 12		
Porto Mantovano	25 G 14	Porto Raphael	95 D 10	Porto Tolle	27 H 18	Portofino	33 J 9		
Porto Marghera	27 F 18	Porto Recanati	43 L 22	Porto Torres	96 E 7	Portofino			
Porto Maurizio	31 K 6	Porto Rotondo	95 D 10	Porto Tricase	75 H 37	(Penisola di)	33 J 9		
Porto Nogaro	29 E 21	Porto S. Paolo	99 E 10	Porto		Portofino Vetta	33 J 9		
Porto Palma	100 H 7	Porto S. Elpidio	49 M 23	Valtravaglia	12 E 8	Portogreco	63 B 30		

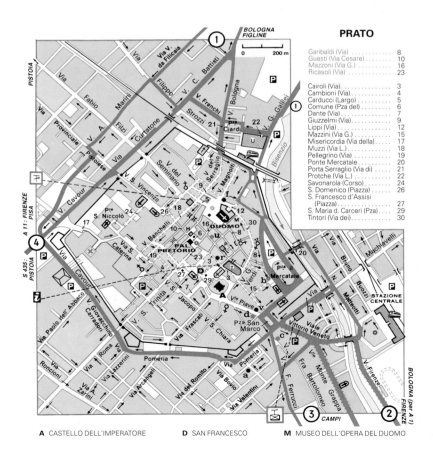

PRATO

Garibaldi (Via) 8
Guasti (Via Cesare) 10
Mazzoni (Via G.) 16
Ricasoli (Via) 23

Cairoli (Via) 3
Cambioni (Via) 4
Carducci (Largo) 5
Comune (Pza del) 6
Dante (Via) 7
Giuzzelmi (Via) 9
Lippi (Via) 12
Mazzini (Via G.) 15
Misericordia (Via della) 17
Muzzi (Via L.) 18
Pellegrino (Via) 19
Ponte Mercatale 20
Porta Serraglio (Via di) 21
Protche (Via L.) 22
Savonarola (Corso) 24
S. Domenico (Piazza) 26
S. Francesco d'Assisi
(Piazza) 27
S. Maria d. Carceri (Pza) 29
Tintori (Via dei) 30

A CASTELLO DELL'IMPERATORE   **D** SAN FRANCESCO   **M** MUSEO DELL'OPERA DEL DUOMO

Portogruaro	28 E 20	Pradeltorno	20 H 3	Preda Rossa	14 D 11
Portole	47 M 18	Pradidali (Rifugio)	17 D 17	Preda (Val)	55 O 22
Portomaggiore	37 H 17	Pradielis	19 D 21	Predappio	41 J 17
Portonovo		Pradipozzo	28 E 20	Predappio Alta	41 J 17
(Ancona)	43 L 22	Pradleves	30 I 3	Predazzo	16 D 16
Portonovo (Bologna)	36 I 17	Pradovera	23 H 10	Predel /	
Portopalo di Capo		Pragelato	20 G 2	Predil (Passo del)	19 C 22
Passero	93 Q 27	Praglia	32 I 8	Prediera	35 I 13
Portoscuso	102 J 7	Praglia (Abbazia di)	26 F 17	Predil (Lago del)	19 C 22
Portovenere	33 J 11	Prags / Braies	8 B 18	Predil (Passo del) /	
Portoverrara	37 H 17	Pragser Wildsee /		Predel	19 C 22
Portovesme	102 J 7	Braies (Lago di)	8 B 18	Predoi / Prettau	8 A 18
Porziano	47 M 19	Praia a Mare		Predoi (Pizzo Rosso	
Posada	99 F 11	(Cosenza)	76 H 29	di) / Rötspitze	8 A 18
Posada (Fiume di)	99 F 11	Praia a Mare		Predonico /	
Posada (Lago di)	99 F 10	(Taranto)	74 F 33	Perdonig	6 C 15
Poscante	14 E 11	Praiano	64 F 25	Predore	14 E 12
Posilesi	85 N 20	Prainito (il)	93 Q 26	Predosa	22 H 7
Posillipo (Napoli)	64 E 24	Pralboino	24 G 12	Preganziol	27 F 18
Posina	16 E 15	Prali	20 H 3	Preggio	47 M 18
Positano	64 F 25	Pralormo	21 H 5	Preglia	2 D 6
Possagno	17 E 17	Pralungo	11 F 6	Pregnana Milanese	13 F 9
Possidente	66 E 29	Pramaera	101 H 10	Preit	20 I 3
Posta	55 O 21	Pramaggiore	28 E 20	Prelá	31 K 5
Posta Fibreno	60 Q 23	Pramaggiore		Prelerna	34 I 11
Postal / Burgstall	6 C 15	(Monte)	8 C 19	Premana	13 D 10
Postalesio	14 D 11	Pramollo	20 H 3	Premariacco	19 D 22
Postiglione	65 F 27	Pramollo		Premeno	12 E 7
Postioma	17 E 18	(Passo di) /		Premia	2 D 7
Postua	11 E 6	Naßfeld-Paß	19 C 21	Premilcuore	41 K 17
Potame	78 J 30	Pramper (Cima di)	17 D 18	Premosello	2 D 7
Potenza	71 F 29	Pramperet (Rifugio)	17 D 18	Prena (Monte)	56 O 23
Potenza (Macerate)	48 M 21	Pranello	34 I 12	Prenestini (Monti)	59 Q 20
Potenza Picena	49 L 22	Prano (Monte)	38 K 13	Preola (Lago di)	85 O 19
Poti (Alpe di)	41 L 17	Pranolz	17 D 18	Preone	18 C 20
Pottu Codinu		Pranu Mutteddu	103 I 9	Prepotto	19 D 22
(Necropoli di)	96 F 7	Pranzo	15 E 14	Presa (Isola la)	95 D 10
Pove del Grappa	16 E 17	Prarayer	11 E 4	Presanella (Cima)	15 D 13
Povegliano	17 E 18	Prarostino	20 H 3	Presciano	59 R 20
Povegliano		Prascorsano	11 F 4	Preseglie	15 E 13
Veronese	25 F 14	Prastondu	11 F 4	Preselle	45 N 15
Poverella	78 J 31	Prata (Avellino)	65 E 26	Presenzano	61 R 24
Poverello (Monte)	83 M 28	Prata (Grosseto)	45 M 14	Presicce	75 H 37
Poviglio	35 H 13	Prata Camportaccio	4 D 10	Presolana	
Povolaro	26 F 16	Prata d'Ansidonia	56 P 22	(Passo della)	14 E 12
Povoletto	19 D 21	Prata di Pordenone	28 E 19	Presolana	
Poza	64 D 24	Prata Sannita	61 R 24	(Pizzo della)	14 E 12
Pozza	35 I 14	Pratella	61 R 24	Pressana	26 G 16
Pozza di Fassa	7 C 17	Pratello (Monte)	60 Q 23	Presta (Forca di)	48 N 21
Pozzaglia Sabino	55 P 20	Prateria	81 L 30	Prestianni	91 O 24
Pozzaglio ed Uniti	24 G 12	Prati (i)	54 O 20	Prestone	4 C 10
Pozzale	39 K 14	Prati di Tivo	55 O 22	Preta	64 D 24
Pozzallo	93 Q 26	Prati / Wiesen	7 B 16	Pretara	56 O 22
Pozzella (Torre)	69 E 35	Pratica di Mare	58 R 19	Pretare	48 N 21
Pozzengo	21 G 6	Praticello	35 H 13	Preti (Cima dei)	8 C 19
Pozzilli	61 R 24	Pratieghi	41 K 18	Pretoro	56 P 24
Pozzillo	89 O 27	Prato (Prato)	39 K 15	Prettau / Predoi	8 A 18
Pozzillo (Lago)	88 O 25	Prato (Genova)	33 I 10	Preturo	55 O 21
Pozzillo (Monte)	91 P 23	Prato (Reggio		Prevalle	25 F 13
Pozzo (Alessandria)	21 G 6	nell'Emilia)	35 H 14	Prezza	56 P 23
Pozzo (Arezzo)	46 M 17	Prato (Terni)	47 N 18	Priabona	26 F 16
Pozzo Groppo	23 H 9	Prato (Monte)	35 J 13	Priatu	97 E 9
Pozzo Guacito	69 E 34	Prato (Tempa del)	65 F 27	Priero	31 I 6
Pozzo Salerno	69 F 34	Prato alla Drava /		Prignano Cilento	70 G 27
Pozzo S. Nicola	96 E 6	Winnebach	8 B 19	Prignano	
Pozzo Terraneo	66 D 29	Prato all'Isarco /		sulla Secchia	35 I 14
Pozzo (vicino a		Blumau	7 C 16	Prima Porta (Roma)	54 P 19
Pasiano di P.)	28 E 19	Prato allo Stelvio /		Primaluna	13 E 10
Pozzo (vicino a		Prad am Stilfser-		Primero (Bocca di)	29 E 22
Provesano)	18 D 20	joch	5 C 13	Primolano	16 E 17
Pozzolengo	25 F 13	Prato Carnico	18 C 20	Primolo	14 D 11
Pozzoleone	26 F 17	Prato di Campoli	60 Q 22	Principe (Monte) /	
Pozzolo	25 G 14	Prato Nevoso	31 J 5	Hoherfirst	6 B 15
Pozzolo Formigaro	22 H 8	Prato Perillo	71 F 28	Principina a Mare	45 N 15
Pozzomaggiore	96 F 7	Prato Piazza /		Priocca	21 H 6
Pozzoni (Monte)	55 O 21	Plätzwiesen	8 C 18	Priola	31 J 6
Pozzonovo	26 G 17	Prato Ranieri	45 N 14	Priola (Punta di)	86 M 22
Pozzuoli	64 E 24	Prato Selva	55 O 22	Priolo	92 P 25
Pozzuolo	46 M 17	Prato Sopralacroce	33 I 10	Priolo Gargallo	93 P 27
Pozzuolo del Friuli	29 E 21	Pratobello	101 G 9	Priora (Monte)	48 N 21
Pozzuolo		Pratobotrile	20 G 3	Prisdarella	81 L 31
Martesana	13 F 10	Pratola Peligna	56 P 23	Priverno	59 R 21
Pra Campo	14 D 12	Pratola Serra	65 E 26	Prizzi	86 N 22
Pracchia	39 J 14	Pratolino (Firenze)	39 K 15	Prizzi (Lago di)	86 N 22
Pracchiola	34 I 11	Pratomagno	40 K 16	Procchio	50 N 12
Prad am		Pratomedici	38 J 12	Proceno	46 N 17
Stilfserjoch /		Pratorsi	39 J 14	Procida	64 E 24
Prato allo		Pratovecchio	40 K 16	Procida (Canale di)	64 E 24
Stelvio	5 C 13	Pravisdomini	28 E 20	Procida	
Prada	15 E 14	Pray	11 E 6	(Isola di)	64 E 24
Pradalunga	14 E 11	Praz	11 E 4	Prodo	47 N 18
Pradamano	19 D 21	Prazzo	20 I 3	Progno	25 F 14
Pradarena (Passo		Pré de Bar	10 E 3	Promano	47 L 18
di)	35 J 12	Pré-St. Didier	10 E 2	Propata	33 I 9
Prade	16 D 17	Prea	31 J 5	Proscuitto (Punta)	74 G 35
Pradello	25 G 14	Precenicco	28 E 21	Prosecco	29 E 23
		Preci	48 N 21		

Prossedi	59	R 21
Prossenicco	19	D 22
Provaglio d'Iseo	24	F 12
Provaglio Val Sabbia	15	E 13
Provagna	17	D 18
Provazzano	35	I 13
Pròves / Pròves	6	C 15
Pròves / Proveis	6	C 15
Provesano	18	D 20
Provonda	20	G 3
Provvidenti	62	B 26
Prudenzini (Rifugio)	15	D 13
Prun	25	F 14
Pruna (Punta sa)	101	G 10
Pruna (Sa)	101	G 9
Prunella	80	N 29
Prunetta	39	J 14
Prunetto	21	I 6
Pruno	38	J 12
Pruno (Poggio al)	45	M 14
Pucciarelli	47	M 18
Puccini	38	K 12
Pudiano	24	F 12
Puegnago sul Garda	25	F 13
Puez (Rifugio)	7	C 17
Puglia	47	N 19
Puglianello	64	D 25
Pugnochiuso	63	B 30
Puia	28	E 19
Puianello	35	I 13
Pula	103	J 9
Pula (Capo di)	103	J 9
Pulfero	19	D 22
Pulicciano	40	L 16
Pullir	17	D 17
Pulsano	74	F 34
Pulsano (Santuario di)	63	B 29
Pumenengo	24	F 11
Punta Ala	45	N 14
Punta Braccetto	92	Q 25
Punta del Lago	53	P 18
Punta Gennarta (Lago)	102	I 7
Punta Marina	37	I 18
Punta Sabbioni	28	F 19
Punta Secca	92	Q 25
Puntalazzo	89	N 27
Puntazza (Capo)	85	M 20
Punti (Li)	96	E 7
Puos d'Alpago	18	D 19
Pura (Passo del)	18	C 20
Puranno (Monte)	48	N 20
Purgatorio	85	M 20
Pusiano	13	E 9
Pusiano (Lago di)	13	E 9
Pusteria (Val)	7	B 17
Putia (Sass de)	7	C 17
Putifigari	96	F 7
Putignano	68	E 33
Putignano (Grotta di)	68	E 33
Putzu Idu	100	G 7
Puzzillo (Monte)	55	P 22

Q

Quaderna	36	I 16
Quaderni	25	G 14
Quadrelli	23	H 10
Quadri	61	Q 24
Quadro (Pizzo)	4	C 9
Quaglietta	65	E 27
Quaglio	92	P 25
Quàira (Lago di)	6	C 14
Qualiano	64	E 24
Qualso	19	D 21
Quara	35	I 13
Quaranta	46	N 16
Quarantoli	36	H 15
Quargnento	22	H 7
Quarna	12	E 7
Quarnan (Rifugio)	19	D 21
Quarona	11	E 6
Quarrata	39	K 14
Quart	11	E 4
Quart Villefranche	10	E 4
Quartaia	45	L 15
Quartesana	36	H 17
Quartiere Paolo VI	74	F 33
Quarto (Forlì)	41	K 18
Quarto (Napoli)	64	E 24
Quarto (Piacenza)	24	G 11
Quarto (Lago di)	41	K 18
Quarto d'Altino	28	F 19
Quarto Inferiore (Asti)	22	H 6
Quarto Inferiore (Bologna)	36	I 16
Quartu (Golfo di)	103	J 9
Quartu S. Elena	103	J 9
Quartucciu	103	J 9
Quasano	67	E 31
Quattordio	22	H 7
Quattro Castella	35	I 13
Quattrocase	26	H 15
Quattropani	82	L 26
Quattrostrade	51	O 15
Quattroventi	61	R 24
Querce al Pino	46	M 17
Quercegrossa	45	L 15
Querceta	38	K 12
Querceto	45	M 14
Quercia del Monaco (Passo della)	60	R 22
Quercianella	38	L 13
Querciola	35	J 14
Quero	17	E 17
Quezzi	32	I 8
Quiesa	38	K 13
Quiliano	32	J 7
Quincinetto	11	F 5
Quindici	64	E 25
Quingentole	26	G 15
Quinto al Mare (Genova)	32	I 8

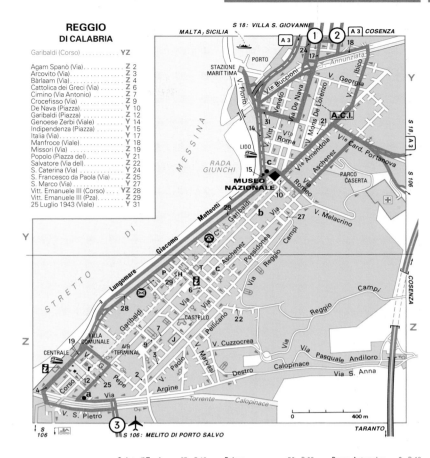

REGGIO DI CALABRIA

Garibaldi (Corso)		YZ
Agam Spanò (Via)		Z 2
Arcovito (Via)		Z 3
Bàrlaam (Via)		Z 4
Cattolica dei Greci (Via)		Z 6
Cimino (Via Antonio)		Z 7
Crocefisso (Via)		Z 9
De Nava (Piazza)		Y 10
Garibaldi (Piazza)		Z 12
Genoese Zerbi (Viale)		Y 14
Indipendenza (Piazza)		Y 15
Italia (Via)		Y 17
Manfroce (Viale)		Y 18
Missori (Via)		Y 19
Popolo (Piazza del)		Z 21
Salvatore (Via del)		Z 22
S. Caterina (Via)		Y 24
S. Francesco da Paola (Via)		Z 25
S. Marco (Via)		Z 27
Vitt. Emanuele III (Corso)		YZ 28
Vitt. Emanuele III (Pza)		Y 29
25 Luglio 1943 (Viale)		Y 31

Quinto di Treviso	27	F 18
Quinto di Valpantena	26	F 15
Quinto Vicentino	27	F 16
Quinzano d'Oglio	24	G 12
Quirra	103	I 10
Quirra (Isola di)	103	I 10
Quirra (Rio de)	101	H 10
Quistello	25	G 14

R

Rabbi	6	C 14
Rabbi (Fiume)	41	K 17
Rabbi (Val di)	6	C 14
Rabbini	34	H 11
Rabenstein / Corvara	6	B 15
Racale	75	H 36
Racalmuto	91	O 23
Raccolana (Canale di)	19	C 22
Racconigi	21	H 5
Raccuia	82	M 26
Racines / Ratschings	6	B 16
Racines (Val di)	6	B 15
Radda in Chianti	40	L 16
Raddusa	88	O 25
Radein / Redagno	16	C 16
Radi	46	M 16
Radici (Passo delle)	38	J 13
Radicofani	46	N 17
Radicondoli	45	M 15
Radogna	66	D 28
Radsberg / Monte Rota	8	B 18
Raffadali	90	O 22
Ragada	15	D 13
Ragalna	89	O 26
Raganello	76	H 30
Ragazzola	24	G 12
Raggiolo (Ortignano-)	41	K 17
Ragogna	18	D 20
Ragola (Monte)	33	I 10
Ragoli	15	D 14
Ragusa	93	Q 26
Raia (Monte)	65	E 26
Raialunga (Monte)	70	G 28
Raiamagra (Monte)	65	E 27
Raiano	56	P 23
Rain in Taufers / Riva di Tures	8	B 18
Raisi (Punta)	86	M 21
Raisigerbi (Capo)	87	M 24
Raldon	26	F 15
Ram	5	C 13
Rama (Capo)	86	M 21
Ramacca	88	O 26
Ramaceto (Monte)	33	I 9
Ramière (Punta)	20	H 2
Ramilia (Case)	91	O 23
Ramiseto	35	I 12
Ramon	17	E 17
Ramponio	13	E 9
Ramundo	78	J 31
Rancale	47	M 19
Ranchio	41	K 18
Rancia (Castello della)	49	M 22
Rancio Valcuvia	12	E 8
Ranco (Arezzo)	41	L 18
Ranco (Varese)	12	E 7
Randazzo	89	N 26
Ranica	14	E 11
Ranzanico	14	E 11
Ranzano	34	I 12
Ranzo (Imperia)	31	J 6
Ranzo (Trento)	15	D 14
Ranzola (Colle di)	11	E 5
Rapagnano	49	M 22
Rapallo	33	I 9
Raparo (Monte)	71	G 29
Rapegna	48	N 21
Rapino	56	P 24
Rapolano Terme	46	M 16
Rapolla	66	E 29
Rapone	66	E 28
Rasciesa	7	C 16
Rascino (Lago)	55	O 21
Rasenna	48	N 20
Rasiglia	48	N 20
Rasocolmo (Capo)	83	M 28
Raspollino (Padule di)	45	N 15
Rassa	11	E 6
Rassina	41	L 17
Rastrello (Valico del)	33	J 11
Rasu (Monte) (Nuoro)	101	I 10
Rasu (Monte) (Sassari)	97	F 9
Rasun-Anterselva	8	B 18
Rasura	4	D 10
Raticosa (Passo della)	40	J 16
Ratschings / Racines	6	B 16
Rattisio Nuovo / Neurateis	6	B 14
Ratzes / Razzes	7	C 16
Rauchkofel / Fumo (Monte)	8	A 18
Rauscedo	18	D 20
Rauth / Novale (Bolzano)	7	C 16
Rava (Cimon)	16	D 16
Ravadese	35	H 13
Ravagnese	83	M 28
Ravalle	36	H 16
Ravanusa	91	P 23
Ravarano	34	I 12
Ravari (Bocca di)	35	J 15
Ravarino	36	H 15
Ravascletto	18	C 20
Ravello	64	F 25
Ravenna	37	I 18
Raveo	18	C 20
Ravi	45	N 14
Ravina	16	D 15
Raviscanina	61	R 24
Razzà	80	N 30
Razzes / Ratzes	7	C 16
Razzo (Sella di)	8	C 19
Razzoli (Isola)	95	D 10
Razzuolo	40	J 16
Re	3	D 7
Re (Serra del)	88	N 26
Rea	23	G 9
Reale (Canale)	69	F 35
Reale (Fosso)	38	L 13
Reale (Rada della)	96	D 6
Realmonte	90	P 22
Reana del Roiale	19	D 21
Reatini (Monti)	55	O 21
Rebeccu	98	F 8
Recanati	43	L 22
Recattivo	88	O 24
Recattivo (Portella)	91	O 24
Recchio	34	H 12
Recco	33	I 9
Recetto	12	F 7
Recoaro Mille	16	E 15
Recoaro Terme	16	E 15
Recoleta	73	G 31
Recovato	36	I 15

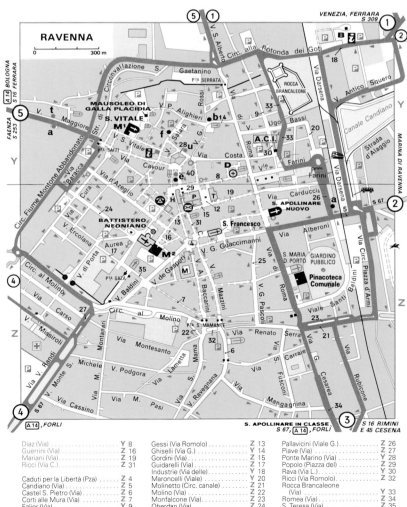

RAVENNA

Diaz (Via)		Y 8
Guerrini (Via)		Z 16
Mariani (Via)		Z 15
Ricci (Via C.)		Z 31
Caduti per la Libertà (Pza)		Z 4
Candiano (Via)		Z 5
Castel S. Pietro (Via)		Z 6
Corti alle Mura (Via)		Z 7
Falier (Via)		Y 9
Garibaldi (Piazza)		Z 12
Gessi (Via Romolo)		Z 13
Ghiselli (Via G.)		Y 14
Gordini (Via)		Z 15
Guidarelli (Via)		Z 17
Industrie (Viale)		Y 18
Maroncelli (Viale)		Y 20
Molinetto (Circ. canale)		Z 21
Molino (Via)		Z 22
Monfalcone (Via)		Z 23
Oberdan (Via)		Z 24
Oriani (Via A.)		Z 25
Pallavicini (Viale G.)		Z 26
Piave (Via)		Z 27
Ponte Marino (Via)		Y 28
Popolo (Piazza del)		Z 29
Rava (Via L.)		Z 30
Ricci (Via Romolo)		Z 32
Rocca Brancaleone (Via)		Y 33
Romea (Via)		Z 34
S. Teresa (Via)		Z 35
4 Novembre (Via)		Y 40

B MAUSOLEO DI TEODORICO   **D** BATTISTERO DEGLI ARIANI   **M²** MUSEO DELL'ARCIVESCOVADO

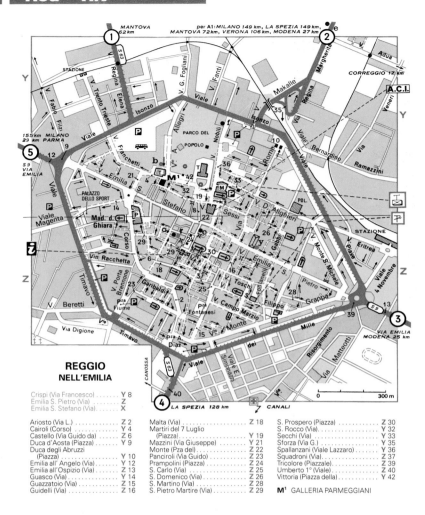

REGGIO NELL'EMILIA

Crispi (Via Francesco) . . . . Y 8
Emilia S. Pietro (Via) . . . . Z
Emilia S. Stefano (Via). X

Ariosto (Via L.) . . . . Z 2
Cairoli (Corso) . . . . Y 4
Castello (Via Guido da) . . . . . Z 6
Duca d'Aosta (Piazza) . . . . . . Y 9
Duca degli Abruzzi (Piazza) . . . Y 10
Emilia all'Angelo (Via) . . . . . Y 12
Emilia all'Ospizio (Via) . . . . . Y 13
Guasco (Via) . . . . Y 14
Guazzatoio (Via) . . . . Z 15
Guidelli (Via) . . . . Z 16

Malta (Via) . . . . Z 18
Martiri del 7 Luglio (Piazza) . . . Y 19
Mazzini (Via Giuseppe) . . . . . Y 21
Monte (Pza del) . . . . Y 22
Panciroli (Via Guido) . . . . . . Z 23
Prampolini (Piazza) . . . . Y 24
S. Carlo (Via) . . . . Z 25
S. Domenico (Via) . . . . Z 26
S. Martino (Via) . . . . Z 28
S. Pietro Martire (Via) . . . . . . Z 29

S. Prospero (Piazza) . . . . . . Z 30
S. Rocco (Via) . . . . Y 32
Secchi (Via) . . . . Y 33
Sforza (Via G.) . . . . Y 35
Spallanzani (Viale Lazzaro) . . . Y 36
Squadroni (Via) . . . . Z 37
Tricolore (Piazzale) . . . . Y 39
Umberto 1° (Viale) . . . . Z 40
Vittoria (Piazza della) . . . . . . Y 42

M¹ GALLERIA PARMEGGIANI

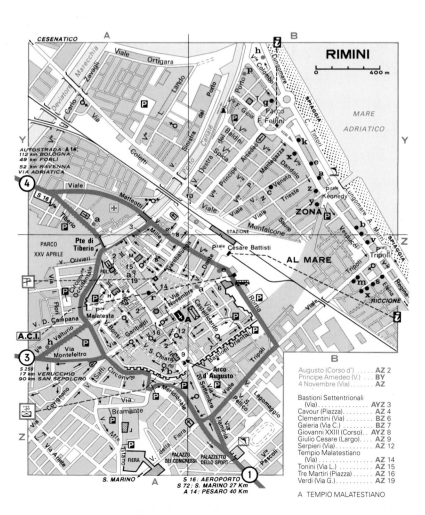

RIMINI

Augusto (Corso d') . . . . . . AZ 2
Principe Amedeo (V.) . . . . . BY
4 Novembre (Via) . . . . AZ

Bastioni Settentrionali (Via) . . . . AYZ 3
Cavour (Piazza) . . . . AZ 4
Clementini (Via) . . . . BZ 6
Galeria (Via C.) . . . . BZ 7
Giovanni XXIII (Corso) . . . . AYZ 8
Giulio Cesare (Largo) . . . . . AZ 9
Serpieri (Via) . . . . BZ 12
Tempio Malatestiano (Via) . . AZ 14
Tonini (Via L.) . . . . AZ 15
Tre Martiri (Piazza) . . . . . . AZ 16
Verdi (Via G.) . . . . AZ 19

A. TEMPIO MALATESTIANO

Name	Page	Grid
Reda	37	J 17
Redagno / Radein	16	C 16
Redasco (Cime)	5	C 12
Redavalle	23	G 9
Redebus (Passo)	16	D 15
Redi Castello (Monte)	15	D 13
Redipuglia	29	E 22
Redona	18	D 20
Redondesco	25	G 13
Redone	25	F 13
Refavaie	16	D 16
Refrancore	22	H 7
Refrontolo	17	E 18
Regalbuto	88	O 25
Regalgioffoli	86	N 22
Reggello	40	K 16
Reggio di Calabria	83	M 28
Reggio nell'Emilia	35	H 13
Reggiolo	35	H 14
Regi Lagni	64	E 25
Regina	76	I 30
Regina Elena (Canale)	12	F 7
Regnano	34	J 12
Regona	24	G 11
Rei (Costa)	103	J 10
Reino	62	D 26
Reinswald / S. Martino (Bolzano)	7	B 16
Reischach / Riscone	7	B 17
Reit (Cresta di)	5	C 13
Reitano	88	N 25
Religione (Punta)	93	Q 23
Remanzacco	19	D 21
Remedello Sopra	25	G 13
Remedello Sotto	25	G 13
Remondò	22	G 8
Renaio	38	J 13
Renate	13	E 9
Renazzo	36	H 15
Rendale	16	E 16
Rende	78	J 30
Rendena (Valle)	15	D 14
Rendina (Lago del)	66	D 29
Rendinara	60	Q 22
Renna (Monte)	93	Q 26
Renna (Monte) (Siracusa)	92	Q 26
Renno	35	J 14
Reno (Bologna)	35	J 14
Reno (Varese)	12	E 7
Reno (Foce del)	37	I 18
Reno Finalese	36	H 15
Renòn (Corno di)	7	C 16
Renon / Ritten	7	C 16
Reppia	33	I 10
Resana	27	F 17
Rescaldina	13	F 8
Resceto	38	J 12
Reschen / Resia	5	B 13
Reschenpaß / Resia (Passo di)	5	B 13
Reschensee / Resia (Lago di)	5	B 13
Resettum (Monte)	18	D 19
Resia	19	C 21
Resia / Reschen	5	B 13
Resia (Lago di) / Reschensee	5	B 13
Resia (Passo di) / Reschenpaß	5	B 13
Resia (Valle di)	19	C 21
Resiutta	19	C 21
Rest (Forcola di Monte)	18	C 20
Resta	45	N 14
Restinco (Masseria)	69	F 35
Resuttano (Caltanissetta)	87	N 24
Resuttano (Palermo)	87	N 24
Retorbido	23	H 9
Revello	20	I 4
Reventino (Monte)	78	J 30
Revere	26	G 15
Revine	17	D 18
Revò	6	C 15
Rezzanello	23	H 10
Rezzato	25	F 12
Rezzo	31	J 5
Rezzoaglio	33	I 10
Rhêmes-Notre Dame	10	F 3
Rhêmes-St. Georges	10	F 3
Rhêmes (Val di)	10	F 3
Rho	13	F 9
Riace	81	L 31
Riace Marina	81	L 31
Rialto	31	J 6
Riano	54	P 19
Riardo	64	D 24
Ribera	90	O 21
Ribolla	45	N 15
Ribordone	11	F 4
Ricadi	80	L 29
Ricaldone	22	H 7
Ricavo	39	L 15
Riccardina	36	I 16
Riccia	62	C 26
Riccio	47	M 18
Riccione	42	J 19
Ricco del Golfo di Spezia	33	J 11
Riccovolto	35	J 13
Ricengo	24	F 11
Ricetto	55	P 21
Ricigliano	66	E 28
Ridanna / Ridnaun	6	B 15
Ridanna (Val)	6	B 15
Ridnaun / Ridanna	6	B 15
Ridotti (i)	60	Q 22
Ridracoli	41	K 17
Ridracoli (Lago di)	41	K 17
Rienza	7	B 17
Riepenspitze / Ripa (Monte)	8	B 18
Ries (Vedrette di) / Rieserferne-gruppe	8	B 18
Riese Pio X	17	E 17
Riesi	92	P 24
Rieti	55	O 20
Rifiano / Riffian	6	B 15
Rifreddo	71	F 29
Rifredo	40	J 16
Rigali	48	M 20
Righetto (Passo del)	34	I 11
Rigiurfo Grande (Case)	92	P 25
Riglio	34	H 11
Riglio (Torrente)	24	G 11
Riglione-Oratoio	38	K 13
Rignano Flaminio	54	P 19
Rignano Garganico	63	B 28
Rignano sull'Arno	40	K 16
Rigo (Ponte del)	46	N 17
Rigolato	18	C 20
Rigoli	38	K 13
Rigolizia	93	Q 26
Rigomagno	46	M 17
Rigoso	34	I 12
Rigutino	46	L 17
Rilievo	84	N 19
Rima	11	E 6
Rimagna	34	I 12
Rimasco	11	E 6
Rimella	11	E 6
Rimendiello	71	G 29
Rimini	42	J 19
Riminino	53	O 16
Rimiti	89	N 27
Rinalda (Torre)	75	F 36
Rinella	82	L 26
Rino	15	D 13
Rio di Lagundo / Aschbach	6	C 15
Rio di Pusteria / Mühlbach	7	B 16
Rio (il)	59	R 21
Rio Marina	50	N 13
Rio nell'Elba	50	N 13
Rio Saliceto	35	H 14
Rio Secco / Riobianco / Weißenbach (vicino a Campo Tures)	7	B 17
Riobianco / Weißenbach (vicino a Pennes)	6	B 16
Riofreddo	31	J 6
Riofreddo (Forlì)	41	K 18
Riofreddo (Roma)	55	P 21
Riofreddo (Udine)	19	C 22
Riola	35	J 15
Riola Sardo	100	H 7
Riolo	36	I 15
Riolo Terme	36	J 17
Riolunato	35	J 13
Riomaggiore	33	J 11
Riomolino / Mühlbach	7	B 17
Riomurtas	102	J 8
Rionero in Vulture	66	E 29
Rionero Sannitico	61	Q 24
Riosecco	41	L 18
Riotorto	45	N 14
Rioveggio	36	J 15
Ripa	20	H 2
Ripa (L'Aquila)	56	P 22
Ripa (Perugia)	47	M 19
Ripa d'Orcia	46	M 16
Ripa (Monte) / Riepenspitze	8	B 18
Ripa Sottile (Lago di)	55	O 20
Ripa Teatina	56	O 24
Ripaberarda	49	N 22
Ripabottoni	62	B 26
Ripacandida	66	E 29
Ripaldina	23	G 10
Ripalimosano	61	R 25
Ripalta	62	E 13
Ripalta Arpina	24	G 11
Ripalta Cremasca	24	G 11
Ripalti (Punta dei)	50	N 13
Ripalvella	47	N 18
Ripapersico	37	H 17
Riparbella	45	L 13
Ripatransone	49	N 23
Ripe (Ancona)	43	K 21
Ripe (Pesaro e Urbino)	42	K 20
Ripe S. Ginesio	49	M 22
Ripi	60	R 22
Ripoli	41	L 18
Riposa (la)	20	G 3
Riposto	89	N 27
Risano	29	E 21
Riscone / Reischach	7	B 17
Rispescia	45	N 15
Ristola (Punta)	75	H 37
Rittana	30	I 4
Ritten / Renon	7	C 16
Riva (Piacenza)	23	H 10
Riva (Torino)	20	I 4
Riva (Valle di)	7	A 17
Riva degli Etruschi	44	M 13
Riva dei Tarquini	53	P 16
Riva dei Tessali	73	F 32
Riva del Garda	15	E 14
Riva del Sole	45	N 14
Riva di Faggeto	13	E 9
Riva di Solto	14	E 12
Riva di Tures / Rain in Taufers	8	B 18
Riva Ligure	31	K 5
Riva presso Chieri	21	H 5
Riva Trigoso	33	J 10
Riva Valdobbia	11	E 5
Rivabella	75	G 36
Rivabella (Rimini)	42	J 19
Rivabella (Bologna)	36	I 16
Rivalba	21	G 5
Rivalta	35	I 13
Rivalta Bormida	22	H 7
Rivalta di Torino (Torino)	21	G 4
Rivalta Scrivia	22	H 8
Rivalta sul Mincio	25	G 14
Rivalta Trebbia	23	H 10
Rivamonte Agordino	17	D 18
Rivanazzano	23	H 9
Rivara (Modena)	36	H 15
Rivara (Torino)	21	F 4
Rivarolo Canavese	11	F 5
Rivarolo del Re	25	G 13
Rivarolo Ligure (Genova)	32	I 8
Rivarolo Mantovano	25	G 13
Rivarone	22	H 8
Rivarossa	11	G 5
Rivazzurra	42	J 19
Rive	22	G 7
Rive d'Arcano	18	D 21
Rivello	71	G 29
Rivergaro	23	H 10
Rivetti	11	E 5

Rivignano	28	E 21
Rivis	18	D 20
Rivisondoli	56	Q 24
Rivo	54	O 19
Rivodutri	55	O 20
Rivoli (Torino)	21	G 4
Rivoli Veronese	25	F 14
Rivolta d'Adda	13	F 10
Rivoltella (Brescia)	25	F 13
Rivoltella (Pavia)	22	G 7
Rivoschio Pieve	41	J 18
Rizzacorno	57	P 25
Rizziconi	80	L 29
Rizzolo	34	H 11
Rizzuto (Capo)	79	K 33
Ro Ferrarese	26	H 17
Roana	16	E 16
Roaschia	30	J 4
Roasco	14	D 12
Robassomero	21	G 4
Robbio	22	G 7
Robecco d'Oglio	24	G 12
Robecco Pavese	23	G 9
Robecco sul Naviglio	13	F 8
Robella	21	G 6
Roberti (Masseria)	68	D 33
Robilante	30	J 4
Roboaro	32	I 7
Roburent	31	J 5
Roca Vecchia	75	G 37
Rocca	16	E 17
Rocca Canterano	59	Q 21
Rocca d'Arazzo	22	H 6
Rocca de' Giorgi	23	H 9
Rocca d'Evandro	60	R 23
Rocca di Botte	55	P 21
Rocca di Cambio	55	P 22
Rocca di Capri Leone	82	M 26
Rocca di Cave	59	Q 20
Rocca di Corno	55	O 21
Rocca di Mezzo	56	P 22
Rocca di Neto	79	J 33
Rocca di Papa	59	Q 20
Rocca di Roffeno	35	J 15
Rocca Fiorita	89	N 27
Rocca Grimalda	32	H 7
Rocca Imperiale	73	G 31
Rocca Imperiale Marina	73	G 31
Rocca Massima	59	Q 20
Rocca Pia	60	Q 23
Rocca Pietore	7	C 17
Rocca Priora (Ancona)	43	L 22
Rocca Priora (Roma)	59	Q 20
Rocca Ricciarda	40	L 16
Rocca S. angelo	47	M 19
Rocca S. Casciano	41	J 17
Rocca S. Felice	65	E 27
Rocca S. Giovanni	57	P 25
Rocca Sta Maria	49	N 22
Rocca Sto Stefano	59	Q 21
Rocca Sinibalda	55	P 20
Rocca Susella	23	H 9
Rocca Tunda	100	G 7
Roccabascerana	65	D 26
Roccabernarda	79	J 32
Roccabianca	24	G 12
Roccacaramanico	56	P 24
Roccacasale	56	P 23
Roccacinquemiglia	61	Q 24
Roccadaspide	70	F 27
Roccaferrara	34	I 12
Roccafinadamo	56	O 23
Roccafluvione	49	N 22
Roccaforte del Greco	80	M 29
Roccaforte Ligure	32	H 9
Roccaforte Mondovì	31	J 5
Roccaforzata	74	F 34
Roccafranca	24	F 11
Roccagiovine	55	P 20
Roccagloriosa	70	G 28
Roccagorga	59	R 21
Roccalbegna	46	N 16
Roccalumera	89	N 28
Roccalvecce	53	O 18
Roccamandolfi	61	R 25
Roccamare	45	N 14
Roccamena	86	N 21
Roccamonfina	60	S 23
Roccamontepiano	56	P 24
Roccamorice	56	P 24
Roccanova	72	G 30
Roccantica	54	P 20
Roccapalumba	86	N 22
Roccapiemonte	65	E 26
Roccaporena	48	N 20
Roccarainola	64	E 25
Roccaraso	61	Q 24
Roccaravindola	61	R 24
Roccaromana	64	D 24
Roccarossa (Tempa di)	71	G 29
Roccasalli	55	O 21
Roccascalegna	57	P 24
Roccasecca	60	R 23
Roccasecca dei Volsci	59	R 21
Roccasicura	61	Q 24
Roccaspinalveti	57	Q 25
Roccastrada	45	M 15
Roccatamburo	48	N 20
Roccatederighi	45	M 15
Roccavaldina	83	M 28
Roccaverano	21	I 6
Roccavione	30	J 4
Roccavivara	61	Q 25
Roccavivi	60	Q 22
Roccazzo	92	P 25
Roccelito (Monte)	87	N 23
Roccella (Caltanissetta)	91	O 23
Roccella (Catanzaro)	79	K 31
Roccella Ionica	81	M 31
Roccella Valdemone	89	N 27
Rocchetta (Caserta)	64	D 24
Rocchetta (Massa Carrara)	33	J 11
Rocchetta (Perugia)	48	N 20
Rocchetta a Volturno	61	R 24
Rocchetta (Trento)	16	D 15
Rocchetta Belbo	21	I 6
Rocchetta Cairo	31	I 6
Rocchetta di Vara	33	J 11
Rocchetta Ligure	32	H 9
Rocchetta Mattei	35	J 15
Rocchetta Nervina	30	K 4
Rocchetta Nuova	61	R 24
Rocchetta S. Antonio	66	D 28
Rocchetta Tanaro	22	H 7
Rocchette	46	N 16
Rocciamelone	20	G 3
Roccoli Lorla (Rifugio)	4	D 10
Rochemolles	20	G 2
Roddi	21	H 5
Roddino	21	I 6
Rodeano	18	D 21
Rodeneck / Rodengo	7	B 17
Rodengo / Rodeneck	7	B 17
Rodengo-Saiano	24	F 12
Rodì	83	M 27
Rodi Garganico	63	B 29
Rodia	83	M 28
Rodigo	25	G 13
Rodio	70	G 27
Rodoretto	20	H 3
Roen (Monte)	6	C 15
Rofrano	70	G 28
Roggiano Gravina	76	I 30
Roggione (Pizzo)	3	D 9
Roghudi	80	M 29
Rogio (Canale)	39	K 13
Rogliano	78	J 30
Roglio	39	L 14
Rognano	23	G 9
Rogno	14	E 12
Rognosa (Punta)	20	H 2
Rogolo	4	D 10
Roia	30	K 4
Roia / Rojen	5	B 13
Roiano	49	N 22
Roiate	59	Q 21
Roio del Sangro	61	Q 25
Roisan	10	E 3
Rojen / Roia	5	B 13
Roletto	20	H 3
Rolle (Cima di)	7	B 16
Rolle (Passo di)	16	D 17
Rolo	35	H 14
Roma	58	Q 19
Roma-Ciampino (Aeroporto)	58	Q 19
Roma-Fiumicino L. da Vinci (Aeroporto)	58	Q 18
Romagnano al Monte	70	F 28
Romagnano Sesia	12	F 7
Romagnese	23	H 9
Romana	96	F 7
Romanelli (Grotta)	75	G 37
Romanengo	24	F 11
Romano d'Ezzelino	16	E 17
Romano di Lombardia	24	F 11
Romans d'Isonzo	29	E 22
Rombiolo	80	L 29
Rombo (Passo del) / Timmelsjoch	6	B 15
Romena (Castello di)	41	K 17
Romena (Pieve di)	41	K 17
Romeno	6	C 15
Romentino	12	F 8
Rometta (Massa Carrara)	38	J 12
Rometta (Messina)	83	M 28
Romitello (Santuario del)	86	M 21
Ron (Vetta di)	14	D 17
Roncà	26	F 15
Roncade	24	F 19
Roncadelle (Brescia)	24	F 12
Roncadelle (Treviso)	28	E 19
Roncagli	31	K 6
Roncaglia	24	G 11
Roncalceci	37	I 18
Roncanova	26	G 15
Roncarolo	24	G 11
Roncastaldo	36	J 15
Roncegno	16	D 16
Roncello	13	F 10
Ronche	28	E 19
Ronchi (Savona)	31	J 6

ROMA
PERCORSI DI ATTRAVERSAMENTO E DI CIRCONVALLAZIONE

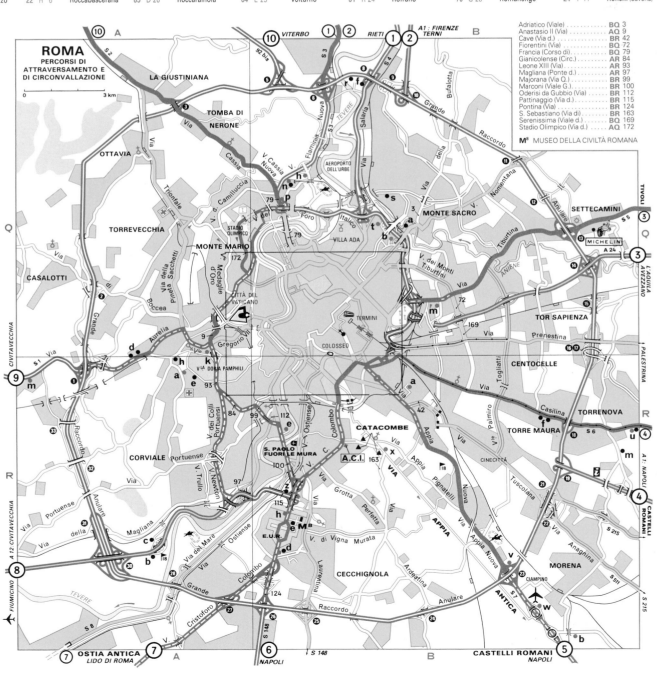

Adriatico (Viale)	BQ	3
Anastasio II (Via)	AQ	9
Cave (Via d.)	BR	42
Fiorentini (Via)	BQ	72
Francia (Corso di)	BQ	79
Gianicolense (Circ.)	AR	84
Leone XIII (Via)	AR	93
Magliana (Ponte d.)	AR	97
Majorana (Via Q.)	AR	99
Marconi (Viale G.)	BR	100
Oderisi da Gubbio (Via)	BR	112
Pattinaggio (Via d.)	BR	115
Pontina (Via)	BR	124
S. Sebastiano (Via di)	BR	163
Serenissima (Viale d.)	BQ	169
Stadio Olimpico (Via d.)	AQ	172

M8 MUSEO DELLA CIVILTÀ ROMANA

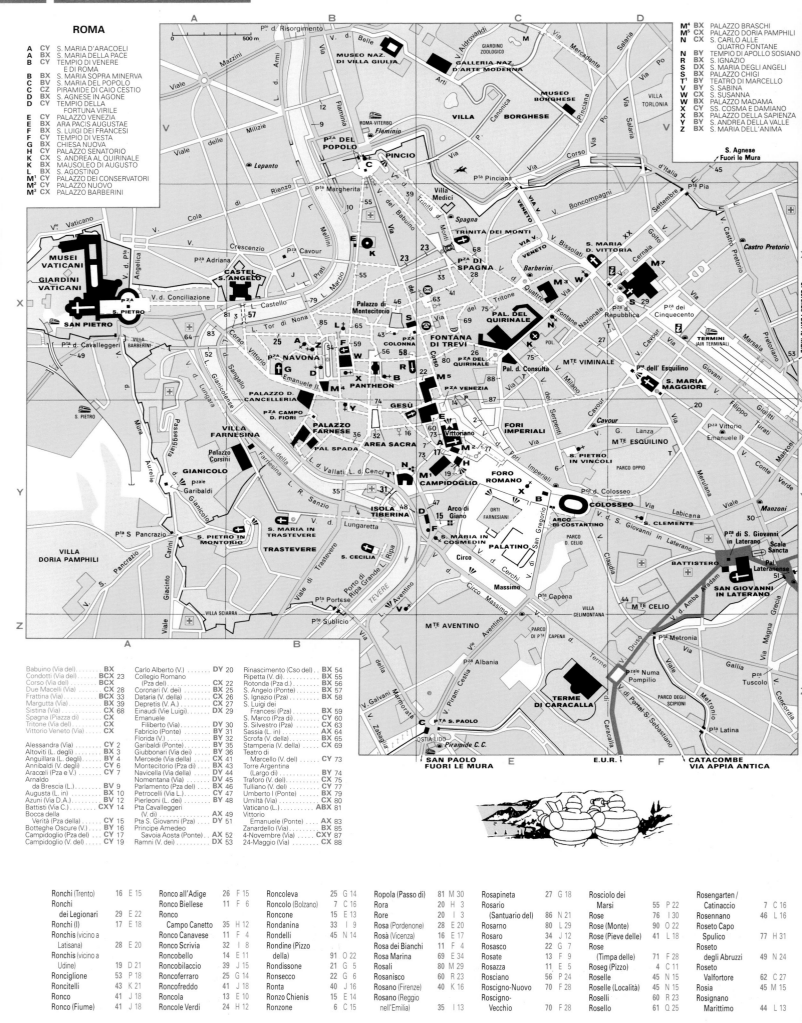

ROMA

A	CY	S. MARIA D'ARACOELI
A AB	BX	S. MARIA DELLA PACE
A B	CY	TEMPIO DI VENERE E DI ROMA
B	BX	S. MARIA SOPRA MINERVA
C	BV	S. MARIA DEL POPOLO
C	CZ	PIRAMIDE DI CAIO CESTIO
C D	BX	S. AGNESE IN AGONE
D D	CY	TEMPIO DELLA FORTUNA VIRILE
E	CY	PALAZZO VENEZIA
E F	BX	ARA PACIS AUGUSTAE
F	BX	S. LUIGI DEI FRANCESI
F	CY	TEMPIO DI VESTA
G	BX	CHIESA NUOVA
H	CY	PALAZZO SENATORIO
K	CX	S. ANDREA AL QUIRINALE
K	BX	MAUSOLEO DI AUGUSTO
L	BX	S. AGOSTINO
M^1	CY	PALAZZO DEI CONSERVATORI
M^2	CY	PALAZZO NUOVO
M^3	CX	PALAZZO BARBERINI
M^4	BX	PALAZZO BRASCHI
M^5	CX	PALAZZO DORIA PAMPHILI
N	CX	S. CARLO ALLE QUATRO FONTANE
N	BY	TEMPIO DI APOLLO SOSIANO
R	BX	S. IGNAZIO
S	DX	S. MARIA DEGLI ANGELI
S	BX	PALAZZO CHIGI
T^1	BY	TEATRO DI MARCELLO
V	BY	S. SABINA
W	CX	S. SUSANNA
W	CX	PALAZZO MADAMA
X	CY	SS. COSMA E DAMIANO
Y	BX	PALAZZO DELLA SAPIENZA
Z	BY	S. ANDREA DELLA VALLE
Z	BX	S. MARIA DELL'ANIMA

Babuino (Via del) .... BX
Condotti (Via del) .... BCX 23
Corso (Via del) .... BCX
Due Macelli (Via) .... CX 28
Frattina (Via) .... BCX 33
Margutta (Via) .... CX 39
Sistina (Via) .... CX 68
Spagna (Piazza di) CX
Tritone (Via del) CX
Vittorio Veneto (Via) CX

Alessandra (Via) .... CY 2
Altoviti (L. degli) .... BX 3
Anguillara (L. degli) .... BX 4
Annibaldi (V. degli) .... CY 6
Aracœli (Pza e V.) .... CY 7
Arnaldo da Brescia (L.) .... BV 9
Augusta (L. in) .... BV 10
Azuni (Via D.A.) .... BV 12
Battisti (Via C.) .... CXY 14
Bocca della Verità (Pza della) .... CY 15
Botteghe Oscure (V.) .... CY 16
Campidoglio (Pza del) .... CY 17
Campidoglio (V. del) .... CY 19

Carlo Alberto (V.) .... DY 20
Collegio Romano (Pza del) .... CX 22
Coronari (V. dei) .... BX 25
Dataria (V. della) .... CX 26
Depretis (V. A.) .... CX 27
Einaudi (Vie Luigi) .... DX 29
Emanuele Filiberto (Via) .... DY 30
Fabricio (Ponte) .... BY 31
Florida (V.) .... BY 32
Garibaldi (Ponte) .... BY 35
Giubbonari (Via dei) .... BY 36
Mercede (V. della) .... CX 41
Montecitorio (Pza di) .... BX 43
Navicella (Via della) .... DY 44
Nomentana (Via) .... DV 45
Parlamento (Pza del) .... BX 46
Petrocelli (Via L.) .... CY 47
Pierleoni (L. dei) .... BY 48
Pta Cavalleggeri (V. di) .... AX 49
Pta S. Giovanni (Pza) .... DY 51
Principe Amedeo Savoia Aosta (Ponte) .... AX 52
Ramni (V. dei) .... DX 53

Rinascimento (Cso del) .. BX 54
Ripetta (V. di) .... BX 55
Rotonda (Pza d.) .... BX 56
S. Angelo (Ponte) .... BX 57
S. Ignazio (Pza) .... BX 58
S. Luigi dei Francesi (Pza) .... BX 59
S. Marco (Pza di) .... CY 60
S. Silvestro (Pza) .... CX 63
Sassia (L. in) .... AX 64
Scrofa (V. della) .... BX 65
Stamperia (V. della) .... CX 69
Teatro di Marcello (V. del) .... CY 73
Torre Argentina (Largo di) .... BY 74
Traforo (V. del) .... CY 75
Tulliano (V. del) .... CY 77
Umberto I (Ponte) .... BX 79
Umiltà (V. del) .... BY 80
Vaticano (L.) .... ABX 81
Vittorio Emanuele (Ponte) .... AX 83
Zanardelli (V.) .... BX 85
4-Novembre (Via) .... CXY 87
24-Maggio (Via) .... CX 88

Ronchi (Trento) 16 E 15
Ronchi dei Legionari 29 E 22
Ronchi (I) 17 E 18
Ronchis (vicino a Latisana) 28 E 20
Ronchis (vicino a Udine) 19 D 21
Ronciglione 53 P 18
Roncitelli 43 K 21
Ronco 41 J 18
Ronco (Fiume) 41 J 18

Ronco all'Adige 26 F 15
Ronco Biellese 11 F 6
Ronco Campo Canetto 35 H 12
Ronco Canavese 11 F 4
Ronco Scrivia 32 I 8
Roncobello 14 E 11
Roncobilaccio 39 J 15
Roncoferraro 25 G 14
Roncofreddo 41 J 18
Roncola 13 E 10
Roncole Verdi 24 H 12

Roncoleva 25 G 14
Roncolo (Bolzano) 7 C 16
Roncone 15 E 13
Rondanina 33 I 9
Rondelli 45 N 14
Rondine (Pizzo della) 91 O 22
Rondissone 21 G 5
Ronsecco 22 G 6
Ronta 40 J 16
Ronzo Chienis 15 E 14
Ronzone 6 C 15

Ropola (Passo di) 81 M 30
Rora 20 H 3
Rore 20 I 3
Rosa (Pordenone) 28 E 20
Rosà (Vicenza) 16 E 17
Rosa dei Bianchi 11 F 4
Rosa Marina 69 E 34
Rosali 80 M 29
Rosano (Firenze) 40 K 16
Rosano (Reggio nell'Emilia) 35 I 13

Rosapineta 27 G 18
Rosario (Santuario del) 86 N 21
Rosarno 80 L 29
Rosaro 34 J 12
Rosasco 22 G 7
Rosate 13 F 9
Rosazza 11 F 5
Rosciano 56 P 24
Roscigno-Nuovo 70 F 28
Roscigno-Vecchio 70 F 28

Rosciolo dei Marsi 55 P 22
Rose 76 I 30
Rose (Monte) 90 O 22
Rose (Pieve delle) 41 L 18
Rose (Timpa delle) 71 F 28
Roseto degli Abruzzi 49 N 24
Roseto Valfortore 62 C 27
Rosello 21 Q 25

Rosengarten / Catinaccio 7 C 16
Rosennano 46 L 16
Roseto Capo Spulico 77 H 31
Rosia 45 M 15
Rosignano Marittimo 44 L 13

Rosignano Monferrato 22 G 7
Rosignano Solvay 44 L 13
Rosito 79 K 33
Rosola 35 J 14
Rosolina 27 G 18
Rosolina Mare 27 G 18
Rosolini 93 Q 26
Rosone 10 F 4
Rosora 43 L 21
Rossa (Croda) / Hohe Geisel 8 C 18
Rossa (Isola) (Cagliari) 102 K 8
Rossa (Isola) (Nuoro) 100 G 7
Rossa (Isola) (Sassari) 94 D 8
Rossa (Punta) (Sassari) 95 D 10
Rossa (Punta) (Foggia) 63 B 30
Rossa (Punta) (Livorno) 50 P 12
Rossana 20 I 4
Rossano (Cosenza) 77 I 31
Rossano (Massa Carrara) 33 J 11
Rossano Stazione 77 I 31
Rossano Veneto 16 E 17
Rosse (Cuddie) 84 Q 17
Rossenna 35 I 14
Rossiglione 32 I 8
Rosso (Monte) 89 N 27
Rossola (Pizzo di) 2 D 7
Rossomanno (Monte) 88 O 25
Rosta 26 G 15
Rota 53 P 18
Rota d'Imagna 13 E 10
Rota Greca 76 I 30
Rotale 71 G 29
Roteglia 35 I 14
Rotella 49 N 22
Rotella (Monte) 56 Q 24
Rotello 62 B 27
Rotonda 76 H 30
Rotondella 73 G 31
Rotondella (Monte) 73 G 31
Rotondi 64 D 25
Rotondo (Monte) (Salerno) 71 G 28
Rotondo (Monte) (Sondrio) 4 D 10
Rotondo (Monte) (vicino a Campo Felice) 55 P 22
Rotondo (Monte) (vicino a Scanno) 60 Q 23
Rottanova 27 G 18
Rottofreno 23 G 10
Rotzo 16 E 16
Roure 20 H 3
Rovagnate 13 E 10
Rovale 78 J 31
Rovasenda 11 F 6
Rovasenda (Torrente) 11 F 6
Rovato 24 F 11
Roveda 16 D 15
Rovegno 33 I 9
Roveleto Landi 23 H 10
Rovellasca 13 E 9
Rovello Porro 13 F 9
Roverbella 25 G 14
Roverchiara 26 G 15
Rovere (L'Aquila) 56 P 22
Rovere (Forlì) 41 J 17
Roverè della Luna 16 D 15
Rovere Veronese 26 F 15
Roveredo di Guà 26 G 16
Roveredo in Piano 18 D 19
Rovereto (Ferrara) 37 H 17
Rovereto (Trento) 16 E 15
Rovescala 23 G 10
Roveto (Pantano) 93 Q 27
Roveto (Val) 60 Q 22
Rovetta 14 E 11
Roviasca 32 J 7
Rovigliano 41 L 18
Rovigo 27 G 17
Rovina 34 H 11
Rovito 78 J 30
Rovittello 89 N 27
Rozzano 13 F 9
Rua la Cama (Forca) 48 N 20
Rua (Monte) 26 G 17
Ruazzo (Monte) 60 S 22
Rubano 26 F 17
Rubbio 16 E 16
Rubiana 20 G 4
Rubicone 42 J 19
Rubiera 35 I 14
Rubino (Lago) 85 N 20
Rubizzano 36 H 16
Rucas 20 H 3
Rucorvo 8 C 19
Ruda 29 E 22
Rudiano 24 F 11
Rueglio 11 F 5
Rufeno (Monte) 46 N 17
Ruffano 75 H 36
Ruffi (Monti) 59 Q 20
Ruffia 21 H 4
Rufina 40 K 16
Ruggiano 63 B 29
Rughe (Monte) 100 G 7
Ruia (Isola) 99 F 11
Ruina 26 H 17
Ruinas 100 H 8
Ruino 23 H 9
Ruiu (Monte) (vicino ad Arzachena) 95 D 10
Ruiu (Monte) (vicino a Porto S. Paolo) 99 E 10
Ruiu (Monte) (vicino a Villanova Mont.) 96 F 7
Rumo 6 C 15
Runzi 26 H 16
Ruocce 48 L 20
Ruoti 66 E 29
Ruscello 41 K 18
Ruscio 55 O 20
Russi 37 I 18
Russo (Masseria) 63 C 29
Rustico 43 L 22
Rustigazzo 34 H 11
Ruta 33 I 9
Rutigliano 68 D 33
Rutino 70 G 27
Ruttars 29 E 22
Ruviano 64 D 25
Ruvo del Monte 66 E 28
Ruvo di Puglia 67 D 31
Ruvolo (Monte) 89 N 26
Ruzzano 35 I 12

S

Sabatini (Monti) 53 P 18
Sabato 65 E 26
Sabaudia 59 S 21
Sabaudia (Lago di) 59 S 21
Sabbia 11 E 6
Sabbio Chiese 25 F 13
Sabbioneta 25 H 13
Sabbioni (Bologna) 36 J 15
Sabbioni (Ferrara) 26 H 17
Sabbucina (Monte) 88 O 24
Sabia (Val) 15 E 13
Sabina (Punta) 96 D 7
Sabini (Monti) 55 P 20
Sabiona (Convento di) 7 C 16
Sabioncello S. Vittore 37 H 17
Sacca (Mantova) 25 G 13
Sacca (Parma) 25 H 13
Saccarello (Monte) 31 J 5
Saccione 62 B 27
Sacco (Frosinone) 59 Q 21
Sacco (Salerno) 70 F 28
Sacco (Sondrio) 4 D 10
Saccolongo 26 F 17
Sacile 28 E 19
Sacra di S. Michele 20 G 4
Sacramento (Scoglio del) 90 U 19
Sacro (Monte) (Foggia) 63 B 30
Sacro (Monte) (Salerno) 70 G 28
Sacro Monte (Varallo) 11 E 6
Sacrofano 54 P 19
Sadali 101 H 9
Sadali (Rio de) 101 H 9
Sagama 100 G 7
Sagittario 56 Q 23
Sagittario (Gole de) 56 Q 23
Sagliano Micca 11 F 6
Sagrado 29 E 22
Sagrata 42 L 19
Sagron-Mis 17 D 17
Saiano 24 F 12
Sailetto 25 G 14
Sala 65 E 26
Sala (Forlì) 42 J 19
Sala (Terni) 47 N 18
Sala Baganza 34 H 12
Sala Biellese 11 F 5
Sala Bolognese 36 I 15
Sala Comacina 13 E 9
Sala Consilina 71 F 28
Salamone (Case) 91 O 22
Salamu (Bruncu) 103 I 9
Salandra 72 F 30
Salandrella 72 F 30
Salaparuta 86 N 21
Salaparuta (Ruderi di) 85 N 20
Salara 26 H 16
Salarno (Lago di) 15 D 13
Salasco 22 G 6
Salassa 21 G 5
Salbertrand 20 G 2
Salboro 27 F 17
Salcito 61 Q 25
Saldura (Punta) 6 B 14
Sale 22 G 8
Sale Marasino 14 E 12
Sale Porcus (Stagno) 100 H 7
Sale S. Giovanni 31 I 6
Salemi 85 N 20
Salento 70 G 27
Salerano sul Lambro 23 G 10
Salere 21 H 6
Salerno 65 E 26
Salerno (Golfo di) 64 F 25
Saletto (Padova) 26 G 16
Saletto (Udine) 19 C 22
Saletto di Piave 28 E 19
Salgareda 28 E 19
Sali Vercellese 22 G 6
Salica 79 J 33
Salice Salentino 75 F 35
Salice Terme 23 H 9
Saliceto 31 I 6
Saliceto Parano 35 I 14
Salici (Monte) 88 N 25
Salici (Punta) 98 E 8
Salina 25 H 13
Salina (Canale della) 82 L 26
Salina (Isola) 82 L 26
Salinas (Torre) 103 I 10
Saline 49 M 22
Saline (Cala) 100 G 7
Saline di Volterra 45 L 14
Saline Ioniche 80 N 29
Salinello 49 N 23
Salionze 25 F 14
Salisano 54 P 20
Salito 91 O 23
Salitto 65 E 27
Salizzole 26 G 15
Salle (la) 10 E 3
Salle Nuova 56 P 23
Salmenta (Masseria) 75 G 35
Salmour 21 I 5
Salò 25 F 13
Salomone (Masseria) 67 E 30
Salonetto / Schlaneid 6 C 15
Salorno / Salurn 16 D 15
Salso (Agrigento) 87 N 24
Salso (Enna) 88 N 25
Salso o Imera Meridionale 88 O 24
Salsola 62 C 27
Salsomaggiore Terme 34 H 12
Salsominore 33 I 10
Salt 18 D 21
Saltara 42 K 20
Saltaus / Saltusio 6 B 15
Saltino 40 K 16
Salto 35 J 14
Salto di Quirra 103 I 10
Salto (Fiume) 55 P 21
Salto (Lago del) 55 P 21
Saltusio / Saltaus 6 B 15
Saludecio 42 K 20
Saluggia 21 G 6
Salurn / Salorno 16 D 15
Salussola 11 F 6
Saluzzo 21 I 4
Salvarano 35 I 13
Salvarosa 17 E 17
Salvaterra 35 I 14
Salve 75 H 36
Salviano 38 L 13
Salvirola 24 F 11
Salvitelle 70 F 28
Salza di Pinerolo 20 H 3
Salza Irpina 65 E 26
Salzano 27 F 18
Samarate 12 F 8
Samassi 102 I 8
Samatzai 103 I 9
Sambiase 78 K 30
Samboseto 24 H 12
Sambuca 39 L 15
Sambuca di Sicilia 90 O 21
Sambuca (Passo) 40 J 16
Sambuca Pistoiese 39 J 15
Sambuceto 56 O 24
Sambucheto 55 O 20
Sambuchi 86 N 22
Sambuci 59 Q 20
Sambucina (Abbazia della) 76 I 30
Sambuco 30 I 3
Sambuco (Monte) 62 C 27
Sambughé 27 F 18
Sambughetti (Monte) 88 N 25
Sammartini 36 H 15
Sammichele di Bari 68 E 32
Sammomme 39 J 14
Samo 80 M 30
Samoggia 39 J 15
Samolaco 4 D 10
Samone (Modena) 35 I 14
Samone (Trento) 16 D 16
Sampeyre 20 I 3
Sampierdarena (Genova) 32 I 8
Sampieri 93 Q 26
Sampieri (Pizzo) 87 N 23
Samugheo 100 H 8
San Remo 31 K 5
Sanarica 75 G 37
Sand in Taufers / Campo Tures 7 B 17
Sandalo (Capo) 102 J 6
Sandjöchl / Santicolo (Passo di) 7 B 16
Sandrà 25 F 14
Sandrigo 26 F 16
Sanfatucchio 47 M 18
Sanfré 21 H 5
Sanfront 20 I 3
Sangiano 12 E 7
Sangineto 76 I 29
Sangineto Lido 76 I 29
Sangone 21 G 4
Sangro 60 Q 23
Sangro (Lago di) 57 Q 25
Sanguigna 25 H 13
Sanguignano 23 H 9
Sanguinaro 34 H 12
Sanguinetto 26 G 15
Sanluri 102 I 8
Sannace (Monte) 68 E 32
Sannazzaro de' Burgondi 22 G 8
Sannicandro di Bari 68 D 32
Sannicandro Garganico 63 B 28
Sannicola 75 G 36
Sannio (Monti del) 62 C 26
Sannoro 65 D 27
Sansepolcro 41 L 18
Santadi 102 J 8
Santadi Basso 102 J 8
Santandra 17 E 18
Santarcangelo di Romagna 42 J 19
Santena 21 H 5
Santeramo in Colle 68 E 32
Santerno 40 J 16
Santhià 11 F 6
Santicolo (Passo di) / Sandjöchl 7 B 16
Santo 96 E 6
Santo (Col) 16 E 15
Santo (Lago) (Modena) 38 J 13
Santo (Lago) (Trento) 16 D 15
Santo (Monte) (Cagliari) 102 J 8
Santo (Monte) (Sassari) 98 F 8
Santomenna 65 E 27
Santopadre 60 R 22
Santorso 16 E 16
Santoru (Porto) 103 I 10
Santuario 32 I 7
Sanza 71 G 28
Sanzeno 6 C 15
S. Adriano 40 J 16
S. Agapito 61 R 24
S. Agata (Cosenza) 76 I 31
S. Agata (Reggio di Calabria) 80 M 29
S. Agata (Monte) 88 O 25
S. Agata (Firenze) 40 J 16
S. Agata alle Terrine 47 L 18
S. Agata (Piacenza) 24 H 12
S. Agata Bolognese 36 I 15
S. Agata de' Goti 64 D 25
S. Agata del Bianco 80 M 30
S. Agata di Esaro 76 I 29
S. Agata di Militello 88 M 25
S. Agata di Puglia 66 D 28
S. Agata Feltria 41 K 18
S. Agata Fossili 22 H 8
S. Agata li Battiati 89 O 27
S. Agata sui Due Golfi 64 F 25
S. Agata sul Santerno 37 I 17
S. Agnello 64 F 25
S. Agostino 36 H 16
S. Agrippina (Masseria) 88 N 25
S. Albano 23 H 9
S. Albano Stura 21 I 5
S. Alberto (Bologna) 36 H 16
S. Alberto (Ravenna) 37 I 18
S. Alberto (Treviso) 27 F 18
S. Alberto di Butrio (Abbazia) 23 H 9
S. Albino 46 M 17
S. Alessio (Capo) 89 N 28
S. Alessio in Aspromonte 80 M 29
S. Alessio Siculo 89 N 28
S. Alfio 89 N 27
S. Alfio (Chiesa di) 89 O 27
S. Allerona 47 N 18
S. Ambrogio (Modena) 36 I 15
S. Ambrogio (Palermo) 87 M 24
S. Ambrogio di Torino 20 G 4
S. Ambrogio di Valpolicella 25 F 14
S. Ambrogio sul Garigliano 60 R 23
S. Ampeglio (Capo) 31 K 5
S. Anastasia (Crotone) 77 I 33
S. Anastasia (Napoli) 64 E 25
S. Anatolia (Perugia) 48 N 21
S. Anatolia (Rieti) 55 P 21
S. Anatolia di Narco 48 N 20
St. Andrä / S. Andrea in Monte 7 B 17
S. Andrea 103 J 9
S. Andrea (Caserta) 64 D 24
S. Andrea (Forlì) 41 J 18
S. Andrea (Isernia) 61 Q 25
S. Andrea (Lecce) 75 G 37
S. Andrea (Livorno) 50 N 12
S. Andrea (Potenza) 66 E 28
S. Andrea (Siena) 39 L 15
S. Andrea (Isola) (Brindisi) 69 F 35
S. Andrea (Isola) (Lecce) 75 G 35
S. Andrea (Padova) 27 F 17
S. Andrea (Pordenone) 28 E 19
S. Andrea Apostolo dello Ionio 81 L 31
S. Andrea Apostolo dello Ionio Marina 79 L 31
S. Andrea (Verona) 26 F 15
S. Andrea (Isola) 29 E 21

SALERNO
0
300 m
A
B
A 3
per Cava de' Tirreni
Str. Panoramica
Via Risorgimento
CASTELLO
PEDAGGIO
NAPOLI
COSENZA, POTENZA AVELLINO
V. Pio XI
Via De Renzi
V. M. Vernieri
V. de Ruggiero
V. Spinosa
Via Torquato Tasso
DUOMO
Via Arce
V. M. Schipa
Via Principati
Via Roma
VIA MERCANTI
S. Benedetto
Corso V. Emanuele
V. Volpe
POL
LUNGOMARE TRIESTE
V. Porto
PORTO
S 18 NAPOLI
S 163 SORRENTO
BATTIPAGLIA S 18
AMALFI, POSITANO, CAPRI

Circolazione regolamentata nel centro città

Mercanti (Via) AB
Vittorio Emanuele (Corso) B

Abate Coforti (Largo) AB 2
Alfano 1° (Piazza) B 3
Cavaliero (Via L.) B 4
Cilento (Via A.) B 6
Dogana Vecchia (Via) A 7
Duomo (Via) B 8
Indipendenza (Via) A 9
Lista (Via Stanislas) A 10
Luciani (Piazza M.) A 12
Paglia (Via M.) B 13
Plebiscito (Largo) B 14
Portacatena (Via) A 15
Porta di Mare (Via) A 16
Sabatini (Via A.) A 19
S. Eremita (Via) B 20
S. Tommaso d'Aquino (Largo) B 22
Sedile del Campo (Largo) A 23
Sedile di Pta. Nuova (Pza) B 24
Sorgente (Via Camillo) B 25
Velia (Via) B 26
24 Maggio (Piazza) B 27

S. Andrea Bagni 34 H 12
S. Andrea Bonagia 85 M 19
S. Andrea di Conza 66 E 28
S. Andrea di Foggia 33 I 9
S. Andrea di Garigliano 60 R 23
S. Andrea di Sorbello 47 M 18
S. Andrea Frius 103 I 9
S. Andrea in Monte / St. Andrä 7 B 17
S. Andrea in Percussina 40 K 15
S. Andria Priu (Necropoli di) 98 F 8
S. Angelo (Vibo Valentia) 80 L 30
S. Angelo (Ancona) 43 K 21
S. Angelo (Caserta) 64 E 25
S. Angelo (Cosenza) 76 I 29
S. Angelo (Mottola) 74 F 33
S. Angelo (Napoli) 64 E 23
S. Angelo (Potenza) 66 E 29
S. Angelo (Pianella) 56 O 24
S. Angelo (Rieti) 55 O 21
S. Angelo (Lago di) 57 P 24
S. Angelo (Monte) 82 L 26
S. Angelo (Pizzo) 87 N 24
S. Angelo a Fasanella 70 F 28
S. Angelo a Scala 65 E 26
S. Angelo all'Esca 65 D 26
S. Angelo (Venezia) 27 F 18
S. Angelo d'Alife 61 R 24
S. Angelo dei Lombardi 65 E 27
S. Angelo del Pesco 61 Q 24
S. Angelo di Brolo 82 M 26
S. Angelo di Lomellina 22 G 7
S. Angelo di Piove di Sacco 27 F 18
S. Angelo in Colle 46 N 16
S. Angelo in Formis 64 D 24
S. Angelo in Lizzola 42 K 20
S. Angelo in Pontano 49 M 22
S. Angelo in Theodice 60 R 23
S. Angelo in Vado 42 L 19
S. Angelo in Villa 60 R 22
S. Angelo le Fratte 71 F 28
S. Angelo Limosano 61 Q 25
S. Angelo Lodigiano 23 G 10
S. Angelo (Monte) (Latina) 60 S 22
S. Angelo Muxaro 90 O 22
S. Angelo Romano 54 P 20
S. Anna (Agrigento) 90 O 21
S. Anna (Crotone) 79 J 33
S. Anna (Oristano) 100 H 7
S. Anna (vicino a Bianco) 81 M 30
S. Anna (vicino a Seminara) 80 M 29
S. Anna (Lucca) 38 K 12
S. Anna Arresi 102 J 7
S. Anna (Venezia) 27 G 18
S. Anna (vicino a Bellino) 20 I 2
S. Anna (vicino a Cuneo) 30 I 4
S. Anna (vicino a Demonte) 30 J 3
S. Anna (Sant. di) 30 J 3
S. Anna d'Alfaedo 25 F 14
S. Anna di Boccafossa 28 F 20
S. Anna Morosina 27 F 17
S. Anna Pelago 38 J 13
S. Ansano 39 K 14
S. Antimo 64 E 24
S. Antimo (Castelnuovo dell'Abate) 46 M 16
Santu Antine 98 F 8
Santu Antine (Santuario) 100 G 8
S. Antioco 102 J 7
S. Antioco (Isola di) 102 J 7

S. Antioco di Bisarcio 98 F 8
S. Antonino di Susa 20 G 3
S. Antonio (L'Aquila) 61 Q 24
S. Antonio (Belluno) 17 D 18
S. Antonio (Bologna) 36 I 17
S. Antonio (Frosinone) 60 R 22
S. Antonio (Modena) 35 I 14
S. Antonio (Monte) 100 G 8
S. Antonio (Sondrio) 5 C 13
S. Antonio (Varese) 12 E 8
S. Antonio (Vicenza) 16 E 15
S. Antonio (Viterbo) 53 O 17
S. Antonio (Eremo di) 56 Q 24
S. Antonio (Santuario) 69 F 35
S. Antonio Abate 64 E 25
S. Antonio di Gallura 97 E 9
S. Antonio di Mavignola 15 D 14
S. Antonio di Ranverso 20 G 4
S. Antonio di Santadi 100 H 7
S. Antonio in Mercadello 35 H 14
S. Antonio (Lago di) 59 R 20
S. Antonio Negri 24 G 12
S. Antonio Ruinas 100 H 8
S. Antonio (Serra) 60 Q 22
S. Apollinare 60 R 23
S. Apollinare in Classe 37 I 18
S. Arcangelo (Perugia) 47 M 18
S. Arcangelo (Potenza) 72 G 30
S. Arcangelo (Monte) 73 G 31
S. Arcangelo Trimonte 65 D 26
S. Arpino 64 E 24
S. Arsenio 70 F 28
Sta Barbara (Nuoro) 100 G 8
Sta Barbara (Salerno) 70 G 27
Sta Barbara (Messina) 83 M 27
Sta Barbara (Ragusa) 92 Q 25
S. Barnaba 37 J 17
S. Baronto 39 K 14
St. Barthelemy 11 E 4
S. Bartolo 83 K 27
S. Bartolo (Bivio) 90 O 21
S. Bartolomeo (Cuneo) 31 J 4
S. Bartolomeo (Perugia) 42 L 19
S. Bartolomeo (Terni) 54 O 19
S. Bartolomeo (Trieste) 29 F 23
S. Bartolomeo (Colle) 31 J 5
S. Bartolomeo al Mare 31 K 6
S. Bartolomeo de' Fossi 47 M 18
S. Bartolomeo in Bosco 36 H 16
S. Bartolomeo in Galdo 62 C 27
S. Bartolomeo Val Cavargna 3 D 9
S. Basile 76 H 30
S. Basilio (Cagliari) 103 I 9
S. Basilio (Messina) 89 M 27
S. Basilio (Taranto) 68 E 32
S. Bassano 24 G 11
S. Bellino 26 G 16
S. Benedetto (Cagliari) 102 I 7
S. Benedetto (Verona) 25 F 13
S. Benedetto (Subiaco) 59 Q 21
S. Benedetto (vicino a Pietralunga) 47 L 19

S. Benedetto (vicino ad Umbertide) 42 L 19
S. Benedetto (Alpe di) 41 K 17
S. Benedetto dei Marsi 56 P 22
S. Benedetto del Querceto 36 J 16
S. Benedetto del Tronto 49 N 23
S. Benedetto in Alpe 41 K 17
S. Benedetto in Perillis 56 P 23
S. Benedetto Po 25 G 14
S. Benedetto Ullano 76 I 30
S. Benedetto Val di Sambro 36 J 15
S. Benigno Canavese 21 G 5
S. Bernardino 20 G 4
S. Bernardino (Pesaro e Urbino) 42 K 19
S. Bernardino (Ravenna) 37 I 17
S. Bernardo 14 D 11
S. Bernardo (Colla) 31 J 5
S. Bernardo (Colle) 31 J 6
S. Berniero 65 F 26
S. Bernolfo 30 J 3
S. Biagio 23 G 8
S. Biagio (Modena) 36 I 15
S. Biagio (Messina) 83 M 27
S. Biagio (Padova) 26 F 17
S. Biagio (Palermo) 90 O 21
S. Biagio (Siena) 46 M 17
S. Biagio (vicino ad Argenta) 37 I 17
S. Biagio (vicino a Bondeno) 36 H 16
S. Biagio (Santuario) 76 H 29
S. Biagio della Cima 30 K 4
S. Biagio di Callalta 28 E 19
S. Biagio Platani 90 O 22
S. Biagio Saracinisco 60 R 23
Sta Bianca 36 H 16
S. Biase (Campobasso) 61 Q 25
S. Biase (Salerno) 70 G 27
S. Boldo (Passo di) 17 D 18
S. Bonico 24 G 11
S. Bonifacio 26 F 15
S. Bortolo delle Montagne 26 F 15
Sta Brigida (Bergamo) 13 E 10
Sta Brigida (Firenze) 40 K 16
S. Brizio 48 N 20
S. Bruzio 51 O 15
S. Buono 57 Q 25
S. Calogero 80 L 30
S. Calogero (Monte) 87 N 23
S. Candido / Innichen 8 B 18
S. Canzian d'Isonzo 29 E 22
S. Carlo (Genova) 32 I 8
S. Carlo (Palermo) 90 O 21
S. Carlo (Foggia) 66 D 29
S. Carlo (Ferrara) 36 H 16
S. Carlo (Forlì) 41 J 18
S. Carlo (Livorno) 45 M 13
S. Carlo (Reggio di Calabria) 80 N 29
S. Carlo (Colle) 10 E 2
S. Carlo Terme 38 J 12
S. Carlo Vanzone 11 E 6
S. Casciano (Lago di) 46 N 17
S. Casciano dei Bagni 46 N 17
S. Casciano in Val di Pesa 39 L 15
S. Cassiano (Ravenna) 41 J 17
S. Cassiano (Sondrio) 4 D 10
S. Cassiano / St. Kassian 7 C 17
S. Cassiano (Cima) 7 B 16

S. Cassiano in Pennino 41 J 17
S. Cataldo (Lecce) 75 F 36
S. Cataldo (Caltanissetta) 91 O 23
Sta Caterina (Grosseto) 46 N 16
Sta Caterina (Lecce) 75 G 35
Sta Caterina (Oristano) 100 G 7
Sta Caterina (Stagno di) 102 J 7
Sta Caterina (Belluno) 8 C 19
Sta Caterina Albanese 76 I 30
Sta Caterina (Parma) 24 H 12
Sta Caterina / St. Katharina (vicino a Merano) 6 C 15
Sta Caterina (vicino a Rattisio Nuovo) 6 B 14
Sta Caterina del Sasso 12 E 7
Sta Caterina dello Ionio 79 L 31
Sta Caterina dello Ionio Marina 81 L 31
Sta Caterina di Pittinuri 100 G 7
Sta Caterina (Monte) 84 N 18
Sta Caterina Valfurva 5 C 13
Sta Caterina Villarmosa 91 O 24
S. Centignano 53 O 18
Sta Cesarea Terme 75 G 37
S. Cesareo 59 Q 20
S. Cesario di Lecce 75 G 36
S. Cesario sul Panaro 36 I 15
S. Chiaffredo 30 I 4
Sta Chiara 100 G 8
S. Chirico (Masseria) 63 C 29
S. Chirico Nuovo 67 E 30
S. Chirico Raparo 72 G 30
St. Christina i. Gröden / Sta Cristina Valgardena 7 C 17
St. Christophe 10 E 4
S. Cipirello 86 N 21
S. Cipriano d'Aversa 64 D 24
S. Cipriano Picentino 65 E 26
S. Cipriano Po 23 G 9
S. Ciro 85 N 20
S. Claudio al Chienti 49 M 22
S. Clemente (Rimini) 42 K 19
S. Clemente (Bologna) 36 J 16
S. Clemente (Caserta) 60 R 23
S. Clemente a Casauria (Abbazia) 56 P 23
S. Clemente al Vomano 56 O 23
S. Colombano (Brescia) 15 E 13
S. Colombano al Lambro 23 G 10
S. Colombano Certenoli 33 I 9
S. Colombano (Forlì) 41 J 18
S. Cono (Catania) 92 P 25
S. Cono (Vibo Valentia) 78 K 30
S. Corrado di Fuori 93 Q 27
S. Cosimo della Macchia 69 F 35
Santi Cosma e Damiano 60 S 23
S. Cosmo Albanese 76 I 31
S. Costantino 71 G 29
S. Costantino Albanese 72 G 30
S. Costantino Calabro 78 L 30

S. Costanzo 43 K 21
S. Cresci 40 K 16
S. Crispieri 74 F 34
Sta Crista d'Acri 76 I 31
Sta Cristina (Chiesa di) 100 G 8
Sta Cristina d'Aspromonte 80 M 29
Sta Cristina e Bissone 23 G 10
Sta Cristina Gela 86 N 21
Sta Cristina Valgardena / St. Christina in Gröden 7 C 17
S. Cristoforo (Alessandria) 32 H 8
S. Cristoforo (Arezzo) 41 L 17
S. Cristoforo (Trento) 16 D 15
Sta Croce 4 D 10
Sta Croce (Ancona) 42 L 20
Sta Croce (Belluno) 17 D 18
Sta Croce (Latina) 60 S 23
Sta Croce (Rieti) 55 O 21
Sta Croce (Trieste) 29 E 23
Sta Croce (Capo) 93 P 27
Sta Croce (Forca di) 48 N 21
Sta Croce (Monte) (Caserta) 60 S 23
Sta Croce (Monte) (Potenza) 66 E 28
Sta Croce Cameina 92 Q 25
Sta Croce (Capo) 31 J 6
Sta Croce del Sannio 61 C 26
Sta Croce di Magliano 62 B 26
Sta Croce (Lago di) 18 D 19
Sta Croce sull'Arno 39 K 14
Sta Crocella (Passo) 61 R 25
S. Dalmazio (Modena) 35 I 14
S. Dalmazio (Pisa) 45 M 14
S. Dalmazio (Siena) 45 L 15
S. Damaso 35 I 14
S. Damiano (Perugia) 47 N 19
S. Damiano (Piacenza) 34 H 11
S. Damiano (Assisi) 47 M 19

S. Damiano al Colle 23 G 10
S. Damiano d'Asti 21 H 6
S. Damiano Macra 20 I 3
S. Daniele del Friuli 18 D 21
S. Daniele Po 24 G 12
S. Demetrio 89 O 27
S. Demetrio Corone 76 I 31
S. Demetrio ne' Vestini 56 P 22
S. Desiderio 32 I 9
Sta Domenica 78 L 29
Sta Domenica (Abbazia di) 78 J 30
Sta Domenica Talao 76 H 29
Sta Domenica Vittoria 89 N 26
S. Domenico 2 D 6
S. Domenico (Masseria) 73 F 32
S. Domino 62 B 28
S. Domino (Isola) (I. Tremiti) 62 B 28
S. Donà di Piave 28 F 19
S. Donaci 69 F 35
S. Donato (Grosseto) 51 O 15
S. Donato (Lucca) 38 K 13
S. Donato (Siena) 39 L 15
S. Donato di Lecce 75 G 36
S. Donato di Ninea 76 H 30
S. Donato in Collina 40 K 16
S. Donato in Poggio 39 L 15
S. Donato in Tavignone 42 K 19
S. Donato Milanese (Milano) 13 F 9
S. Donato Val di Comino 60 Q 23
S. Donnino (Firenze) 39 K 15
S. Donnino (Modena) 35 I 14
S. Dono 27 F 18
S. Dorligo della Valle 29 F 23
S. Efisio 103 J 9
S. Egidio 47 M 19
S. Egidio alla Vibrata 49 N 23
S. Elena (Macerata) 48 M 21
S. Elena (Padova) 26 G 17
S. Elena Sannita 61 R 25
S. Elia (Cagliari) 103 J 9

S. Elia (Messina) 88 N 25
S. Elia (Ancona) 43 L 21
S. Elia (Catanzaro) 79 K 31
S. Elia (Reggio di Calabria) 80 N 29
S. Elia (Rieti) 55 O 20
S. Elia (Monte) (Reggio di Calabria) 80 L 29
S. Elia (Monte) (Taranto) 68 F 33
S. Elia a Pianisi 62 C 26
S. Elia (Capo) 103 J 9
S. Elia Fiumerapido 60 R 23
S. Elisabetta (Agrigento) 91 O 22
S. Elisabetta (Torino) 11 F 4
S. Ellero (Firenze) 40 K 16
S. Ellero (Forlì) 41 K 17
S. Elpidio 55 P 21
S. Elpidio a Mare 49 M 23
S. Elpidio Morico 49 M 22
S. Enea 47 M 19
S. Eraclio 48 N 20
S. Erasmo (Macerata) 48 M 21
S. Erasmo (Terni) 54 O 19
S. Eufemia 41 K 17
S. Eufemia (Aeroporto) 78 K 30
S. Eufemia (Faro di) 63 B 28
S. Eufemia (Golfo di) 78 K 29
S. Eufemia a Maiella 56 P 24
S. Eufemia d'Aspromonte 80 M 29
S. Eufemia della Fonte 25 F 12
S. Eufemia Lamezia 78 K 30
S. Eufemia Vetere 78 K 30
S. Eurosia 11 F 6
S. Eusanio del Sangro 57 P 24
S. Eusebio (Brescia) 25 F 13
S. Eusebio (Modena) 35 I 14
S. Eutizio (Abbazia di) 48 N 21
S. Faustino 47 L 19
S. Fedele Intelvi 13 E 9
S. Fele 66 E 28
S. Felice 61 D 24

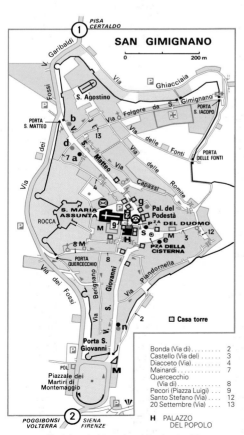

SAN GIMIGNANO

PISA / CERTALDO — ①

0 · · · 200 m

POGGIBONSI VOLTERRA — SIENA FIRENZE — ②

Bonda (Via di) 2
Castello (Via del) 3
Diacceto (Via) 4
Mainardi (Via) 7
Quercecchio (Via di) ... 8
Pecori (Piazza Luigi) .. 9
Santo Stefano (Via) 12
20 Settembre (Via) 13

H PALAZZO DEL POPOLO

□ Casa torre

Circolazione stradale regolamentata nel centro città

S. Felice a Cancello 64 D 25
S. Felice Circeo 59 S 21
S. Felice del Benaco 25 F 13
S. Felice del Molise 57 B 26
S. Felice / St. Felix 6 C 15
S. Felice sul Panaro 36 H 15
St. Felix / S. Felice 6 C 15
S. Ferdinando 80 L 29
S. Ferdinando di Puglia 67 D 30
S. Fidenzio (Abbazia) 47 N 19
S. Fili 76 I 30
S. Filippo (Rieti) 54 O 20
S. Filippo (Sassari) 97 E 9
S. Filippo del Mela 83 M 27
S. Filippo di Fragala 82 M 26
Ss. Filippo e Giacomo 84 N 19
S. Fior 28 E 19
Sta Fiora 46 N 16
S. Fiorano (Lodi) 24 G 11
S. Fiorano (Pesaro e Urbino) 42 L 19
Sta Firmina 41 L 17
Sta Flavia 86 M 22
S. Floreano 18 D 21
S. Floriano / Obereggen 7 C 16
S. Floriano del Collio 29 E 22
S. Floro 78 K 31
S. Foca (Lecce) 75 G 37
S. Foca (Pordenone) 18 D 20
S. Fortunato (Montefalco) 47 N 19
Sta Francesca 60 Q 22
S. Francesco (Rieti) 54 O 20
S. Francesco (Taranto) 68 E 32
S. Francesco (Santuario di) (Paola) 76 I 30
S. Francesco a Folloni 65 E 27
S. Francesco al Campo 21 G 4
S. Francesco (Pordenone) 18 D 20
S. Francesco (Trento) 16 D 16
S. Francesco (Verona) 26 F 15
S. Fratello 88 M 25
S. Fruttuoso 33 J 9
S. Gabriel 56 O 22
S. Gabriele 36 I 16
S. Gaetano 28 F 20
S. Galgano (Abbazia di) 45 M 15
S. Gavino Monreale 102 I 8
Sta Geltrude / St. Gertraud 6 C 14
S. Gemiliano 103 I 9
S. Gemini 54 O 19
S. Gemini Fonte 54 O 19
S. Genesio Atesino / Jenesien 6 C 15
S. Genesio ed Uniti 23 G 9
S. Gennaro 39 K 13
S. Gennaro Vesuviano 64 E 25
St. Georgen / S. Giorgio 7 B 17
S. Germano Chisone 20 H 3
S. Germano dei Berici 26 F 16
S. Germano Vercellese 12 F 6
St. Gertraud / Sta Geltrude 6 C 14
S. Gervasio 39 L 14
S. Gervasio Bresciano 24 G 12
S. Giacomo 93 Q 26
S. Giacomo (Chieti) 57 P 25
S. Giacomo (Teramo) 49 N 22
S. Giacomo (Masseria) 69 F 34

S. Giacomo / St. Jakob (vicino a Bolzano) 6 C 15
S. Giacomo (Pavia) 23 G 9
S. Giacomo (Reggio nell'Emilia) 35 H 13
S. Giacomo (Sondrio) 14 D 12
S. Giacomo (vicino a Boves) 30 J 4
S. Giacomo (vicino a Demonte) 30 I 3
S. Giacomo (vicino a Frabosa Soprana) 31 J 5
S. Giacomo (Passo di) 3 C 7
S. Giacomo (Val) 4 C 10
S. Giacomo / St. Jakob (vicino a Vipiteno) 7 B 16
S. Giacomo (Cima) 7 B 16
S. Giacomo (Convento) 55 O 20
S. Giacomo d'Acri 77 I 31
S. Giacomo degli Schiavoni 62 B 26
S. Giacomo delle Segnate 26 H 15
S. Giacomo di Fraele (Lago di) 5 C 12
S. Giacomo di Martignone 36 I 15
S. Giacomo di Veglia 17 E 18
S. Giacomo Filippo 4 C 10
S. Giacomo Maggiore 35 J 14
S. Giacomo Roncole 36 H 15
S. Giacomo Vercellese 11 F 6
S. Gillio 21 G 4
S. Gimignanello 46 M 16
S. Gimignano 39 L 15
S. Ginesio 48 M 21
S. Giorgio (Cagliari) 103 I 8
S. Giorgio (Savona) 32 J 7
S. Giorgio (Agrigento) 90 O 21
S. Giorgio (Bari) 68 D 32
S. Giorgio (Catania) 89 O 27
S. Giorgio (Enna) 88 O 25
S. Giorgio (Ferrara) 37 I 17
S. Giorgio (Forli) 37 J 18
S. Giorgio (Messina) 82 M 26
S. Giorgio (Potenza) 66 E 29
S. Giorgio (Pesaro e Urbino) 42 K 20
S. Giorgio (Rieti) 55 O 21
S. Giorgio (Teramo) 55 O 22
S. Giorgio (Chiesa) 76 I 31
S. Giorgio (Udine) 19 C 21
S. Giorgio (Verona) 16 E 15
S. Giorgio / St. Georgen 7 B 17
S. Giorgio a Colonica 39 K 15
S. Giorgio a Cremano (Napoli) 64 E 25
S. Giorgio a Liri 60 R 23
S. Giorgio Albanese 77 I 31
S. Giorgio Canavese 11 F 5
S. Giorgio del Sannio 65 D 26
S. Giorgio della Richinvelda 18 D 20
S. Giorgio delle Pertiche 27 F 17
S. Giorgio di Cesena 41 J 18
S. Giorgio di Livenza 28 F 20
S. Giorgio di Lomellina 22 G 8
S. Giorgio di Nogaro 29 E 21
S. Giorgio di Pesaro 42 K 20
S. Giorgio di Piano 36 I 16
S. Giorgio in Bosco 26 F 17

S. Giorgio in Salici 25 F 14
S. Giorgio Ionico 74 F 34
S. Giorgio la Molara 65 D 26
S. Giorgio Lucano 72 G 31
S. Giorgio Monferrato 22 G 7
S. Giorgio Morgeto 80 L 30
S. Giorgio Piacentino 24 H 11
S. Giorgio (Rio di) 103 I 10
S. Giorio di Susa 20 G 3
S. Giovanni (Vibo Valentia) 81 L 30
S. Giovanni (L'Aquila) 55 P 21
S. Giovanni (Ascoli Piceno) 49 N 22
S. Giovanni (Catanzaro) 79 J 31
S. Giovanni (Cagliari) 102 I 7
S. Giovanni (vicino a Castelsardo) 98 E 8
S. Giovanni (vicino a Sassari) 96 E 7
S. Giovanni (Lago) 91 P 23
S. Giovanni a Piro 70 G 28
S. Giovanni a Teduccio (Napoli) 64 E 24
S. Giovani (Cuneo) 21 I 5
S. Giovanni (Ferrara) 37 H 18
S. Giovanni (Trento) 15 E 14
S. Giovanni (vicino a Polcenigo) 18 D 19
S. Giovanni (vicino a S. Vito al T.) 28 E 20
S. Giovanni / St. Johann 7 B 17
S. Giovanni al Mavone 56 O 23
S. Giovanni al Natisone 29 E 22
S. Giovanni al Timavo 29 E 22
S. Giovanni Bianco 13 E 10
S. Giovanni d'Asso 46 M 16
S. Giovanni del Dosso 26 H 15
S. Giovanni del Pantano 47 M 18
S. Giovanni delle Contee 46 N 17
S. Giovanni di Baiano 48 N 20
S. Giovanni di Gerace 80 L 30
S. Giovanni di Sinis 100 H 7
S. Giovanni Galermo 89 O 27
S. Giovanni Gemini 91 O 22
S. Giovanni Ilarione 26 F 15
S. Giovanni in Argentella 54 P 20
S. Giovanni in Croce 25 G 13
S. Giovanni in Fiore 79 J 32
S. Giovanni in Fonte 66 D 29
S. Giovanni in Galdo 61 C 26
S. Giovanni in Galilea 42 K 19
S. Giovanni in Ghiaiolo 42 K 19
S. Giovanni in Marignano 42 K 20
S. Giovanni in Persiceto 36 I 15
S. Giovanni in Venere 57 P 25
S. Giovanni Incarico 60 R 22
S. Giovanni Incarico (Lago di) 60 R 22
S. Giovanni la Punta 89 O 27
S. Giovanni Lipioni 61 Q 25

S. Giovanni Lupatoto 26 F 15
S. Giovanni Maggiore 40 K 16
S. Giovanni Reatino 55 O 20
S. Giovanni Rotondo 63 B 29
S. Giovanni Suergiu 102 J 7
S. Giovanni Teatino 56 O 24
S. Giovanni Valdarno 40 L 16
S. Giovenale 55 O 21
S. Girolamo 101 H 10
Sta Giulia 21 I 6
S. Giuliano (Piacenza) 24 G 11
S. Giuliano (Viterbo) 53 O 17
S. Giuliano (Lago di) 73 F 31
S. Giuliano del Sannio 61 R 25
S. Giuliano di Puglia 62 B 26
S. Giuliano Milanese 13 F 9
S. Giuliano Nuovo 22 H 8
S. Giuliano Terme 38 K 13
S. Giuliano Vecchio 22 H 8
S. Giulio (Isola) 12 E 7
S. Giuseppe (Prato) 39 J 15
S. Giuseppe / St. Joseph (Bolzano) 6 C 15
S. Giuseppe (Ferrara) 37 H 18
S. Giuseppe (Macerata) 48 M 21
S. Giuseppe (Siena) 46 M 17
S. Giuseppe Iato 86 N 21
S. Giuseppe / Moos 8 B 19
S. Giuseppe Vesuviano 64 E 25
Sta Giusta 100 H 7
Sta Giusta (Monte) 96 E 6
Sta Giusta (Ponte) 62 C 28
Sta Giusta (Stagno di) 100 H 7
Sta Giustina 33 I 10
Sta Giustina (Rimini) 42 J 19
Sta Giustina (Belluno) 17 D 18
Sta Giustina (Lago di) 6 C 15
Sta Giustina in Colle 27 F 17
S. Giustino 41 L 18
S. Giustino Valdarno 41 L 17
S. Giusto 48 M 21
S. Giusto Canavese 11 G 5
S. Godenzo 40 K 16
S. Grato (Lodi) 23 G 10
S. Grato (Aosta) 11 E 5
S. Gregorio (Cagliari) 103 J 10
S. Gregorio (Perugia) 47 M 19
S. Gregorio (Verona) 26 F 15
S. Gregorio (Lecce) 75 H 36
S. Gregorio (Mottola) 74 F 33
S. Gregorio (Reggio di Calabria) 83 M 28
S. Gregorio da Sassola 59 Q 20
S. Gregorio di Catana 89 O 27
S. Gregorio d'Ippona 78 L 30
S. Gregorio Magno 70 F 28
S. Gregorio Matese 61 R 25
S. Gregorio nelle Alpi 17 D 18
S. Guglielmo al Goleto (Abbazia) 65 E 27
S. Guido 45 M 13
S. Gusme 46 L 16
Sto Ianni 64 D 24
S. Ignazio 100 G 8
S. Ilario 66 E 28
S. Ilario dello Ionio 81 M 30
S. Ilario d'Enza 35 H 13
S. Ilario di Baganza 34 I 12

S. Ilario Trebbio 48 M 21
S. Imento 23 G 10
Sto Iona 56 P 22
Sto Iorio 64 D 24
S. Ippolito (Pesaro e Urbino) 42 K 20
S. Ippolito (Pisa) 45 M 14
S. Isidoro 75 G 35
S. Isidoro (vicino a Quartu S. Elena) 103 J 9
S. Isidoro (vicino a Savigliano) 21 I 5
S. Isidoro (vicino a Teulada) 102 K 8
St. Jacques 11 E 5
St. Jakob / S. Giacomo (vicino a Bolzano) 6 C 15
St. Jakob / S. Giacomo (vicino a Vipiteno) 7 B 16
St. Johann / S. Giovanni 7 B 17
S. Jorio (Passo di) 3 D 9
St. Joseph / S. Giuseppe (Bolzano) 6 C 15
St. Kassian / S. Cassiano 7 C 17
St. Katharin a / Sta Caterina 6 C 15
S. Latino 24 G 11
S. Lazzaro (Napoli) 64 F 25
S. Lazzaro (Pesaro e Urbino) 42 K 20
S. Lazzaro di Savena (Bologna) 36 I 16
S. Leo 83 M 28
S. Leo (Arezzo) 41 L 17
S. Leo (Pesaro e Urbino) 42 K 19
S. Leonardo (Foggia) 66 D 29
S. Leonardo (Oristano) 100 G 8
S. Leonardo (Palermo) 86 N 22
S. Leonardo (Udine) 19 D 22
S. Leonardo (Passo) 56 P 24
S. Leonardo / St. Leonhard 7 B 17
S. Leonardo de Siete Fuentes 100 G 7
S. Leonardo di Cutro 79 K 32
S. Leonardo di Siponto 63 C 29
S. Leonardo in Passiria / St. Leonhard in Passeier 6 B 15
S. Leonardo Valcellina 18 D 20
S. Leone 91 P 22
St. Leonhard in Passeier/S. Leonardo in Passiria 6 B 15
St. Leonhard / S. Leonardo 7 B 17
S. Leucio del Sannio 65 D 26
S. Liberale 28 F 19
Sta Liberata 51 O 15
S. Liberato 54 O 19
S. Liberato (Lago di) 54 O 19
S. Liberatore a Maiella 56 P 24
S. Liberatore (Cappella) 65 D 27
S. Loe 86 N 21
S. Lorenzello 64 D 25
St. Lorenzen / S. Lorenzo di Sebato 7 B 17
S. Lorenzo 80 M 29
S. Lorenzo (Verbania) 2 D 6
S. Lorenzo (Latina) 60 S 23
S. Lorenzo (Macerata) 48 M 21
S. Lorenzo (Nuoro) 99 E 11
S. Lorenzo (Sassari) 96 E 7

S. Lorenzo (Certosa di) (Padula) 71 F 28
S. Lorenzo a Merse 45 M 15
S. Lorenzo (Savona) 31 J 6
S. Lorenzo (vicino a Camagnola) 21 H 5
S. Lorenzo (vicino a Cuneo) 30 I 4
S. Lorenzo (vicino a Savigliano) 21 I 5
S. Lorenzo al Lago 48 M 21
S. Lorenzo al Mare 31 K 5
S. Lorenzo (Pordenone) 28 E 20
S. Lorenzo (Udine) 29 E 22
S. Lorenzo Bellizzi 76 H 30
S. Lorenzo (Capo) 103 I 10
S. Lorenzo de' Picenardi 25 G 12
S. Lorenzo del Vallo 76 H 30
S. Lorenzo di Rabatta 47 M 19
S. Lorenzo di Sebato / St. Lorenzen 7 B 17
S. Lorenzo e Flaviano 55 O 21
S. Lorenzo (Fattoria) 93 Q 27
S. Lorenzo in Banale 15 D 14
S. Lorenzo in Campo 42 L 20
S. Lorenzo in Correggiano 42 J 19
S. Lorenzo in Noceto 41 J 18
S. Lorenzo Isontino 29 E 22
S. Lorenzo Maggiore 64 D 25
S. Lorenzo Nuovo 46 N 17
S. Lorenzo Vecchio 93 Q 27
S. Luca (Perugia) 48 N 20
S. Luca (Reggio di Calabria) 80 M 30
Sta Luce 38 L 13
Sta Luce (Lago di) 38 L 13
Sta Lucia (Cagliari) 103 I 9
Sta Lucia (Bari) 68 E 33
Sta Lucia (Benevento) 61 R 25
Sta Lucia (Firenze) 39 J 15
Sta Lucia (Nuoro) 99 F 11
Sta Lucia (Perugia) 41 L 18
Sta Lucia (Rieti) 55 P 21
Sta Lucia (Siena) 39 L 15
Sta Lucia (vicino a Battipaglia) 65 F 26
Sta Lucia (vicino a Cagliari) 103 J 8
Sta Lucia (vicino a Nocera) 65 E 26
Sta Lucia (Chiesa di) 65 E 27
Sta Lucia (Cuneo) 30 I 3
Sta Lucia (Mantova) 26 G 15
Sta Lucia (Sondrio) 5 C 13
Sta Lucia (Terme di) 35 I 12
Sta Lucia del Mela 83 M 27
Sta Lucia delle Spianate 37 J 17
Sta Lucia di Piave 17 E 18
Sta Lucia di Serino 65 E 26
Sta Lucia (Rio) 102 J 8
S. Lucido 78 J 30
S. Lugano 16 D 16
S. Lugano (Pale di) 17 D 17
S. Lugano (Val di) 17 D 17
S. Lupo 64 D 25
Santu Lussurgiu 100 H 8
Santu Lussurgiu (Località) 100 G 7
S. Macario in Piano 38 K 13
S. Macario (Isola) 103 J 9
Sta Maddalena in Casies / St. Magdalena 8 B 18
Sta Maddalena / St. Magdalena 7 C 17
St. Magdalena / Sta Maddalena 7 C 17

S. Magno 67 D 31
S. Mamete 3 D 9
S. Mango 70 G 27
S. Mango d'Aquino 78 J 30
S. Mango Piemonte 65 E 26
S. Mango sul Calore 65 E 26
St. Marcel 10 E 4
S. Marcello 43 L 21
S. Marcello Pistoiese 39 J 14
S. Marco (Messina) 83 M 27
S. Marco (L'Aquila) 55 O 21
S. Marco (Bari) 68 E 33
S. Marco (Catania) 89 N 27
S. Marco (Perugia) 47 M 19
S. Marco (Ravenna) 37 I 18
S. Marco (vicino a Caserta) 64 D 25
S. Marco (vicino a Castellabate) 70 G 26
S. Marco (vicino a Teano) 64 D 24
S. Marco (vicino a Teggiano) 70 F 28
S. Marco (Padova) 26 G 16
S. Marco Argentano 76 I 30
S. Marco (Udine) 18 D 21
S. Marco (Capo) (Agrigento) 90 O 21
S. Marco (Capo) (Oristano) 100 H 7
S. Marco d'Alunzio 82 M 26
S. Marco dei Cavoti 62 D 26
S. Marco Evangelista 64 D 25
S. Marco in Lamis 63 B 28
S. Marco in Lamis (Stazione di) 62 B 28
S. Marco la Catola 62 C 27
S. Marco (Passo) 14 D 10
S. Marco (Rifugio) 8 C 18
Sta Margherita (Mottola) 74 F 33
Sta Margherita 103 K 8
Sta Margherita (Ascoli Piceno) 49 M 22
Sta Margherita (Firenze) 39 J 15
Sta Margherita (Parma) 34 H 12
Sta Margherita d'Adige 26 G 16
Sta Margherita di Belice 86 N 21
Sta Margherita di Staffora 23 H 9
Sta Margherita Ligure 33 J 9
Sta Margherita (Cagliari) 102 J 7
Sta Maria (Catanzaro) 79 K 31
Sta Maria (Messina) 82 M 26
Sta Maria (Isola) 95 D 10
Sta Maria (Modena) 35 I 14
Sta Maria (Terni) 54 O 19
Sta Maria (Canale) 62 C 27
Sta Maria (Monte) 89 N 26
Sta Maria (Piacenza) 23 H 10
Sta Maria (Verona) 26 F 15
Sta Maria (Vercelli) 11 E 6
Sta Maria a Belverde 46 N 17
Sta Maria (Giogo di) / Umbrail (Pass) 5 C 13
Sta Maria a Mare (Ascoli Piceno) 49 M 23
Sta Maria a Mare (Foggia) 62 B 28
Sta Maria a Monte 39 K 14
Sta Maria a Pantano 64 E 24
Sta Maria a Piè di Chienti 49 M 22
Sta Maria a Vezzano 40 K 16
Sta Maria a Vico 64 D 25
Sta Maria al Bagno 75 G 35
Sta Maria alla Fonderia 6 C 14
Sta Maria Amaseno 60 Q 22
Sta Maria Arabona 56 P 24

Name	Page	Grid
Sta Maria Capua Vetere	64	D 24
Sta Maria Codifiume	36	I 16
Sta Maria Coghinas	98	E 8
Sta Maria d'Anglona	73	G 31
Sta Maria d'Armi (Santuario)	76	H 31
Sta Maria d'Attoli	73	F 32
Sta Maria degli Angeli	47	M 19
Sta Maria dei Bisognosi	55	P 21
Sta Maria dei Lattani	60	S 23
Sta Maria dei Martiri	71	G 28
Sta Maria dei Sabbioni	24	G 11
Sta Maria del Bosco (Palermo)	86	N 21
Sta Maria del Bosco (Vibo Valentia)	78	L 30
Sta Maria del Calcinaio	46	M 17
Sta Maria del Casale (Brindisi)	69	F 35
Sta Maria del Cedro	76	H 29
Sta Maria del Lago (Moscufo)	56	O 24
Sta Maria del Monte (Cosenza)	76	H 30
Sta Maria del Monte (Rimini)	42	K 20
Sta Maria del Monte (Varese)	12	E 8
Sta Maria del Patire (Santuario)	77	I 31
Sta Maria del Plano	60	R 23
Sta Maria del Rivo	34	H 11
Sta Maria del Taro	33	I 10
Sta Maria della Colonna (Convento)	67	D 31
Sta Maria della Consolazione (Perugia)	47	N 19
Sta Maria della Matina	76	I 30
Sta Maria della Strada	61	C 26
Sta Maria della Versa	23	H 9
Sta Maria delle Grazie di Forno (Forli)	37	J 18
Sta Maria delle Grazie (Messina)	83	M 27
Sta Maria delle Grotte	56	P 22
Sta Maria delle Vertighe	46	M 17
Sta Maria di Antico	41	K 18
Sta Maria di Arzilla	42	K 20
Sta Maria di Barbana	29	E 22
Sta Maria di Bressanoro	24	G 11
Sta Maria di Castellabate	70	G 26
Sta Maria di Cerrate (Abbazia)	75	F 36
Sta Maria di Corte (Abbazia di)	100	G 8
Sta Maria di Flumentepido	102	J 7
Sta Maria di Galeria	53	P 18
Sta Maria di Gesù (Palermo)	86	M 22
Sta Maria di Giano	67	D 31
Sta Maria di Legarano	54	O 20
Sta Maria di Leuca (Capo)	75	H 37
Sta Maria di Leuca (Santuario di)	75	H 37
Sta Maria di Licodia	89	O 26
Sta Maria di Loreto	65	E 27
Sta Maria di Merino	63	B 30
Sta Maria di Pieca	48	M 21
Sta Maria di Portonovo	43	L 22
Sta Maria di Propezzano	56	O 23
Sta Maria di Pugliano	59	Q 21
Sta Maria di Rambona	48	M 21
Sta Maria di Ronzano	56	O 23
Sta Maria di Sala (Venezia)	27	F 18
Sta Maria di Sala (Viterbo)	53	O 17
Sta Maria di Sette	47	L 18
Sta Maria di Siponto	63	C 29
Sta Maria d'Irsi	67	E 31
Sta Maria in Castello	41	J 17
Sta Maria in Selva (Abbazia di)	49	M 22
Sta Maria in Stelle	26	F 15
Sta Maria in Valle Porclaneta	55	P 22
Sta Maria in Vescovio	54	P 19
Sta Maria Infante	60	S 23
Sta Maria la Fossa	64	D 24
Sta Maria la Longa	29	E 21
Sta Maria la Palma	96	F 6
Sta Maria Lignano	48	M 20
Sta Maria Maddalena	98	E 8
Sta Maria Maggiore	3	D 7
Sta Maria Navarrese	101	H 11
Sta Maria Nuova (Ancona)	43	L 21
Sta Maria Nuova (Forli)	41	J 18
Sta Maria Occorrevole	61	R 25
Sta Maria Orsoleo	72	G 30
Sta Maria Pietrarossa	48	N 20
Sta Maria Rassinata	47	L 18
Sta Maria Rezzonico	3	D 9
S. Mariano	47	M 18
Ste Marie	55	P 21
Ste Marie (Forli)	41	J 17
Sta Marina (Salerno)	71	G 28
Sta Marina Salina	82	L 26
Sta Marinella	53	P 17
Sto Marino (Modena)	35	H 14
S. Marino (Terni)	47	N 18
S. Marino (Repubblica di)	42	K 19
S. Maroto	48	M 21
St. Martin / S. Martino	8	B 18
St. Martin in Passeier / S. Martino in Passiria	6	B 15
St. Martin in Thurn / S. Martino in Badia	7	B 17
S. Martino (Bologna)	36	I 17
S. Martino (Livorno)	50	N 12
S. Martino (Perugia)	42	L 19
S. Martino (Rieti)	55	O 22
S. Martino / Reinswald (Bolzano)	7	B 16
S. Martino (Brescia)	15	E 13
S. Martino (Cuneo)	20	H 4
S. Martino (Novara)	12	F 8
S. Martino (Parma)	35	H 13
S. Martino (Savona)	32	I 7
S. Martino (Sondrio)	4	D 10
S. Martino / St. Martin	8	B 18
S. Martino (Pal di)	17	D 17
S. Martino a Maiano	39	L 15
S. Martino a Scopeto	40	K 16
S. Martino al Cimino	53	O 18
S. Martino al Monte	6	C 14
S. Martino al Tagliamento	18	D 20
S. Martino Alfieri	21	H 6
S. Martino alla Palma	39	K 15
S. Martino Buon Albergo	26	F 15
S. Martino Canavese	11	F 5
S. Martino d'Agri	72	G 30
S. Martino dall'Argine	25	G 13
S. Martino d'Alpago	18	D 19
S. Martino dei Muri	42	L 20
S. Martino del Piano	42	L 19
S. Martino della Battaglia	25	F 13
S. Martino delle Scale	86	M 21
S. Martino di Campagna	18	D 19
S. Martino di Castrozza	16	D 17
S. Martino di Finita	76	I 30
S. Martino di Lupari	27	F 17
S. Martino di Venezze	27	G 17
S. Martino in Argine	36	I 16
S. Martino in Badia / St. Martin in Thurn	7	B 17
S. Martino in Beliseto	24	G 11
S. Martino in Campo	47	M 19
S. Martino in Colle (vicino a Gubbio)	47	L 19
S. Martino in Colle (vicino a Perugia)	47	M 19
S. Martino in Freddana	38	K 13
S. Martino in Gattara	40	J 17
S. Martino in Passiria / St. Martin in Passeier	6	B 15
S. Martino in Pensilis	62	B 27
S. Martino in Rio	35	H 14
S. Martino in Soverzano	36	I 16
S. Martino in Strada (Forli)	41	J 18
S. Martino in Strada (Lodi)	23	G 10
S. Martino Monteneve	6	B 15
S. Martino Pizzo	2	D 6
S. Martino Siccomario	23	G 9
S. Martino Spino	26	H 15
S. Martino sul Fiora	46	N 16
S. Martino Valle Caudina	65	D 25
S. Marzano di S. Giuseppe	74	F 34
S. Marzano Oliveto	22	H 6
S. Marzano sul Sarno	64	E 25
S. Massimo	61	R 25
S. Matteo (Cuneo)	30	I 4
S. Matteo (Foggia)	62	B 28
S. Matteo (Punta)	5	C 13
S. Matteo delle Chiaviche	25	G 13
S. Matteo in Lamis (S. Marco)	63	B 28
S. Maurizio Canavese	21	G 4
S. Maurizio d'Opaglio	12	E 7
S. Mauro	101	G 9
S. Mauro (Varco)	76	I 31
S. Mauro a Mare	42	J 19
S. Mauro Castelverde	87	N 24
S. Mauro Cilento	70	G 27
S. Mauro di Saline	26	F 15
S. Mauro Forte	72	F 30
S. Mauro la Bruca	70	G 27
S. Mauro Marchesato	79	J 32
S. Mauro (Monte)	103	I 9
S. Mauro Pascoli	42	J 19
S. Mauro Torinese (Torino)	21	G 5
S. Mazzeo	78	J 30
S. Menaio	63	B 29
S. Miai Terraseo (Monte)	102	J 7
S. Miali (Punta di)	102	I 8
S. Michele	102	I 8
S. Michele (Brescia)	15	E 14
S. Michele (Imperia)	30	K 4
S. Michele (Latina)	59	R 20
S. Michele (Napoli)	64	F 25
S. Michele (Pesaro e Urbino)	42	L 20
S. Michele (Piacenza)	34	H 11
S. Michele (Punta)	102	I 7
S. Michele (Ravenna)	37	I 18
S. Michele (Reggio nell'Emilia)	35	H 14
S. Michele (Salerno)	71	F 28
S. Michele (Abbazia)	66	E 28
S. Michele (Monte)	40	L 16
S. Michele all'Adige	16	D 15
S. Michele al Tagliamento	28	E 20
S. Michele Arenas (Monte)	102	J 7
S. Michele dei Mucchietti	35	I 14
S. Michele di Ganzaria	92	P 25
S. Michele di Piave	28	E 19
S. Michele di Plaianu	96	E 7
S. Michele di Salvenero	98	F 8
S. Michele di Serino	65	E 26
S. Michele Gatti	34	H 12
S. Michele in Bosco	25	G 13
S. Michele in Teverina	53	O 18
S. Michele Mondovì	31	I 5
S. Michele (Monte) (Gorizia)	29	E 22
S. Michele Salentino	69	F 34
S. Miniato	39	K 14
Sta Monica	42	K 20
S. Morello	77	I 32
S. Nazario	74	F 33
S. Nazzaro (Parma)	25	H 12
S. Nazzaro (Piacenza)	24	G 11
S. Nazzaro Sesia	12	F 7
S. Nicola (L'Aquila)	55	P 21
S. Nicola (Messina)	88	M 26
S. Nicola (Potenza)	66	E 29
S. Nicola (Salerno)	70	G 27
S. Nicola (vicino ad Ardore)	80	M 30
S. Nicola (vicino a Caulonia)	81	L 31
S. Nicola (Isola) (I. Tremiti)	62	B 28
S. Nicola Arcella	76	H 29
S. Nicola Baronia	65	D 27
S. Nicola da Crissa	78	L 30
S. Nicola dell'Alto	79	J 32
S. Nicola di Casalrotto (Mottola)	74	F 33
S. Nicola la Strada	64	D 24
S. Nicola l'Arena	86	M 22
S. Nicola Manfredi	65	D 26
S. Nicola (Monte) (Bari)	68	E 33
S. Nicola (Monte) (Palermo)	90	O 22
S. Nicola (Monte) (Vibo Valentia)	81	L 31
S. Nicola Varano	63	B 29
St. Nicolas	10	E 3
S. Nicolò (Piacenza)	23	G 10
S. Nicolò (Vibo Valentia)	80	L 29
S. Nicolò (Ferrara)	36	H 17
S. Nicolò (Perugia)	48	N 20
S. Nicolò a Tordino	49	N 23
S. Nicolò / St. Nikolaus	6	C 14
S. Nicolò d'Arcidano	100	H 7
S. Nicolò di Comelico	8	C 19
S. Nicolò di Trullas	98	F 8
S. Nicolò Gerrei	103	I 9
S. Nicolò Po	25	G 14
St. Nikolaus / S. Nicolò	6	C 14
Sta Ninfa	85	N 20
S. Odorico	18	D 20
S. Olcese	32	I 8
Sta Oliva	60	R 22
S. Omero	49	N 23
S. Omobono Imagna	13	E 10
S. Onofrio (Vibo Valentia)	78	K 30
S. Onofrio (Cosenza)	76	H 30
S. Onofrio (Latina)	60	R 22
S. Onofrio (Teramo)	49	N 23
S. Oreste	54	P 19
S. Orsola	16	D 15
S. Osvaldo (Passo di)	18	D 19
St. Oyen	10	E 3
Sto Padre delle Perriere	84	N 19
Sta Panagia	93	P 27
Sta Panagia (Capo)	93	P 27
S. Pancrazio	94	D 9
S. Pancrazio (Arezzo)	46	L 16
S. Pancrazio (Firenze)	39	L 15
S. Pancrazio (Parma)	35	H 12
S. Pancrazio (Ravenna)	37	I 18
S. Pancrazio Salentino	69	F 35
S. Pancrazio / St. Pankraz	6	C 15
S. Panfilo d'Ocre	55	P 22
St. Pankraz / S. Pancrazio	6	C 15
S. Pantaleo	95	D 10
S. Pantaleo (Isola)	84	N 19
S. Pantaleone	80	N 29
Sta Paolina	65	D 26
S. Paolino (Monte)	91	O 23
S. Paolo (Siracusa)	93	Q 27
S. Paolo (Sassari)	99	E 10
S. Paolo (Taranto)	68	F 33
S. Paolo (Isola)	74	F 33
S. Paolo (Masseria)	74	F 33
S. Paolo Albanese	72	G 31
S. Paolo (Brescia)	24	F 12
S. Paolo Bel Sito	64	E 25
S. Paolo Cervo	11	F 6
S. Paolo d'Argon	14	E 11
S. Paolo di Civitate	62	B 27
S. Paolo di Jesi	43	L 21
S. Paolo (Pordenone)	28	E 20
S. Paolo Solbrito	21	H 5
S. Pasquale	94	D 9
S. Paterniano	43	L 22
S. Patrizio	37	I 18
Santu Pedru (Tomba)	96	F 7
S. Pelino (Corfinio)	56	P 23
S. Pelino (vicino ad Avezzano)	56	P 22
S. Pelino (vicino a Montereale)	55	O 21
S. Pellegrinetto	35	I 14
S. Pellegrino (Firenze)	40	J 16
S. Pellegrino (Pistoia)	39	J 14
S. Pellegrino (vicino a Fossato di Vico)	48	M 20
S. Pellegrino (vicino a Norcia)	48	N 21
S. Pellegrino (Passo)	7	C 17
S. Pellegrino (Val di)	7	C 17
S. Pellegrino in Alpe	38	J 13
S. Pellegrino Terme	13	E 10
S. Peter / S. Pietro	8	A 18
S. Pier d'Isonzo	29	E 22
S. Pier Niceto	83	M 28
S. Piero a Grado	38	K 13
S. Piero a Ponti	39	K 15
S. Piero a Sieve	39	K 15
S. Piero in Bagno	41	K 17
S. Piero in Campo (Livorno)	50	N 12
S. Piero in Campo (Siena)	46	N 17
St. Pierre	10	E 3
S. Pietro	4	D 10
S. Pietro (L'Aquila)	55	O 22
S. Pietro (Cagliari)	102	I 8
Sto Pietro (Catania)	92	P 25
S. Pietro (Messina)	83	L 27
S. Pietro (Napoli)	64	F 25
S. Pietro (Nuoro)	100	G 7
S. Pietro (Perugia)	48	N 20
S. Pietro (Rieti)	55	O 20
S. Pietro (Viterbo)	53	O 17
S. Pietro (Badia di)	43	L 22
S. Pietro (Lago di)	66	D 28
S. Pietro (Monte) (Cagliari)	102	J 7
S. Pietro (Monte) (Sassari)	97	E 9
S. Pietro (Chiesa)	13	E 9
S. Pietro a Maida	78	K 31

SAN MARINO — Circolazione automobilistica vietata entro le mura — 0 300 m

Collegio (Contrada del)	Y	5
Salita alla Rocca (Via)	Y	16
Basilicius (Via)	Y	2
Capannaccia (Via della)	Z	3
Domus Plebis (Piazzale)	Y	6
Donna Felicissima (Via)	Y	7
Fratta (Via della)	Y	8
Libertà (Piazza della)	Y	9
Maccioni (Via Francesco)	Z	12
Mura (Contrada delle)	Y	13
Omerelli (Contrada)	Y	15
Santa Croce (Contrada)	Y	19

SAN REMO

Feraldi (Via) . . . . B 6
Matteotti (Via) . . . . B
Palazzo (Via) . . . . B 14
Roma (Via) . . . . B

Cavallotti (Corso) . . . . B 3
Colombo (Piazza) . . . . B 4
Dante Alighieri (Via) . . . . . . B 5
Gioberti (Via) . . . . B 7
Manzoni (Via) . . . . B 9
Matuzia (Corso) . . . . A 10
Mombello (Corso) . . . . B 13
Roccasterone (Via) . . . . A 15
San Francesco (Via) . . . . . . B 17
20 Settembre (Via) . . . . B 18

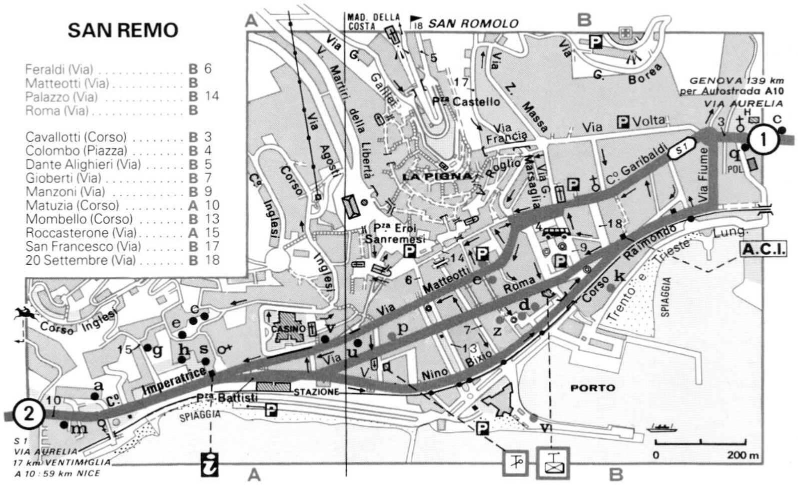
MAD. DELLA COSTA
SAN ROMOLO
GENOVA 139 km per Autostrada A10
VIA AURELIA
Pza Castello
LA PIGNA
Pza Eroi Sanremesi
CASINO
Pza Battisti
STAZIONE
SPIAGGIA
PORTO
A.C.I.
Corso Inglesi
Corso Imperatrice
Via Matteotti
Corso Trento e Trieste
Via Fiume
S 1 VIA AURELIA 17 km VENTIMIGLIA
A 10 : 59 km NICE
0 200 m

S. Pietro a Maida Scalo	78	K 30
S. Pietro a Monte	41	L 18
S. Pietro (Venezia)	27	G 18
S. Pietro (Verona)	26	G 15
S. Pietro / St. Peter	8	A 18
S. Pietro (Canale di)	9	C 21
S. Pietro Acquaeortus	46	N 17
S. Pietro al Natisone	19	D 22
S. Pietro al Tanagro	70	F 28
S. Pietro all'Olmo	13	F 9
S. Pietro Apostolo	78	K 31
S. Pietro Avellana	61	Q 24
S. Pietro Belvedere	38	L 13
S. Pietro Casasco	23	H 9
S. Pietro Clarenza	89	O 27
S. Pietro di Carida	80	L 30
S. Pietro di Carnia	9	C 21
S. Pietro di Feletto	17	E 18
S. Pietro di Morubio	26	G 15
S. Pietro di Ruda	97	E 9
S. Pietro di Simbranos	98	E 8
S. Pietro di Sorres	98	F 8
Ss. Pietro e Paolo	89	N 27
S. Pietro in Amantea	78	J 30
S. Pietro in Bevagna	74	G 35
S. Pietro in Campiano	37	J 18
S. Pietro in Cariano	25	F 14
S. Pietro in Casale	36	H 16
S. Pietro in Cerro	24	G 11
S. Pietro in Curolis	60	R 23
S. Pietro in Gu	26	F 16
S. Pietro in Guarano	76	I 30
S. Pietro in Lama	75	G 36
S. Pietro in Palazzi	44	M 13
S. Pietro in Silvis	37	I 17
S. Pietro in Valle (Isernia)	61	R 25
S. Pietro in Valle (Terni)	55	O 20
S. Pietro in Vincoli	37	J 18
S. Pietro in Volta	27	G 18
S. Pietro Infine	60	R 23
S. Pietro (Isola) (Taranto)	74	F 33
S. Pietro (Isola di) (Cagliari)	102	J 6
S. Pietro Mosezzo	12	F 7
S. Pietro Mussolino	26	F 15
S. Pietro Polesine	26	G 15
S. Pietro Valdastico	16	E 16
S. Pietro Vara	33	I 10
S. Pietro Vernotico	69	F 35
S. Pietro Viminario	27	G 17
S. Pio delle Camere	56	P 22
S. Polo	41	L 17
S. Polo dei Cavalieri	55	P 20
S. Polo d'Enza	35	I 13
S. Polo di Piave	28	E 19
S. Polo in Chianti	40	K 16
S. Polomatese	61	R 25
S. Possidonio	35	H 14
S. Potito	56	P 22
S. Potito Sannitico	61	R 25
S. Presto	48	M 20
S. Priamo	103	I 10
S. Primo (Monte)	13	E 9
S. Prisco	64	D 24
S. Procopio	80	M 29
Sta Procula Maggiore	58	R 19
S. Prospero (Bologna)	36	I 15
S. Prospero (Modena)	36	H 15
S. Prospero (Parma)	35	H 13
S. Protaso	34	H 11
S. Puoto (Lago)	60	S 22
S. Quirico (Grosseto)	46	N 17
S. Quirico (Lucca)	38	K 13
S. Quirico (Perugia)	47	M 19
S. Quirico d'Orcia	46	M 16
S. Quirino	18	D 20
Sta Rania	79	J 32
S. Regolo	40	L 16
Sta Reparata (Forlì)	41	J 17
Sta Reparata (Sassari)	94	D 9
Sta Reparata (Chiesa)	97	F 9
Sta Restituta (Sassari)	97	F 9
Sta Restituta (Terni)	54	O 19
St. Rhemy	10	E 3
Sta Rita	91	O 24
S. Roberto	80	M 29
S. Rocco (Cuneo)	21	I 6
S. Rocco (Genova)	33	I 9
S. Rocco (Lucca)	38	K 13
S. Rocco (Reggio nell'Emilia)	35	H 13
S. Rocco (Sondrio)	5	C 12
S. Rocco (Galleria)	55	P 21
S. Rocco a Pilli	45	M 15
S. Rocco al Porto	24	G 11
S. Romano (Pisa)	39	K 14
S. Romano (Reggio nell'Emilia)	35	I 13
S. Romano in Garfagnana	38	J 13
S. Romedio	6	C 15
S. Romolo	31	K 5
Sta Rosalia	90	O 22
S. Rossore (Tenuta di)	38	K 12
Sta Rufina	55	O 20
S. Rufino (Abbazia di)	49	M 22
S. Rufo	70	F 28
S. Saba	83	M 28
Sta Sabina (Brindisi)	69	E 35
Sta Sabina (Nuoro)	100	G 8
S. Salvatore (Brescia)	15	D 13
S. Salvatore (Oristano)	100	H 7
S. Salvatore (Avellino)	65	E 26
S. Salvatore (Bari)	67	D 30
S. Salvatore (Foggia)	63	B 29
S. Salvatore (Monte)	87	N 24
S. Salvatore (Badia)	47	M 19
S. Salvatore di Fitalia	82	M 26
S. Salvatore Monferrato	22	G 7
S. Salvatore Telesino	64	D 25
S. Salvo	57	P 26
S. Salvo Marina	57	P 26
S. Saturnino (Terme di)	97	F 9
S. Savino (Forlì)	41	J 17
S. Savino (Perugia)	47	M 18
S. Savino (Pesaro e Urbino)	42	L 20
S. Savino (Ravenna)	37	I 17
S. Savino (Siena)	46	M 17
Sta Scolastica (Subiaco)	59	Q 21
S. Sebastiano al Vesuvio (Napoli)	64	E 25
S. Sebastiano Curone	23	H 9
S. Sebastiano da Po	21	G 5
S. Secondo	47	L 18
S. Secondo di Pinerolo	20	H 3
S. Secondo Parmense	34	H 12
Sta Severa	53	P 17
Sta Severina	79	J 32
S. Severino Lucano	71	G 30
S. Severino Marche	48	M 21
S. Severo (Foggia)	62	B 28
S. Severo (Terni)	47	N 18
S. Silvestro (Pescara)	56	O 24
S. Silvestro (vicino a Fabriano)	48	M 20
S. Silvestro (vicino a Senigallia)	43	L 21
S. Silvestro (Mantova)	25	G 14
S. Silvestro (Rocca di)	44	M 13
S. Simone (Bergamo)	14	D 11
S.Simone (Cagliari)	101	I 9
S. Simone (Taranto)	74	F 33
S. Simone (Rio)	99	E 10
S. Siro	27	G 17
S. Siro Foce	33	I 10
S. Sisto (Pesaro e Urbino)	42	K 19
S. Sisto (Reggio nell'Emilia)	35	H 13
Sta Sofia	41	K 17
Sta Sofia d'Epiro	76	I 30
S. Sosio	60	R 22
S. Sossio Baronia	65	D 27
S. Sostene	78	L 31
S. Sosti	76	I 30
S. Sperate	103	I 9
Sto Spirito (Bari)	68	D 32
Sto Spirito (Caltanissetta)	88	O 24
Sto Spirito (Pescara)	56	P 24
Sto Stefano (Isola)	95	D 10
Sto Stefano (Ancona)	42	L 20
Sto Stefano (L'Aquila)	55	P 21
Sto Stefano (Campobasso)	61	R 25
Sto Stefano (Firenze)	39	L 14
Sto Stefano (Livorno)	44	M 11
Sto Stefano (Ravenna)	37	J 18
Sto Stefano (Teramo)	56	O 22
Sto Stefano (Monte)	59	R 21
Sto Stefano al Mare	31	K 5
Sto Stefano (Rovigo)	26	G 15
Sto Stefano (Verona)	26	F 16
Sto Stefano Belbo	21	H 6
Sto Stefano d'Aveto	33	I 10
Sto Stefano del Sole	65	E 26
Sto Stefano di Briga	83	M 28
Sto Stefano di Cadore	8	C 19
Sto Stefano di Camastra	88	M 25
Sto Stefano di Magra	34	J 11
Sto Stefano di Sessanio	56	O 22
Sto Stefano in Aspromonte	80	M 29
Sto Stefano Lodigiano	24	G 11
Sto Stefano Quisquina	90	O 22
Sto Stino di Livenza	28	E 20
S. Tammaro	64	D 24
Sta Tecla	89	O 27
S. Teodoro (Messina)	88	N 26
S. Teodoro (Nuoro)	99	E 11
S. Teodoro (Grotta di)	88	M 25
S. Teodoro (Stagno di)	99	E 11
S. Teodoro (Terme di)	65	E 27
S. Terenziano	47	N 19
S. Terenzo	38	J 11
Sta Teresa di Riva	89	N 28
Sta Teresa Gallura	94	D 9
Sto Todaro	81	L 31
S. Tomaso Agordino	7	C 17
S. Tommaso (Chieti)	57	P 25
S. Tommaso (Pescara)	56	P 23
SS. Trinità di Delia	85	N 20
SS. Trinità di Saccargia	98	E 8
S. Trovaso	27	F 18
S. Ubaldo (Gubbio)	48	L 19
St. Ulrich / Ortisei	7	C 17
S. Urbano	26	G 16
S. Urbano (Macerata)	43	L 21
S. Urbano (Terni)	54	O 19
Sta Valburga / St. Walburg	6	C 15
St. Valentin a. d. Haide / S. Valentino alla Muta	5	B 13
S. Valentino	15	E 14
S. Valentino (Grosseto)	46	N 17
S. Valentino (Perugia)	47	N 19
S. Valentino (Terni)	54	O 19
S. Valentino alla Muta/St. Valentin a. d. Haide	5	B 13
S. Valentino in Abruzzo	56	P 24
S. Valentino Torio	64	E 25
St. Veit / S. Vito	8	B 18
S. Venanzio	35	I 14
S. Venanzo	47	N 18
S. Vendemiano	28	E 19
Sta Venera	89	N 27
Sta Venere (Monte)	93	P 26
S. Venere (Ponte)	66	D 28
Sta Venerina	89	N 27
S. Vero Milis	100	G 7
S. Vicino (Monte)	48	M 21
St. Vigil / S. Vigilio	6	C 15
St. Vigil / S. Vigilio di Marebbe	7	B 17
S. Vigilio	25	F 14
S. Vigilio / St Vigil	6	C 15
S. Vigilio di Marebbe / St. Vigil	7	B 17
St. Vincent	11	E 4
S. Vincenzo (Bologna)	36	H 16
S. Vincenzo (Messina)	83	K 27
S. Vincenzo (Frosinone)	60	Q 22
S. Vincenzo (Livorno)	44	M 13
S. Vincenzo (Masseria)	67	D 30
S. Vincenzo a Torri	39	K 15
S. Vincenzo al Volturno	61	R 24
S. Vincenzo la Costa	76	I 30
S. Vincenzo Valle Roveto	60	Q 22
S. Vincenzo Valle Roveto Superiore	60	Q 22
S. Vitale (Pineta)	37	I 18
S. Vitale di Baganza	34	I 12
S. Vito (Cagliari)	103	I 10
S. Vito (Trapani)	84	Q 17
S. Vito (Avellino)	65	D 27
S. Vito (Bari)	68	D 33
S. Vito (Benevento)	65	D 26
S. Vito (Latina)	59	S 21
S. Vito (Modena)	35	I 14
S. Vito (Teramo)	49	N 22
S. Vito (Terni)	54	O 19
S. Vito (vicino a Bassano del G.)	17	E 17
S. Vito (vicino a Valdobbiadene)	17	E 17
S. Vito / St. Veit	8	B 18
S. Vito al Tagliamento	28	E 20
S. Vito al Torre	29	E 22
S. Vito (Capo) (Taranto)	74	F 33
S. Vito (Capo) (Trapani)	85	M 20
S. Vito Chietino	57	P 25
S. Vito dei Normanni	69	F 35
S. Vito di Cadore	8	C 18
S. Vito di Fagagna	18	D 21
S. Vito di Leguzzano	16	E 16
S. Vito in Monte	47	N 18
S. Vito lo Capo	85	M 20
S. Vito (Monte) (Caltanissetta)	91	O 23
S. Vito (Monte) (Foggia)	62	D 27
S. Vito Romano	59	Q 20
S. Vito sullo Ionio	78	K 31
S. Vittore (Forlì)	41	J 18
S. Vittore (Macerata)	43	L 21

SASSARI

Vitt. Emanuele II (Cso) . . . . Y

Alberto (Via C.) . . . . Z 2
Azuni (Piazza) . . . . Y 6
Cavallotti (Largo) . . . . Y 8
Duomo (Piazza) . . . . Y 9
Fiume (Piazza) . . . . Z 12
Gazometro (Vicolo) . . . . Y 14
Nuova (Porta) . . . . Z 15
Rosello (Via) . . . . Y 18
Saffi (Via A.) . . . . Y 20
S. Antonio (Piazza) . . . . Y 21
S. Caterina (Via) . . . . Y 22
S. Donato (Via) . . . . Y 23
S. Elisabetta (Via) . . . . Y 24
Sicilia (Viale) . . . . Y 26
Turritana (Via) . . . . Z 28

M MUSEO NAZIONALE SANNA

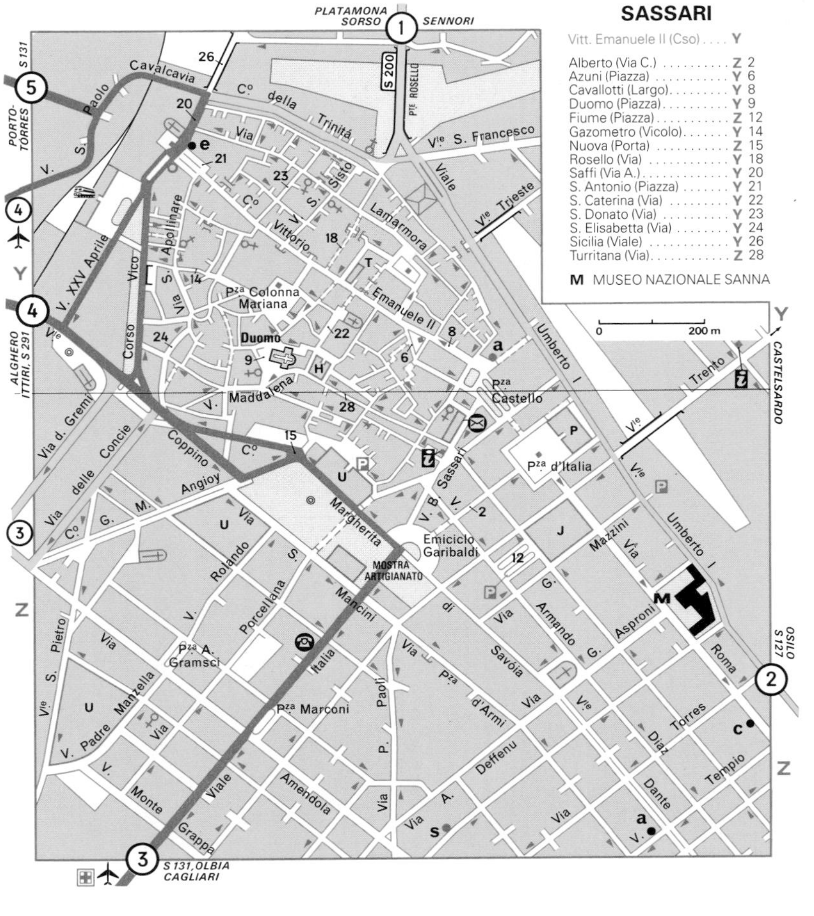
PLATAMONA SORSO
SENNORI
PORTO TORRES
S 131
ALGHERO ITTIRI, S 291
CASTELSARDO
OSILO S 127
S 131, OLBIA CAGLIARI
Cavalcavia
Cso della Trinità
Vle S. Francesco
Vle Trieste
Viale Lamarmora
Cso Vittorio Emanuele II
Pza Colonna Mariana
Duomo
Pza Castello
Pza d'Italia
Emiciclo Garibaldi
MOSTRA ARTIGIANATO
Pza A. Gramsci
Pza Marconi
Viale Umberto I
Via Roma
Viale Italia
Via Mancini
Via Margherita
Via Rolando
Via Porcellana
Via delle Conce
Via d. Gremi
V. Maddalena
Coppino
Via Asproni
Via Mazzini
Vle Dante
Via Torres
Via Tempio
Viale Monte Grappa
Via Amendola
Via Deffenu
Pza d'Armi
Via Savoia
Via Armando
V. XXV Aprile
0 200 m

Name		
S. Vittore del Lazio	60	R 23
S. Vittore di Chiuse	48	L 20
S. Vittore Olona	13	F 8
S. Vittore (Verona)	26	F 15
Sta Vittoria (L'Aquila)	55	O 21
Sta Vittoria (Reggio nell'Emilia)	35	H 13
Sta Vittoria (Sassari)	98	E 8
Sta Vittoria (Monteleone Sabino)	55	P 20
Sta Vittoria d'Alba	21	H 5
Sta Vittoria in Matenano	49	M 22
Sta Vittoria (Monte)	101	H 9
Sta Vittoria (Nuraghe)	101	H 9
S. Vittorino (L'Aquila)	55	O 21
S. Vittorino (Pescara)	56	P 23
S. Vivaldo	39	L 14
St. Walburg / Sta Valburga	6	C 15
S. Zaccaria	66	E 29
S. Zeno di Montagna	25	F 14
S. Zeno Naviglio	24	F 12
S. Zenone al Lambro	23	G 10
S. Zenone al Po	23	G 10
S. Zenone degli Ezzelini	17	E 17
Saonara	27	F 17
Saonda	47	M 19
Saoseo (Cima)	5	C 12
Sapienza (Rifugio)	89	N 26
Saponara	83	M 28
Sappada	18	C 20
Sapri	71	G 28
Sara (Monte)	90	O 22
Saracco Volante	31	J 5
Saracena	76	H 30
Saraceni (Monte dei)	82	M 26
Saraceno	77	H 31
Saraceno (Monte)	91	P 23
Saraceno (Punta del)	85	M 20
Saracinesco	55	P 20
Saragiolo	46	N 16
Saraloi (Monte)	99	F 10
Sarbene (Genna)	101	G 10
Sarca	6	C 14
Sarche	15	D 14
Sarcidano	101	H 9
Sarconi	71	G 29
Sardagna	16	D 15
Sardara	102	I 8
Sardigliano	22	H 8
Sarego	26	F 16
Sarentina (Valle)	6	C 16
Sarentino / Sarntal	6	C 16
Sarezzano	22	H 8
Sarezzo	24	F 12
Sarginesco	25	G 13
Sariano	26	G 16
Sarmato	23	G 10
Sarmede	28	E 19
Sarmego	26	F 17
Sarmento	72	G 31
Sarnano	48	M 21
Sarnico	14	E 11
Sarno	64	E 25
Sarno (Fiume)	64	E 25
Sarnonico	6	C 15
Sarntal / Sarentino	6	C 16
Sarone	28	E 19
Saronno	13	F 9
Sarrabus	103	I 9
Sarraina (Cala)	94	D 8
Sarre	10	E 3
Sarroch	103	J 9
Sarsina	41	K 18
Sartano	76	I 30
Sarteano	46	N 17
Sartirana Lomellina	22	G 7
Sarturano	23	H 10
Sarule	101	G 9
Sarzana	38	J 11
Sarzano	27	G 17
Sassa	45	M 14
Sassalbo	34	J 12
Sassano	71	F 28
Sassari	96	E 7
Sassello	32	I 7
Sassetta	45	M 13
Sassi (Musone dei)	27	F 17
Sassina (Val)	13	E 10
Sassinoro	61	R 25
Sasso (Parma)	35	I 12
Sasso (Roma)	53	P 18
Sasso (Vicenza)	16	E 16
Sasso di Castalda	71	F 29
Sasso d'Ombrone	45	N 15
Sasso Marconi	36	I 15
Sasso Morelli	36	I 17
Sassocorvaro	42	K 19
Sassofeltrio	42	K 19
Sassoferrato	42	L 20
Sassofortino	45	M 15
Sassoleone	36	J 16
Sassonero	36	J 16
Sassovivo (Abbazia di)	48	N 20
Sassu (Monte)	98	E 8
Sassuolo	35	I 14
Sataria	84	Q 17
Satriano	78	L 31
Satriano di Lucania	71	F 28
Saturnia	52	O 16
Sauris (Lago di)	18	C 20
Sauris di Sopra	18	C 20
Sauro	72	F 30
Sauze di Cesana	20	H 2
Sauze d'Oulx	20	G 2
Sava	74	F 34
Sava (Masseria)	68	E 32
Savara	10	F 3
Savarenche (Val)	10	F 3
Savarna	37	I 18
Savelletri	69	E 34
Savelli (Crotone)	79	J 32
Savelli (Perugia)	48	N 21
Savena	36	J 15
Savi	21	H 5
Saviano	64	E 25
Savigliano	21	I 4
Savignano di Rigo	41	K 18
Savignano Irpino	65	D 27
Savignano sul Panaro	36	I 15
Savignano sul Rubicone	42	J 19
Savigno	36	I 15
Savignone	32	I 8
Savio	37	J 18
Savio (Fiume)	37	J 18
Savio (Foce del)	41	J 18
Saviore dell'Adamello	15	D 13
Savoca	89	N 28
Savogna	19	D 22
Savogna d'Isonzo	29	E 22
Savognatica	35	I 13
Savoia di Lucania	71	F 28
Savona	32	J 7
Savoniero	35	I 13
Savorgnano (Pordenone)	28	E 20
Savorgnano (Udine)	19	D 21
Savoulx	20	G 2
Savuto	78	J 30
Savuto (Fiume)	78	J 31
Scacciano	42	K 19
Scafa	56	P 24
Scafati	64	E 25
Scaglieri	50	N 12
Scagnello	31	J 5
Scai	55	O 21
Scala (Messina)	83	M 28
Scala (Salerno)	64	F 25
Scala Coeli	77	I 32
Scala (Monte della)	92	P 25
Scala Ruia	98	E 8
Scalambri (Capo)	92	Q 25
Scaldasole	22	G 8
Scale (Corno alle)	39	J 14
Scalea	76	H 29
Scalea (Capo)	76	H 29
Scalenghe	21	H 4
Scalera	66	E 29
Scaleres / Schalders	7	B 16
Scaletta Uzzone	21	I 6
Scaletta Zancle	83	M 28
Scalino (Pizzo)	14	D 11
Scalo dei Saraceni	63	C 29
Scalone (Passo dello)	76	I 29
Scaltenigo	27	F 18
Scalvaia	45	M 15
Scalve (Val di)	14	E 12
Scampitella	65	D 27
Scanaiol (Cima)	16	D 17
Scanarello	27	G 19
Scandale	79	J 32
Scandarello (Lago di)	55	O 21
Scandiano	35	I 14
Scandicci (Firenze)	39	K 15
Scandolara Ravara	25	G 12
Scandolara Ripa d'Oglio	24	G 12
Scandolaro	48	N 20
Scandriglia	55	P 20
Scannata (Portella)	86	N 22
Scanno (L'Aquila)	60	Q 23
Scanno (Salerno)	65	F 27
Scanno (Lago di)	60	Q 23
Scano di Montiferro	100	G 7
Scansano	46	N 16
Scanzano	55	P 21
Scanzano Ionico	73	G 32
Scanzano (Lago dello)	86	N 22
Scanzorosciate	14	E 11
Scapezzano	43	K 21
Scapoli	61	R 24
Scaramia (Capo)	92	Q 25
Scarcelli	76	I 30
Scardovari	37	H 19
Scardovari (Sacca degli)	37	H 19
Scario	71	G 28
Scarlino	45	N 14
Scarlino Scalo	45	N 14
Scarmagno	11	F 5
Scarnafigi	21	H 4
Scarperia	40	K 16
Scarperia (Giogo di)	40	J 16
Scarzana	41	J 17
Scattas (Is)	102	J 8
Scauri (Latina)	60	S 23
Scauri (Trapani)	84	Q 17
Scavignano	37	J 17
Scavo (Portella dello)	87	N 23
Scena / Schenna	6	B 15
Scerne	56	O 24
Scerni	57	P 25
Scesta	39	J 13
Schabs / Sciaves	7	B 16
Schalders / Scaleres	7	B 16
Scheggia	48	L 19
Scheggia (Valico di)	41	L 17
Scheggino	48	N 20
Schenna / Scena	6	B 15
Schia	34	I 12
Schiara (Monte)	17	D 18
Schiava	64	E 25
Schiavi di Abruzzo	61	Q 25
Schiavon	16	E 16
Schievenin	17	E 17
Schignano	39	K 15
Schilpario	14	D 12
Schino della Croce (Monte)	88	N 25
Schio	16	E 16
Schisò (Capo)	89	N 27
Schivenoglia	26	H 15
Schlanders / Silandro	6	C 14
Schlaneid / Salonetto	6	C 15
Schluderbach / Carbonin	8	C 18
Schluderns / Sluderno	5	C 13
Schnals / Senales	6	B 14
Schönau / Belprato	6	B 15
Schwarzenstein / Nero (Sasso)	7	A 17
Sciacca	60	O 21
Scianne (Masseria)	75	G 35
Sciara	87	N 23
Sciarborasca	32	I 7
Sciaves / Schabs	7	B 16
Scicli	93	Q 26
Scido	80	M 29
Scifelli	60	Q 22
Scigliano	78	J 30
Sciliar (Monte)	7	C 16
Scilla	80	M 29
Scillato	87	N 23
Sciolze	21	G 5
Sciorino (Monte)	88	O 24
Sclafani Bagni	87	N 23
Scoffera (Passo di)	33	I 9
Scoglietti (Punta)	96	E 6
Scoglitti	92	Q 25
Scoltenna	35	J 14
Scomunica (Punta della)	96	D 6
Scontrone	60	Q 24
Scopello (Trapani)	85	M 20
Scopello (Vercelli)	11	E 6
Scopetone (Foce di)	41	L 17
Scoppio	47	N 19
Scoppito	55	O 21
Scorace (Monte)	85	N 20
Scorciavacche (Portella)	86	N 21
Scorda (Monte)	80	M 29
Scordia	93	P 26
Scorgiano	45	L 15
Scorno (Punta dello)	96	D 6
Scorrano	75	G 36
Scortichino	36	H 15
Scorzè	27	F 18
Scorzo	65	F 27
Scova (Monte sa)	101	H 9
Scravaion (Colle)	31	J 6
Scrisà	80	M 30
Scritto	47	M 19
Scrivia	32	I 9
Scudo (Porto)	102	K 8
Scurcola Marsicana	56	P 22
Scurtabò	33	I 10
Scurzolengo	21	H 6
Sdobba (Punta)	29	E 22
Sdruzzina	15	E 14
Sebera (Punta)	102	J 8
Seborga	31	K 5
Seccagrande	90	O 21
Secchia	35	I 14
Secchia (Fiume)	35	I 13
Secchiano (vicino a Cagli)	42	L 19
Secchiano (vicino a S. Leo)	41	K 18
Secchiello	35	J 13
Secchieta (Monte)	40	K 16
Secinaro	56	P 23
Secine (Monte)	61	Q 24
Secondigliano (Napoli)	64	E 24
Secugnago	23	G 10
Seddanus	102	I 8
Sedegliano	18	D 20
Sedico	17	D 18
Sedilis	19	D 21
Sedilo	100	G 8
Sedini	98	E 8
Sedita (Monte)	90	O 22
Sedrano	18	D 20
Sedriano	13	F 8
Sedrina	13	E 10
Seduto (Monte)	81	L 30
Seekofel / Becco (Croda di)	8	B 18
Sefro	48	M 20
Sega	25	F 14
Segalare	37	H 18
Segariu	103	I 8
Segesta	85	N 20
Seggiano	46	N 16
Seghe	16	E 16
Segni	59	Q 21
Segno	32	J 7
Segonzano	16	D 15
Segrate	13	F 9
Segromigno	39	K 13
Segusino	17	E 17
Seigne (Col de la)	10	E 2
Seis / Siusi	7	C 16
Seiser Alm / Siusi (Alpe di)	7	C 16
Selargius	103	J 9
Selbagnone	41	J 18
Selci (Perugia)	41	L 18
Selci (Rieti)	54	P 19
Sele	65	E 27
Sele (Foce del)	65	F 26
Sele (Piana del)	65	F 26
Selegas	103	I 9
Selinunte	85	O 20
Sella	16	D 16
Sella di Corno	55	O 21
Sella (Gruppo di)	7	C 17
Sella (Passo di)	7	C 17
Sella (Lago della)	30	J 3
Sella Nevea	19	C 22
Sellano	48	N 20
Sellate	45	M 14
Sellia	79	K 31
Sellia Marina	79	K 32
Selva (Grosseto)	46	N 16
Selva (Piacenza)	33	I 10
Selva (Trento)	16	D 16
Selva (Bocca della)	61	R 25
Selva dei Molini / Mühlwald	7	B 17
Selva dei Molini (Val)	7	B 17
Selva del Montello	17	E 18
Selva di Cadore	8	C 18
Selva di Fasano	69	E 34
Selva di Progno	26	F 15
Selva di Trissino	26	F 15
Selva di Val Gardena / Wölkenstein in Gröden	7	C 17
Selva Grossa	34	I 12
Selva Malvezzi	36	I 16
Selvacava	60	R 23
Selvanizza	34	I 12
Selvapiana (Cona di)	59	R 21
Selvazzano Dentro	26	F 17
Selvena	46	N 16
Selvino	14	E 11
Semestene	98	F 8
Semiana	22	G 8
Seminara	80	L 29
Semonte	48	L 19
Sempio (Monte)	99	E 10
Sempione (Galleria del)	2	D 6
Semprevisa (Monte)	59	R 21
Semproniano	46	N 16
Senago	13	F 9
Senáiga (Lago di)	16	D 17
Senale / Unsere liebe Frau im Walde	6	C 15
Senales / Schnals	6	B 14
Senales (Val di)	6	B 14
Seneghe	100	G 7
Senerchia	65	E 27
Senes (Monte)	99	F 10
Seniga	24	G 12
Senigallia	43	K 21
Senio	36	J 16
Senis	100	H 8
Senise	72	G 30
Senna Lodigiano	23	G 10
Sennariolo	100	G 7
Sennori	96	E 7
Senora di Boccadirio	39	J 15
Senorbì	103	I 9
Sentino	42	L 20
Sepino	61	R 25
Seppio	48	M 21
Sequals	18	D 20
Serano (Monte)	48	N 20
Serapo	60	S 22
Seravezza	38	K 12
Serchio	38	J 12
Serdiana	103	I 9
Seregno	13	F 9
Seren del Grappa	17	E 17
Sergnano	24	F 11
Seriana (Valle)	14	E 11
Seriate	14	E 11
Serina	14	E 11
Serino	65	E 26
Serino (Monte)	77	I 32
Serio	14	D 11
Serio (Monte)	68	E 33
Serle	25	F 13
Sermenza	11	E 6
Sermide	26	G 15
Sermoneta	59	R 20
Sermugnano	53	O 18
Sernaglia della Battaglia	17	E 18
Sernio (Monte)	9	C 21
Serole	21	I 6
Serottini (Monte)	15	D 13
Serpeddi (Punta)	103	I 9
Serpentara (Isola)	103	J 10
Serra (Alpe di)	41	K 17
Serra (Monte)	5	C 12
Serra d'Aiello	78	J 30
Serra de' Conti	43	L 21
Serra del Corvo (Lago di)	67	E 30
Serra della Stella	67	E 31
Serra di Croce	72	F 31
Serra di Sotto	42	K 19
Serra Ficaia	96	F 7
Serra (Monte) (I. d'Elba)	50	N 13
Serra (Monte) (Perugia)	47	M 19
Serra Marina (Masseria)	73	F 32
Serra Orrios (Nuraghe)	99	F 10
Serra Ricco	32	I 8
Serra S. Abbondio	42	L 20
Serra S. Bruno	78	L 30
Serra S. Quirico	43	L 21
Serracapriola	62	B 27
Serrada (Monte)	13	E 10
Serradarce	65	F 27
Serradica	48	M 20
Serradifalco	91	O 23
Serradipiro	78	J 31
Serraglio	25	G 14
Serraia (Lago di)	16	D 15
Serralta di S. Vito	78	K 31
Serralunga d'Alba	21	I 6
Serralunga di Crea	21	G 6
Serramale (Monte)	76	H 29
Serramanna	102	I 8
Serramazzoni	35	I 14
Serramezzana	70	G 27
Serramonacesca	56	P 24
Serrano	75	G 37
Serranova	69	E 35
Serrapetrona	48	M 21
Serrastretta	78	J 31
Serratore (Monte)	78	J 30
Serravalle	21	H 6
Serravalle (Arezzo)	41	K 17
Serravalle (Ferrara)	27	H 18
Serravalle (Perugia)	48	N 21
Serravalle (San Marino)	42	K 19
Serravalle a Po	26	G 15
Serravalle all'Adige	26	E 15
Serravalle di Carda	42	L 19
Serravalle di Chienti	48	M 20
Serravalle Langhe	21	I 6
Serravalle Pistoiese	39	K 14
Serravalle Scrivia	22	H 8
Serravalle Sesia	11	E 6
Serrazzano	45	M 14
Serre (Cuneo)	20	H 3
Serre (Palermo)	86	N 21
Serre (Salerno)	65	F 27
Serre (Passo di)	60	R 23
Serre di Rapolano	46	M 16
Serrenti	103	I 8
Serri	101	H 9
Serriola (Bocca)	42	L 19
Serrone	59	Q 21
Serrungarina	42	K 20
Sersale	79	J 32
Seruci (Nuraghe)	102	J 7
Serva (Monte)	17	D 18
Servedio (Masseria)	68	E 32
Servigliano	49	M 22
Servo	16	D 17
Sesia	11	E 5
Sesia (Cascata di)	11	E 5
Sesia (Val)	11	E 6
Sessa Cilento	70	G 27
Sessame	32	H 7
Sessano del Molise	61	R 25
Sesso	35	H 13
Sesta Godano	33	J 11
Sestino	41	K 18
Sesto / Sexten	8	B 19
Sesto (Val di) / Sextental	8	B 19
Sesto al Reghena	28	E 20
Sesto Calende	12	E 7
Sesto Campano	61	R 24
Sesto ed Uniti	24	G 11
Sesto Fiorentino (Firenze)	39	K 15
Sesto Imolese	36	I 17
Sesto S. Giovanni (Milano)	13	F 9
Sestola	35	J 14
Sestri Levante	33	J 10
Sestri Ponente	32	I 8
Sestriere	20	H 2
Sestu	103	J 9
Sesvenna (Piz)	5	B 13
Setta	36	I 15
Settala	13	F 10
Sette Comuni (Altopiano dei)	16	E 16
Sette Feudi	92	P 25
Sette Fratelli (Monte dei)	103	J 10
Sette Poste	63	C 29
Sette Selle (Cima di)	16	D 16
Sette Soldi (Monte)	85	N 20
Sette Vene	54	P 19
Settebagni	54	P 19
Settecamini (Roma)	59	Q 19
Settefrati	60	Q 23
Settepani (Monte)	31	J 6
Settignano (Firenze)	39	K 15
Settignano (Frosinone)	60	R 23
Settima	23	H 10
Settimana (Val)	18	D 19
Settime	21	G 6
Settimo	25	F 14
Settimo Milanese	13	F 9
Settimo San Pietro	103	J 9
Settimo Torinese (Torino)	21	G 5
Settimo Vittone	11	F 5
Settingiano	78	K 31
Setzu	100	H 8
Seui	101	H 9
Seulo	101	H 9
Seuni	103	I 9
Seveso	13	F 9
Seveso (Torrente)	13	E 9
Sevizzano	23	H 10
Sexten / Sesto	8	B 19
Sextental / Sesto (Val di)	8	B 19
Sezzadio	22	H 7
Sezze	59	R 21
Sfercia	48	M 21
Sferracavallo (Palermo)	86	M 21
Sferracavallo (Capo) (Nuoro)	101	H 9
Sferro	89	O 26
Sforzacosta	49	M 22
Sforzesca (Grosseto)	46	N 17
Sforzesca (Pavia)	22	G 8
Sfruz	6	C 15
Sgolgore (Murgia)	68	E 32
Sgonico	29	E 23
Sgurgola	59	Q 21
Siamaggiore	100	H 7
Siamanna	100	H 8
Siano	65	E 26
Siapiccia	100	H 8
Siba	84	Q 17
Sibari (Piana di)	76	H 31
Sibilla (Monte)	48	N 21
Sibillini (Monti)	48	N 21
Sicaminò	83	M 27
Sicani (Monti)	90	O 21
Sicignano degli Alburni	65	F 27
Sicili	71	G 28

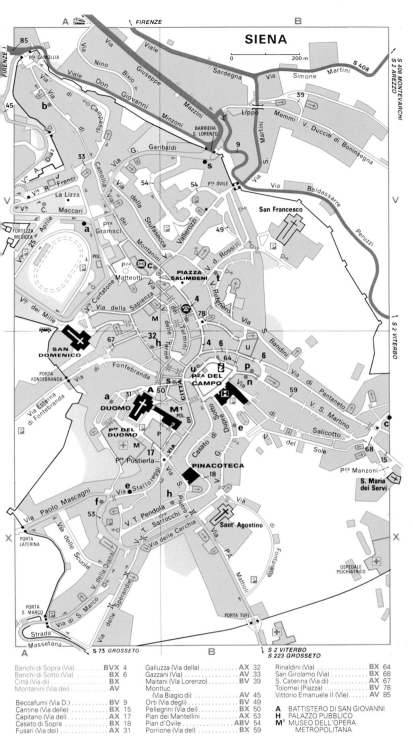

SIENA

Banchi di Sopra (Via)	BVX	4
Banchi di Sotto (Via)	BX	6
Città (Via di)	BX	
Montanini (Via dei)	AV	
Beccafumi (Via D.)	BV	9
Cantine (Via delle)	BX	15
Capitano (Via del)	AX	17
Casato di Sopra	BX	18
Fusari (Via dei)	AX	31
Galluzza (Via della)	AX	32
Gazzani (Via dei)	AV	33
Maitani (Via Lorenzo)	BV	39
Montluc		
(Via Biagio di)	AV	45
Orti (Via degli)	BV	49
Pellegrini (Via dei)	BX	50
Pian dei Mantellini	AX	53
Pian d'Ovile	ABV	54
Porrione (Via del)	BX	59
Rinaldini (Via)	BX	64
San Girolamo (Via)	BX	68
S. Caterina (Via di)	AX	67
Tolomei (Piazza)	BV	78
Vittorio Emanuele II (Vle)	AV	85

A BATTISTERO DI SAN GIOVANNI
H PALAZZO PUBBLICO
M¹ MUSEO DELL'OPERA
   METROPOLITANA

Circolazione regolamentata nel centro città

Sinis	100	H 7	Soana	11	F 4	Soleto	75	G 36
Siniscola	99	F 11	Soarza	24	G 12	Solfagnano	47	M 19
Siniscola (Rio de)	99	F 11	Soave (Mantova)	25	G 14	Solferino	25	F 13
Sinnai	103	J 9	Soave (Verona)	26	F 15	Solicchiata	89	N 27
Sinopoli	80	M 29	Sobretta (Monte)	5	C 13	Soliera	35	H 14
Sinzias (Cala di)	103	J 10	Socchieve	18	C 20	Solighetto	17	E 18
Sipicciano (Caserta)	60	S 23	Soci	41	K 17	Solignano	34	I 11
Sipicciano (Viterbo)	53	O 18	Sodano (Monte)	72	G 31	Solignano Nuovo	35	I 14
Sipiu	103	I 9	Soddi	100	G 8	Soligo	17	E 18
Siracusa	93	P 27	Soffi (Isola)	95	D 10	Sologno	35	I 13
Sirente (Monte)	56	P 22	Sogliano al			Sologo	99	F 10
Sirino (Monte)	71	G 29	Rubicone	41	J 18	Solopaca	64	D 25
Siris	100	H 8	Sogliano Cavour	75	G 36	Solto Collina	14	E 12
Sirmione	25	F 13	Soglio (Asti)	21	G 6	Soluntó	86	M 22
Sirolo	43	L 22	Soglio (Cuneo)	20	I 3	Somaggia	4	D 10
Siror	17	D 17	Sola	24	F 11	Somaglia	23	G 10
Sirri	102	J 7	Solagna	16	E 17	Somana	13	E 9
Sises (Monte)	20	H 2	Solaio	45	M 14	Somano	21	I 6
Sisini	103	I 9	Solanas (Cagliari)	103	J 10	Sombreno	13	E 10
Sissa	24	H 12	Solanas (Oristano)	100	H 7	Sombucheto	49	L 20
Sistiana	29	E 22	Solanas (Rio)	103	J 10	Somma Lombardo	12	E 8
Sisto	59	R 21	Solano	80	M 29	Somma (Monte)	64	E 25
Sitigliano	48	M 21	Solanto	86	M 22	Somma (Valico di)	48	N 20
Sitria (Badia di)	42	L 20	Solanto (Punta di)	85	M 20	Somma Vesuviano	64	E 25
Sitzerri	100	I 7	Solara	36	H 15	Sommacampagna	25	F 14
Sitzzon	17	E 17	Solarino	93	P 27	Sommariva		
Siurgus-Donigala	103	I 9	Solaro	13	F 9	del Bosco	21	H 5
Siusi / Seis	7	C 16	Solaro (Monte)	64	F 24	Sommariva Perno	21	H 5
Siusi (Alpe di) /			Solarolo	37	I 17	Sommati	55	O 21
Seiser Alm	7	C 16	Solarussa	100	H 8	Sommatino	91	O 23
Siziano	23	G 9	Solbiate Olona	13	F 8	Sommeiller (Punta)	20	G 2
Slingia	5	B 13	Solda / Sulden	5	C 13	Sommo	23	G 9
Slizza	19	C 22	Solda di Fuori /			Sommo (Monte)	7	B 17
Sluderno /			Ausser Sulden	5	C 13	Sommo (Passo di)	16	E 15
Schluderns	5	C 13	Sole (Monti del)	17	D 18	Sompdogna		
Smeralda (Costa)	95	D 10	Sole (Vado di)	56	O 23	(Sella di)	19	C 22
Smeraldo			Sole (Val di)	6	C 14	Sompiano	41	L 18
(Grotta delle)	64	F 25	Soleminis	103	I 9	Somplago	9	C 21
Smerillo	49	M 22	Solere	30	I 4	Sona	25	F 14
Smirra	42	L 20	Solero	22	H 7	Soncino	24	F 11

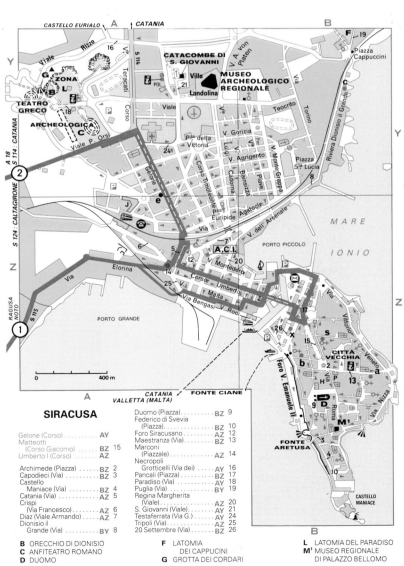

Sicilia			Silana (Genna)	101	G 10
(Parco Zoo di)	89	O 26	Silandro /		
Siculiana	90	O 22	Schlanders	6	C 14
Siculiana Marina	90	O 22	Silanus	100	G 8
Siddi	100	H 8	Sile (Pordenone)	28	E 20
Siderno	81	M 30	Sile (Treviso)	27	F 18
Siderno Superiore	81	M 30	Silea	17	F 18
Sieci	40	K 16	Sili	100	H 7
Siena	46	M 16	Siligo	98	F 8
Sierio (Monte)	71	F 28	Siliqua	102	J 8
Sieti	65	E 26	Silis	96	E 7
Sieve	40	K 16	Silius	103	I 9
Sigillo (Perugia)	48	M 20	Silla (Bologna)	35	J 14
Sigillo (Rieti)	55	O 21	Silla (Salerno)	71	F 28
Signa	39	K 15	Sillano	35	J 12
Signora Pulita			Sillara (Monte)	34	I 12
(Monte)	69	E 34	Sillara (Passo di)	34	I 12
Signoressa	17	E 18	Sillaro	40	J 16
Signorino	39	J 14	Silvana Mansio	78	J 31
Sila Grande	77	I 31	Silvano d'Orba	32	H 8
Sila Greca	77	I 31	Silvano Pietra	23	G 8
Sila Piccola	78	J 31	Silvi Alta	56	O 24
			Silvi Marina	56	O 24
			Silvignano	48	N 20
			Simala	100	H 8
			Simaxis	100	H 8
			Simbario	81	L 31
			Simbirizzi (Lago di)	103	J 9
			Simbruini		
			(Monti)	59	Q 21
			Simeri	79	K 31
			Simeri-Crichi	78	K 31
			Simeto	89	N 26
			Simeto (Foce di)	89	O 27
			Similaun	6	B 14
			Simoncello	41	K 18
			Sinagra	82	M 26
			Sinalunga	46	M 17
			Sinarca	62	B 26
			Sindacale	28	E 20
			Sindia	100	G 7
			Sinello	57	P 25
			Sini	100	H 8
			Sinio	21	I 6

SIRACUSA

Gelone (Corso)	AY	
Matteotti		
(Corso Giacomo)	BZ	15
Umberto I (Corso)	AZ	
Archimede (Piazza)	BZ	2
Capodieci (Via)	BZ	3
Castello		
Maniace (Via)	BZ	4
Catania (Via)	AZ	5
Crispi		
(Via Francesco)	AZ	6
Diaz (Viale Armando)	AZ	7
Dionisio il		
Grande (Via)	BY	8
Duomo (Piazza)	BZ	9
Federico di Svevia		
(Piazza)	BZ	10
Foro Siracusano	AZ	12
Maestranza (Via)	BZ	13
Marconi		
(Piazzale)	AZ	14
Necropoli		
Grotticelli (Via dei)	AY	16
Pancali (Piazza)	AZ	17
Paradiso (Via)	AY	18
Puglia (Via)	BY	19
Regina Margherita		
(Viale)	AZ	20
S. Giovanni (Viale)	AY	21
Testaferrata (Via G.)	AY	24
Tripoli (Via)	BZ	25
20 Settembre (Via)	BZ	26

B ORECCHIO DI DIONISIO
C ANFITEATRO ROMANO
D DUOMO
F LATOMIA
   DEI CAPPUCCINI
G GROTTA DEI CORDARI
L LATOMIA DEL PARADISO
M¹ MUSEO REGIONALE
   DI PALAZZO BELLOMO

Name		
Sondalo	5	D 12
Sondrio	14	D 11
Sonico	15	D 13
Sonino (Rifugio)	8	C 18
Sonnino	59	R 21
Soprabolzano / Oberbozen	7	C 16
Sopramonte (Nuoro)	101	G 10
Sopramonte (Trento)	16	D 15
Soprano (Monte) (Cosenza)	73	G 31
Soprano (Monte) (Salerno)	70	F 27
Sora	60	Q 22
Soraga di Fassa	7	C 16
Soragna	34	H 12
Sorano	46	N 17
Soratte (Monte)	54	P 19
Sorbara	36	H 15
Sorbo	55	P 21
Sorbo S. Basile	79	J 31
Sorbolo	35	H 13
Sordevolo	11	F 5
Sordiglio	35	I 13
Sordillo (Monte)	77	I 31
Soresina	24	G 11
Sorga	25	G 14
Sorgono	101	G 9
Sori	33	I 9
Sorianello	78	L 30
Soriano Calabro	78	L 30
Soriano nel Cimino	53	O 18
Sorico	4	D 10
Soriso	12	E 7
Sorisole	13	E 10
Sormano	13	E 9
Soro (Monte)	88	N 26
Sorradile	100	G 8
Sorrentina (Penisola)	64	F 25
Sorrento	64	F 25
Sorrivoli	41	J 18
Sorso	96	E 7
Sorti	48	M 20
Sortino	93	P 27
Sospiro	24	G 12
Sospirolo	17	D 18
Sossano	26	F 16
Sostegno (Biella)	11	F 6
Sostegno (Pavia)	23	G 10
Sottile (Punta) (I. di Lampedusa)	90	U 19
Sottile (Punta) (I. Favignana)	84	N 18
Sotto di Troina	88	N 25
Sotto il Monte Giovanni XXIII	13	E 10
Sottoguda	7	C 17
Sottomarina	27	G 18
Sottomonte	18	D 20
Sovana	53	O 16
Sover	16	D 15
Soverato	79	K 31
Sovere	14	E 12
Sovereto	67	D 31
Soveria Mannelli	78	J 31
Soveria Simeri	79	K 32
Soverzene	17	D 18
Sovicille	45	M 15
Sovico	13	F 9
Sovizzo	26	F 16
Sozzago	12	F 8
Spaccato (Colle)	56	P 24
Spada (Monte)	101	G 9
Spadafora	83	M 28
Spadarolo	42	J 19
Spadillo (Punta)	84	Q 18
Spadola	81	L 31
Spagnoletti (Masseria)	67	D 30
Spalavera (Monte)	3	D 7
Spalmatore (Punta dello)	84	K 21
Sparacia	91	O 23
Sparacollo	88	N 25
Sparagio (Monte)	85	M 20
Sparanise	64	D 24
Spargi (Isola)	95	D 10
Sparone	11	F 4
Sparta	83	M 28
Spartivento (Capo) (Cagliari)	102	K 8
Spartivento (Capo) (Reggio di Calabria)	80	N 30
Sparviere (Monte)	76	H 31
Sparviere (Scoglio dello)	45	N 14
Sparvo	39	J 15
Spazzate Sassatelli	37	I 17
Specchia	75	H 36
Specchia (Torre)	75	G 37
Specchiolla	69	E 35
Speco (Convento lo)	54	O 19
Spello	48	N 20
Spelonga	48	N 21
Spergolaia	45	N 15
Sperlinga	88	N 25
Sperlinga (Bosco di)	87	N 24
Sperlonga	60	S 22
Sperone	85	M 20
Sperone (Capo)	102	K 7
Spert	18	D 19
Spessa	23	G 10
Spessa (Udine)	19	D 22
Spessa (Verona)	26	F 16
Spezia (Golfo della)	38	J 11
Speziale	69	E 34
Speziale (Monte)	85	M 20
Spezzano Albanese	76	H 30
Spezzano Albanese Terme	76	H 30
Spezzano della Sila	78	J 31
Spezzano Piccolo	78	J 31
Spiaggia di Rio Torto	58	R 19
Spiaggia Scialmarino	63	B 30
Spiazzi (Bergamo)	14	E 11
Spiazzi (Verona)	25	F 14
Spiazzo	15	D 14
Spigno Monferrato	32	I 7
Spigno (Monte)	83	B 29
Spigno Saturnia	60	S 23
Spigno Saturnia Superiore	60	S 23
Spigone	35	I 13
Spilamberto	36	I 15
Spilimbergo	18	D 20
Spilinga	80	L 29
Spina	37	H 18
Spina (Località)	47	N 18
Spina (Genna)	100	H 8
Spina (Monte la)	71	H 29
Spina Nuova	48	N 20
Spinaceto	54	O 20
Spinadesco	24	G 11
Spinale (Monte)	15	D 14
Spindoli	48	M 20
Spinea	27	F 18
Spineda	25	G 13
Spinello	41	K 17
Spineta Nuova	65	F 26
Spinete	61	R 25
Spinetoli	49	N 23
Spinetta (Alessandria)	22	H 8
Spinetta (Cuneo)	30	I 4
Spino d'Adda	13	F 10
Spino (Monte)	15	E 13
Spino (Valico dello)	41	K 17
Spinone al Lago	14	E 11
Spinoso	71	G 29
Spirano	24	F 11
Spluga (Passo dello) / Splügenpass	4	C 9
Spoleto	48	N 20
Spoltore	56	O 24
Spondigna / Spondinig	5	C 13
Spondinig / Spondigna	5	C 13
Spongano	75	G 37
Spormaggiore	16	D 15
Sporminore	16	D 15
Spotorno	32	J 7
Spresiano	17	E 18
Spriana	14	D 11
Spropolo	80	N 30
Spugna (Passo di)	41	K 18
Spulico (Capo)	77	H 31
Squaneto	32	I 7
Squarano	26	F 15
Squarzanella	25	G 13
Squillace	78	K 31
Squillace (Golfo di)	79	K 32
Squinzano	75	F 36
Stabiae	64	E 25
Stabiziane	8	C 18
Stacciola	43	K 21
Staffarda (Abbazia di)	20	H 4
Staffoli	39	K 14
Staffolo (Ancona)	43	L 21
Staffolo (Venezia)	28	F 20
Staffora	23	H 9
Staggia	39	L 15
Stagnali	95	D 10
Stagnataro (Cozzo)	90	O 22
Stagno (Parma)	24	G 12
Stagno (Pisa)	38	L 13
Stagno Lombardo	24	G 12
Stagnone (Isole dello)	84	N 19
Staiti	80	M 30
Staletti	79	K 31
Staletti (Punta di)	79	K 31
Stallavena	25	F 14
Stalle (Passo) / Stallersattel	8	B 18
Stallersattel / Stalle (Passo)	8	B 18
Stanghella	26	G 17
Staranzano	29	E 22
Starleggia	4	C 9
Starlex (Piz)	5	C 13
Stasulli (Masseria)	67	E 31
Statte	74	F 33
Staulanza (Forcella)	8	C 18
Stava	16	D 16
Stavel	15	D 13
Stazione di Roccastrada	45	N 15
Stazzano (Alessandria)	22	H 8
Stazzano (Roma)	54	P 20
Stazzema	38	K 12
Stazzo	89	O 27
Stazzona (Como)	3	D 9
Stazzona (Sondrio)	14	D 11
Steccato	79	K 32
Stefanaconi	78	K 30
Steinegg / Collepietra	7	
Steinhaus / Cadipietra	7	B 17
Steinkarspitz / Antola (Monte)	18	C 20
Stella (Ascoli Piceno)	49	N 23
Stella (Modena)	35	I 14
Stella (Monte della)	70	G 27
Stella Cilento	70	G 27
Stella (Savona)	32	I 7
Stella (Udine)	28	E 21
Stella (Pizzo)	4	C 10
Stella (Torrente)	39	K 14
Stellata	26	H 16
Stelle delle Sute (Monte)	16	D 16
Stellone	21	H 4
Stelvio / Stilfs	5	C 13
Stelvio (Parco Nazionale dello)	5	C 13
Stelvio (Passo dello) / Stilfserjoch	5	C 13
Stenico	15	D 14
Stephanago	23	H 9
Sterla (Monte di)	70	G 27
Stern / La Villa	7	C 17
Sternai (Cima)	6	C 14
Sternatia	75	G 36
Sterza	45	M 14
Sterzing / Vipiteno	7	B 16
Stezzano	13	F 10
Stia	41	K 17
Sticciano	45	N 15
Stienta	26	H 16
Stigliano	72	F 30
Stignano	81	L 31
Stilfs / Stelvio	5	C 13
Stilfserjoch / Stelvio (Passo dello)	5	C 13
Stilla (Masseria)	62	C 27
Stilo	81	L 31
Stilo (Punta)	81	L 31
Stimigliano	54	P 19
Stimpato (Masseria)	89	O 26
Stintino	96	E 6
Stio	70	G 27
Stipes	55	P 20
Stirone	34	H 11
Stivo (Monte)	15	E 14
Stolvizza	19	C 22
Stoner	16	E 17
Storo	15	E 13
Stra (Arezzo)	41	K 17
Strà (Venezia)	27	F 18
Stracia	80	N 29
Straciugo (Monte)	2	D 6
Strada	43	L 21
Strada Casale (La)	36	J 17
Strada in Chianti	39	L 15
Strada S. Zeno	41	J 17
Stradella (Pavia)	23	G 9
Stradella (vicino a Borgo Val di T.)	34	I 11
Stradella (vicino a Parma)	34	H 12
Stradola	65	D 27
Strambino	11	F 5
Strangolagalli	60	R 22
Strano	81	L 31
Strasatti	84	N 19
Strassoldo	29	E 21
Straulas	99	E 10
Stregna	19	D 22
Stresa	12	E 7
Stretti	28	F 20
Strettoia	38	K 12
Strettura	54	O 20
Strevi	22	H 7
Striano	64	E 25
Stribugliano	46	N 16
Strigno	16	D 16
Strognano	81	L 31
Stromboli (Isola)	83	K 27
Strombolicchio (Isola)	83	K 27
Strona	11	F 6
Strona (Torrente)	12	E 7
Strona (Torrente) (Varese)	12	E 8
Stroncone	54	O 20
Strongoli	79	J 33
Stroppiana	22	G 7
Stroppo	20	I 3
Strove	45	L 15
Strovina	102	I 8
Strozzacapponi	47	M 18
Struda	75	G 36
Stuetta	4	C 10
Stuffione	36	H 15
Stupinigi (Torino)	21	G 4
Stupizza	19	D 22
Stura (vicino a Murisengo)	21	G 6
Stura (vicino ad Ovada)	32	I 8
Stura (Valle)	30	J 3
Stura di Ala	10	G 3
Stura di Demonte	30	I 2
Stura di Lanzo	11	G 4
Stura di Val Grande	10	F 3
Stura di Viù	20	G 3
Sturno	65	D 27
Suardi	22	G 8
Subasio (Monte)	48	M 20
Subbiano	41	L 17
Subiaco	59	Q 21
Subit	19	D 22
Succiano	56	P 22
Succiso	34	I 12
Succiso (Alpe di)	38	J 12
Sud (Costa del)	102	K 8
Sueglio	4	D 9
Suelli	103	I 9
Sugana (Val)	16	D 16
Sugano	47	N 18
Sughera	39	L 14
Suisio	13	F 10
Sulau	101	H 9
Sulcis	102	J 7
Sulden / Solda	5	C 13
Sulmona	56	P 23
Sulpiano	21	G 6
Sulzano	14	E 12
Sumbraida (Monte)	5	C 13
Summaga	28	E 20
Suni	100	G 7
Suno	12	F 7
Superga (Torino)	21	G 5
Supersano	75	G 36
Supino	59	R 21
Surano	75	F 36
Surbo	75	F 36
Suretta (Pizzo)	4	C 10
Surier	10	F 3
Susa	20	G 3
Susa (Valle di)	20	G 2
Susano	25	G 14
Susegana	17	E 18
Sustinente	26	G 15
Sutera	91	O 23
Sutri	53	P 18
Sutrio	18	C 20
Suvaro (Monte)	77	I 32
Suvereto	45	M 14
Suvero	33	J 11
Suvero (Capo)	78	K 30
Suviana	39	J 15
Suviana (Lago di)	39	J 15
Suzza (Monte)	90	O 22
Suzzara	25	H 14
Suzzi	33	I 9
Swölferkofel / Toni (Croda di)	8	C 19
Sybaris	77	H 31
Sybaris Marine	77	H 31

STRESA

ISOLE BORROMEE — PALLANZA — BAVENO

LAGO MAGGIORE

ISOLA DEI PESCATORI

ISOLA BELLA — PALAZZO BORROMEO — GIARDINO

ISOLA MADRE — ORTO BOTANICO — VILLA MADRE

Cavour (Via)	Y 9
Garibaldi (Via G.)	Y 17
Italia (Corso)	Y 22
Mazzini (Via G.)	Y 30
Principe Tomaso (Via)	Y 33
Roma (Via)	Y 35
Ara (Via U.)	Z 2
Bolongaro (Via F.)	Y 3
Borromeo (Via F.)	Y 4
Cadorna (Piazza)	Y 5
Canonica (Via P.)	Y 6
Cardinale F. Borromeo (Via)	Y 7
Carducci (Via G.)	Y 8
D'Azeglio (Via M.)	Y 10
De Amicis (Via E.)	Y 12
De Martini (Via C.)	Y 14
Devit (Via)	Y 14
Europa (Piazzale)	Y 15
Fulgosi (Via)	Y 18
Gignous (Via)	Y 20
Lido (Viale)	Y 23
Lungo Lago (Piazza)	Z 24
Marconi (Piazza)	Y 25
Monte Grappa (Via del)	Y 32
Rosmini (Via A.)	Y 36
Ruffoni (Via)	Z 38
Sempione (Strada statale del)	Y 39
V. Emanuele III (Lungolago)	Z 40
Volta (Via A.)	Y 42

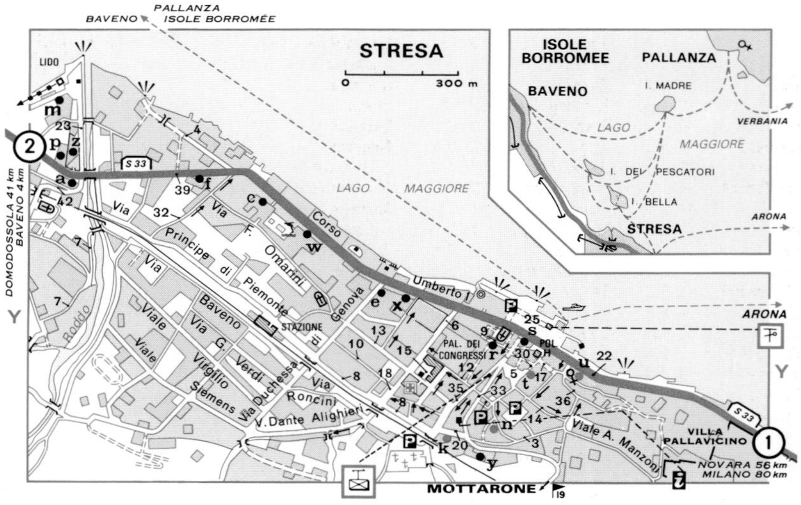

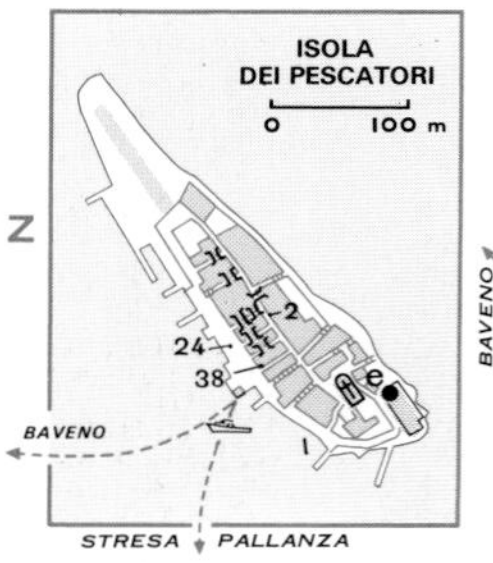

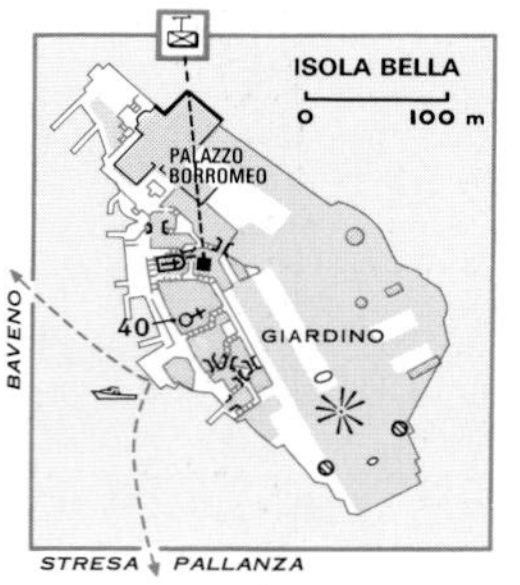

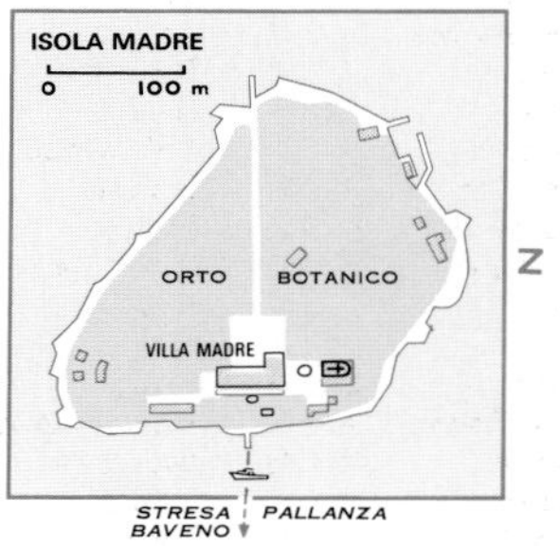

T

Tabaccaro 84 N 19
Tabellano 25 G 14
Tabiano 34 H 12
Tabiano Bagni 34 H 12
Tablà / Tabland 6 C 14
Taburno (Monte) 64 D 25
Taccone 67 E 30
Taceno 13 D 10
Tacina 79 J 32
Tadasuni 100 G 8
Tafuri (Masseria) 68 E 32
Taggia 31 K 5
Tagliacozzo 55 P 21
Tagliaferro (Monte) 11 E 5
Tagliamento 8 C 19
Tagliamento (Foce del) 28 F 21
Tagliata (Modena) 35 I 14
Tagliata (Reggio nell'Emilia) 35 H 14
Tagliata (Monte La) 34 I 11
Taglio Corelli 37 I 18
Taglio della Falce 37 H 18
Taglio di Po 27 G 18
Tagliolo Monferrato 32 I 8
Tai di Cadore 8 C 19
Taibon Agordino 17 D 18
Taiet (Monte) 18 D 20
Taino 12 E 7
Taio 16 D 15
Taipana 19 D 22
Taisten / Tesido 8 B 18
Talamello 41 K 18
Talamona 4 D 10
Talamone 51 O 15
Talana 101 G 10
Talarico 30 J 2
Talbignano 35 I 14
Taleggio 13 E 10
Talla 41 L 17
Tallacano 49 N 22
Talmassons 28 E 21
Talocci 54 P 20
Taloro 101 G 9
Talsano 74 F 33
Talucco 20 H 3
Talvacchia 49 N 22
Talvera 7 B 16
Tamai 28 E 19
Tamara 37 H 17
Tambo (Pizzo) 4 C 9
Tambre 18 D 19
Tambulano (Pizzo) 88 N 25
Tambura (Monte) 38 J 12
Tamburello (Bivio) 90 O 21
Tamburino 40 K 16
Tamer (Monte) 17 D 18
Tammaro 61 D 25
Tanabuto (Portella) 91 O 22
Tanagro 70 F 28
Tanai / Thanai 6 B 14
Tanamea (Passo di) 19 D 22
Tanaro 31 J 5

Tanas / Tannas 6 C 14
Tanaunella 99 E 11
Tanca (Sa) 103 J 9
Tanca Marchese 100 H 7
Tanga (Masseria) 65 D 27
Tangi 85 N 20
Tannas / Tanas 6 C 14
Tannure (Punta) 85 M 20
Taormina 89 N 27
Taormina (Capo) 89 N 27
Tappino 62 C 26
Taramelli (Rifugio) 7 C 17
Tarano 54 O 19
Taranta Peligna 56 P 24
Tarantasca 21 I 4
Taranto 74 F 33
Taranto (Golfo di) 74 G 33
Tarcento 19 D 21
Tarderia 89 O 27
Tarino (Monte) 59 Q 21
Tarmassia 26 G 15
Tarnello 6 C 14
Taro 33 I 10
Tarquinia 53 P 17
Tarres 6 C 14
Tarsia 76 I 30
Tarsia (Lago di) 76 I 30
Tarsogno 33 I 10
Tartano 14 D 11
Tartano (Passo di) 14 D 11
Tartaro 25 G 14
Tarugo 42 L 20
Tarvisio 19 C 22
Tarvisio (Foresta di) 19 C 22
Tarzo 17 E 18
Tassara 23 H 10
Tassarolo 22 H 8
Tassei 17 D 18
Tassu (Serra di lu) 94 D 9
Tatti 45 M 15
Taufers im Münstertal / Tubre 5 C 13
Taurasi 65 D 26
Taureana 80 L 29
Tauri (Passo dei) / Krimmlertauern 8 A 18
Tauriano 18 D 20
Taurianova 80 L 30
Taurine (Terme) 53 P 17
Taurisano 75 H 36
Tauro (Monte) 93 P 27
Tavagnacco 19 D 21
Tavarnelle Val di Pesa 39 L 15
Tavarnuzze 39 K 15
Tavarone 33 J 10
Tavazzano con Villavesco 23 G 10
Tavenna 57 B 26
Taverna (Rimini) 42 K 19
Taverna (Catanzaro) 79 J 31
Taverna (Frosinone) 60 R 23
Taverna Nuova (Masseria) 67 E 30

Taverna (Pizzo) 87 N 24
Tavernacce 47 M 19
Tavernazza 62 C 28
Taverne 47 M 20
Taverne d'Arbia 46 M 16
Tavernelle (Massa Carrara) 34 J 12
Tavernelle (Perugia) 47 M 18
Tavernelle (Pesaro e Urbino) 42 K 20
Tavernelle (Siena) 46 M 16
Tavernelle (Vicenza) 26 F 16
Tavernelle d'Emilia 36 I 15
Tavernerio 13 E 9
Tavernette 20 H 4
Tavernola 63 C 29
Tavernola Bergamasca 14 E 12
Tavernole 61 R 24
Tavernole sul Mella 14 E 12
Taverone 34 J 12
Taviano 75 H 36
Tavo 56 O 23
Tavolara (Isola) 99 E 11
Tavole Palatine 73 F 32
Tavoleto 42 K 19
Tavolicci 41 K 18
Tavullia 42 K 20
Teana 72 G 30
Teano 64 D 24
Tebaldi 26 F 15
Tebano 37 J 17
Tecchia Rossa 34 I 11
Teggiano 71 F 28
Téglia (Monte) 49 N 22
Teglio 14 D 12
Teglio Veneto 28 E 20
Teia (Punta della) 44 M 11
Telegrafo (il) 51 O 15
Telegrafo (Pizzo) 90 O 21
Telese 64 D 25
Telesia 64 D 25
Telessio (Lago di) 10 F 4
Telgate 24 F 11
Tellaro (La Spezia) 38 J 11
Tellaro (Siracusa) 93 Q 26
Tellaro (Villa Romana del) 93 Q 27
Telti 99 E 10
Telti (Monte) 99 E 10
Telve 16 D 16
Temo 96 F 7
Tempio Pausania 97 E 9
Templi (Valle dei) (Agrigento) 91 P 22
Tempone 71 G 28
Temù 15 D 13
Tenaglie 53 O 18
Tenda (Colle di) 30 J 4
Tendola 38 J 12
Ténibre (Mont) 30 J 2
Tenna (Ascoli Piceno) 48 N 21
Tenna (Trento) 16 D 15
Tenno 15 E 14
Tenno (Lago di) 15 E 14

Teodorano 41 J 18
Teodulo (Colle di) 11 E 5
Teolo 26 F 17
Teor 28 E 21
Teora (Avellino) 65 E 27
Teora (L'Aquila) 55 O 21
Teppia 59 R 20
Terdobbiate 12 F 7
Terdoppio (Novara) 12 F 7
Terdoppio (Pavia) 22 G 8
Tereglio 38 J 13
Terelle 60 R 23
Terenten / Terento 7 B 17
Terento / Terenten 7 B 17
Terenzo 34 I 12
Tergola 27 F 17
Tergu 98 E 8
Terlago 16 D 15
Terlan / Terlano 6 C 15
Terlano / Terlan 6 C 15
Terlato (Villa) 92 Q 25

Terlizzi 67 D 31
Terme di Bagnolo 45 M 14
Terme di Brennero / Brennerbad 7 B 16
Terme di Cotilia 55 O 21
Terme di Firenze 39 K 15
Terme di Fontecchio 41 L 18
Terme di Miradolo 23 G 10
Terme di Salvarola 35 I 14
Terme di S. Calogero 82 L 26
Terme di Sardara 102 I 8
Terme di Saturnia 52 O 16
Terme di Suio 60 S 23
Terme di Valdieri 30 J 3
Terme Luigiane 76 I 29
Terme Pompeo 59 Q 21
Terme Vigliatore 83 M 27
Termeno s. str. d. vino / Tramin 6 C 15
Termina 35 I 13
Termine 55 O 21
Termine Grosso 79 J 32
Termine (Passo di) 48 M 20
Termini 64 F 25
Termini Imerese 87 N 23
Termini Imerese (Golfo di) 87 M 23
Terminillo 55 O 20
Terminillo (Monte) 55 O 20
Terminio (Monte) 65 E 26
Termoli 57 P 26
Ternavasso 21 H 5
Terni 54 O 19
Terno d'Isola 13 E 10
Terontola 47 M 18
Terra del Sole 41 J 17
Terra (Pizzo) 2 D 6
Terracina 59 S 21
Terracino 48 N 21
Terradura 70 G 27
Terragnolo 16 E 15
Terralba 100 H 7
Terralba (Monte) 101 H 10
Terrana (Poggio) 92 P 25
Terranera 56 P 22
Terranova 22 G 7
Terranova da Sibari 76 I 31
Terranova dei Passerini 23 G 10

Terranova di Pollino 76 H 30
Terranova Sappo Minulio 80 M 30
Terranova Bracciolini 40 L 16
Terrarossa 33 I 10
Terrasini 86 M 21
Terrati 78 J 30
Terrauzza 93 P 27
Terravecchia 77 I 32
Terrazzo 26 G 16
Terrenove 84 N 19
Terreti 80 M 29
Terria 54 O 20
Terriccio 44 L 13
Terricciola 39 L 14
Tersadia (Monte) 9 C 21
Tersiva (Punta) 10 F 4
Tertenia 101 H 10
Tertiveri 62 C 27
Terza Grande (Monte) 8 C 19
Terzo d'Aquileia 29 E 22
Terzo S. Severo 47 N 19
Terzone S. Pietro 55 O 21
Tesa 18 D 19
Tesero 16 D 16
Tesido / Taisten 8 B 18
Tesimo / Tisens 6 C 15
Tesina 26 F 16
Tesino 49 N 23
Tesoro (Becca del) 32 I 7
Tessa (Giogaia di) / Texelgruppe 6 B 14
Tessennano 53 O 17
Tessera 27 F 18
Testa (Capo) 94 D 9
Testa del Sole 41 J 17
Testa del Rutor 10 F 3
Testa dell'Acqua 93 Q 26
Testa Grigia 11 E 5
Testa Grossa (Capo) 82 L 26
Testa (Pozzo Sacro sa) 99 E 10
Testico 31 J 6
Tète Blanche 11 E 4
Teti 101 G 9
Tetto (Sasso) 48 M 21
Teulada 102 K 8
Teulada (Capo) 102 K 8

Teulada (Porto di) 102 K 8
Teveno 14 E 12
Tevere 41 K 18
Teverola 64 E 24
Teverone 47 N 19
Texelgruppe / Tessa (Giogaia di) 6 B 14
Tezio (Monte) 47 M 19
Tezze (Trento) 17 E 19
Tezze (Treviso) 28 E 19
Tezze sul Brenta 16 E 17
Thanai / Tanai 6 B 14
Thapsos 93 P 27
Tharros 100 H 7
Thiene 16 E 16
Thiesi 98 F 8
Tho (Pieve del) 41 J 17
Thuile (la) 10 E 2
Thuins / Tunes 7 B 16
Thuras 20 H 2
Thures 20 H 2
Thurio 77 H 31
Tiana 101 G 9
Tiarno di Sopra 15 E 13
Tiberina (Val) 41 L 18
Tiberio (Grotta di) (Sperlonga) 60 S 22
Tibert (Monte) 30 I 3
Tiburtini (Monti) 59 Q 20
Ticchiano (Passo di) 34 I 12
Ticengo 24 F 11
Ticineto 22 G 7
Ticino 12 F 8
Tidone 23 H 10
Tiepido 35 I 14
Tiers / Tires 7 C 16
Tiezzo 28 E 20
Tiggiano 75 H 37
Tigliano 40 K 16
Tiglieto 32 I 7
Tigliole 21 H 6
Tiglione 22 H 7
Tignaga (Pizzo) 11 E 6
Tignale 15 E 14
Tignino (Serra) 93 N 23
Tigullio (Golfo del) 33 J 9
Timau 9 C 21
Timeto 82 M 26
Timidone (Monte) 96 F 6
Timmari 73 F 31

TARANTO

Aquino (Via d')
Palma (Via di)

Arcivescovado (Piazza) 2
Battisti (Via Cesare) 3
Cugini (Via) 4
De Cesare (Via G.) 5
Duca d'Aosta (Viale) 6
Ebalia (Piazza) 8
Falanto (Via) 9
Mari (Corso due) 10
Mignogna (Via Nicola) 13
Ponte (Vico del) 14
Porto Mercantile (Via) 16
Pupino (Via) 17
Roma (Via) 18
Vasto (Via del) 19

TAORMINA

Umberto (Corso) .... A
Cappuccini (Via) .... A 2
Crocifisso (Via) .... A 3
Dionisio Primo (Via) ...... A 5
Duomo (Piazza) .... A 6
S. Antonio (Piazza) .... A 9
Vinci (V. Leonardo da) .... A 10
Vittorio Emanuele II (Pza) . B 12
9 Aprile (Piazza) .... A 13

Circolazione regolamentata nel centro città da giugno a settembre

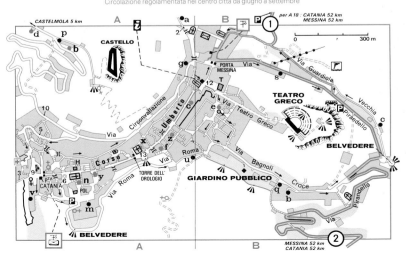

Timmelsjoch / Rombo (Passo del)	6 B 15	Titele	17 D 17	Tolentino	48 M 21	Tonnare	102 J 6	Tordino	56 O 22	Torpè	99 F 11	Torre del Colle	47 N 19
Timone	53 O 17	Titiano	28 E 21	Tolfa	53 P 17	Tonneri (Monte)	101 H 10	Torella dei Lombardi	65 E 27	Torraca	71 G 28	Torre del Corsari	100 H 7
Timone (Punta)	99 E 11	Tito	71 F 29	Tolfa (Monti della)	53 P 17	Tonnicoda	55 P 21	Torella del Sannio	61 R 25	Torralba	98 F 8	Torre del Greco (Napoli)	64 E 25
Timpa del Grillo	87 N 24	Tivoli (Bologna)	36 I 15	Tolfaccia (Monte)	53 P 17	Tonno	33 I 9	Torena (Monte)	14 D 12	Torrate	28 E 20	Torre del Lago Puccini	38 K 12
Tinchi	73 F 31	Tivoli (Roma)	59 Q 20	Tolle	27 H 19	Tono	83 M 27	Torgiano	47 M 19	Torrazza Coste	23 H 9	Torre del Lauro	88 M 25
Tindari (Capo)	83 M 27	Tizzano Val Parma	34 I 12	Tollegno	11 F 6	Tonolini (Rifugio)	15 D 13	Torgnon	10 E 4	Torrazza Piemonte	21 G 5	Torre del Mangano	23 G 9
Tinnari (Monte)	94 D 8	Toano	35 I 13	Tollo	57 O 24	Tontola	41 J 17	Toricella del Pizzo	25 G 12	Torrazzo	11 F 5	Torre delle Stelle	103 J 10
Tinnura	100 G 7	Tobbia	53 O 18	Tolmezzo	9 C 21	Topi (Isola dei)	50 N 13	Toricella Sicura	56 O 22	Torre (Macerata)	48 L 21	Torre dell'Impiso	85 M 20
Tino	101 G 9	Tobbio (Monte)	32 I 8	Tolu	103 I 10	Topino	48 M 20	Torino	21 G 5	Torre (Udine)	19 D 21	Torre dell'Orso	75 G 37
Tino (Isola del)	33 J 11	Toblach / Dobbiaco	8 B 18	Tolve	67 E 30	Toppe del Tesoro	60 Q 24	Torino di Sangro	57 P 25	Torre a Mare	68 D 33	Torre di Bari	101 H 11
Tintinnano	46 M 16	Toblacher Pfannhorn / Fana (Corno di)	8 B 18	Tomaiolo	63 B 29	Toppo	18 D 20	Torino di Sangro Marina	57 P 25	Torre Alfina	46 N 17	Torre di Bocca (Masseria)	67 D 30
Tione	25 G 14	Toblino (Lago di)	15 D 14	Tomba (Monte)	16 E 18	Tor Paterno	58 Q 19	Torino (Rifugio)	10 E 2	Torre Annunziata	64 E 25	Torre di Fine	28 F 20
Tione degli Abruzzi	56 P 22	Tocco Caudio	64 D 25	Tombolo	27 F 17	Tor S. Lorenzo	58 R 19	Toritto	68 E 32	Torre Astura	59 R 20	Torre di Mosto	28 F 20
Tione di Trento	15 D 14	Tocco da Casauria	56 P 23	Tombolo (Pineta del)	45 N 14	Tor Sapienza (Roma)	59 Q 19	Torlano	19 D 21	Torre Beretti	22 G 8	Torre di Palme	49 M 23
Tirano	14 D 12	Toce	11 E 6	Tombolo (Tenuta di)	38 L 12	Tor Vaianica	58 R 19	Tormine	25 G 14	Torre Bormida	21 I 6	Torre di Ruggiero	78 L 31
Tires / Tiers	7 C 16	Toce (Cascata di)	2 C 7	Tommaso Natale	86 M 21	Tora	60 R 24	Tormini	25 F 13	Torre Caietani	59 Q 21	Torre di Sta Maria	13 D 11
Tiria (Monte)	97 F 9	Toce (Fiume)	2 D 7	Ton	16 D 15	Torano	55 P 21	Tornaco	12 F 7	Torre Calzolari	48 M 20	Torre d'Isola	23 G 9
Tiriolo	78 K 31	Toceno	3 D 7	Tonadico	17 D 17	Torano Castello	76 I 30	Tornareccio	57 P 25	Torre Canavese	11 F 5	Torre d'Ovarda	10 G 3
Tirivolo	79 J 31	Todi	47 N 19	Tonale (Monte)	15 D 13	Torano Nuovo	49 N 23	Tornata	25 G 13	Torre Canne	69 E 34	Torre Falcone	96 E 6
Tirli	45 N 14	Togano (Monte)	2 D 7	Tonale (Passo del)	15 D 13	Torbido	81 L 30	Tornimparte	55 P 21	Torre Cavalo (Capo di)	69 F 36	Torre Faro	83 M 28
Tirolo / Tirol	6 B 15	Toggia (Lago di)	3 C 7	Tonara	101 G 9	Torbole	15 E 14	Tornitore (Poggio)	88 N 25	Torre Cervia (Faro di)	59 S 21	Torre Lapillo	75 G 35
Tirrenia	38 L 12	Togliano	19 D 22	Tonco	21 G 6	Torbole-Casaglia	24 F 12	Torno (Como)	13 E 9	Torre Ciana (Punta di)	51 O 15	Torre le Nocelle	65 D 26
Tirso	97 F 9	Toiano	39 L 14	Tonengo (Asti)	21 G 6	Torcegno	16 D 16	Torno (Salerno)	70 G 27	Torre Civette	45 N 14	Torre Lupara	54 P 19
Tirso (Cantoniera del)	101 G 9	Toirano	31 J 6	Tonengo (Torino)	11 G 5	Torcello	28 F 19	Tornolo	33 I 10	Torre Colimena	74 G 35	Torre Maggiore (Monte)	54 O 19
Tirso (Foce del)	100 H 7	Toirano (Giogo di)	31 J 6	Tonezza del Cimone	16 E 16	Torchiara	70 G 27	Tornova	27 G 18	Torre de' Busi	13 E 10	Torre Maina	35 I 14
Tisens / Tesimo	6 C 15	Toirano (Grotte di)	31 J 6	Toni (Croda dei) / Swölferkofel	8 C 19	Torchiarolo	75 F 36	Toro	62 C 26	Torre de' Passeri	56 P 23	Torre Mattarelle	69 F 36
Tissi	96 E 7	Tolè	35 J 15	Tonini (Rifugio)	16 D 16	Torchiati	65 E 26	Toro (Isola il)	102 K 7	Torre de' Picenardi	25 G 12	Torre Melissa	79 J 33
				Tonnara Bonagia	84 M 21	Tordandrea	47 M 19	Torre degli Alberi	23 H 9		
						Tordinia	55 O 22				

TORINO
PIANTA D'INSIEME

Aeroporto (Strada dell')	GT 2	Cosenza (Corso)	FGU 29
Agnelli (Corso G.)	FU 3	De Sanctis (Via F.)	FT 30
Agudio (Via T.)	HT 5	Garibaldi (Corso)	GT 36
Bogino (Via)	GU 8	Grosseto (Corso)	GT 39
Borgaro (Via)	GT 9	Lazio (Lungo Stura)	HT 41
Cebrosa (Str. d.)	HT 22	Maroncelli (Corso P.)	GU 43
		Potenza (Corso)	GT 58
		Rebaudengo (P. Conti)	GT 59
		Regio Parco (Corso)	HT 61
		S.M. Mazzarello (Via)	FT 68
Sansovino (Via A.)	FGT 71
Savona (Corso)	GU 72
Sestriere (Via)	GU 74
Stampini (Via E.)	GT 78
Stradella (Via A.)	GT 79
Thovez (Viale E.)	GHT 80
Torino (Strada)	GU 81
Torino (Viale)	FU 82
Unità d'Italia (Corso)	GU 86
Vercelli (Corso)	HT 89
Voghera (Lungo Dora)	HT 92

M⁵ MUSEO DELL'AUTOMOBILE CARLO BISCARETTI DI RUFFIA

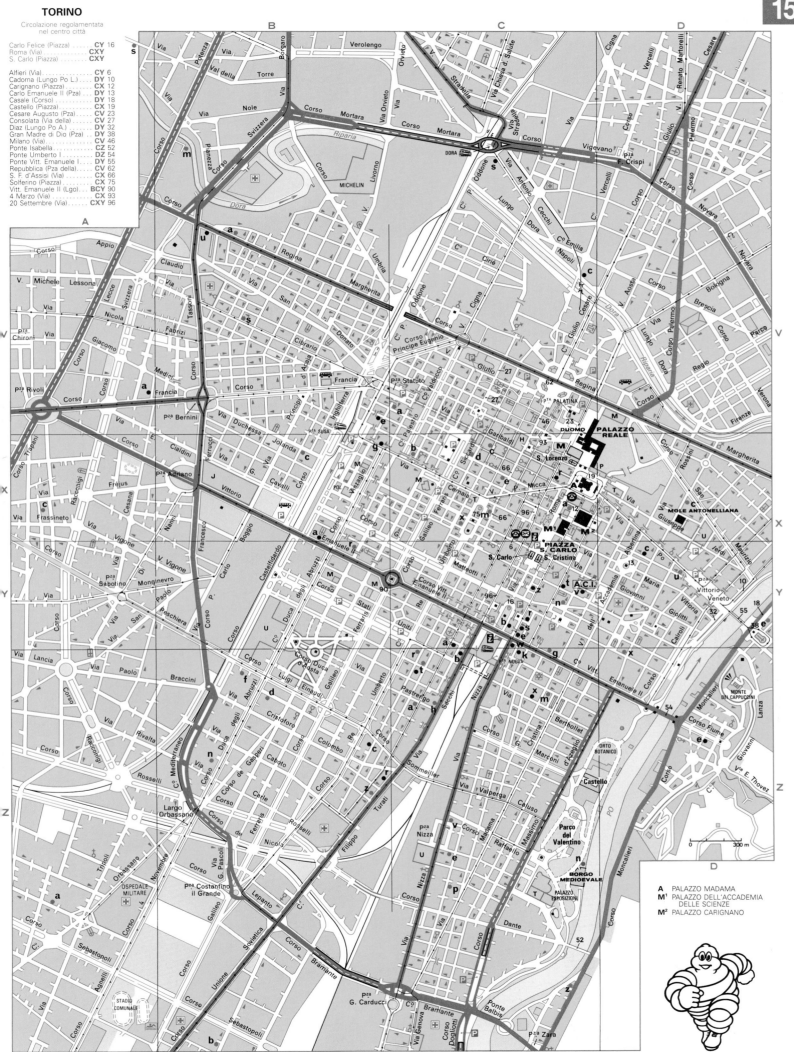

TORINO

Circolazione regolamentata
nel centro città

A   PALAZZO MADAMA
M¹ PALAZZO DELL'ACCADEMIA
    DELLE SCIENZE
M² PALAZZO CARIGNANO

Torre Menapace	23	G 8
Torre Mileto	63	B 28
Torre Mozza	75	H 36
Torre Olevola	59	S 21
Torre Orsaia	70	G 28
Torre Pali	75	H 36
Torre Pallavicina	24	F 11
Torre Pedrera	42	J 19
Torre Pellice	20	H 3
Torre S. Giovanni	75	H 36
Torre S. Gennaro	75	F 36
Torre S. Giorgio	21	H 4
Torre S. Marco	42	L 20
Torre S. Patrizio	49	M 22
Torre Sta Susanna	69	F 35
Torre Spagnola (Masseria)	68	E 32
Torre Suda	75	H 36
Torre Vado	75	H 36
Torre Varcaro (Masseria)	63	C 29
Torrebelvicino	16	E 15
Torrebruna	61	Q 25
Torrechiara	35	I 12
Torrecuso	65	D 26
Torregaveta	64	E 24
Torreglia	26	F 17
Torregrotta	83	M 28
Torremaggiore	62	B 27
Torremuzza	87	M 24
Torrenieri	46	M 16
Torrenova	82	M 26
Torrenova (Roma)	59	Q 19
Torresina	31	I 6
Torretta (Livorno)	38	L 13
Torretta (Rovigo)	26	G 15
Torretta (Taranto)	74	F 34
Torretta (Caltanissetta)	91	O 23
Torretta (Palermo)	86	M 21
Torretta (Portella)	86	M 21
Torretta-Granitola	85	O 19
Torretta (Masseria)	66	D 29
Torretta (Monte)	66	E 29

Torrette (Ancona)	43	L 22
Torrette (Pesaro e Urbino)	43	K 21
Torrevecchia	23	G 9
Torrevecchia (Roma)	58	Q 19
Torrevecchia Teatina	56	O 24
Torri	30	K 4
Torri (Ravenna)	37	I 18
Torri (Siena)	45	M 15
Torri del Benaco	23	F 14
Torri di Quartesolo	26	F 16
Torri in Sabina	54	O 19
Torriana	42	K 19
Torrice	60	R 22
Torricella (Cosenza)	77	I 31
Torricella (Taranto)	74	F 34
Torricella in Sabina	55	P 20
Torricella (Mantova)	25	G 14
Torricella (Parma)	24	H 12
Torricella Peligna	57	P 24
Torriglia	33	I 9
Torrile	35	H 12
Torrita	55	O 21
Torrita di Siena	46	M 17
Torrita Tiberina	54	P 19
Torsa	28	E 21
Torsana	34	J 12
Torto (Palermo)	87	N 23
Torto (Torino)	20	H 4
Tortona	22	H 8
Tortora	76	H 29
Tortorella	71	G 28
Tortoreto	49	N 23
Tortoreto Lido	49	N 23
Tortorici	89	M 26
Torviscosa	29	E 21
Torza	33	J 10
Tosa (Cima)	15	D 14
Toscanella	36	I 16
Toscano (Arcipelago)	44	M 12

Toscolano	54	O 19
Toscolano-Maderno	25	F 13
Tosi	40	K 16
Tossicia	56	O 22
Tossignano	36	J 16
Tossino	41	J 17
Tottubella	96	E 7
Tout Blanc (Monte)	10	F 3
Tovel (Lago di)	15	D 14
Tovena	17	E 18
Tovio	16	E 17
Tovo di S. Agata	14	D 12
Tovo (Monte)	10	F 4
Tovo S. Giacomo	31	J 6
Trabacche (Grotta delle)	92	Q 25
Trabaria (Bocca)	41	L 18
Trabia	86	N 22
Trabuccato (Punta)	96	D 7
Tracchi	16	E 15
Tracino	84	Q 18
Tracino (Punta)	84	Q 18
Tradate	13	E 8
Traessu (Monte)	98	F 8
Trafficanti	14	E 11
Traffiume	3	D 8
Trafoi	5	C 13
Traghetto	36	I 17
Tragliata	58	Q 18
Tramariglio	96	F 6
Tramatza	100	G 7
Tramazzo	41	J 17
Trambileno	16	E 15
Tramin / Termeno	6	C 15
Tramonti (Lago di)	18	D 20
Tramonti di Sopra	18	D 20
Tramonti di Sotto	18	D 20
Tramuschio	26	H 15
Tramutola	71	G 29
Trana	20	G 4
Trani	67	D 31

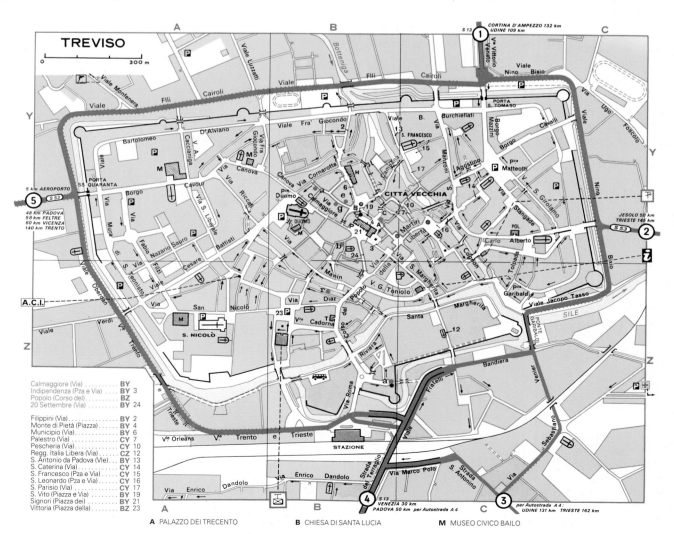

Battisti (Pza C.)	BZ	3
Carducci (Largo)	BZ	6
Duomo (Pza del)	BZ	10
Garibaldi (Via)	BZ	12
Manci (Via)	BZ	14
Mazzini (Via)	BZ	15
Oriola (Via)	BZ	16
Oss Mazzurana (Via)	BZ	17
S. Pietro (Via)	BZ	31
S. Simonino (Via)	BZ	32

S. Vigilio (Via)	BZ	33
Alpini (Corso degli)	AY	2
Belenzani (Via R.)	BZ	4
Clesio (Via B.)	BY	7
Dogana (Via)	BY	8
Grazioli (Via G.)	BZ	13
Porta Nuova (Largo)	BZ	20
Pozzo (Via)	AY	22
Prepositura (Via)	AZ	24

S. Lorenzo (Cavalcavia)	AZ	27
S. Marco (Via)	BZ	30
Sta Croce (Via)	BZ	34
Torre Vanga (Via)	BZ	35
Torre Verde (Via)	BZ	37
Ventuno (Via dei)	BZ	40

F PALAZZO TABARELLI
M¹ MUSEO DIOCESANO

Calmaggiore (Via)	BY	
Indipendenza (Pza e Via)	BY	3
Popolo (Corso del)	BZ	
20 Settembre (Via)	BY	24

Filippini (Via)	BY	2
Monte di Pietà (Piazza)	BY	4
Municipio (Via)	BY	6
Palestro (Via)	CY	7
Pescheria (Via)	CY	10
Regg. Italia Libera (Via)	CZ	12
S. Antonio da Padova (Vle)	BY	13
S. Caterina (Via)	CY	14
S. Francesco (Pza e Via)	CY	15
S. Leonardo (Pza e Via)	CY	16
S. Parisio (Via)	CY	
S. Vito (Piazza e Via)	BY	19
Signori (Piazza dei)	BY	21
Vittoria (Piazza della)	BZ	23

A PALAZZO DEI TRECENTO   **B** CHIESA DI SANTA LUCIA   **M** MUSEO CIVICO BAILO

Tranquillo (Monte)	60 Q 23	Tre Croci	53 O 18	Tredozio	41 J 17
Traona	4 D 10	Tre Croci (Passo)	8 C 18	Trefinaidi (Monte)	88 N 25
Trapani	84 M 19	Tre Fontane	85 O 20	Treglio	57 P 25
Trapani-Birgi (Aeroporto di)	84 N 19	Tré-la-Tête	10 E 2	Tregnago	26 F 15
Trappa	11 F 5	Tre Pietre (Punta dei)	84 Q 17	Treia	48 M 21
Trappeto	86 M 21	Tre Pizzi	48 M 20	Tremalzo (Passo di)	15 E 14
Trappeto Bambino	80 L 30	Tre Signori (Corno dei)	5 C 13	Trematerra (Monte)	78 L 31
Trarego Viggiona	3 D 8	Tre Signori (Picco dei) / Dreiherrnspitze	8 A 18	Tremenico	4 D 10
Trasacco	56 Q 23			Tremestieri	83 M 28
Trasaghis	18 D 21	Tre Signori (Pizzo dei)	14 D 10	Tremezzo	13 E 9
Traschio	33 I 9	Tre Termini (Passo del)	14 F 12	Tremiti (Isole)	62 A 28
Trasimeno (Lago)	47 M 18	Trearie	89 N 26	Tremoli	76 H 29
Trasquera	2 D 6	Trebaseleghe	27 F 18	Tremosine	15 E 14
Tratalias	102 J 7	Trebbia	33 I 9	Trenta	78 J 30
Travacò Siccomario	23 G 9	Trebbiantico	42 K 20	Trentangeli (Masseria)	66 D 29
Travagliato	24 F 12	Trebbio	40 K 15	Trentinara	70 F 27
Travale	45 M 15	Trebbo di Reno	36 I 15	Trento	16 D 15
Travalle	39 K 15	Trebecco	23 H 9	Trentola-Ducenta	64 E 24
Travedona Monate	12 E 8	Trebecco (Lago di)	23 H 9	Trenzano	24 F 12
Traversa	39 J 15	Trebisacce	77 H 31	Trepalle	5 C 12
Traversara	37 I 18	Trecasali	24 H 12	Trepidò Soprano	79 J 32
Traversella	11 F 5	Trecastagni	89 O 27	Trepidò Sottano	79 J 32
Traversetolo	35 I 13	Trecate	12 F 8	Treponti	26 F 17
Travesio	18 D 20	Trecchina	71 G 29	Treporti	28 F 19
Travignolo (Val)	16 D 17	Trecenta	26 G 16	Treppio	39 J 15
Travo	23 H 10	Trecine	47 M 18	Treppo Carnico	9 C 21
Trazzonara (Monte)	69 F 34			Treppo Grande	18 D 21
Tre Cancelli	59 R 20			Trepuzzi	75 F 36
Tre Cancelli (Valico)	72 F 30			Trequanda	46 M 17
				Tres	16 D 15
				Tresa (Perugia)	47 M 18

Tresa (Varese)	3 E 8	Trevozzo	23 H 10	Trigus (Serra)	102 I 7	Trissino	26 F 16
Tresana	34 J 11	Trexenta	103 I 9	Trimezzo	55 O 21	Trisulti (Certosa di)	60 Q 22
Tresauro	92 Q 25	Trezzano sul Naviglio	13 F 9	Trinità	71 F 28	Triuggio	13 F 9
Trescore Balneario	14 E 11	Trezzo sull'Adda	13 F 10	Trinità (Reggio nell'Emilia)	35 I 13	Trivento	61 Q 25
Trescore Cremasco	13 F 10	Trezzo Tinella	21 H 6	Trinità (vicino ad Entracque)	30 J 4	Trivero	11 E 6
Tresenda	14 D 12	Triana	46 N 16			Trivigliano	59 Q 21
Tresigallo	37 H 17	Trianelli	67 D 30	Trinità (vicino a Fossano)	21 I 5	Trivignano	27 F 18
Tresinaro	35 I 13	Triangolo di Riva / Dreieck-Spitze	8 B 18	Trinità (Abbazia della) (Cava de' Tirreni)	65 E 26	Trivignano Udinese	29 E 22
Tresino (Monte)	70 F 26	Tribano	27 G 17			Trivigno	71 F 29
Tresino (Punta)	65 F 27	Tribiano	13 F 10	Trinità (Abbazia della) (Venosa)	66 E 29	Trivio	55 O 20
Tresivio	14 D 11	Tribolína	14 E 11	Trinità d'Agultu e Vignola	98 E 8	Trodena / Truden	16 D 16
Tresnuraghes	100 G 7	Tribuláun / Pflerscher Tribulaun	6 B 16	Trinità (Lago della)	85 N 20	Trodica	49 M 22
Tressanti	63 C 29			Trinitapoli	63 C 30	Trofarello (Torino)	21 H 5
Tressi	11 F 4	Tricarico	72 F 30	Trino	22 G 6	Trogkofel / Aip (Greta di)	19 C 21
Treste	57 P 25	Tricase	75 H 37	Triolo (Cosenza)	62 C 27	Trognano	55 O 21
Trestina	47 L 18	Tricerro	22 G 6	Triona (Monte)	86 N 21	Troia	62 C 27
Tretto	16 E 16	Tricesimo	19 D 21	Trionto	77 I 31	Troia (Ponte di)	63 C 30
Trevenzuolo	25 G 14	Trichiana	17 D 18	Trionto (Capo)	77 I 32	Troia (Punta)	84 N 18
Trevesina (Pizzo)	14 D 12	Tricoli (Punta)	101 H 10	Triora	31 K 5	Troina	88 N 25
Trevi	48 N 20	Tridentina (Rifugio)	8 A 18	Tripi	83 M 27	Troina (Fiume)	88 N 25
Trevi nel Lazio	59 Q 21	Triei	101 G 10	Triponzo	48 N 20	Tromello	22 G 8
Trevico	65 D 27	Trieste	29 F 23	Trischiamps	18 C 20	Trompia (Val)	14 E 12
Treviglio	13 F 10	Trieste (Golfo di)	29 F 22	Triscina	85 O 20	Trona (Lago di)	14 D 10
Trevignano	17 E 18	Triggianello	68 E 33			Troncia	102 J 7
Trevignano Romano	53 P 18	Triggiano	68 D 32			Trontano	2 D 7
Treville	27 F 17	Trigna (Pizzo della)	86 N 22			Tronto	49 N 22
Trevinano	46 N 17	Trigno	61 Q 24			Tronzano Vercellese	11 F 6
Treviolo	13 E 10	Trigolo	24 G 11			Tropea	78 K 29
Treviso	17 E 18	Trigona	93 P 26			Troviggiano	48 L 21
Treviso (Rifugio)	17 D 17						
Treviso Bresciano	15 E 13						

TRIESTE

Carducci (Via) . . . . BXY
Italia (Corso) . . . . ABY

Barriera Vecchia (Largo) . . . BY 3
Beccaria (Via Cesare) . . . . BX 4
Bellini (Via Vincenzo) . . . . AX 5
Bramante (Via Donato) . . . . AY 6
Canale Piccolo (Via del) . . . AX 7
Castello (Via del) . . . . . . AX 8
Cattedrale (Piazza della) . . . AY 9
Cavana (Piazza) . . . . AY 10
Cavana (Via) . . . . AY 12
Cellini (Via Benvenuto) . . . AX 13
Dalmazia (Piazza) . . . . . . BX 14
Duca d'Aosta (Via) . . . . . . AY 15
Einaudi (Via) . . . . AY 16
Galatti (Via) . . . . AX 17
Ghega (Via) . . . . AX 18
Imbriani (Via M. R.) . . . . . BY 19
Madonna del Mare (Via) . . . AY 20
Monache (Via delle) . . . . . BX 22
Paganini (Via Nicolò) . . . . AY 23
Pitteri (Largo Riccardo) . . . AY 24
Ponchielli (V. Amilcare) . . . AX 25
Rossini (Via) . . . . AX 25
Rotonda (Via della) . . . . . AY 26
S. Giovanni (Piazza) . . . . . BX 27
S. Giusto (Via) . . . . AY 28
Sansovino (Piazza del) . . . . BX 29
Tarabocchia (Via Emo) . . . . BY 31
Teatro Romano (Via del) . . . AY 32
Torri (Via delle) . . . . . . BX 33
Unità d'Italia (Piazza dell') . AY 35
Vittorio Veneto (Piazza) . . . AX 37
30 Ottobre (Via) . . . . . . ABX 38

M¹ MUSEO DI STORIA E D'ARTE

PORTO

Circolazione regolamentata nel centro città

UDINE

Bartolini (Riva) .... **AY** 3
Calzolai (Via) .... **BZ** 4
Carducci (Via) .... **BZ** 5
Cavour (Via) .... **AY** 7
Libertà (Piazza della) .... **AY** 14
Mercato Vecchio (Via) .... **AY** 19

Vittorio Veneto (Via) .... **BY** 23
Cavedalis (Piazzale G.B.) .... **AY** 6
D'Annunzio (Piazzale) .... **BZ** 8
Diacono (Piazzale Paolo) .... **AY** 9
Gelso (Via del) .... **AZ** 12
Leopardi (Viale G.) .... **BZ** 13
Manin (Via) .... **BY** 16

Marconi (Piazza) .... **AY** 17
Matteotti (Piazza) .... **AY** 18
Patriarcato (Piazza) .... **BY** 20
Piave (Via) .... **BYZ** 21
Rialto (Via) .... **AY** 22
26 Luglio (Piazzale) .... **AZ** 24

A PALAZZO ARCIVESCOVILE
B DUOMO

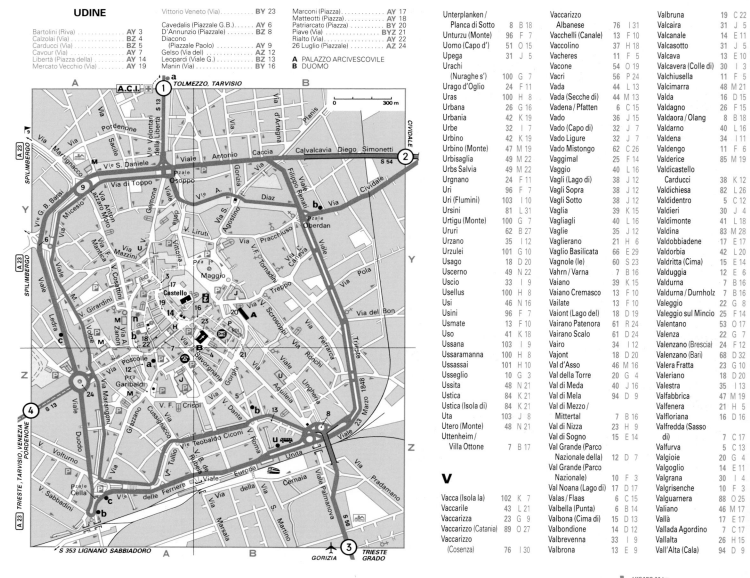

Unterplanken / Planca di Sotto	8	B 18	Vaccarizzo Albanese	76	I 31	Valbruna	19 C 22
Unturzu (Monte)	96	F 7	Vacchelli (Canale)	13	F 10	Valcaira	31 J 5
Uomo (Capo d')	51	O 15	Vaccolino	37	H 18	Valcanale	14 E 11
Upega	31	J 5	Vacheres	11	F 5	Valcasotto	31 J 5
Urachi (Nuraghe s')	100	G 7	Vacone	54	O 19	Valcava	13 E 10
Urago d'Oglio	24	F 11	Vacri	56	P 24	Valcavera (Colle di)	30 I 3
Uras	100	H 8	Vada	44	L 13	Valchiusella	11 F 5
Urbana	26	G 16	Vada (Secche di)	44	M 13	Valcimarra	48 M 21
Urbania	42	K 19	Vadena / Pfatten	6	C 15	Valda	16 D 15
Urbe	32	I 7	Vado	36	J 15	Valdagno	26 F 15
Urbino	42	K 19	Vado (Capo di)	32	J 7	Valdaora / Olang	8 B 18
Urbino (Monte)	47	M 19	Vado Ligure	32	J 7	Valdarno	40 L 16
Urbisaglia	49	M 22	Vado Mistongo	62	C 26	Valdena	34 I 11
Urbs Salvia	49	M 22	Vaggimal	25	F 14	Valdengo	11 F 6
Urgnano	24	F 11	Vaggio	40	L 16	Valderice	85 M 19
Uri	96	F 7	Vagli (Lago di)	38	J 12	Valdicastello Carducci	38 K 12
Uri (Flumini)	103	I 10	Vagli Sopra	38	J 12	Valdichiesa	82 L 26
Ursini	81	L 31	Vagli Sotto	38	J 12	Valdidentro	5 C 12
Urtigu (Monte)	100	G 7	Vaglia	39	K 15	Valdieri	30 I 3
Ururi	62	B 27	Vagliagli	40	L 16	Valdimonte	41 L 18
Urzano	35	I 12	Vaglierano	21	H 6	Valdina	83 M 28
Urzulei	101	G 10	Vaglio Basilicata	66	E 29	Valdobbiadene	17 E 17
Usago	18	D 20	Vagnole (le)	60	S 23	Valdorbia	42 L 20
Uscerno	49	N 22	Vahrn / Varna	7	B 16	Valdritta (Cima)	15 E 14
Uscio	33	I 9	Vaiano	39	K 15	Valduggia	12 E 6
Usellus	100	H 8	Vaiano Cremasco	13	F 10	Valdurna	8 B 16
Usi	46	N 16	Vailate	13	F 10	Valdurna / Durnholz	7 B 16
Usini	96	F 7	Vaiont (Lago del)	18	D 19	Valeggio	22 G 8
Usmate	13	F 10	Vairano Patenora	61	R 24	Valeggio sul Mincio	25 F 14
Uso	41	K 18	Vairano Scalo	61	D 24	Valentano	53 O 17
Ussana	103	I 9	Vairo	34	I 12	Valenza	22 G 8
Ussaramanna	100	H 8	Vajont	18	D 20	Valenzano (Brescia)	24 F 12
Ussassai	101	H 10	Val d'Asso	46	M 16	Valenzano (Bari)	68 D 32
Usseglio	10	G 3	Val della Torre	20	G 4	Valera Fratta	23 G 10
Ussita	48	N 21	Val di Meda	40	J 16	Valeriano	18 D 20
Ustica	84	K 21	Val di Mela	94	D 9	Valestra	35 I 13
Ustica (Isola di)	84	K 21	Val di Mezzo / Mittertal	7	B 16	Valfabbrica	47 M 19
Uta	103	J 8	Val di Nizza	23	H 9	Valfenera	21 H 5
Utero (Monte)	48	N 21	Val di Sogno	15	E 14	Valfloriana	16 D 16
Uttenheim / Villa Ottone	7	B 17	Val Grande (Parco Nazionale della)	12	D 7	Valfredda (Sasso di)	7 C 17
			Val Grande (Parco Nazionale)	10	F 3	Valfurva	5 C 13
V			Val Noana (Lago di)	17	D 17	Valgioie	20 G 4
			Valas / Flaas	6	C 15	Valgoglio	14 E 11
Vacca (Isola la)	102	K 7	Valbella (Punta)	6	B 14	Valgrana	30 I 4
Vaccarile	43	L 21	Valbona (Cima di)	15	D 13	Valgrisenche	10 F 3
Vaccarizza	23	G 9	Valbondione	14	D 12	Valguarnera	88 O 25
Vaccarizzo (Catania)	89	O 27	Valbrevenna	33	I 9	Valiano	46 M 17
Vaccarizzo (Cosenza)	76	I 30	Valbrona	13	E 9	Vallà	17 E 17
						Vallada Agordino	7 C 17
						Vallalta	26 H 15
						Vall'Alta (Cala)	94 D 9

Trovo	23	G 9	Turate	13	F 9	Uggiano Montefusco	74	F 34
Truccazzano	13	F 10	Turbigo	12	F 8	Uggiate Trevano	13	E 8
Trucchi	31	I 4	Turchi (Balata dei)	84	Q 18	Uia Bessanese	10	G 3
Trucco	30	K 4	Turchino (Passo del)	32	I 8	Uia di Ciamarella	10	G 3
Truden / Trodena	16	D 16	Turchio (Monte)	89	N 26	Uia (Monte)	20	G 3
Trulli (Zona dei)	68	E 33	Turcio	16	E 16	Ulà Tirso	100	G 8
Trullo (Masseria)	67	E 30	Tures (Val di)	7	B 17	Ulassai	101	H 10
Truzzo (Lago del)	4	C 9	Turi	68	E 33	Ulignano	39	L 14
Tualis	18	C 20	Turlago	34	J 12	Uliveto Terme	38	K 13
Tubre / Taufers im Münstertal	5	C 13	Turri	100	H 8	Ulmeta (Cantoniera dell')	67	D 30
Tudaio di Razzo (Monte)	8	C 19	Turri (Monte)	103	I 9	Ulmi	85	N 20
Tudderi (Monte)	98	E 8	Tursi	73	G 31	Ulten / Ultimo	6	C 15
Tudia	87	N 23	Turuddu (Monte)	99	F 10	Ultental	6	C 15
Tuenno	16	D 15	Turusele	101	G 10	Ultimo (Val d')	6	C 14
Tufara	62	C 26	Tusa	87	N 24	Ultimo / Ulten	6	C 15
Tufillo	61	Q 25	Tusa (Fiume di)	87	N 24	Ultimo (Val d') / Ultental	6	C 14
Tufo	65	D 26	Tuscania	53	O 17	Umbertide	47	M 18
Tufo Basso	55	P 21	Tusciano	65	E 27	Umbra (Foresta)	63	B 29
Tuglie	75	G 36	Tussio	56	P 22	Umbrail (Pass) / Sta Maria (Giogo di)	5	C 13
Tuili	100	H 8	Tuttavista (Monte)	99	F 10	Umbriatico	77	I 32
Tula	98	E 8	Tuturano	69	F 35	Umito	49	N 22
Tului (Monte)	101	G 10	Tyndaris	83	M 27	Ummari	85	N 20
Tumbarino (Punta)	96	D 6				Uncinano	47	N 19
Tumboi	100	H 8	**U**			Unghiasse (Monte)	10	F 3
Tundu (Monte) (Nuoro)	99	F 10	Uatzu	101	H 9	Ungroni (S')	100	H 7
Tundu (Monte) (Sassari)	97	E 9	Uboldo	13	F 9	Unnichedda (Punta)	99	F 11
Tunes / Thuins	7	B 16	Uccea	19	D 22	Unsere liebe Frau im Walde / Senale	6	C 15
Tuoma	46	M 16	Uccellina (Parco dell')	51	O 15	Unserfrau / Madonna di Senales	6	B 14
Tuoro sul Trasimeno	47	M 18	Ucina (Pizzo d')	88	M 26	Untermoi / Antermoia	7	B 17
Tupei	102	J 7	Ucria	82	M 26			
Turago Bordone	23	G 9	Uda (Monte)	103	I 9			
Turania	55	P 21	Udine	19	D 21			
Turano	55	O 20	Uffente	59	R 21			
Turano (Lago di)	55	P 20	Ufita	65	D 27			
Turano Lodigiano	23	G 10	Ugento	75	H 36			
			Uggiano la Chiesa	75	G 37			

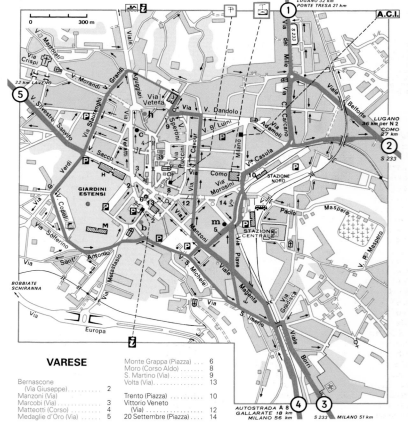

VARESE

Bernascone (Via Giuseppe) 2
Manzoni (Via) 3
Marcobi (Via) ....
Matteotti (Corso) 4
Medaglie d'Oro (Via) 5

Monte Grappa (Piazza) ... 6
Moro (Corso Aldo) 8
S. Martino (Via) 9
Volta (Via) 13

Trento (Piazza) 10
Vittorio Veneto (Via) ... 12
20 Settembre (Piazza) ... 14

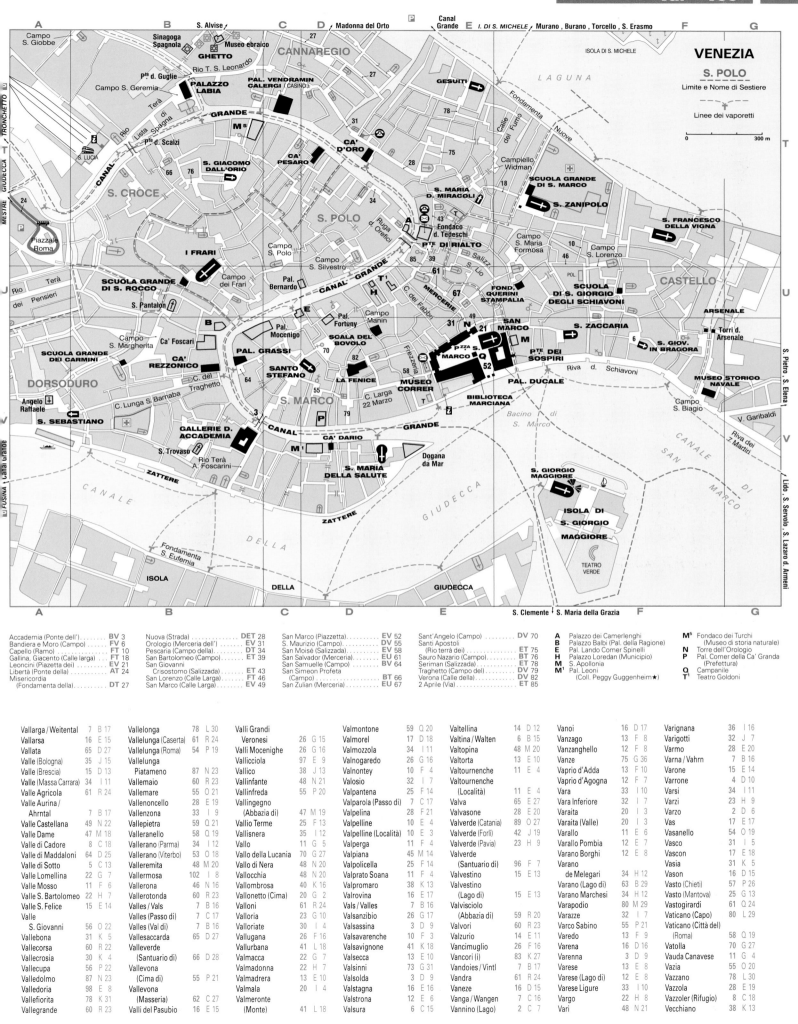

VENEZIA
S. POLO
Limite e Nome di Sestiere
Linee dei vaporetti
0   300 m

Accademia (Ponte dell')	BV 3	Nuova (Strada)	DET 28	San Marco (Piazzetta)	EV 52
Bandiera e Moro (Campo)	FV 6	Orologio (Merceria dell')	EV 31	S. Maurizio (Campo)	DV 55
Capello (Ramo)	FT 10	Pescaria (Campo della)	DT 34	San Moisè (Salizzada)	EV 58
Gallina, Giacinto (Calle larga)	FT 18	San Bartolomeo (Campo)	ET 39	San Salvador (Merceria)	EU 61
Leoncini (Piazzetta dei)	EV 21	San Giovanni Crisostomo (Salizzada)	ET 43	San Samuele (Campo)	BV 64
Libertà (Ponte della)	AT 24	San Lorenzo (Calle Larga)	FT 46	San Simeon Profeta (Campo)	BT 66
Misericordia (Fondamenta della)	DT 27	San Marco (Calle Larga)	EV 49	San Zulian (Merceria)	EU 67

Sant'Angelo (Campo)	DV 70	A Palazzo dei Camerlenghi	M⁵ Fondaco dei Turchi (Museo di storia naturale)
Santi Apostoli (Rio terrà dei)	ET 75	B Palazzo Balbi (Pal. della Ragione)	N Pal. Comer della Ca' Granda (Prefettura)
Sauro Nazario (Campo)	BT 76	E Pal. Lando Comer Spinelli	Q Campanile
Seriman (Salizzada)	ET 78	H Palazzo Loredan (Municipio)	T¹ Teatro Goldoni
Traghetto (Campo del)	DV 79	M¹ Pal. Leoni (Coll. Peggy Guggenheim★)	
Verona (Calle della)	DV 82		
2 Aprile (Via)	ET 85		

Vallarga / Weitental	7 B 17	Vallelonga	78 L 30	Valli Grandi Veronesi	26 G 15
Vallarsa	16 E 15	Vallelunga (Caserta)	61 R 24	Valli Mocenighe	26 G 16
Vallata	65 D 27	Vallelunga (Roma)	54 P 19	Vallicciola	97 E 9
Valle (Bologna)	35 J 15	Vallelunga Piatameno	87 N 23	Vallico	38 J 13
Valle (Brescia)	15 D 13	Vallemaio	60 R 23	Vallinfante	48 N 21
Valle (Massa Carrara)	34 I 11	Vallemare	55 O 21	Vallinfreda	55 P 20
Valle Agricola	61 R 24	Vallenoncello	28 E 19	Vallingegno (Abbazia di)	47 M 19
Valle Aurina / Ahrntal	7 B 17	Vallenzona	33 I 9	Vallio Terme	25 F 13
Valle Castellana	49 N 22	Vallepietra	59 Q 21	Vallisnera	35 I 12
Valle Dame	47 M 18	Vallerano (Parma)	34 I 12	Vallo	11 G 5
Valle di Cadore	8 C 18	Vallerano (Viterbo)	53 O 18	Vallo della Lucania	70 G 27
Valle di Maddaloni	64 D 25	Valleremita	48 M 20	Vallo di Nera	48 N 20
Valle di Sotto	5 C 13	Vallermosa	102 I 9	Vallocchia	48 N 20
Valle Lomellina	22 G 7	Vallerona	46 N 16	Vallombrosa	40 K 16
Valle Mosso	11 F 6	Vallerotonda	60 R 23	Vallonetto (Cima)	20 G 2
Valle S. Bartolomeo	22 H 7	Valles / Vals	7 B 16	Valloni	61 R 24
Valle S. Felice	15 E 14	Valles (Passo di)	7 C 17	Valloria	23 G 10
Valle S. Giovanni	56 O 22	Valles (Val di)	7 B 16	Vallugana	26 F 16
Vallebona	31 K 5	Vallesaccarda	65 D 27	Vallunida	41 L 18
Vallecorsa	60 R 22	Valleverde (Santuario di)	66 D 28	Valmacca	22 G 7
Vallecrosia	30 K 4	Vallevona (Cima di)	55 P 21	Valmadonna	22 H 7
Vallecupa	56 P 22	Vallevona (Masseria)	62 C 27	Valmadrera	13 E 10
Valledolmo	87 N 23	Valli del Pasubio	16 E 15	Valmala	20 I 4
Valledoria	98 E 8			Valmeronte (Monte)	41 L 18
Vallefiorita	78 K 31				
Vallegrande	60 R 23				

Valmontone	59 Q 20	Valtellina	14 D 12	Vanoi	16 D 17	Varignana	36 I 16
Valmorel	17 D 18	Valtina / Walten	6 B 15	Vanzago	13 F 8	Varigotti	32 J 7
Valmozzola	34 I 11	Valtopina	48 M 20	Vanzanghello	12 F 8	Varmo	28 E 20
Valnogaredo	26 G 16	Valtorta	13 E 10	Vanze	75 G 36	Varna / Vahrn	7 B 17
Valnontey	10 F 4	Valtournenche	11 E 4	Vaprio d'Adda	13 F 10	Varone	15 E 14
Valosio	32 I 7	Valtournenche (Località)	11 E 4	Vaprio d'Agogna	12 F 7	Varrone	4 D 10
Valpantena	25 F 14	Valva	65 E 27	Vara	33 I 10	Varsi	34 I 11
Valparola (Passo di)	7 C 17	Valvasone	28 E 20	Vara Inferiore	32 I 7	Varzi	23 H 9
Valpelina	28 F 21	Valverde (Catania)	89 O 27	Varaita	20 I 3	Varzo	2 D 6
Valpelline	10 E 4	Valverde (Forlì)	42 J 19	Varaita (Valle)	20 I 3	Vas	17 E 17
Valpelline (Località)	10 E 3	Valverde (Pavia)	23 H 9	Varallo	11 E 6	Vasanello	54 O 19
Valperga	11 F 4	Valverde (Santuario di)	96 F 7	Varallo Pombia	12 E 7	Vasco	31 I 5
Valpiana	45 M 14	Valvestino	15 D 13	Varano Borghi	12 E 8	Vascon	17 E 18
Valpolicella	25 F 14	Valvestino (Lago di)	15 E 13	Varano de Melegari	34 H 12	Vasia	31 K 5
Valprato Soana	11 F 4	Valvisciolo (Abbazia di)	59 R 20	Varano (Lago di)	63 B 29	Vaso	16 D 15
Valpromaro	38 K 13	Valvori	60 R 23	Varano Marchesi	34 H 12	Vasto (Chieti)	57 P 26
Valrovina	16 E 17	Valzurio	14 E 11	Varapodio	80 M 29	Vasto (Mantova)	25 G 14
Vals / Valles	7 B 16			Varazze	32 I 7	Vastogirardi	61 Q 24
Valsanzibio	26 G 17			Varco Sabino	55 P 21	Vaticano (Capo)	80 L 29
Valsassina	3 D 11			Varedo	13 F 9	Vaticano (Città del) (Roma)	58 Q 19
Valsavarenche	10 F 3			Varena	16 D 16	Vatolla	70 G 27
Valsavignone	41 K 18			Varenna	3 D 9	Vauda Canavese	11 G 4
Valsinni	73 G 31			Varese	13 E 8	Vazia	55 O 20
Valsolda	3 D 9			Varese (Lago di)	12 E 8	Vazzano	78 L 30
Valstagna	16 E 16			Varese Ligure	33 I 9	Vazzola	28 E 19
Valstrona	12 E 6			Vargo	22 H 8	Vazzoler (Rifugio)	8 C 18
Valsura	6 C 15					Vecchiano	38 K 13

Vedano Olona	13 E 8	Vena (Catania)	89 N 27	Ventimiglia di Sicilia	86 N 22	Vergemoli	38 J 13	Verrecchie	55 P 21	Vescovado	46 M 16	Vezzano (Parma) 34 I 12
Veddasca (Val)	3 D 8	Vena (Catanzaro)	78 K 31	Vento (Grotta del)	38 J 13	Verghereto (Prato)	39 K 15	Verrès	11 F 5	Vescovana	26 G 17	Vezzano (Trento) 15 D 14
Vedegheto	36 I 15	Venafro	60 R 24	Vento (Portella del)	88 O 24	Vergheto (Forlì)	41 K 18	Verrino	61 Q 24	Vescovato	24 G 12	Vezzano Ligure 33 J 11
Vedelago	17 E 18	Venagrande	49 N 22	Vento (Serra del)	87 N 24	Vergiate	12 E 8	Verrone	11 F 6	Vesime	21 I 6	Vezzano sul
Vedeseta	13 E 10	Venaria (Torino)	21 G 4	Vento (Torre del)	67 D 31	Vergine Maria		Verruca Po	23 G 9	Vesio	15 E 14	Crostolo 35 I 13
Vedrana	36 I 16	Venas di Cadore	8 C 18	Venturina	45 M 13	(Palermo)	86 M 22	Verrua Savoia	21 G 6	Vesole (Monte)	70 F 27	Vezzena (Passo di) 16 E 16
Vedriano	35 I 13	Venasca	20 I 4	Venusio	67 E 31	Vergineto	42 K 20	Verrutoli (Monte)	67 E 30	Vespolate	12 F 7	Vezzo 12 E 7
Veggiano	26 F 17	Venaus	20 G 3	Veny (Val)	10 E 2	Vergnasco	11 F 6	Versa	29 E 22	Vespolo (Monte)	14 D 11	Vezzola 35 H 14
Veggio	39 J 15	Vendicari (Isola)	93 Q 27	Venzone	18 D 21	Verica	35 J 14	Versa (Asti)	21 G 6	Vessalico	31 J 5	Vezzolano
Veglie	75 G 35	Venda (Monte)	26 G 17	Verano / Vöran	6 C 15	Vermenagna	30 J 4	Versa (Fiume)	28 E 20	Vesta	15 E 13	(Abbazia di) 21 G 5
Veiano	53 P 18	Vendone	31 J 6	Verazzano	41 L 18	Vermica	79 K 33	Versa (Pavia)	23 G 9	Vestea	56 O 23	Viadana 35 H 13
Veio	54 P 19	Vendrogno	13 D 9	Verbania	12 E 7	Vermiglio	5 D 14	Versano	64 D 24	Vestenanova	26 F 15	Viadana Bresciana 25 F 13
Veirera	32 I 7	Venegazzu'	17 E 18	Verbicaro	76 H 29	Vermiglio (Val)	5 C 13	Versciaco /		Vestignè	11 F 5	Viagrande 89 O 27
Vela (Villa)	93 Q 27	Venegono	13 E 8	Verceia	4 D 10	Vernà (Pizzo di)	89 M 27	Vierschach	8 B 18	Vestone	15 E 13	Viamaggio 41 K 18
Vélan (Monte)	10 E 3	Venere	56 Q 22	Vercelli	22 G 7	Vernago / Vernagt	6 B 14	Versilia (Riviera		Vesuvio	64 E 25	Viamaggio (Passo
Veleso	13 E 9	Venere (Monte)	53 O 18	Verchiano	48 N 20	Vernago (Lago di)	6 B 14	della)	38 K 12	Vetan	10 E 3	di) 41 K 18
Velezzo Lomellina	22 G 8	Veneria	22 G 6	Verde (Capo)	31 K 5	Vernagt / Vernago	6 B 14	Vertana (Cima)	5 C 13	Veternigo	27 F 18	Vianino 34 H 11
Velia	70 G 27	Venetico	83 M 28	Verde (Costa)	102 I 7	Vernante	30 J 4	Verteglia (Piano di)	65 E 26	Vetralla	53 P 18	Viano 35 I 13
Velino	55 O 20	Venezia	28 F 19	Verde (Isola)	27 G 18	Vernasca	34 H 11	Vertemate	13 E 9	Vetrano (Serra)	93 P 26	Viarago 16 D 15
Velino		Venezia (Rifugio)	8 C 18	Verde (la)	80 M 30	Vernazza	33 J 11	Vertova	14 E 11	Vetria	31 J 6	Viareggio 38 K 12
(Gole del)	55 O 21	Venezia (Cima)	6 C 14	Verde (Lago)	6 C 14	Vernazzano	47 M 18	Verucchio	42 K 19	Vetriolo Terme	16 D 15	Viarigi 22 G 7
Velino (Monte)	55 P 22	Venezia-Marco Polo		Verdèggia	31 J 5	Vernio	39 J 15	Vervio	14 D 12	Vette (le)	17 D 17	Viarolo 34 H 12
Vellano	39 K 14	(Aeroporto)	28 F 19	Verdello	13 F 10	Vernole	75 G 36	Vervò	16 D 15	Vettica Maggiore	64 F 25	Viarovere 36 H 15
Vellego	31 J 6	Venezzano	36 H 16	Verdins	6 B 15	Verolanuova	24 G 12	Verza	24 G 11	Vettigne	11 F 6	Viazzano 34 H 12
Velleia	34 H 11	Venina (Lago di)	14 D 11	Verduno	21 I 5	Verolavecchia	24 G 12	Verzegnis	18 C 20	Vetto	35 I 13	Vibo Valentia 78 K 30
Velletri	59 Q 20	Venina (Passo)	14 D 11	Verdura	90 O 21	Verolengo	21 G 5	Verzegnis (Monte)	18 C 20	Vettore (Monte)	48 N 21	Vibo Valentia
Velloi / Vellau	6 B 15	Venosa	66 E 29	Verena (Monte)	16 E 16	Veroli	60 Q 22	Verzi	31 J 6	Vetulonia	45 N 14	Marina 78 K 30
Velo d'Astico	16 E 16	Venosta (Val) /		Verezzi	31 J 6	Verona	25 F 14	Verzino	79 J 32	Vezza	41 L 17	Viboldone 13 F 9
Velo Veronese	26 F 15	Vinschgau	5 C 13	Verezzo	31 K 5	Verona (Pizzo)	4 C 11	Verzuolo	20 I 4	Vezza d'Oglio	15 D 13	Vibonati 71 G 28
Velturno /		Venticano	65 D 26	Vergato	36 J 15	Veronella	26 G 15			Vezza (Torrente)	53 O 18	Vibrata 49 N 23
Feldthurns	7 B 16	Ventimiglia	30 K 4			Verrand	10 E 2			Vezzanello	38 J 12	Vicalvi 60 Q 23
Velva	33 J 10					Verrayes	11 E 4			Vescona	46 M 16	Vicarello (Livorno) 38 L 13

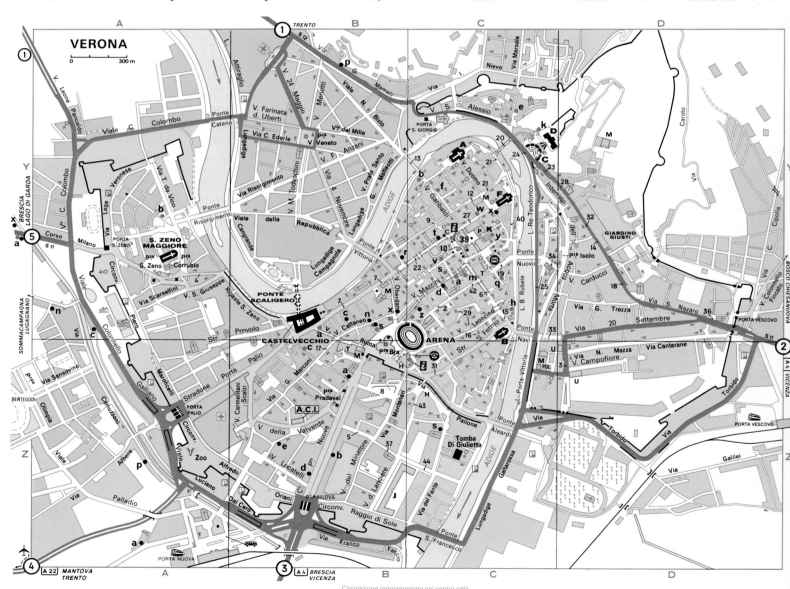

VERONA

0   300 m

Circolazione regolamentata nel centro città

Anfiteatro (Via) .... **CY 2**	Roma (Via) .... **BYZ**	Battisti (Via C.) .... **BZ 5**	Malenza (Via G. B.) .... **CY 16**	Regaste Redentore .... **CY 24**	S. Paolo (Via) .... **CY 33**
Cappello (Via) .... **CY 6**	S. Anastasia (Corso) .... **BCY 27**	Cavour (Corso) .... **BY 7**	Manin (Via Daniele) .... **BZ 17**	Sammicheli (Lungadige) .... **CY 25**	S. Tomaso (Via) .... **CY 34**
Erbe (Piazza delle) .... **CY 10**	Signori (Piazza dei) .... **CY 39**	Cittadella (Piazza) .... **BZ 8**	Muro Padri (Via) .... **DY 18**	S. Chiara (Via) .... **DY 28**	S. Toscana (Piazza) .... **DY 36**
Leoni (Via) .... **CY 15**	Stella (Via) .... **CY 42**	Emilei (Via Francesco) .... **CY 9**	Nizza (Via) .... **CY 19**	S. Cosimo (Via) .... **CY 29**	SS. Trinità (Via) .... **BZ 37**
Mazzini (Via) .... **CY**		Forti (Via Achille) .... **CY 12**	Pietra (Ponte di) .... **CY 20**	S. Maffei (Stradone) .... **CZ 31**	Sottoriva (Via) .... **CY 40**
Oberdan (Via) .... **BY**	Artigliere (V.) .... **CDZ 3**	Garibaldi (Ponte) .... **CY 13**	Ponte di Pietra (Via) .... **CY 21**	S. Maria in Organo (Via) .... **DY 32**	Tezone (Via) .... **CZ 43**
Porta Borsari (Corso) .... **CY 22**	Barbarani (Via B.) .... **AY 4**	Giardino Giusti (Via) .... **DY 14**	Redentore (Via) .... **CY 23**		Zappatore (Via dello) .... **CZ 44**

A DUOMO   **B** SAN FERMO MAGGIORE   **C** TEATRO ROMANO   **D** CASTEL SAN PIETRO   **F** SANT'ANASTASIA   **K** ARCHE SCALIGERE

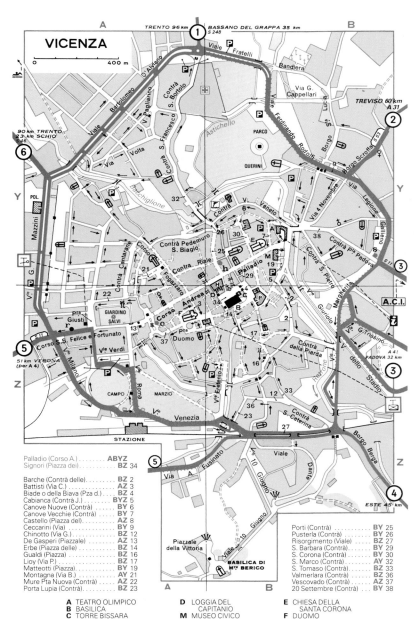

VICENZA

TRENTO 96 km
BASSANO DEL GRAPPA 35 km
S 248

TREVISO 60 km
A 31

90 km TRENTO
23 km SCHIO

51 km VERONA
(per A 4)

PADOVA 32 km
A 4:

ESTE 45 km

A.C.I.

POL.

PARCO

QUERINI

GIARDINO
SALVI

CAMPO
MARZIO

STAZIONE

Piazzale
della Vittoria

BASILICA DI
Mᵗᵉ BERICO

Palladio (Corso A.) . . . . **ABYZ**
Signori (Piazza dei) . . . . **BZ** 34

Barche (Contrà delle) . . . . **AZ** 2
Battisti (Via C.) . . . . **AZ** 3
Biade o della Biava (Pza d.) . . **BZ** 4
Cabianca (Contrà J.) . . . . . . **BYZ** 5
Canove Nuove (Contrà) . . . . . **BY** 6
Canove Vecchie (Contrà) . . . . **BY** 7
Castello (Piazza del) . . . . **AZ** 8
Ceccarini (Via) . . . . **BY** 9
Chinotto (Via G.) . . . . **BZ** 12
De Gasperi (Piazzale) . . . . . . **AZ** 13
Erbe (Piazza delle) . . . . **BZ** 14
Gualdi (Piazza) . . . . **BZ** 16
Lioy (Via P.) . . . . **BZ** 17
Matteotti (Piazza) . . . . **BY** 19
Montagna (Via B.) . . . . **AY** 21
Mure Pta Nuova (Contrà) . . . . **AZ** 22
Porta Lupia (Contrà) . . . . **BZ** 23

Porti (Contrà) . . . . **BY** 25
Pusterla (Contrà) . . . . **BY** 26
Risorgimento (Viale) . . . . **BZ** 27
S. Barbara (Contrà) . . . . **BY** 29
S. Corona (Contrà) . . . . **BY** 30
S. Marco (Contrà) . . . . **AY** 32
S. Tomaso (Contrà) . . . . **BZ** 33
Valmerlara (Contrà) . . . . **BZ** 36
Vescovado (Contrà) . . . . **AZ** 37
20 Settembre (Contrà) . . . . . . **BY** 38

A TEATRO OLIMPICO
B BASILICA
C TORRE BISSARA
D LOGGIA DEL CAPITANIO
M MUSEO CIVICO
E CHIESA DELLA SANTA CORONA
F DUOMO

Villa di Poggio a Caiano	39	K 15	Villadoro	87	N 24	Villanovaforru	102	I 8
Villa di Sério	14	E 11	Villadose	27	G 17	Villanterio	23	G 10
Villa di Tirano	14	D 12	Villadossola	2	D 6	Villanuova	24	F 12
Villa Dogana	39	J 15	Villafalletto	21	I 4	Villanuova sul Clisi	25	F 13
Villa d'Ogna	14	E 11	Villafelice	60	R 22	Villaorba	18	D 20
Villa d'Orri	103	J 9	Villafontana	26	G 15	Villapaiera	17	D 17
Villa Estense	26	G 17	Villafora	27	F 18	Villaperuccio	102	I 8
Villa Faraldi	31	K 6	Villafranca d'Asti	21	H 6	Villapiana (Belluno)	17	D 17
Villa Fastiggi	42	K 20	Villafranca di Forlì	37	J 18	Villapiana (Cosenza)	76	H 31
Villa Fontana	36	I 16	Villafranca di Verona	25	F 14	Villapiana Lido	77	H 31
Villa Forci	38	K 13	Villafranca in Lunigiana	34	J 11	Villapiana Scalo	77	H 31
Villa Foscari (Malcontenta)	27	F 18	Villafranca Padovana	26	F 17	Villapriolo	88	O 24
Villa Gamberaia (Settignano)	39	K 15	Villafranca Piemonte	21	H 4	Villaputzu	103	I 10
Villa Garibaldi	25	G 14	Villafranca Sicula	90	O 21	Villar Focchiardo	20	G 3
Villa Grande	57	P 25	Villafranca Tirrena	83	M 28	Villar Pellice	20	H 3
Villa Hanbury	30	K 4	Villa Jovis (Capri)	64	F 24	Villar Perosa	20	H 3
Villa Jovis (Capri)	64	F 24	Villafrati	86	N 22	Villarbasse	21	G 4
Villa La Rotonda (Vicenza)	26	F 16	Villaggio Amendola	63	C 29	Villarboit	12	F 7
Villa Lagarina	16	E 15	Villaggio Frasso	77	I 31	Villareggia	11	G 5
Villa Lante (Bagnaia)	53	O 18	Villaggio Mancuso	78	J 31	Villareia	56	O 24
Villa Latina	60	R 23	Villaggio Mosé	91	P 22	Villaretto	20	G 3
Villa le Sabine	44	M 13	Villaggio Racise	78	J 31	Villaro	20	H 3
Villa Literno	64	D 24	Villaggio Resta	75	G 35	Villaromagnano	22	H 8
Villa Littorio	70	F 28	Villaggi o Sta Margherita	88	N 25	Villarosa	88	O 24
Villa Manin (Passariano)	29	E 21	Villagrande	42	K 19	Villarosa (Lago)	88	O 24
Villa Mansi (Segromigno)	38	K 13	Villagrande (Tornimparte)	55	P 21	Villarotta	35	H 14
Villa Margherita	44	M 13	Villagrande Strisaili	101	H 10	Villasalto	103	I 10
Villa Minozzo	35	I 13	Villagrappa	37	J 17	Villasanta	13	F 9
Villa Napoleone (S. Martino)	50	N 12	Villagrazia	86	M 21	Villaseta	91	P 22
Villa Oliveti	56	O 24	Villagrazia di Carini	86	M 21	Villasimius	103	J 10
Villa Olmo (Como)	13	E 9	Villagreca	103	I 9	Villasmundo	93	P 27
Villa Opicina	29	E 23	Villalago	60	Q 23	Villasor	102	I 8
Villa Ottone / Uttenheim	7	B 17	Villalba	91	O 23	Villaspeciosa	102	J 8
Villa Pasquali	25	G 13	Villalfonsina	57	P 25	Villastellone	21	H 5
Villa Passo	49	N 22	Villalunga	31	J 6	Villastrada (Mantova)	25	H 13
Villa Pisani (Strà)	27	F 18	Villalvernia	22	H 8	Villastrada (Perugia)	47	M 18
Villa Pliniana (Torno)	13	E 9	Villamagna (Chieti)	56	P 24	Villata (Cuneo)	30	I 4
Villa Poma	26	H 15	Villamagna (Firenze)	39	L 14	Villata (Vercelli)	12	F 7
Villa Potenza	49	M 22	Villamagna (Pisa)	39	L 14	Villatalla	31	K 5
Villa Reale di Marlia	38	K 13	Villamaina	65	E 27	Villatella	30	K 4
Villa Rendena	15	D 14	Villamar	102	I 8	Villaurbana	100	H 8
Villa Rosa	49	N 23	Villamarina	42	J 19	Villaurea	87	N 23
Villa S. Giovanni (Pescara)	56	O 24	Villamarzana	26	G 17	Villavallelonga	60	Q 22
Villa S. Giovanni (Reggio di Calabria)	83	M 28	Villamassargia	102	J 7	Villaverla	26	F 16
Villa S. Giovanni in Tuscia	53	P 18	Villammare	71	G 28	Ville di Fano	55	O 21
Villa S. Leonardo	57	P 25	Villandro / Villanders	7	C 16	Ville sur Sarre	10	E 3
Villa Sta Lucia	60	R 23	Villandro (Monte)	7	C 16	Villeneuve	10	E 3
Villa Sta Lucia degli Abruzzi	56	O 23	Villaneto	72	G 30	Villerose	55	P 21
Villa Sta Maria	57	Q 25	Villanoce	33	I 10	Villesse	29	E 22
Villa S. Pietro	103	J 8	Villanova (Bologna)	36	I 16	Villetta Barrea	60	Q 23
Villa S. Sebastiano	55	P 21	Villanova (Firenze)	39	K 14	Villimpenta	26	G 15
Villa S. Secondo	21	H 6	Villanova (Forlì)	37	J 17	Villnöß / Funes	7	C 17
Villa Sto Stefano	59	R 21	Villanova (Modena)	35	H 14	Villongo	14	E 11
Villa Saviola	25	G 14	Villanova (Pavia)	25	G 13	Villorba	17	E 18
Villa Serraglio	37	I 17	Villanova (Pescara)	56	O 24	Villore	40	K 16
Villa Taranto (Pallanza)	12	E 7	Villanova (Ravenna)	37	I 18	Villoresi (Canale)	13	F 8
Villa Torrigiani (Segromigno)	38	K 13	Villanova (Torino)	20	H 3	Villotta	28	E 20
Villa Vallucci	56	O 22	Villanova (Venezia)	28	E 20	Vilminore di Scalve	14	E 12
Villa Valmarana ai nani (Vicenza)	26	F 16	Villanova (Masseria)	69	F 36	Vilpian / Vilpiano	6	C 15
Villa Verde	100	H 8	Villanova degli Abruzzi	56	O 23	Vilpiano / Vilpian	6	C 15
Villa Verdi (S. Agata)	24	G 12	Villanova d'Albenga	31	J 6	Vimercate	13	F 10
Villa Vecchio	42	J 19	Villanova d'Ardenghi	23	G 9	Vimodrone (Milano)	13	F 9
Villa Vomano	56	O 23	Villanova d'Asti	21	H 5	Vinadio	30	J 3
Villabassa / Niederdorf	8	B 18	Villanova del Battista	65	D 27	Vinaio	18	C 20
Villabate	86	M 22	Villanova del Ghebbo	26	G 16	Vinca	38	J 12
Villabella	22	G 7	Villanova del Sillaro	23	G 10	Vinchiaturo	61	R 25
Villaberza	35	I 13	Villanova di Camposampiero	27	F 17	Vinchio	22	H 6
Villabruna	17	D 17	Villanova Franca	100	I 9	Vinci	39	K 14
Villachiara	24	F 11	Villanova Maiardina	25	G 14	Vinciarello	81	L 31
Villacidro	102	I 8	Villanova Marchesana	37	H 17	Vinco	80	M 29
Villadeati	21	G 6	Villanova Mondovì	31	I 5	Vindoli	55	O 21
			Villanova Monferrato	22	G 7	Vinovo	21	H 4
			Villanova Monteleone	96	F 7	Vinschgau / Venosta (Val)	5	C 13
			Villanova Solaro	21	H 4	Vintl / Vandoies	7	B 17
			Villanova Strisaili	101	H 10	Vinzaglio	22	G 7
			Villanova sull'Arda	24	G 11	Viola	31	J 5
			Villanova Truschedu	100	H 8	Viola (Val)	5	C 12
			Villanova Tulo	101	H 9	Vione	15	D 13
						Viöz (Monte)	5	C 13
						Viozene	31	J 5
						Vipiteno / Sterzing	7	B 16
						Virgilio	25	G 14
						Virle Piemonte	21	H 4
						Visaille (la)	10	E 2
						Visano	25	G 13
						Vische	21	G 5
						Visciano	64	E 25
						Viscigleto (Masseria)	62	C 28
						Visdende (Valle)	8	C 19
						Visentin (Col)	17	D 18
						Viserba	42	J 19
						Viserbella	42	J 19

Vicarello (Roma)	53	P 18	Vietri sul Mare	65	F 26	Vignolo	30	I 4	Villa Caldari	57	P 25
Vicari	86	N 22	Vietti	10	G 4	Vigo	26	G 15	Villa Canale	61	Q 25
Vicari (Fiume)	86	N 22	Vieyes	10	F 3	Vigo di Cadore	8	C 19	Villa-Carcina	24	F 12
Vicchio	40	K 16	Viganella	2	D 6	Vigo di Fassa	7	C 17	Villa Carlotta (Tremezzo)	13	E 9
Viceno (Terni)	47	N 18	Vigarano Mainarda	36	H 16	Vigo Lomazo	15	D 14	Villa Castelli	74	F 34
Viceno (Verbania)	2	D 6	Vigarano Pieve	36	H 16	Vigo Rendena	15	D 14	Villa Celiera	56	O 23
Vicenza	26	F 16	Vigasio	25	G 14	Vigodarzere	27	F 17	Villa Col de' Canali	48	L 20
Viciomaggio	41	L 17	Vigatto	35	H 12	Vigoleno	34	H 11	Villa Collemandina	38	J 13
Vico	39	J 14	Vigevano	22	G 8	Vigolo	14	E 12	Villa Cordellina-Lombardi (Montecchio Maggiore)	26	F 16
Vico del Gargano	63	B 29	Vigezzo (Piana di)	3	D 7	Vigolo Baselga	16	D 15			
Vico d'Elsa	39	L 15	Vigezzo (Val)	3	D 7	Vigolo Marchese	34	H 11	Villa Cordellina-Lombardi (Tavernelle)	26	F 16
Vico Equense	64	F 25	Viggianello	76	H 30	Vigolo Vattaro	16	D 15			
Vico (Lago di)	53	P 18	Viggiano	71	F 29	Vigolzone	34	H 11	Villa del Bosco (Pordenone)	28	E 19
Vico nel Lazio	60	Q 22	Viggiù	13	E 8	Vigone	21	H 4	Villa d'Adda	13	E 10
Vicobarone	23	H 10	Vighizzolo (Brescia)	25	F 13	Vigonovo (Venezia)	27	F 18	Villa d'Agri	71	F 29
Vicofertile	34	H 12	Vighizzolo (Milano)	13	E 9	Vigonza	27	F 17	Villa d'Aiano	35	J 14
Vicoforte	31	I 5	Vighizzolo d'Este	26	G 16	Vigorovea	27	G 18	Villa d'Almé	13	E 10
Vicoforte (Santuario di)	31	I 5	Vigliano	55	O 21	Viguzzolo	22	H 8	Villa d'Artimino	39	K 15
Vicoli	56	O 23	Vigliano Biellese	11	F 6	Vila di Sopra / Ober Wielenbach	7	B 17	Villa del Bosco (Biella)	11	F 6
Vicomoscano	25	H 13	Viglio (Monte)	60	Q 22						
Vicopisano	38	K 13	Viglione (Masseria)	68	E 32	Villa	47	M 18	Villa del Conte	27	F 17
Vicovaro	55	P 20	Vigna di Valle	53	P 18	Villa (Brescia)	14	E 12	Villa del Foro	22	H 7
Vidalenzo	24	G 12	Vignai	31	K 5	Villa (Savona)	21	I 6	Villa della Petraia		
Viddalba	98	E 8	Vignale Monferrato	22	G 7	Villa a Sesta	46	L 16	Villa Adriana (Tivoli)	59	Q 20
Vidiciatico	35	J 14	Vignanello	53	O 18	Villa (Udine)	18	C 20	Villa Baldassarri	69	F 35
Vidigulfo	23	G 9	Vignate	13	F 10	Villa Barbaro (Maser)	17	E 17	Villa d'Este (Tivoli)	59	Q 20
Vidor	17	E 18	Vigne	54	O 19	Villa Bartolomea	26	G 16	Villa di Artimino	39	K 15
Vidracco	11	F 5	Vignola (Massa Carrara)	34	I 11	Villa Basilica	39	K 13	Villa di Briano	64	D 24
Viepri	47	N 19	Vignola (Modena)	36	I 15	Villa Bozza	56	O 23	Villa di Castello (Firenze)	39	K 15
Vierschach / Versciaco	8	B 18	Vignola Mare	94	D 9				Villa di Chiavenna	4	D 10
Viesci	55	O 21	Vignole (Monte)	15	E 14						
Vieste	63	B 30	Vignole	17	D 18						
Vietri di Potenza	70	F 28	Vignole Borbera	22	H 8						

Visgnola	13	E 9
Visiano	34	H 12
Visnadello	17	E 18
Viso (Monte)	20	H 3
Visome	17	D 18
Visone	32	I 7
Visso	48	N 21
Vistarino	23	G 9
Vistrorio	11	F 5
Vita	85	N 20
Vita (Capo della)	50	N 13
Vitalba (Poggio)	39	L 13
Vitamore (Masseria)	66	E 28
Viterbo	53	O 18
Viticuso	60	R 23
Vitinia	58	Q 19
Vito (Serra di)	88	N 26
Vitorchiano	53	O 18
Vitravo	79	J 32
Vitriola	35	I 13
Vittoria	92	Q 25
Vittoriale (il)	25	F 13
Vittorio Veneto	17	E 18
Vittorio Veneto (Rifugio)	7	A 17
Vittorito	56	P 23
Vittuone	13	F 8
Vitulano	64	D 25
Vitulazio	64	D 24
Viù	10	G 4
Viù (Val di)	10	G 3
Vivaro	18	D 20
Vivaro Romano	55	P 21
Viverone	11	F 6
Viverone (Lago di)	11	F 6
Viviere	20	I 2
Vivione (Passo del)	14	D 12
Vivo d'Orcia	46	N 16
Vizze (Passo di) / Pfitscherjoch	7	B 16

Vizze (Val di)	7	B 16
Vizzini	93	P 26
Vizzola Ticino	12	F 8
Vo (Padova)	26	G 16
Vo (Vicenza)	26	F 16
Vobarno	25	F 13
Vobbia	32	I 9
Vocca	11	E 6
Vodo Cadore	8	C 18
Völs am Schlern / Fié allo Sciliar	7	C 16
Vöran / Verano	6	C 15
Voghera	23	H 9
Voghiera	36	H 17
Vogogna	2	D 6
Volania	37	H 18
Volano (Ferrara)	37	H 18
Volano (Trento)	16	E 15
Volargne	25	F 14
Volciano	25	F 13
Volla (Napoli)	64	E 25
Vollan / Foiana	6	C 15
Volmiano	39	K 15
Vologno	35	I 13
Volongo	25	G 12
Volpago del Montello	17	E 18
Volpara (Alessandria)	23	H 9
Volpara (Pavia)	23	H 9
Volparo	70	F 27
Volpe (Cala di)	95	D 10
Volpe (Punta della)	95	D 10
Volpedo	23	H 8
Volperino	48	N 20
Volpiano	21	G 5
Volsini (Monti)	53	O 17
Volta	4	D 10
Volta Mantovana	25	G 13

Voltaggio	32	I 8
Voltago Agordino	17	D 18
Voltana	37	I 17
Volterra	45	L 14
Voltido	25	G 13
Voltre	41	J 18
Voltri	32	I 8
Volturara Appula	62	C 27
Volturara Irpina	65	E 26
Volturino	62	C 27
Volturino (Fiumara)	62	C 27
Volturino (Monte)	71	F 29
Volturno	61	R 24
Volturno (Valle)	61	R 24
Volumni (Ipogeo di)	47	M 19
Volvera	21	H 4
Vomano	55	O 22
Vomano (Val di)	55	O 22
Vorno	38	K 13
Vottignasco	21	I 4
Votturino (Lago)	79	J 31
Voturo (Pizzo)	87	N 24
Vulcanello (Monte)	82	L 26
Vulcano (Bocche di)	82	L 26
Vulcano (Isola)	82	L 26
Vulcano (Monte)	90	T 20
Vulci	53	O 16
Vulgano	62	C 27
Vulture (Monte)	66	E 28

W - X

Waidbruck / Ponte Gardena	7	C 16
Walten / Valtina	6	B 15
Wangen / Vanga	7	C 16

Weißenbach / Riobianco (vicino a Campo Tures)	7	B 17
Weißenbach / Riobianco (vicino a Pennes)	6	B 16
Weißkugel / Bianca (Palla)	6	B 14
Weiss lahnbad / Bagni di Lavina Bianca	7	C 16
Weißseespitze / Lago Bianco (Punta)	6	B 14
Weitental / Vallarga	7	B 17
Welsberg / Monguelfo	8	B 18
Welschnofen / Nova Levante	7	C 16
Wengen / La Valle	7	B 16
Wiesen / Prati	7	B 16
Wieser Alm / Malga Prato	8	A 18
Wilde Kreuzspitze / Croce (Picco di)	7	B 16
Willy Jervis	20	H 3
Winnebach / Prato alla Drava	8	B 19
Wölfl / Lupicino	7	C 16
Wölkenstein in Gröden/Selva di Valgardena	7	C 17
Xirbi	88	O 24
Xireni (Masseria)	87	N 23
Xitta	84	N 19
Xomo (Passo di)	16	E 15
Xon (Passo)	16	E 15

Z

Zaccanopoli	78	L 29
Zaccaria	64	E 24
Zaccheo	49	N 23
Zacchi (Rifugio)	19	C 23
Zafferana Etnea	89	N 27
Zafferano (Capo)	86	M 22
Zafferano (Porto)	102	K 7
Zagarise	79	K 31
Zagarolo	59	Q 20
Zaiama	19	D 21
Zambana	16	D 15
Zambla	14	E 11
Zamboni	35	J 13
Zambrone	78	K 29
Zambrone (Punta di)	78	K 29
Zancona	46	N 16
Zané	16	E 16
Zangarona	78	K 31
Zanica	24	F 11
Zanotti	30	J 2
Zappolino	36	I 15
Zapponeta	63	C 29
Zappulla	82	M 26
Zappulla (Case)	93	Q 26
Zatta (Monte)	33	I 10
Zattaglia	36	J 17
Zavattarello	23	H 9
Zeccone	23	G 9
Zeda (Monte)	3	D 7
Zeddiani	100	H 7
Zelbio	13	E 9
Zelo	26	G 16
Zelo Buon Persico	13	F 10
Zeme	22	G 7
Zena	36	I 16
Zenna	3	D 8
Zenobito (Punta del)	44	M 11

Zenson di Piave	28	E 19
Zeppara	100	H 8
Zerba	33	I 9
Zerbio	24	G 11
Zerbion (Monte)	11	E 4
Zerbolò	23	G 9
Zerfaliu	100	H 8
Zeri	34	I 11
Zerman	27	F 18
Zero	27	F 18
Zero Branco	27	F 18
Zevio	26	F 15
Ziano di Fiemme	16	D 16
Ziano Piacentino	23	G 10
Zibello	24	G 12
Zibido	23	G 9
Zibido S. Giacomo	13	F 9
Zignano	33	J 11
Zimardo	93	Q 26
Zimella	26	F 16
Zimmara (Monte)	87	N 24
Zimone	11	F 6
Zinasconuovo	23	G 9
Zinascovecchio	23	G 9
Zinga	79	J 32
Zingarini	58	R 19
Zingonia	13	F 10
Zinnigas	102	J 8
Zinola	32	J 7
Zinzulusa (Grotta)	75	G 37
Zippo (Masseria)	68	E 33
Ziracco	19	D 22
Zita (Passo della)	82	M 26
Zoagli	33	I 9
Zocca	35	I 14
Zóccolo (Lago di)	6	C 14
Zogno	13	E 10
Zola Pedrosa	36	I 15
Zoldo Alto	8	C 18
Zoldo (Valle di)	8	C 18

Zollino	75	G 36
Zomaro	80	M 30
Zone (Brescia)	14	E 12
Zone (Lucca)	39	K 13
Zoppé	28	E 19
Zoppé di Cadore	8	C 18
Zoppo (Portella dello)	89	N 26
Zoppola	28	E 20
Zorlesco	23	G 10
Zorzoi	16	D 17
Zovallo (Passo)	33	I 10
Zovello	18	C 20
Zovo (Passo del)	8	C 19
Zsigmondy-Comici (Rifugio)	8	C 19
Zubiena	11	F 5
Zuccarello	31	J 6
Zucchi (Piano)	87	N 23
Zucco (Lo)	86	M 21
Zuccone Campelli	13	E 10
Zuccone (Monte)	33	I 10
Zuddas (Is)	102	J 8
Zuel	8	C 18
Zugliano	16	E 16
Zuglio	9	C 21
Zugna (Monte)	16	E 15
Zula	36	I 16
Zum Zeri	34	I 11
Zumaglia	11	F 6
Zumelle (Castello di)	17	D 18
Zungoli	65	D 27
Zungri	78	L 29
Zupo (Pizzo)	4	C 11
Zuppino	65	F 27
Zurco	35	H 13
Zuri	100	G 8
Zurrone (Monte)	60	Q 24
Zwischenwasser / Longega	7	B 17

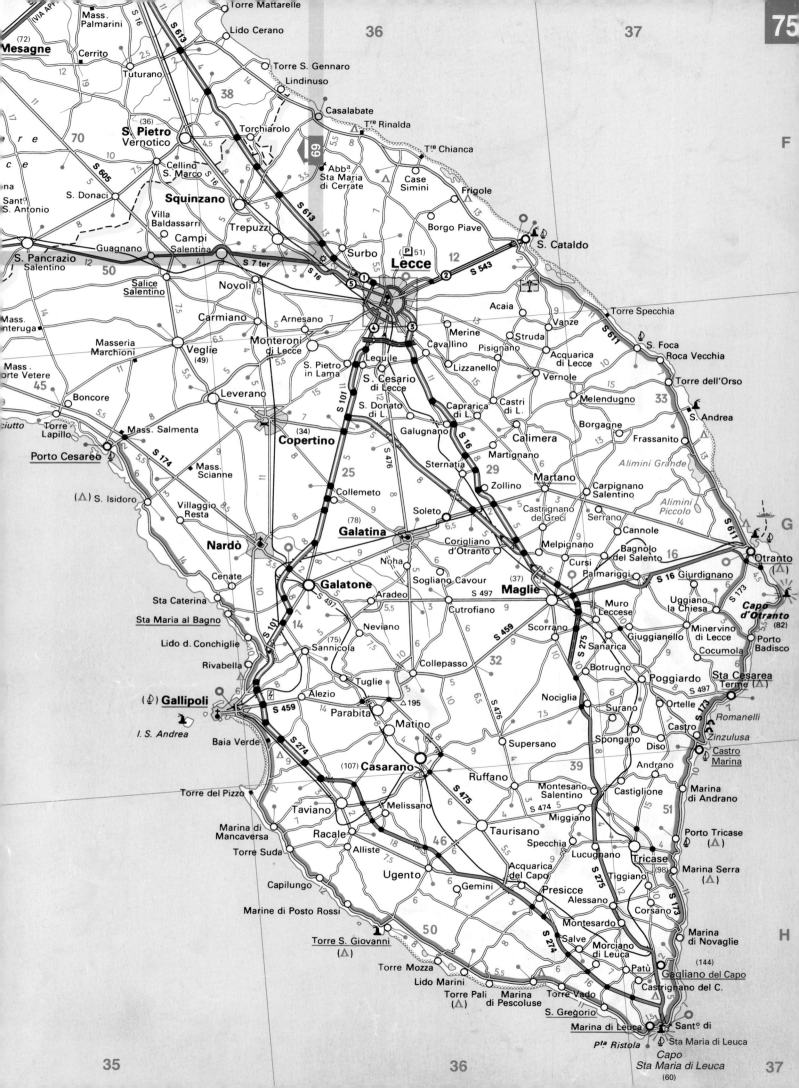

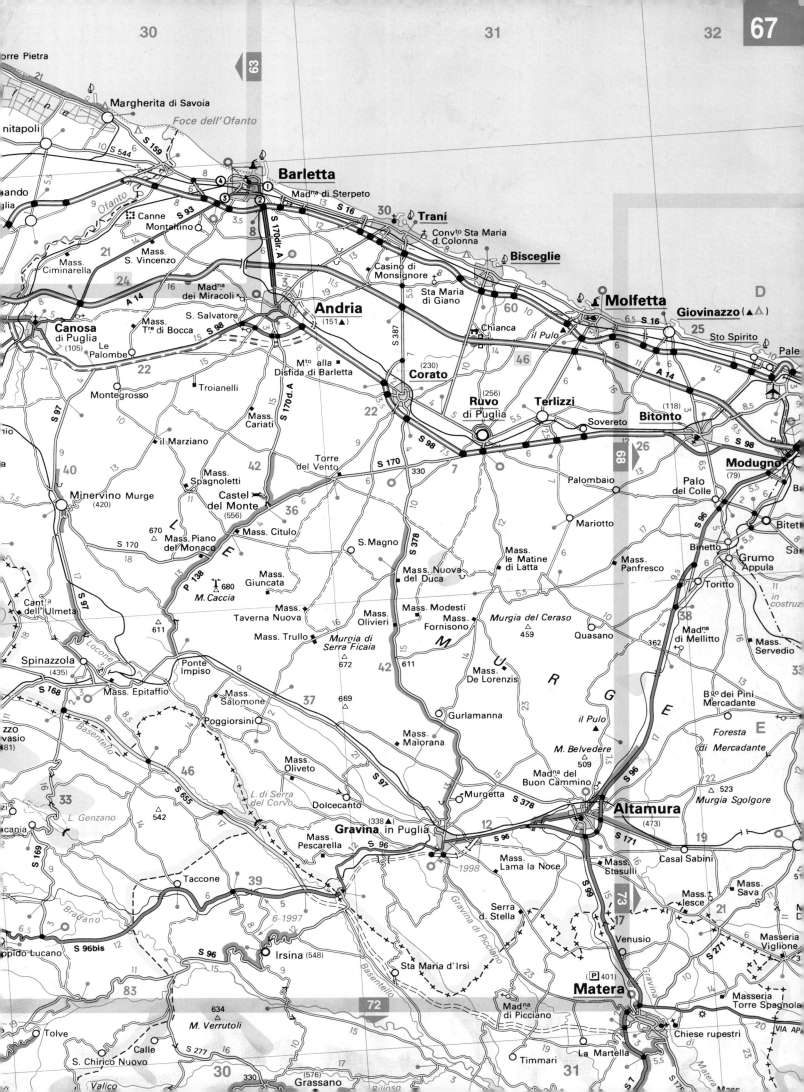

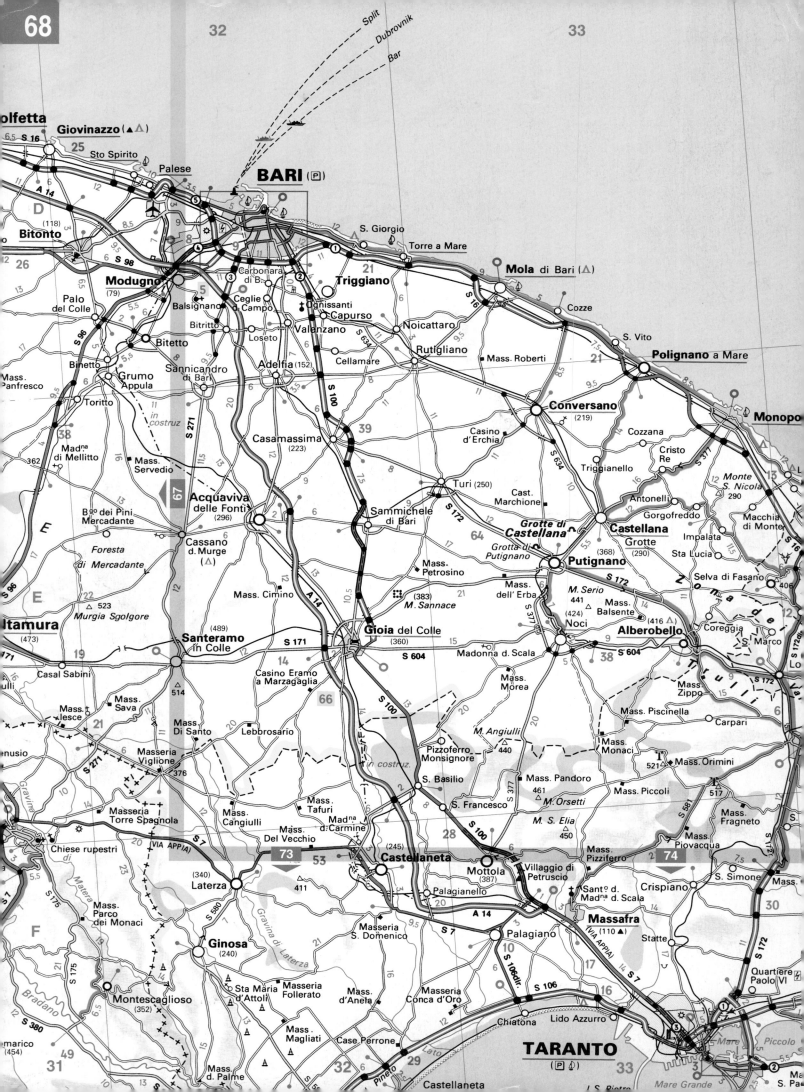

D

E

Savelletri

S 379   Torre Canne

Pozzo Guacito
Speziale
25
Pulita
Montalbano   15   S 16
(393)
Cisternino
24
Casalini
14

Rosa Marina
Marina di Ostuni
Costa Merlata
Torre Pozzella
Sta Sabina
56   S 379   14
Specchiolla
6,5

Ostuni
(207)
(172)
Carovigno
7,5

Torre Guaceto

P.ta Penne

9

Serranova
Mass. Apani
18

S 379
Brindisi   (P ▲ ⚓)

CASALE
I. S. Andrea

Capo Bianco
C. di Torre Cavallo

Pascarosa
15
11
19

12

S. Vito
dei Normanni
35
9

Mass.
Palagogna
7,5

S 16
Paradiso
12

Mass.
Restinco

13
1

Ceglie (303)
Messapica
S 581
9,5

S 581   8,5
S. Michele
Salentino
5

Mass.
Belloluogo

S 605
13

14

3
11

S 7
(VIA APPIA)

2

75

Mass.
Villanova
P.ta d. Contessa
Torre Mattarelle

S 16
S 613

Pozzo
lerno
zonara
a 425

Mass.
del Duca
6
Mass.
Cortemaggiore
Lella
ola

9,5
Mass.
Castelluzzo
Villa Castelli
11
15

Mass.
S. Giacomo

Canale Reale
11

Mass.
Palmarini

Mass.
Cortemaggiore

Lido Cerano

Grottaglie
(▲)
10
S 7   6
9

69
Francavilla
(140 ▲)
Fontana
3
6

Latiano
8
10
10
13

Mesagne
(72)
Cerrito
12

2,5

Torre S. G
Lindinus
38

Tuturano
19

S. Pietro
Vernotico
(36)

4,5
Torchiarolo

Oria
8,5

Mass.
Caprarica
Mass.
Laurito
15
14
11

Torre Sta Susanna
S. Cosimo
della Macchia
Erchie

T a v o l i e r e
d i   L e c c e
70

Sant°
S. Antonio

S. Donaci

S 605

10

5
4,5

Cellino
S. Marco
S 16

Squinzano

Carosino
Monteparano
S. Marzano
di S. Giuseppe
9
15
14
1998

34
11

35
Guagnano

Villa
Baldassarri
Campi
Salentina
Trepuzzi
S 613